独角兽法考应试宝典

刑事诉讼法

独角兽网校◎组编　　谢安平◎编著

中国政法大学出版社

2022·北京

图书在版编目（ＣＩＰ）数据

独角兽法考应试宝典：全八册/独角兽网校组编. —北京：中国政法大学出版社，2022.3
ISBN 978-7-5764-0381-7

Ⅰ.①独… Ⅱ.①独… Ⅲ.①法律－中国－资格考试－自学参考资料 Ⅳ.①D920.4

中国版本图书馆 CIP 数据核字(2022)第 042734 号

出 版 者	中国政法大学出版社
地　　址	北京市海淀区西土城路 25 号
邮寄地址	北京 100088 信箱 8034 分箱　邮编 100088
网　　址	http://www.cuplpress.com (网络实名：中国政法大学出版社)
电　　话	010-58908285(总编室) 58908433（编辑部）58908334(邮购部)
承　　印	保定市中画美凯印刷有限公司
开　　本	787mm×1092mm　1/16
印　　张	185
字　　数	3840 千字
版　　次	2022 年 3 月第 1 版
印　　次	2022 年 3 月第 1 次印刷
定　　价	485.00 元（全八册）

CONTENTS 目　录

刑事诉讼法全局架构

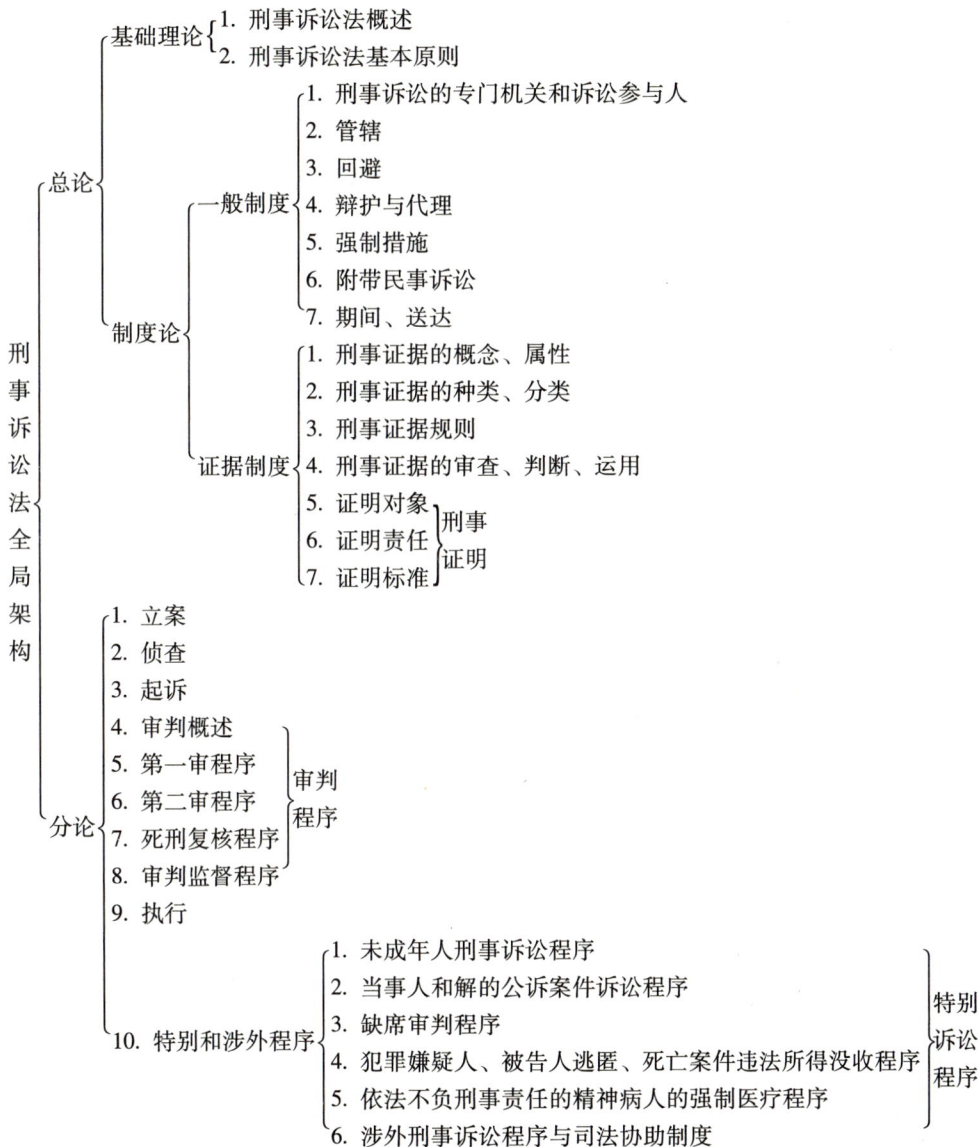

刑事诉讼法全局架构
- 总论
  - 基础理论
    - 1. 刑事诉讼法概述
    - 2. 刑事诉讼法基本原则
  - 制度论
    - 一般制度
      - 1. 刑事诉讼的专门机关和诉讼参与人
      - 2. 管辖
      - 3. 回避
      - 4. 辩护与代理
      - 5. 强制措施
      - 6. 附带民事诉讼
      - 7. 期间、送达
    - 证据制度
      - 1. 刑事证据的概念、属性
      - 2. 刑事证据的种类、分类
      - 3. 刑事证据规则
      - 4. 刑事证据的审查、判断、运用
      - 5. 证明对象 ⎫
      - 6. 证明责任 ⎬ 刑事证明
      - 7. 证明标准 ⎭
- 分论
  - 1. 立案
  - 2. 侦查
  - 3. 起诉
  - 4. 审判概述 ⎫
  - 5. 第一审程序 ⎪
  - 6. 第二审程序 ⎬ 审判程序
  - 7. 死刑复核程序 ⎪
  - 8. 审判监督程序 ⎭
  - 9. 执行
  - 10. 特别和涉外程序
    - 1. 未成年人刑事诉讼程序 ⎫
    - 2. 当事人和解的公诉案件诉讼程序 ⎪
    - 3. 缺席审判程序 ⎪
    - 4. 犯罪嫌疑人、被告人逃匿、死亡案件违法所得没收程序 ⎬ 特别诉讼程序
    - 5. 依法不负刑事责任的精神病人的强制医疗程序 ⎪
    - 6. 涉外刑事诉讼程序与司法协助制度 ⎭

第一章
刑事诉讼法概述 ※

导学

本章是学习刑事诉讼法的开局之章，是关于刑事诉讼法学的基础理论部分，主要介绍刑事诉讼法的概念、刑事诉讼法的渊源、刑事诉讼的基本理念、目的、任务、刑事诉讼的模式等相关内容。法律职业资格考试对这一部分内容的考核将会逐步增加。

第一，本章及第二章的内容是刑事诉讼法的灵魂。整个刑事诉讼法都是由此二章中涉及的理论内容作为基点和指引进行全面展开的。通晓了这两章，对于学好刑诉法其他章节具有潜移默化、提纲挈领的作用。

第二，近年来，刑诉法突出了对学科基础理论的考查力度。"概述"一章也从幕后走到了前台，成为考查学生法学素养的重要指标。本章应受到考生的高度重视。

第三，本章需要重点掌握的理论考点包括：

1. 刑事诉讼法与刑法的关系
2. "尊重和保障人权"的理解
3. 惩罚犯罪与保障人权的关系
4. 实体公正与程序公正的关系
5. 效率与公正的关系
6. 刑事诉讼法与法治国家
7. 刑事诉讼目的
8. 刑事诉讼价值
9. 刑事诉讼构造

知识体系

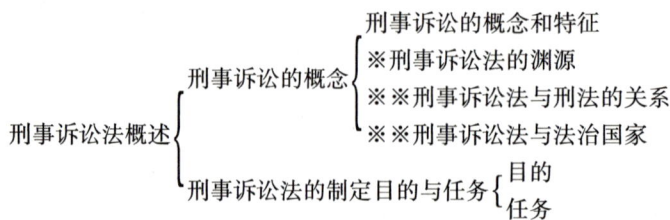

刑事诉讼法概述
- 刑事诉讼的概念
  - 刑事诉讼的概念和特征
  - ※刑事诉讼法的渊源
  - ※※刑事诉讼法与刑法的关系
  - ※※刑事诉讼法与法治国家
- 刑事诉讼法的制定目的与任务
  - 目的
  - 任务

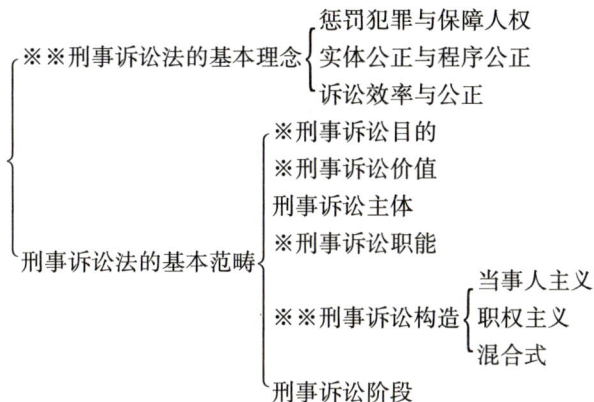

$$\begin{cases}※※刑事诉讼法的基本理念\begin{cases}惩罚犯罪与保障人权\\实体公正与程序公正\\诉讼效率与公正\end{cases}\\[6pt]刑事诉讼法的基本范畴\begin{cases}※刑事诉讼目的\\※刑事诉讼价值\\刑事诉讼主体\\※刑事诉讼职能\\※※刑事诉讼构造\begin{cases}当事人主义\\职权主义\\混合式\end{cases}\\刑事诉讼阶段\end{cases}\end{cases}$$

本章重点

第一节　刑事诉讼法的概念

一、刑事诉讼的概念与特征

（一）概念

刑事诉讼是指人民法院、人民检察院和公安机关（含国家安全机关等，下同）在当事人及其他诉讼参与人的参加下，依照法律规定的程序，解决被追诉者刑事责任问题的活动。

（二）特征

1. 刑事诉讼是在公、检、法机关主持下进行的活动；
2. 刑事诉讼是实现国家刑罚权、解决被追诉者刑事责任问题的活动；
3. 刑事诉讼是依法律规定的程序进行的活动；
4. 刑事诉讼是在当事人及其他诉讼参与人的参加下进行的一种活动。

要点提示

该知识点仅需一般熟悉。

二、刑事诉讼法的概念与渊源 ※

（一）刑事诉讼法的特征

刑事诉讼法是指国家制定的规范人民法院、人民检察院和公安机关进行刑事诉讼，当事人和其他诉讼参与人参加刑事诉讼的法律。

刑事诉讼法有广义和狭义的区分。狭义的刑事诉讼法仅指《中华人民共和国刑事诉讼法》（以下简称《刑诉法》）法典，而广义的刑事诉讼法指一切有关刑事诉讼的法律规范。（最高人民法院关于适用《中华人民共和国刑事诉讼法》的解释（以下简称《高法解释》）、最高人民检察院《人民检察院刑事诉讼规则》（以下简称《高检规则》）等均属于广义的刑诉法）

（二）刑事诉讼法的渊源

重点解读

刑事诉讼法的渊源是指刑事诉讼法律规范的<u>存在形式</u>。

图表总结

	渊源	如何判断？
1	宪法	渊源指存在形式：要求<u>内容相通</u>。譬如，《中华人民共和国继承法》，虽然属于法律，但由于在内容上没有与刑事诉讼法相关联的地方，因而不属于刑事诉讼法的渊源。
2	刑事诉讼法典	
3	有关法律规定（如《律师法》《刑法》《监狱法》《检察官法》等）	
4	有关解释与规定（如《全国人民代表大会常务委员会关于司法鉴定管理问题的决定》《高法解释》《高检规则》《公安部规定》等）	
5	地方性法规（如《江苏省社区矫正工作条例》等）	
6	国际公约、条约（如《联合国打击跨国有组织犯罪公约》《联合国反腐败公约》等）	

要点提示

1. 六种渊源需要背过，注意只有六种，没有其他法律文件。譬如，<u>地方法院或检察院出台的内部规定不算</u>。

2. 渊源是一种"存在形式"，换句话说就是需要存在"相通之处"，即一部法律文件中的内容要与《刑诉法》中的相关内容存在相近似、相衔接或者相同的地方。

三、刑事诉讼法与刑法的关系※※

研究刑事诉讼法与刑法的关系，目的在于以刑法作为参照物，突出刑事诉讼法的特点。刑事诉讼法对于刑法而言，既具有工具价值，又具有自身的独立价值。

重点解读

刑诉法与刑法最直接的关系是：一个是程序法，一个是实体法。

它们的实质关系是：刑事诉讼法具有保障刑法正确实施的<u>工具价值</u>，同时，刑事诉讼法也有自己的<u>独立价值</u>。

（一）刑诉法具有工具价值，具有保障刑法正确实施的作用，包括：

1. 通过公检法等专门机关为查清事实、适用刑法提供<u>组织上</u>的保障；

2. 通过明确专门机关与诉讼参与人的<u>职权、职责与权利、义务</u>，为查清事实、适用刑法提供了基本架构；

3. 通过明确专门机关与诉讼参与人的活动方式与程序，为查清事实、适用刑法提供了<u>有序性</u>保障；

4. 通过规定<u>证据的收集与运用规则</u>，为收集、运用证据提供了手段与程序规范；

5. 通过<u>程序系统</u>的设计，可以减少、避免案件实体上的误差；

6. 通过针对不同案件、不同情况设计不同的程序，实现案件处理的**繁简分流**，保证办案效率。

（二）刑诉法也有自己的独立价值，包括：

1. 刑事诉讼法所规定的程序，本身就体现着民主、法治、人权精神，也反映出刑事司法制度的进步与文明程度，是衡量社会公正的一个极为重要的指标。如果刑事诉讼法没有合理的程序，譬如允许刑讯逼供、非法取证，即使案件在实体处理上没有错误，也会因为诉讼过程中的野蛮、专横而使当事人和社会公众对案件实体处理的公正性发生怀疑。

2. 刑事诉讼法具有弥补刑事实体法不足并"创制"刑事实体法的功能。（1）当刑法规范的语意抽象而模糊时，刑事诉讼法担负特别的"解说"功能，而这种活动是由刑事诉讼法规范的。这一功能并不是适用刑事实体法功能本身。（2）当法律条文出现歧义时，对刑法法律规范就会出现理解上不确定的状态，而刑事诉讼法可以通过辩论、评议等特有的程序设置使刑法的法律规范得以实现其确定性。（3）当刑法规范之间出现不协调时，刑事诉讼法可以为解决这种不协调提供程序机制。（4）即使是最完备的刑法也会具有滞后性，可以在刑事诉讼活动中通过创制判例的方式来丰富刑法的内容，并在条件成熟时上升为立法。

3. 刑事诉讼法具有阻却或影响刑法实现的功能。刑事诉讼法在启动或终结刑法活动方面作用重大。譬如，告诉才处理的案件，如果没有自诉人起诉，就不可能追究被告人在刑法中的责任。

图表总结

工具价值	1. 设置专门机关以提供组织保障。
	2. 设定主体权责以查清案件事实。
	3. 明确活动程序以保障刑法有序。
	4. 规定证据规则以规范证据收集。
	5. 设计程序系统以减免实体误差。
	6. 程序繁简分流以保障办案效率。
独立价值	1. 程序本身体现民主法治与人权。
	2. 程序可以弥补创制刑事实体法。
	3. 程序能够阻却影响实体法实现。

要点提示

1. 该知识点属于理论考点，经常在真题中出现，需要认真复习，做到特别熟悉。

2. 刑法与刑诉法的关系，核心重点在于理解工具价值与独立价值。

3. 工具价值不等于"工具主义"，应当坚持工具价值、反对工具主义。"徒法不足以自行"，刑法规定得再好，没有刑诉法通过一步一步的程序将之落到实处，刑法也只是纸上的法律而已。从这个角度讲，刑诉法对于刑法具有工具价值，但要反对将刑事诉讼法仅仅视为刑法的工具、附庸、奴隶的刑法工具主义观念。

4. 上文中工具价值之下的"1、2、3、4、5、6"与独立价值之下的"1、2、3"有可能会出选择题，需要考生理解、熟悉，无需背诵。

5. 刑法与刑事诉讼法都追求惩罚犯罪与保障人权，只是相比较而言，刑法侧重于惩罚，刑诉法侧重于保障。

四、刑事诉讼法与法治国家※※

刑诉法与法治国家的关系集中体现于刑诉法与宪法的关系之中。

○ 重点解读

一方面，刑事程序条款在宪法中具有重要地位。刑事诉讼的程序性条款，构成了各国宪法性文件中关于人权保障条款的核心。宪法是静态的刑诉法，刑诉法是动态的宪法。程序决定了法治与恣意的人治之间的主要区别，程序意味着法治主义。

另一方面，刑事诉讼法有利于维护宪法制度。各国刑事诉讼法律规范中有关强制措施的适用权限、条件、程序，羁押期限、辩护、侦查、审判的原则与程序等规定，都直接体现了宪法或宪法性文件关于公民人身、住宅、财产不受非法搜查、逮捕、扣押以及犯罪嫌疑人、被告人有权获得辩护等规定的精神。

图表总结

1	宪法	（1）刑诉法在宪法中地位重要。
2	刑事诉讼法	（2）刑诉法有利于维护宪法制度。

要点提示

1. 上述两段话在真题的选择题中出现过，请考生熟悉。

2. 宪法是根本大法，刑事诉讼法是基本法律。

3. 刑事诉讼法与宪法的理念和精神是一致的。宪法和刑事诉讼法都重点关注两个方面：一是规制公权力；二是保障私权利。但是，宪法作为根本大法是不能够在司法实践中被直接援引适用的，宪法的理念和精神只能通过刑事诉讼法的适用予以实现。刑诉法因此也被称为"小宪法"。

4. 2018 年，《刑诉法》的再修改体现了我国法制的完善，《刑诉法》在司法实践中得到切实执行代表了我国法治的进步。因此，一方面，刑事诉讼法的完善与落实是我国构建法治国家的基础；另一方面，只有法治进步了，公民守法的意识增强了，才能为刑事诉讼法在司法实践中得以落实提供环境保障。二者的关系是互为依靠，相辅相成的。

5. 复习本知识点时需要结合学习社会主义法治理念中与法治国家、依宪治国、依法治国相关的理论。

【经典真题】

2014 年多项选择题第 64 题：[1]

关于"宪法是静态的刑事诉讼法、刑事诉讼法是动态的宪法"，下列哪些选项是正

---

[1] 答案：ABC。

确的?

A. 有关刑事诉讼的程序性条款，构成各国宪法中关于人权保障条款的核心

B. 刑事诉讼法关于强制措施的适用权限、条件、程序与辩护等规定，都直接体现了宪法关于公民人身、住宅、财产不受非法逮捕、搜查、扣押以及被告人有权获得辩护等规定的精神

C. 刑事诉讼法规范和限制了国家权力，保障了公民享有宪法规定的基本人权和自由

D. 宪法关于人权保障的条款，都要通过刑事诉讼法保证刑法的实施来实现

【本题解析】

本题考查的是宪法与刑事诉讼法的关系。有关刑事诉讼的程序性条款在宪法条文中具有重要地位。这些体现法治主义的有关刑事诉讼的程序性条款，构成了各国宪法或者宪法性文件中关于人权保障条款的核心。故 A 项正确。各国刑事诉讼法律规范中有关强制措施的适用权限、条件、程序、羁押期限、辩护、侦查、审判的原则和程序等规定，都直接体现了宪法或者宪法性文件关于公民人身、住宅、财产不受非法搜查、逮捕、扣押以及犯罪嫌疑人、被告人有权获得辩护等规定的精神。故 B 项正确。由于刑事诉讼法规范和限制了国家权力，因而成为保障公民基本人权和自由的基石。故 C 项正确。宪法的许多规定，一方面要通过刑事诉讼法保证刑法的实施来实现；另一方面要通过刑事诉讼法本身的实施来实现。故 D 项不正确。本题的正确答案为 ABC 三项。

第二节　刑事诉讼法的制定目的与任务

一、刑事诉讼法的制定目的

◦ 重点解读

《刑诉法》第 1 条规定："为了保证刑法的正确实施，惩罚犯罪，保护人民，保障国家安全和社会公共安全，维护社会主义社会秩序，根据宪法，制定本法。"

刑事诉讼法的制定目的可以作以下理解：（1）保证刑法正确实施；（2）惩罚犯罪，保护人民；（3）保障国家安全和社会公共安全；（4）维护社会主义社会秩序。

> **要点提示**
>
> 该知识点无需背诵，但需熟悉。需要注意"刑事诉讼法的制定目的"不等于"刑事诉讼目的"，"刑事诉讼目的"在下文详述。

二、刑事诉讼法的任务※※

◦ 重点解读

《刑诉法》第 2 条规定："中华人民共和国刑事诉讼法的任务，是保证准确、及时地查明犯罪事实，正确应用法律，惩罚犯罪分子，保障无罪的人不受刑事追究，教育公民自觉遵守法律，积极同犯罪行为作斗争，维护社会主义法制，尊重和保障人权，保护公民的人

身权利、财产权利、民主权利和其他权利，保障社会主义建设事业的顺利进行。"

刑事诉讼法的任务可以归纳为三个：

1. 直接任务：惩罚犯罪分子，保障无罪的人不受刑事追究；

2. 重要任务：教育公民自觉遵守法律，积极同犯罪行为作斗争；

3. 根本任务：维护社会主义法制，尊重和保障人权，保护公民的人身权利、财产权利、民主权利和其他权利。

再进一步简化，可概括为：惩罚、教育、保障。

要点提示

1996 年《刑诉法》中没有专门规定"尊重和保障人权"，2012 年《刑诉法》在第 2 条明确规定了"尊重和保障人权"，因此，《刑诉法》第 2 条的规定也被称为人权条款。

该知识点既可以在客观题中考查，也可以在主观题中考查。考生需要正确理解"尊重和保障人权"的以下理论含义：

1. 重点理解"尊重和保障人权"写入《刑诉法》的意义：

（1）是宪法尊重和保障人权原则在刑事诉讼活动中的具体化；

（2）是宪法中的人权主体在刑事诉讼中的具体化和特定化；

（3）体现了刑事诉讼法的政治性与法律性的有机统一，保护政治权利和公民权利的有机统一。

2. 重点理解人权是什么人的权？

宪法中的人权主体是我国全体公民，具有普遍性。而刑事诉讼中的人权主体，固然包括所有公民，但更关注各类刑事诉讼参与人，旨在要求司法机关在刑事诉讼活动中注意尊重和保障诉讼参与人特别是犯罪嫌疑人、被告人和被害人的人权。有的学者认为保障人权就是要保障犯罪嫌疑人和被告人的人权，主张犯罪嫌疑人、被告人的权利至上，这种观点是片面的。犯罪嫌疑人、被告人在刑事诉讼活动中固然是诉讼权利最容易被侵犯的主体，但被害人、证人、鉴定人等诉讼参与人的权利也应当得到保障和重视。

第三节　刑事诉讼的基本理念

★重点提示 刑事诉讼的基本理念是本章的重点，请考生深入掌握。

○重点解读

一、惩罚犯罪与保障人权

惩罚犯罪指通过刑事诉讼活动，在准确、及时查明案件事实真相的基础上，对构成犯罪的被告人公正适用刑法，以抑制犯罪，以及通过刑事程序本身的作用来抑制犯罪。即运用刑事实体法和刑事程序法来抑制犯罪。

保障人权指：（1）无辜的人不受追究；（2）有罪的人受到公正处罚（罚当其罪，不能罚轻于其罪，也不能罚重于其罪，这是司法实践中考量司法公正的重要指标）；（3）诉讼权利得到充分保障和行使。

惩罚犯罪与保障人权应当并重。不能只顾惩罚而轻视保障，也不能一味保障而放弃惩罚。同时，惩罚与保障是一对矛盾，多数情况下是统一的，因为惩罚了犯罪也就保障了人权，保障犯罪嫌疑人、被告人人权的同时也要打击犯罪，惩罚其应罚的行为。但惩罚与保障也有对立的时候，比如一起刑事案件，有证明犯罪嫌疑人犯罪的证据，但是并不是特别充分，这时是按照惩罚犯罪的要求在证据不太充分的条件下对犯罪嫌疑人科以刑罚，还是按照保障人权的要求在证据不太充分的条件下对犯罪嫌疑人无罪释放？显然，应当选择保障人权，对犯罪嫌疑人疑罪从无。

简言之，惩罚犯罪与保障人权是对立统一关系，二者应当并重，二者在多数情况下是一致的，矛盾时应当选择保障人权。

二、实体公正与程序公正

诉讼公正包含实体公正与程序公正两个方面。

实体公正即结果公正，具体要求有：（1）据以定罪量刑的犯罪事实应当证据确实充分；（2）正确适用刑法，准确认定犯罪嫌疑人是否犯罪及其罪名；（3）按照罪刑相适应原则，依法适度判定刑罚；（4）对于错误处理的案件，采取救济方法纠正、补偿。

程序公正即过程公正，具体要求有：（1）严格遵守刑事诉讼法的规定；（2）认真保障当事人和其他诉讼参与人，特别是犯罪嫌疑人、被告人和被害人的诉讼权利；（3）严禁刑讯逼供和以其他非法手段取证；（4）司法机关依法独立行使职权；（5）保障诉讼程序的公开性和透明度；（6）依法定期限办案、结案。

考生应当重点记忆：实体公正即结果公正；程序公正即过程公正。

实体公正与程序公正应当并重，但我国长期存在"重实体、轻程序"的做法，在今后的司法实践中应当注意纠正，更加侧重程序公正。

三、诉讼效率与公正

诉讼效率是指诉讼中所投入的司法资源（包括人力、财力、物力）与案件处理数量的比例。诉讼效率要求投入一定的司法资源处理尽可能多的案件。我国刑诉法中关于简易程序、速裁程序、轻罪不起诉、严格控制羁押期限等规定都体现了对诉讼效率的追求。

效率意味着速度、快捷，这时就可能和公正产生矛盾。这里注意，效率应当基于公正，没有公正而谈效率是没有意义的。同时，不能因为公正而无休止地牺牲效率。此外，需要注意，追求效率本意并非抛弃公正，也不意味会限制程序的制约作用，程序的制约能力与程序本身设计的合理性有关，而与效率没有直接联系。

简言之，应当注重诉讼效率，当效率与公正发生冲突时，应当首选公正，因为公正是法律存在的根基，即公正第一、效率第二。但是，也不能为了公正而过分的牺牲效率，否则遥遥无期的公正也无公正可言了。

图表总结

	基本理念	关系
一	惩罚犯罪与保障人权	两者应当并重，若发生冲突，首选保障人权。
二	实体公正与程序公正	1. 实体公正重结果，程序公正重过程。2. 两者应当并重，以为实体公正就能程序公正或者以为程序公正就能实体公正是错误的。
三	效率与公正	公正优先，兼顾效率。

要点提示

　　上述刑事诉讼法的三对基本理念可以贯穿整部刑事诉讼法的各个章节和制度，考生在答主观题时，无论题目考查侦查、起诉、审判还是其他，都可以将基本理念适当地融入。

【经典真题】

2018 年多项选择第 73 题：[1]

　　诉讼效率是指诉讼中所投入的司法资源（包括人力、财力、物力等）与案件处理数量的比例。刑事诉讼法在保障公正优先的前提下尽量提高办理刑事案件的效率。下列关于刑事诉讼中的做法有哪些体现效率原则？

　　A. 集中审理原则

　　B. 速裁程序

　　C. 在看守所派驻值班律师为犯罪嫌疑人提供法律帮助的认罪认罚案件

　　D. 网上远程视频开庭

【本题解析】

　　本题考查的是追求诉讼效率的基本理念。

　　诉讼效率指诉讼中所投入的司法资源（包括人力、财力、设备等）与处理的案件数量的比例关系。追求诉讼效率，要求投入一定司法资源处理尽可能多的案件。追求诉讼效率，意味着应当降低诉讼成本，加速诉讼进程，减少案件拖延和积压。我国刑事诉讼法规定了"准确、及时地查明犯罪事实"的内容，而且还从诉讼期限、轻罪不起诉和简易程序等多方面体现诉讼效率的理念。

　　A 选项，集中审理原则是指法院开庭审理案件，应在不更换审判人员的条件下连续进行，不得中断审理的诉讼原则。其要求法庭成员不可更换，集中证据调查与法庭辩论，庭审不中断并迅速作出裁判。集中审理原则有利于实现审判公正与效率的双重价值目标，有利于实现被告人的迅速审判权，故该原则体现了诉讼效率原则。A 选项正确。

　　B 选项，速裁程序是面对轻微犯罪案件数量增多，基层司法机关案多人少的矛盾日益突出，在 2018 年《刑诉法》修改时增加的比简易程序更为简化的审判程序。适用速裁程序审理案件，一般在受理后 10 日内审结，对可能判处的有期徒刑超过一年的，可以延长至 15 日，这是典型的提高诉讼效率的体现。B 选项正确。

---

〔1〕　答案：ABCD。

C选项，认罪认罚案件是推进案件繁简分流的重要方式，对于认罪认罚的当事人，量刑上将从宽，程序上从简。在看守所派驻值班律师为犯罪嫌疑人提供法律帮助，能够使犯罪嫌疑人、被告人了解认罪认罚的性质和后果，自愿认罪认罚，有效提高诉讼效率。C选项正确。

D选项，网上远程视频开庭突破了传统的庭审方式，使辩护人不需提前赶往法院，在当地看守所就可参加庭审，也无需法警押解被告人往返看守地与法院，不但方便了诉讼参与人参加诉讼，降低了被告人押解风险，而且缩短了庭审周期，节约了司法资源，极大地提高了诉讼效率。D选项正确。

第四节　刑事诉讼的基本范畴

一、刑事诉讼目的※

（一）刑事诉讼目的的内容

◇ 重点解读

刑事诉讼目的是指国家制定刑事诉讼法和进行刑事诉讼活动所期望达到的结果。可以区分为根本目的与直接目的。

根本目的并非刑诉法所特有，国家制定的所有法律都是这个目的，即：通过制定刑诉法和实施刑诉活动想要达到维护社会秩序之目的。

直接目的表现为两方面：（1）通过刑事诉讼活动，对构成犯罪的被告人适用刑法，惩罚犯罪，实现国家刑罚权；（2）在刑事诉讼活动中，保障人权，使诉讼参与人的合法诉讼权利不受侵犯，特别是犯罪嫌疑人、被告人和被害人的诉讼权利。

根本目的与直接目的的关系：刑事诉讼根本目的的实现有赖于直接目的的实现。

（二）刑事诉讼目的的理论分类

由于近年来加大了对理论知识点的考查力度，因此刑事诉讼目的的理论分类需要考生掌握。

◇ 重点解读

在英美法系国家和大陆法系国家，关于刑事诉讼目的的理论分类，主要包括以下几种学说：

1. 犯罪控制模式与正当程序模式

犯罪控制模式认为刑事程序运作的方式与取向，应循"控制犯罪"之目标进行，追求效率，程序应当为实体服务。

正当程序模式认为人类拥有某些与生俱来的基本权利，主张刑事诉讼目的不单是发现实体真实，更重要的是以公平与合乎正义的程序来保护被告人的人权。

2. 家庭模式

学者认为犯罪控制模式与正当程序模式的划分实为两个对立的"战争模式"或"争斗模式"。有学者提出了刑事程序的第三种模式，即家庭模式。该模式以家庭中父母与子女关系为喻，强调国家与个人间的和谐关系，并以此为出发点，提出解决问题的途径。

3. 实体真实主义与正当程序主义

实体真实主义旨在追求案件的实体真实。在实体与程序的关系上，实体优越于程序，程序服务于实体。在人权保障与实体真实的关系上，实体的真实也处于优势。对违反程序法造成侵犯公民权利的行为人，由有关部门给予个别处理，而不影响其后的诉讼行为。

实体真实主义可分为积极实体真实主义和消极实体真实主义。传统的实体真实主义仅指前者，为不使一个犯罪人逃脱，刑事程序以发现真相为要。消极实体真实主义将发现真实与保障无辜相联系，认为刑事诉讼目的不仅在于发现实体真实，本身也应包含力求避免处罚无罪者的意思。它与积极实体真实主义的区别在于也考虑保障无辜，它与正当程序主义的区别在于仍然考虑实体真实。

正当程序主义认为刑事诉讼对案件事实的认识能力是十分有限的，刑事诉讼应将案件真实设定为诉讼程序之外的客观实在，并谋求通过诉讼程序内的活动来接近它。

当然，也有不少学者提出刑事诉讼具有追求实体真实与维护正当程序两方面的目的。我国诉讼理论一般认为，惩罚犯罪与保障人权两个方面应当并重。

图表总结

刑事诉讼目的的理论分类	1. 犯罪控制模式	(1) 惩罚犯罪。 (2) 追求效率。 (3) 程序为实体服务。	
	2. 正当程序模式	(1) 讲权利。 (2) 重程序。	
	3. 家庭模式	国家与个人的和谐关系。	
	4. 实体真实主义	(1) 积极实体真实主义[1]	(a) 在实体与程序的关系上，实体优越于程序。 (b) 在人权保障与实体真实的关系上，重实体真实。 (c) 违反程序，不影响其后的诉讼行为。
		(2) 消极实体真实主义	既要发现实体真实，又应力求避免处罚无辜者。
	5. 正当程序主义	(1) 事实的认定应当依正当程序进行。 (2) 我国诉讼理论一般认为，惩罚犯罪与保障人权应当并重。	

【经典真题】

2013 年单项选择题第 22 题：[2]

在刑事司法实践中坚持不偏不倚、不枉不纵、秉公执法原则，反映了我国刑事诉讼"惩罚犯罪与保障人权并重"的理论观点。如果有观点认为"司法机关注重发现案件真相的立足点是防止无辜者被错误定罪"，该观点属于下列哪一种学说？

A. 正当程序主义　　　　　　　　　　B. 形式真实发现主义

---

[1] 需要注意的是，在传统理论中，实体真实主义就指的是积极实体真实主义，只是现代理论认为实体真实理论除了指积极实体真实主义外，还可以包括消极实体真实主义。

[2] 答案：D。

C. 积极实体真实主义　　　　　　D. 消极实体真实主义

【本题解析】

本题题干中有一句话："司法机关注重发现案件真相的立足点是防止无辜者被错误定罪"，可以看出，不仅要"发现案件真相"，还要"防止无辜者被错误定罪"，这符合上述所讲实体真实主义中的消极实体真实主义，应当选D。

二、刑事诉讼价值※

○ 重点解读

刑事诉讼价值是指刑事诉讼法对国家、社会及其一般成员具有的效用和意义。刑事诉讼价值包括：秩序、公正、效益等。

秩序价值：（1）通过惩治犯罪，维护社会秩序；（2）惩治犯罪活动的本身应当是有序的；（3）应当严格依刑事程序法办事。

公正价值：是诸价值的核心。包括实体公正和程序公正。前文已述，此不赘述。

效益价值：注意效益与效率的区别，刑事诉讼效益既包括效率，还包括刑事诉讼对推动社会经济发展方面的效益。

三大价值之间的关系：三者相互依存，相互作用。片面地只追求三大价值中任一价值都会造成诉讼不公和冤狱。

三大价值是通过刑事诉讼法的制定和实施来实现的，只要严格执行刑事诉讼法，就可以实现秩序、公正和效益，这就是刑诉法自身的独立价值，不需要依赖于刑法而实现。同时，刑诉法也具有保障刑法正确实施的功能，这是刑诉法的工具价值。

图表总结

相互依存相互作用	秩序	（1）通过惩罚犯罪来维护社会秩序。 （2）惩罚犯罪本身应当有序。 （3）严格依据程序办事。
	公正	（1）核心价值。 （2）可分为实体公正与程序公正。
	效益	（1）效率。 （2）效益。

【经典真题】

2016 年多项选择题第 64 题：

刑事诉讼法的独立价值之一是具有影响刑事实体法实现的功能。下列哪些选项体现了这一功能？[1]

A. 被告人与被害人达成刑事和解而被法院量刑时从轻处理

B. 因排除犯罪嫌疑人的口供，检察院作出证据不足不起诉的决定

C. 侦查机关对于已超过追诉期限的案件不予立案

D. 只有被告人一方上诉的案件，二审法院判决时不得对被告人判处重于原判的刑罚

―――――――――――――

[1]　答案：ABD。

【本题解析】

刑事诉讼秩序、公正、效益价值是通过刑事诉讼法的制定和实施来实现的。一方面，刑事诉讼法保证刑法的正确实施，实现秩序、公正、效益价值，这称为刑事诉讼法的工具价值；另一方面，刑事诉讼法的制定和适用本身也在实现着秩序、公正、效益价值，并影响着刑事实体法的实现。这称为刑事诉讼法的独立价值。A 选项通过刑事和解程序影响"量刑"这一刑事实体法实现的功能，因此当选。B 选项通过刑事诉讼程序排除犯罪嫌疑人的口供，检察院作出证据不足不起诉的决定，证据不足不起诉的决定是无罪的实体法处理，因此 B 当选。C 选项属于实体法影响程序法，因此不当选。D 通过上诉审程序，保障被告人的诉讼权利，并且不得加重被告人刑罚，属于程序法影响实体法实现的功能，因此当选。

三、刑事诉讼主体

○ 重点解读

刑事诉讼主体是指所有参加刑事诉讼活动，在刑事诉讼中享有一定权利、承担一定义务的国家专门机关和诉讼参与人。可分为三类：

第一类，代表国家行使侦查权、起诉权、审判权和刑罚执行权的国家专门机关，即公安机关、国家安全机关、军队保卫部门、监狱、人民检察院、人民法院；

第二类，直接影响诉讼进程并且与诉讼结果有直接利害关系的诉讼当事人，包括犯罪嫌疑人、被告人、被害人、自诉人、附带民事诉讼原告人和被告人；

第三类，协助国家专门机关和诉讼当事人进行诉讼活动的其他诉讼参与人，包括法定代理人、诉讼代理人、辩护人、证人、鉴定人和翻译人员。

考生在此了解一下主体有这么三类即可，后面会在第三章"刑事诉讼中的专门机关和诉讼参与人"中详尽讲述。

四、刑事诉讼职能※

○ 重点解读

刑事诉讼具有三种基本职能：控诉、辩护和审判。

控诉：检察机关（公诉案件）或者自诉人（自诉案件）向审判机关起诉，要求追究被告人刑事责任的行为。由于侦查是检察机关提起公诉活动的前提和组成部分，可以将侦查视为控诉职能。行使控诉职能的主体包括：检察院、自诉人及其法定代理人、被害人及其法定代理人、近亲属。

辩护：犯罪嫌疑人或者被告人（也可由辩护人协助实施）提出对自己有利的事实和理由，维护自己的合法权益。行使辩护职能的主体主要包括：犯罪嫌疑人、被告人及其法定代理人、辩护人等。

审判：人民法院通过审理来确定对被告人应否处以刑罚（定罪）和处以何种刑罚（量刑）。行使审判权的主体唯有法院。

要点提示

需要注意，证人、见证人、鉴定人、翻译人员等不具有控诉、辩护或者审判职能。

五、刑事诉讼构造※※

（一）概念

◎重点解读

刑事诉讼三种职能（控诉、辩护、审判）之间的地位和相互作用不同，导致不同模式的诉讼构造。刑事诉讼构造也被称为刑事诉讼模式、结构，是指控、辩、审三方在刑事诉讼中的地位及相互关系。

> **要点提示**
>
> 刑事诉讼构造由刑事诉讼目的决定，一个国家制定刑诉法的目的如何，就会采取相应的诉讼构造，至于一个国家持何种诉讼目的，又会受到当时对诉讼价值认识的影响。

图表总结

一国对诉讼价值（秩序、公正、效益等）的认识程度和水平

↓影响

一国制定刑诉法的目的（根本目的、直接目的）

↓决定

一国采取什么样的诉讼构造

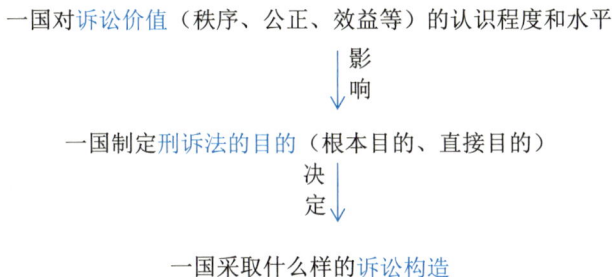

（二）刑事诉讼构造的种类

◎重点解读

诉讼史上最初出现的刑事诉讼构造为弹劾式诉讼构造，实行于奴隶制和封建制早期的国家。随着历史的发展，又出现了纠问式诉讼构造，主要盛行于欧洲中世纪后期。

1. 古代刑事诉讼构造

（1）弹劾式诉讼构造

特征是：（a）控诉与审判职能分离，遵循不告不理原则。控告由私人提起，传唤证人由私人执行；（b）审判以言词辩论的方式进行，注重发挥诉讼双方的作用，地位、权利平等，对各自的诉讼主张负举证责任；（c）法官处于消极仲裁者的地位；（d）若案件事实真伪不明，法官往往求助于神明启示，即施行神示证据制度。

（2）纠问式诉讼构造。

特征是：（a）控诉与审判职能不分，而是集中于法官一身；（b）不实行不告不理，国家可以主动追诉犯罪；（c）原被告没有诉讼主体地位，被告更是仅承担诉讼义务的被追究的客体；（d）审判秘密进行，刑讯逼供盛行且合法；（e）适用法定证据制度。即，法律根据证据的不同形式，预先规定了各种证据的证明力和判断证据的规则，法官必须据此作出判决的一种证据制度。其基本内涵是指一切证据的证明力以及对证据的取舍和运用均由法律预先明文规定，法官在诉讼中只需依据法律的规定被动、机械地计算证据的证明力和判断规则的规定并据以认定案情，而无权依照自己的认识和思维自由判断证据。法定证据制

度的兴起很大程度上是与神示证据制度衰落后司法力量为追求案件实质真实而导致的恣意司法密切相关。其实质是排除了法官的自由裁量权。

2. 现代刑事诉讼构造

一般认为，现代西方国家刑事诉讼构造类型大致分为两类：大陆法系国家采职权主义，英美法系国家采当事人主义。

当事人主义诉讼构造将开始和推动诉讼的主动权委于当事人，控诉、辩护双方当事人在诉讼中居于主导地位，适用于程序上保障人权的诉讼目的。

职权主义诉讼构造将诉讼的主动权委于国家专门机关，适用于实体真实的诉讼目的。

日本"二战"后在职权主义背景下大量吸收当事人主义因素，形成了以当事人主义为主，以职权主义为补充的混合式诉讼构造。

实际上，由于单纯采取职权主义或当事人主义的诉讼构造，在控制犯罪或保障人权的功能中会抑制另一方面功能的发挥而导致种种弊端，两种诉讼构造均已吸收了对方构造的一些程序。尽管如此，由于历史传统的影响，两大法系刑事诉讼构造仍有许多不同，从而也决定了两种构造功能上的差异。

图表总结

1. 古代刑事诉讼构造	（1）弹劾式	（a）控审分离，不告不理，私人起诉。 （b）言词辩论，双方平等。 （c）法官消极。 （d）神示证据。
	（2）纠问式	（a）控审不分，法官专权。 （b）主动追诉。 （c）诉讼客体。 （d）秘密审判，刑讯合法。 （e）法定证据。
2. 现代刑事诉讼构造	（1）当事人主义	（a）英美法系。 （b）控辩主导。 （c）保障人权为目的。
	（2）职权主义	（a）大陆法系。 （b）法官主导。 （c）实体真实为目的。
	（3）混合式	（a）日意代表。 （b）先职权主义，再吸收当事人主义。 （c）当事人主义为主，职权主义为辅。

要点提示

1. 古代刑事诉讼构造中的弹劾式与纠问式以熟悉为主,现代刑事诉讼构造中的当事人主义、职权主义和混合式需要重点掌握,尤其是掌握三种诉讼构造的特点。另外,关于现代刑事诉讼构造,还可以结合第十四章"刑事审判概述"中关于"刑事审判模式"的知识点学习。

2. 我国理想的诉讼构造应当是法官居中裁判,控、辩平等对抗,控审分离的等腰三角形诉讼构造,也被称为"控辩式"诉讼构造。

如图:

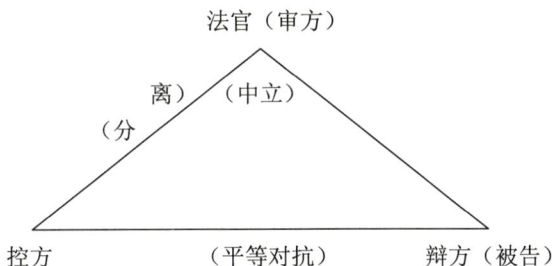

【经典真题】

2014 年单项选择题第 24 题:[1]

关于刑事诉讼构造,下列哪一选项是正确的?

A. 刑事诉讼价值观决定了刑事诉讼构造

B. 混合式诉讼构造是当事人主义吸收职权主义的因素形成的

C. 职权主义诉讼构造适用于实体真实的诉讼目的

D. 当事人主义诉讼构造与控制犯罪是矛盾的

【本题解析】

A,刑事诉讼价值决定一国制定刑诉法的目的,不能直接决定一国采取什么样的诉讼结构。A 错误。

B,采用混合式诉讼构造的国家以日本和意大利为代表。日本明治维新以后的刑事诉讼法受法国和德国影响较大,诉讼构造属职权主义。"二战"后,日本法制受到美国法律制度的影响。从 1948 年重新制定刑事诉讼法开始至 20 世纪 50 年代末,日本的刑事诉讼构造完成了从以职权主义为主到以当事人主义为主的转型,但又与美国刑事诉讼构造不完全相同而形成了自己的特色。

一方面,日本坚持被告人享有沉默权,实行起诉状一本主义,法官在庭审前不得接触控方除起诉状以外的案卷证据,证据由控辩双方当庭提出,证人主要由双方传唤和当庭询问,法庭调查实行交叉询问程序,这些都是当事人主义诉讼构造的内容;另一方面,法官仍然主导审判程序并在事实与证据调查中起着积极的作用。不实行陪审团制。为了查明事实真相,法官可以依职权自行扩大证据调查范围,主动调查并提出证据,有权询问证人、

---

[1] 答案:C。

鉴定人，有权对控辩双方提出的调查证据的请求进行审查并有权不予准许。

意大利的刑事诉讼原属职权主义模式，"二战"后意大利的刑事司法制度不断改革，特别是于1988年修改刑事诉讼法，大量吸收英美法系当事人主义审判模式的内容。

可见，混合式诉讼构造应当是职权主义吸收当事人主义的因素形成的，B错误。

C，诉讼目的决定了诉讼构造。在实体真实和程序正义的关系方面，职权主义诉讼构造更加倾向于惩罚犯罪和追寻实体真实，而当事人主义诉讼构造更加倾向于保障人权和追寻程序正义，故C正确。

D，无论当事人主义诉讼构造还是职权主义诉讼构造，都追寻惩罚犯罪和保障人权，都赞同实体真实与程序正义。只不过，当事人主义诉讼构造更加倾向于保障人权和程序正义，职权主义诉讼构造更加倾向于惩罚犯罪和实体真实。不能说当事人主义诉讼构造与控制犯罪就是矛盾的。D错误。

综上所述，本题选C。

2019法考客观题回忆版：[1]

刑事诉讼职能是指根据法律规定，国家专门机关和诉讼参与人在刑事诉讼中所承担的职责、具有的作用和功能。下列关于刑事诉讼职能的表述，正确的是？

A. 人民检察院排除侦查机关收集的非法证据，体现了其控诉职能

B. 证人证明被告人罪轻或无罪，体现了其辩护职能

C. 被害人在公诉和自诉案件中均承担控诉职能

D. 诉讼代理人均承担控诉职能

【考点】刑事诉讼的职能

【本题解析】

选项A错误。人民检察院排除侦查机关收集的非法证据，体现了人民检察院对侦查机关的侦查监督职能。

选项B错误。证人证明被告人罪轻或无罪，只是履行作证义务，证人既不承担控诉职能，也不承担辩护职能。

选项C正确。公诉案件的被害人在诉讼中承担控诉职能；在自诉案件中，被害人是自诉人，自诉人承担控诉职能。

选项D错误。公诉案件的被害人、自诉案件的自诉人及其委托的诉讼代理人承担控诉职能；但是，刑事附带民事诉讼的原告人和被告人委托的诉讼代理人不承担控诉职能。控诉职能只是针对刑事案件的。

六、刑事诉讼阶段

○ 重点解读

从启动刑事诉讼程序到刑事诉讼程序走完的整个过程可以被划分为若干刑事诉讼阶段。划分依据主要有：

1. 不同主体的直接任务。侦查机关的任务是侦查，检察机关的任务是审查起诉，人民法院的任务是审判。

---

[1] 答案：C。

2. 参加诉讼的机关和个人的组成。侦查阶段涉及的机关主要是公安机关，审查起诉阶段涉及的机关主要是人民检察院，审判阶段涉及的主要机关是人民法院。

3. 诉讼行为的方式。侦查阶段主要采取收集证据、查明案情的工作和强制措施，并不公开，审判则一般要求公开，并且参加主体较多。

4. 诉讼法律关系。不同诉讼阶段的法律关系不同，如侦查阶段主要是犯罪嫌疑人和侦查机关的关系，审查起诉阶段则是犯罪嫌疑人和检察机关的关系等。

5. 诉讼的总结性文书。如审查起诉阶段有起诉书、不起诉决定书，审判阶段有判决书、裁定书等。

按照以上标准，我国刑事诉讼可划分为：立案、侦查、审查起诉、审判、执行等阶段。

图表总结

刑事诉讼阶段	公诉案件	（侦查机关）立案 – 侦查 – 审查起诉（公诉） – 审判 – 执行
	自诉案件	起诉（自诉） – （法院）立案 – 审判 – 执行

要点提示

自诉案件是指依照法律规定，被害人（自诉人）向人民法院直接起诉而引起的刑事诉讼程序，与公诉案件相比，自诉案件没有侦查阶段，因此，收集证据的责任及证明责任的承担都归于被害人（自诉人）。

有的同学认为，自诉案件可以存在侦查阶段。因为，自诉案件在一定条件下可以"自诉转公诉"，也可以"公诉转自诉"[1]，案件在处于公诉状态时可以有侦查阶段。这种观点是错误的，即使出现了"自诉转公诉"或者"公诉转自诉"的情况，纯粹的自诉案件是不存在侦查阶段的。这是因为，自诉案件一旦转为公诉案件，案件性质就不再是自诉案件而是公诉案件了，有侦查也是公诉案件的侦查；公诉案件在转为自诉案件之前，还不是自诉案件，即使存在侦查也是公诉案件的侦查。

---

〔1〕 相关制度参见：第四章"管辖"中"立案管辖"下的"人民法院直接受理案件的管辖"。

导学

本章共涉及12条基本原则，内容很多，也很繁杂，常考的知识点有：

1. 侦查权、检察权、审判权由专门机关依法行使；
2. 人民法院、人民检察院依法独立行使职权；
3. 未经人民法院依法判决对任何人都不得确定有罪原则；
4. 依照法定情形不予追究刑事责任。

另外，本章内容还要结合大纲中其他章节的有关内容来理解。和第一章概述相比，本章客观题出题概率大于第一章，同时和第一章一样，也可能会考查主观题。本章涉及的12个基本原则，重要程度并不均等。其中，"具有法定情形不予追究刑事责任"是考查率最高的一个原则，是考生学习的重中之重。

知识体系

刑事诉讼法基本原则
- 侦查权、检察权、审判权由专门机关依法行使※
- 严格遵守法定程序
- 人民法院、人民检察院依法独立行使职权※※
- 分工负责，互相配合，互相制约
- 人民检察院依法对刑事诉讼实行法律监督※
- 各民族公民有权使用本民族语言文字进行诉讼※
- 犯罪嫌疑人、被告人有权获得辩护
- 未经人民法院依法判决，对任何人都不得确定有罪※※
- 保障诉讼参与人的诉讼权利
- 认罪认罚从宽处理原则
- 具有法定情形不予追究刑事责任※※
- 追究外国人刑事责任适用我国刑事诉讼法

本章重点

第一节　基本原则概述

一、刑事诉讼法基本原则的概念※

刑事诉讼法的基本原则，是指反映刑事诉讼理念和目的的要求，贯穿于刑事诉讼全过程或者主要诉讼阶段，对刑事诉讼过程具有普遍或者重大指导意义和规范作用，为国家专门机关和诉讼参与人参与刑事诉讼必须遵循的基本行为准则。

二、刑事诉讼法基本原则的特点

◆○重点解读

刑事诉讼法基本原则的主要特点包括：

（一）体现刑事诉讼活动的基本规律

这些基本法律准则有着深厚的法律理论基础和丰富的思想内涵。

（二）必须由法律明确规定

刑事诉讼原则可以由法律明文规定，包括宪法或者宪法性文件，刑事诉讼法及其他法律，联合国文件，某些区域性组织的文件等，也可以体现于刑事诉讼法的指导思想、目的、任务、具体制度和程序之中。

刑事诉讼法规定的基本原则包括两大类：

1. 一般原则。即刑事诉讼和其他性质的诉讼必须共同遵守的原则，如：以事实为根据，以法律为准绳原则；公民在法律面前一律平等原则；各民族公民有权使用本民族语言文字进行诉讼原则；审判公开原则；保障诉讼参与人的诉讼权利原则等。

2. 独有原则。即专属于刑事诉讼法所特有的原则，如：侦查权、检察权、审判权由专门机关依法行使原则；人民法院、人民检察院依法独立行使职权原则；分工负责、互相配合、互相制约原则；犯罪嫌疑人、被告人有权获得辩护原则；认罪认罚从宽处理原则等。

（三）一般贯穿于刑事诉讼全过程，具有较普遍的指导意义

刑事诉讼法的基本原则是规范、调整全部刑事诉讼程序的原则，适用于刑事诉讼的各个阶段或主要阶段，国家专门机关及其工作人员以及各诉讼参与人都应当遵守。

（四）具有法律约束力

基本原则虽然较为抽象、概括，但各项具体的诉讼制度和程序都必须与之相符合。而且，在具体诉讼制度没有作出详细规定的时候，可以直接适用刑事诉讼法的基本原则，即刑事诉讼原则具有弥补法律规定不足和填补法律漏洞的功能。

要点提示

　　上述划线部分容易出选择题，请考生尽量熟悉。

图表总结

刑事诉讼法 基本原则的 特点	体现基本规律	理论基础深厚，思想内涵丰富。
	法律明确规定	1. 可由法律规定，也可见于思想、目的、任务、制度、程序中。 2. 可分为诉讼共有的一般原则和专属刑诉的独有原则。
	贯穿刑诉始终	具有普遍指导意义，专门机关与当事人、其他诉讼参与人都应遵守。
	具有约束效力	虽然抽象也是法律，可以弥补法规疏漏。

【经典真题】

2014 年多项选择题第 65 题：[1]

关于刑事诉讼基本原则，下列哪些说法是正确的？

A. 体现刑事诉讼基本规律，有着深厚的法律理论基础和丰富的思想内涵

B. 既可由法律条文明确表述，也可体现于刑事诉讼法的指导思想、目的、任务、具体制度和程序之中

C. 既包括一般性原则，也包括独有原则

D. 与规定具体制度、程序的规范不同，基本原则不具有法律约束力，只具有倡导性、指引性

【本题解析】

ABC 正确。

D，刑事诉讼法基本原则的重要特点之一就是"具有法律约束力"，与刑事诉讼法的一般规定相比，基本原则只不过是高度抽象、比较笼统，但它仍然是法律，仍然具有法律效力。D 错误。

第二节　侦查权、检察权、审判权由专门机关依法行使※

关联法条

《刑诉法》：

第3条第1款　对刑事案件的侦查、拘留、执行逮捕、预审，由公安机关负责。检察、批准逮捕、检察机关直接受理的案件的侦查、提起公诉，由人民检察院负责。审判由人民法院负责。除法律特别规定的以外，其他任何机关、团体和个人都无权行使这些权力。

重点解读

侦查权、检察权、审判权由专门机关行使原则的含义主要有三个方面：

1. 办理刑事案件的职权具有专属性和排他性。侦查权、检察权、审判权只能由公安机

---

〔1〕　答案：ABC。

关、检察机关、人民法院等专门机关行使，其他任何机关、团体和个人都不能行使。

2. 各专门机关在办理刑事案件时有明确的职权分工。审判权只能由人民法院行使；检察权只能由人民检察院行使；侦查权只能由各法定的专门机关依照立案管辖范围行使。

3. 专门机关必须依法行使侦查权、检察权、审判权。所谓"依法"，既包括依据宪法，还包括依据刑事实体法与刑事程序法。

> **要点提示**
>
> 1. 考生应当重点掌握各专门机关的职权
>
> 人民法院：审判。
>
> 人民检察院：检察、批准逮捕、公诉。
>
> 公安机关：侦查、拘留、执行逮捕、预审。
>
> 2. 批准逮捕、决定逮捕与执行逮捕
>
> 根据我国的刑事诉讼法：
>
> 检察机关在侦查阶段可以批准逮捕，也可以决定逮捕。对于公安机关侦查的案件，公安机关如果认为需要逮捕犯罪嫌疑人，会向同级检察机关移送审查批准逮捕，如果检察机关认为犯罪嫌疑人符合逮捕条件，会批准逮捕。
>
> 检察机关在审查起诉阶段和自侦案件的侦查阶段可以决定逮捕。检察机关在自侦案件侦查过程中和审查起诉时如果发现犯罪嫌疑人需要逮捕，有权作出逮捕决定。
>
> 审判机关在审判阶段可以决定逮捕。无论公诉案件还是自诉案件，审判机关在审判时如果发现被告人需要逮捕，有权作出逮捕决定。
>
> 公安机关是逮捕的执行机关。也就是说，无论批准逮捕还是决定逮捕，都由公安机关负责执行。
>
> 具体内容可参见第八章"强制措施"。
>
> 3. 条文中的公安机关要作广义理解。因为除了狭义的公安机关外，还有国家安全机关、军队保卫部门、监狱、中国海警局都可在自身业务范围内行使与公安机关相同的立案、侦查职权。如，《刑诉法》第4条规定："国家安全机关依照法律规定，办理危害国家安全的刑事案件，行使与公安机关相同的职权。"《刑诉法》第308条规定："军队保卫部门对军队内部发生的刑事案件行使侦查权。中国海警局履行海上维权执法职责，对海上发生的刑事案件行使侦查权。对罪犯在监狱内犯罪的案件由监狱进行侦查。军队保卫部门、中国海警局、监狱办理刑事案件，适用本法的有关规定。"
>
> 4. 《刑诉法》第3条中规定的公、检、法职权只是最重要的一部分，其实，它们还享有其他职权，公、检、法的详尽职权参见第三章"刑事诉讼中的专门机关和诉讼参与人"。

第三节　严格遵守法律程序

> ▽ **关联法条**

《刑诉法》：

第3条第2款　人民法院、人民检察院和公安机关进行刑事诉讼，必须严格遵守本法和其他法律的有关规定。

○ 重点解读

一、基本含义

1. 人民法院、人民检察院和公安机关在进行刑事诉讼活动时，必须严格遵守刑事诉讼法和其他有关法律的规定，不得违反法律规定的程序和规则，更不得侵害各方当事人和其他诉讼参与人的合法权益。这里所说的"其他法律"，是指所有与刑事诉讼程序有关的法律，如刑法、人民警察法、检察院组织法、检察官法、法院组织法、法官法、律师法等。

2. 违反法律程序严重的，应当依法承担相应的法律后果。

相应的法律后果主要包括："裁定撤销原判、发回重审"，"已经收集的证据不得作为定案根据"，"证据和诉讼行为效力待定"等。

譬如，第二审人民法院发现第一审人民法院的审理有违反公开审判规定、违反回避制度、剥夺或限制当事人法定诉讼权利可能影响公正审判的、审判组织的组成不合法以及其他可能影响公正审判的违法情形的，应当撤销原判、发回重审（《刑诉法》第 238 条）；在死刑复核案件中，高级人民法院或者最高人民法院若认为原审违反法定程序，可能影响公正审判的，会撤销原判、发回重审（《高法解释》第 428、429 条）。

又如，非法收集的某些证据不能作为定案的根据。《刑诉法》第 56 条规定："采用刑讯逼供等非法方法收集的犯罪嫌疑人、被告人供述和采用暴力、威胁等非法方法收集的证人证言、被害人陈述，应当予以排除。收集物证、书证不符合法定程序，可能严重影响司法公正的，应当予以补正或者作出合理解释；不能补正或者作出合理解释的，对该证据应当予以排除。在侦查、审查起诉、审判时发现有应当排除的证据的，应当依法予以排除，不得作为起诉意见、起诉决定和判决的依据。"

再如，检察长以外的检察人员被决定回避的，在回避决定作出以前所取得的证据和进行的诉讼行为是否有效，由检察长根据案件具体情况决定（《高检规则》第 36 条第 2 款）。

二、程序法定原则

严格遵守法律程序原则也可以被抽象地称为程序法定原则，是程序法定原则的应有之义。

程序法定原则是现代刑事诉讼的基本要求，它包括两层含义：

一是立法方面的要求，即刑事诉讼程序应当由法律事先明确规定。（有法可依）

二是司法方面的要求，即刑事诉讼活动应当依据国家法律规定的刑事程序来进行。（有法必依）

刑事程序法定是区别法律秩序与恣意擅断的基本标志之一，因而为多数国家所遵循。在大陆法系国家，程序法定原则与罪刑法定原则共同构成法定原则的内容。也就是说，法定原则既包括实体上的罪刑法定原则，也包括程序上的程序法定原则。在英美法系国家，刑事程序法定原则具体表现为正当程序原则。从刑事诉讼法的上述规定以及我国宪法和刑事诉讼法中关于"以法律为准绳"等规定来看，我国法律已基本确立了刑事程序法定原则。

图表总结

严格遵守法定程序原则	基本含义	1. 严守刑诉、其他法律。 2. 违法严重，应担后果。		
	抽象原则：程序法定原则 （我国已基本确立）	1. 含义	（1）立法方面，有法可依。 （2）司法方面，有法必依。	
		2. 域外	（1）大陆法系，法定原则包含罪刑法定与程序法定。 （2）英美法系，程序法定原则表现为正当程序原则。	

【经典真题】

2015 年多项选择题第 64 题：[1]

关于程序法定，下列哪些说法是正确的？

A. 程序法定要求法律预先规定刑事诉讼程序

B. 程序法定是大陆法系国家法定原则的重要内容之一

C. 英美国家实行判例制度而不实行程序法定

D. 以法律为准绳意味着我国实行程序法定

【本题解析】本题考查的是程序法定原则

（1）人民法院、人民检察院和公安机关在进行刑事诉讼活动时，必须严格遵守刑事诉讼法和其他有关法律的规定，不得违反法律规定的程序和规则，更不得侵害各方当事人和其他诉讼参与人的合法权益。

（2）违反法律程序严重的，应当依法承担相应的法律后果。

（3）程序法定原则是现代刑事诉讼的基本要求，它包括两层含义：一是立法方面的要求，即刑事诉讼程序应当由法律事先明确规定；二是司法方面的要求，即刑事诉讼活动应当依据国家法律规定的刑事程序来进行。刑事程序法定是区别法律秩序与恣意擅断的基本标志之一，因而为多数国家所遵循。因此，ABD 选项是正确的。

第四节　人民法院、人民检察院依法独立行使职权※※

关联法条

《刑诉法》：

第 5 条　人民法院依照法律规定独立行使审判权，人民检察院依照法律规定独立行使检察权，不受行政机关、社会团体和个人的干涉。

重点解读

应该结合诉讼主体中人民法院和人民检察院的组织体系理解该原则的基本含义：

一、对外

1. 人民法院、人民检察院依法独立行使审判权、检察权，不受行政机关、社会团体和

---

[1]　答案：ABD。

个人的干涉。

2. 人民法院、人民检察院依法独立行使职权，但必须接受人大的监督并向其报告工作。

3. 接受党的领导，党领导的方式是：思想、政治、路线进行领导。

二、对内

1. 人民法院独立行使审判权的含义是每个法院独立，因为上下级法院之间是监督与被监督的事后监督关系。

2. 人民检察院独立行使检察权的含义是全国检察机关作为一个整体独立，因为上下级检察院之间是领导与被领导的关系。

3. 人民法院独立行使审判权，不是法官个人和合议庭独立，这与西方国家司法独立的基点在于法官独立是不同的。

4. 人民检察院独立行使检察权，也不是指检察官个人独立，因为检察院内部实行检察长负责制，重大、复杂案件由检委会讨论决定。

5. 人民法院、人民检察院行使职权必须依法进行，不得违反实体法和程序法。

三、尤其要注意以下两点

1. 在国外，与人民法院、人民检察院依法独立行使职权原则相对应的是司法独立原则。司法独立原则作为现代法治的一项基本原则，源于资产阶级启蒙思想中的三权分立学说，即国家权力分为立法权、行政权、司法权，三权彼此分立，互相制约。西方的司法独立，一方面是指司法权相对于国家立法权和行政权是分离的、独立的，法院作为司法机关独立于立法机关和行政机关，依法独立行使司法权，不受其他权力和机关的干预；另一方面，法官审判案件时，作为个体也是独立的，只依照法律和良心，独立对案件作出判断，不受任何机关、人员的干预。从这个意义上讲，司法独立也就是法官独立。

2. 在我国，人民代表大会的政治制度与三权分立的政治制度不同，然而，国家权力的适度分工与制衡的原理在我国也是同样适用的。当然，我国的司法机关不单指法院，也包括检察院。与西方国家相比，尽管具体含义有别，但整体独立意义上的司法独立，即人民法院、人民检察院作为一个整体独立于其他机关、团体和个人而依法行使职权，在我国也是同样得到强调的。

四、在具体办案方面

2013 年 11 月 12 日通过的《中共中央关于全面深化改革若干重大问题的决定》中，提出要健全司法权力的运行机制，明确指出："改革审判委员会制度，完善主审法官、合议庭办案责任制，让审理者裁判、由裁判者负责。明确各级法院职能定位，规范上下级法院审级监督关系。"可见，如何促进司法权的科学合理行使将是今后司法改革的一个重点。2014 年 10 月 23 日中国共产党第十八届中央委员会第四次全体会议通过的《十八届四中全会报告全文》中明确指出："完善确保依法独立公正行使审判权和检察权的制度。各级党政机关和领导干部要支持法院、检察院依法独立公正行使职权。建立领导干部干预司法活动、插手具体案件处理的记录、通报和责任追究制度。任何党政机关和领导干部都不得让司法机关做违反法定职责、有碍司法公正的事情，任何司法机关都不得执行党政机关和领导干部违法干预司法活动的要求。对干预司法机关办案的，给予党纪政纪处分；造成冤假错案或者其他严重后果的，依法追究刑事责任。""明确司法机关内部各层级权限，健全内部监督制约机制。司法机关内部人员不得违反规定干预其他人员正在办理的案件，<u>建立司法机关内部人员过问案件的记录制度和责任追究制度</u>。完善<u>主审法官、合议庭、主任检察官、主办侦查员办案责任制，落实谁办案谁负责</u>。"

图表总结

法院、检察院依法独立行使职权	独立的**主体**	<u>法院、检察院</u>：主体是<u>机关</u>而非个人。
	独立的**根据**	严格依照法律。
	独立的**对象**	1. 独立于<u>行政机关、社会团体和个人</u>。 2. 不独立于<u>党、人大、人民、社会</u>的领导、监督。
	独立的**方式**	1. 组织关系方面： （1）检察院，领导与被领导，<u>检察系统整体独立</u>； （2）法院，监督与被监督，以<u>具体法院为单位独立</u>。 2. 具体办案方面：强调<u>谁办案谁负责</u>。
	独立的**理论**	1. 国外：三权分立体制，<u>司法独立原则</u>——（1）<u>机关独立</u>；（2）<u>法官独立</u>。 2. 我国：<u>整体独立意义上的司法独立——机关独立</u>。

要点提示

1. 在我国，强调"人民法院、人民检察院机关独立"与"强调主审法官、合议庭、主任检察官、主办侦查员办案责任制，落实谁办案谁负责"并不矛盾。从外部关系上来说，法院、检察院机关独立，独立于行政机关、社会团体和个人的干涉。从内部办案来说，强调法院、检察院内部的法官、检察官落实办案责任制，目的是为了防范领导的不当指示、产生冤错案件。但是，<u>谁办案谁负责不等于肯定法官、检察官个人独立</u>。我国只肯定机关独立。

2. 注意<u>司法独立</u>与<u>司法中立</u>不同

独立侧重于相对于其他机关、团体、个人，即别人不能干涉司法机关专属的职权。

中立侧重于<u>不偏不倚</u>，作出中立裁决。在我国，司法机关有两个，检察机关的中立与审判机关的中立。

检察机关在侦查中的中立体现于公正批捕，侦查监督；在起诉中的中立体现为正确作出起诉或不起诉的决定，维护法律的正确实施；在审判阶段的中立在于同时提出有利于和不利于被告的证据，维护被告人合法权益。

在我国，法官不介入审前程序，审判阶段法官中立的目的主要是维护等腰三角形的诉讼构造，使控辩平等对抗、控审分离，查明案情，作出正确裁决。

【经典真题】

<u>2015 年多项选择题第 65 题：</u>[1]

关于公检法机关的组织体系及其在刑事诉讼中的职权，下列哪些选项是正确的？

A. 公安机关统一领导、分级管理，对超出自己管辖的地区发布通缉令，应报有权的上

---

〔1〕答案：ABC。

级公安机关发布

B. 基于检察一体化，检察院独立行使职权是指检察系统整体独立行使职权

C. 检察院上下级之间是领导关系，上级检察院认为下级检察院二审抗诉不当的，可直接向同级法院撤回抗诉

D. 法院上下级之间是监督指导关系，上级法院如认为下级法院审理更适宜，可将自己管辖的案件交由下级法院审理

【本题解析】

本题考查的是人民法院、人民检察院依法独立行使职权原则。人民法院独立行使审判权的含义是每个法院独立，因为上下级法院之间是监督与被监督的事后监督关系。《高法解释》第14条规定："人民检察院认为可能判处无期徒刑、死刑，向中级人民法院提起公诉的案件，中级人民法院受理后，认为不需要判处无期徒刑、死刑的，应当依法审判，不再交基层人民法院审判。"所以D选项前半部和后半部都错误。人民检察院独立行使检察权的含义是全国检察机关作为一个整体独立，因为上下级检察院之间是领导与被领导的关系。公安机关属于行政机关，实行统一领导，分级管理，各级公安机关在自己的辖区内可直接发布通缉令，超出自己的辖区就必须由有权的上级公安机关发布。因此，ABC选项正确。

第五节　分工负责，互相配合，互相制约

关联法条

《刑诉法》：

第7条　人民法院、人民检察院和公安机关进行刑事诉讼，应当分工负责，互相配合，互相制约，以保证准确有效地执行法律。

重点解读

分工负责，是指公、检、法在刑事诉讼中根据法律有明确的职权分工，应当在法定范围内行使职权，各司其职，各负其责，既不能相互替代，也不能相互推诿。

互相配合，是指公、检、法应当在分工负责的基础上，相互支持，通力合作，上下衔接，协调一致，共同完成查明案件事实，追究、惩罚犯罪的任务。

互相制约，是指公、检、法应当按照诉讼职能的分工，相互约束，相互制衡，以防止发生错误或及时纠正错误，做到不错不漏，不枉不纵。

分工负责、互相配合、互相制约是密切相关的，最终目的是保证准确有效地执行法律。其中，分工负责是前提，相互配合和相互制约是公、检、法依法行使职权，顺利进行刑事诉讼的保证。

要点提示

分工负责，互相配合，互相制约原则规制的是公检法之间的关系，而不规制公检法内部上下级之间的关系。譬如，法院上下级之间应当秉承分工负责、互相配合、互相制约的基本原则，这种说法就是错误的。

第六节　人民检察院依法对刑事诉讼实行法律监督※

▽ **关联法条**

《刑诉法》：

第8条　人民检察院依法对刑事诉讼实行法律监督。

综合重点

人民检察院实行的法律监督权由《宪法》授予，其监督贯穿刑事诉讼始终。具体体现为：

1. 立案监督。在立案阶段，人民检察院认为公安机关对应当立案侦查的案件而不立案侦查或者不应当立案侦查的案件违法立案侦查的，有权要求公安机关说明不立案或者立案的理由。

2. 审查批捕过程中的监督。（1）对侦查活动进行监督，发现公安机关侦查违法的，应当通知公安机关予以纠正；（2）对于公安机关提请批准逮捕的理由进行审查并作出决定。人民检察院也可以直接作出逮捕决定交公安机关执行。

3. 审查起诉阶段的监督。（1）人民检察院可以要求公安机关提供法庭审判必需的证据材料。对于需要补充侦查的，可以要求公安机关补充侦查，也可以自行补充侦查；（2）人民检察院发现公安机关移送审查起诉的材料中遗漏同案犯罪嫌疑人的，应当建议公安机关补充移送审查起诉。

4. 审判阶段的监督。（1）对法庭审理活动的监督；（2）对一审裁判的监督；（3）对生效裁判的监督；（4）对死刑复核程序的监督；（5）对特别程序的监督。

5. 执行阶段的监督。（1）死刑执行的临场监督；（2）对监外执行的监督；（3）对减刑、假释的监督；（4）对执行机关执行刑罚的活动是否合法的监督。

要点提示

正确理解人民检察院的法律监督职权。我国《宪法》明确规定，人民检察院是国家的法律监督机关，依法行使法律监督职权。《刑诉法》第8条也作出了同样的规定。在刑事诉讼活动中，人民检察院的法律监督职权具有两大特征：

第一，法律监督职权覆盖范围广泛。如前文所述，法律监督职权包括立案监督、审查逮捕过程中的监督、审查起诉阶段的监督、审判阶段的监督和执行阶段的监督，可以说是横跨立案、侦查、审查起诉、审判和执行各个阶段。

第二，法律监督职权多表现为"建议""通知"。法律监督职权多表现为一种"建议权"、"通知权"而非"决定权"。譬如，犯罪嫌疑人被公安机关执行逮捕后，人民检察院仍然要对逮捕的状态进行捕后羁押必要性审查，如果发现犯罪嫌疑人不需要继续羁押的，可以向公安机关建议释放或者变更强制措施。在这种情况下，犯罪嫌疑人仍然处于公安机关控制之下，人民检察院无权直接决定释放或者变更强制措施，只能提出建议。此外，在司法实践中，只有检察院监督公安机关和法院，而没有公安机关或者法院监督检察院，如果检察院的法律监督权都是决定权，那么检察院将会成为刑事诉讼活动中的"独裁机关"。

此外，上述【综合重点】中罗列的具体监督权力，考生无需背诵，只需熟悉。

第七节　各民族公民有权使用本民族语言文字进行诉讼※

关联法条

《刑诉法》：

第9条　各民族**公民**都有用本民族语言文字进行诉讼的权利。人民法院、人民检察院和公安机关对于不通晓当地通用的语言文字的诉讼参与人，**应当为他们翻译**。

在少数民族聚居或者多民族杂居的**地区**，**应当用当地通用的语言进行审讯**，用当地通用的文字发布判决书、布告和其他文件。

重点解读

理解该原则需要注意以下三点：

首先，使用本民族语言文字的权利。各民族公民，无论当事人、辩护人、证人还是鉴定人，都有权使用本民族的语言进行陈述、辩论，有权使用本民族的文字书写有关诉讼文书。

其次，公、检、法机关有使用当地通用语言文字的义务。公、检、法机关在少数民族聚居或多民族杂居的地区，应当用当地通用的语言进行诉讼活动，用当地通用的文字发布诉讼文书。

最后，公、检、法机关有提供翻译的义务。如果诉讼参与人不通晓当地的语言文字，公、检、法机关应当为其指派或聘请翻译人员。

要点提示

1. 少数民族语言指的是我国除汉语言之外的其他少数民族同胞使用的本族语言，少数民族语言不等于地方话。譬如，广东话、湖南话等属于地方话，一般情况下仍然属于汉语言。

2. 提供翻译是"应当"，是义务。一般情况下，翻译费用由公、检、法负担。

3. 对于不通晓当地通用语言文字的"诉讼参与人"的理解。这里不仅仅指被害人或被告人，还包括辩护人、证人、鉴定人等其他诉讼参与人。

4. 本条第1款针对的是人，第2款针对的是地区。如果一个少数民族的犯罪嫌疑人在汉族地区犯罪，审理时应用汉语，只是为他提供翻译。反之，一个汉族人在少数民族地区犯罪，审理仍用当地少数民族语言。简言之，对于诉讼参与人来说，是什么民族的人，就有权说什么民族的话。对于公、检、法来说，是什么地区的公、检、法，审讯就说自己地区的通用语言，发自己地区通用语言的诉讼文书。如果存在听不懂、看不懂的情况，提供翻译即可。

第八节　犯罪嫌疑人、被告人有权获得辩护

关联法条

《刑诉法》：

第14条第1款　人民法院、人民检察院和公安机关应当保障犯罪嫌疑人、被告人和其他诉讼参与人依法享有的辩护权和其他诉讼权利。

◇ 重点解读

该原则需要掌握以下两个方面的内容：

一、犯罪嫌疑人、被告人享有辩护的权利

辩护权是犯罪嫌疑人、被告人最基本的诉讼权利，我国法律赋予犯罪嫌疑人、被告人辩护权，并在制度和程序上充分保障犯罪嫌疑人、被告人行使辩护权，在任何情况下都不得以任何理由限制或剥夺其辩护权。

二、公、检、法机关有义务保障犯罪嫌疑人、被告人享有辩护权

在刑事诉讼中，为保障犯罪嫌疑人、被告人的辩护权，公、检、法机关负有以下义务：

1. 告知义务。公安司法人员应当及时告知犯罪嫌疑人、被告人享有辩护权以及法律赋予的其他诉讼权利。譬如，告知其聘请辩护人的权利、委托辩护人的权利、申请回避的权利、上诉权、申诉权等。

2. 为犯罪嫌疑人、被告人提供进行辩护的条件。譬如，为符合法定情形的被告人提供法律援助辩护、认真听取被告人及其辩护人的意见等。

▷ 要点提示

1. 辩护在我国可以被区分为自行辩护（犯罪嫌疑人、被告人自己向公安司法人员陈述或者辩解），委托辩护（犯罪嫌疑人、被告人委托辩护人帮助自己辩护）和法律援助辩护（对于未成年人、盲、聋、哑人等没有委托辩护人的，公、检、法将情况告知法律援助机构，由法律援助机构为其指定负有法律援助义务的律师提供免费的法律帮助）三种。详见第六章"辩护与代理"。

2. "辩护"一词是专属于犯罪嫌疑人、刑事被告人（不含附带民事诉讼被告与精神病强制医疗程序中的被告人）及其辩护人的，对于被害人、附带民事诉讼当事人等人委托的律师，只能被称为诉讼代理人，而不能被称为辩护人。

第九节　未经人民法院依法判决，对任何人都不得确定有罪 ※※

▽ 关联法条

《刑诉法》：

第 12 条　未经人民法院依法判决，对任何人都不得确定有罪。

◇ 重点解读

一、基本含义

这是 1996 年修订后的《刑诉法》新确立的一项基本原则，现行《刑诉法》重申了这一原则。

这一原则包括以下基本含义：

1. 明确规定了确定被告人有罪的权力由人民法院统一行使，其他任何机关、团体和个人都无权行使。定罪权是刑事审判权的核心，人民法院作为我国唯一的审判机关，代表国

家统一独立行使刑事审判权。

2. 人民法院判决被告人有罪，必须严格依照法定程序，在保障被告人享有充分的辩护权的基础上，依法组成审判庭进行公正、公开的审理。

二、相应规定

为贯彻这一原则，刑事诉讼法从以下几个方面作出了相应规定：

1. 区分犯罪嫌疑人与刑事被告人。公诉案件在提起公诉前将被追诉人称为犯罪嫌疑人，提起公诉后始称为刑事被告人。

2. 控诉方承担举证责任，被告人不负证明自己无罪的责任，不得因被告人不能证明自己无罪便推定其有罪。

3. 追诉机关对被告人有罪承担证明责任，并应使这一证明达到确实充分的程度，而被追诉者则没有证明自己无罪的责任。

4. 疑案作无罪处理。明确规定在审判阶段，对于证据不足、不能认定被告人有罪的，人民法院应当作出证据不足、指控罪名不能成立的无罪判决。

三、理论重点（无罪推定与有罪推定）

该原则在一定程度上吸收了无罪推定原则的精神。

无罪推定原则的基本含义是，任何人在未经法院作出生效裁判确定有罪以前，在法律地位上应假定为无罪状态。无罪推定作为宪法原则和刑事诉讼法的基本原则，已为世界多数国家的刑事程序所采用。无罪推定是针对封建专制下纠问式刑事诉讼模式中的有罪推定而言的。

有罪推定是对纠问式刑事诉讼制度中一系列现象的归纳。在纠问式诉讼构造下，被告人作为诉讼客体而存在，没有辩护权；口供是最有价值的证据之一，刑讯逼供合法化；审判不公开；司法与行政不分，控诉与审判不分；被指控犯罪的人可以不经其他司法程序而被确定为有罪等。所有这些，均体现了一种观念，即被指控犯罪的人，在法律上可以被视为罪犯，并给予相应的对待。

资产阶级在反对封建司法专制的斗争中，提出了无罪推定原则。最早完整阐述无罪推定思想的，是意大利启蒙法学家贝卡利亚，在其传世著作《论犯罪与刑罚》中，他认为："在法官判决之前，一个人是不能被称为罪犯的，只要还不能断定他已侵犯了给予他公共保护的契约，社会就不能取消对他的公共保护。"

在我国的司法实践中，有罪推定的观念还有相当的影响，有罪推定的做法还在一定范围内存在。因此，我国贯彻"未经人民法院依法判决对任何人都不得确定有罪"原则，仍须进一步完善立法、更新观念。

📊 **图表总结**

未经人民法院依法判决，对任何人不得确定有罪（法院专属定罪权）	基本含义	1. 仅法院定罪
		2. 判罪依程序
	相应规定	1. 犯嫌被告，公诉为界
		2. 控方举证
		3. 疑罪从无
	理论重点	吸收无罪推定精神，反对有罪推定做法

要点提示

1. 该条也叫"人民法院定罪权原则"，其他任何机关、团体、个人都无此权力。该原则体现了无罪推定的精神，但并不意味着我国确立了无罪推定原则。因为在我国司法实践中，仍然存在一些有罪推定的做法。

2. 人民法院拥有专属的定罪权，公安机关、检察院无权定罪，但公安机关、检察院可以认定一个人无罪，譬如公安机关可以撤销案件，检察院可以不起诉。

3. 注意无罪推定与疑罪从无的区别。

无罪推定原则中包含了疑罪从无的要求，但又不完全一样。首先，《刑诉法》第12条主要体现的是无罪推定精神，而不是疑罪从无精神。其次，无罪推定代表一种无罪法律地位的推定，即未经法院确定有罪，被告人在法律上应当享有被推定为无罪的诉讼地位。疑罪从无则是一种裁判规则或者方法，即法官在审理时，如果定罪的证据不足、存疑，应当作出无罪的判决。

第十节　保障诉讼参与人的诉讼权利

🔻 **关联法条**

《刑诉法》：

第14条　人民法院、人民检察院和公安机关应当保障犯罪嫌疑人、被告人和其他诉讼参与人依法享有的辩护权和其他诉讼权利。

诉讼参与人对于审判人员、检察人员和侦查人员侵犯公民诉讼权利和人身侮辱的行为，有权提出控告。

🔹 **重点解读**

这项原则的基本含义是：

1. 诉讼权利是诉讼参与人享有的法定权利，法律予以保护，公安司法机关不得加以剥夺。诉讼参与人在诉讼权利受到侵害时，有权采用法律手段依法保护自己的诉讼权利，如控告或请求公安司法机关予以制止，有关机关对于侵犯公民诉讼权利的行为应当认真查处。

2. 公安司法机关有义务保障诉讼参与人充分行使诉讼权利，对于妨碍诉讼参与人行使诉讼权利的各种行为，有义务采取措施予以制止。

3. 诉讼参与人除了享有诉讼权利，还应当承担法律规定的诉讼义务。公安司法机关有权力要求诉讼参与人履行相应的诉讼义务。

要点提示

与本章第八节相比，本节不仅突出犯罪嫌疑人、被告人的辩护权，而且强调全部诉讼参与人，强调全部诉讼权利。

【经典真题】

2016 年多项选择题第 65 题：[1]

关于保障诉讼参与人的诉讼权利原则，下列哪些选项是正确的？

A. 是对《宪法》和《刑诉法》尊重和保障人权的具体化

B. 保障诉讼参与人的诉讼权利，核心在于保护犯罪嫌疑人、被告人的辩护权

C. 要求诉讼参与人在享有诉讼权利的同时，还应承担法律规定的诉讼义务

D. 保障受犯罪侵害的人的起诉权和上诉权，是这一原则的重要内容

【本题解析】

A 项，2004 年，我国宪法修改时，第一次引入"国家尊重和保障人权"的规定。1996 年《刑诉法》中没有专门规定"尊重和保障人权"，2012 年《刑诉法》在第 2 条明确规定了"尊重和保障人权"，因此，《刑诉法》第 2 条的规定也被称为人权条款。《宪法》与《刑诉法》中的人权条款需要在刑事诉讼活动中，通过若干原则和具体法律规定来具体化，保障诉讼参与人的诉讼权利原则由我国《刑诉法》第 14 条规定："人民法院、人民检察院和公安机关应当保障犯罪嫌疑人、被告人和其他诉讼参与人依法享有的辩护权和其他诉讼权利。诉讼参与人对于审判人员、检察人员和侦查人员侵犯公民诉讼权利和人身侮辱的行为，有权提出控告。"可见，该条文通过相对细化的规定对《宪法》与《刑诉法》中的人权条款进行诠释。A 正确。

B 项，诉讼权利，即诉讼参与人参加刑事诉讼活动，依法行使诉讼行为的合法权利。整个刑事诉讼活动的核心就是在国家专门机关和相关诉讼参与人参与下，解决犯罪嫌疑人、被告人刑事责任问题。从某种角度讲，犯罪嫌疑人、被告人是刑事诉讼活动的核心焦点。为了对抗公诉或者自诉，最大限度地维护自身合法权益，犯罪嫌疑人、被告人需要辩护权作为盾牌，因而保障诉讼参与人的诉讼权利，核心在于保护犯罪嫌疑人、被告人的辩护权。B 正确。

C 项，权利和义务是相对的，诉讼参与人在享有诉讼权利的同时，还应当承担法律规定的诉讼义务。公安司法机关有义务保障诉讼参与人的诉讼权利，也有权力要求诉讼参与人履行相应的诉讼义务。C 正确。

D 项，在刑事案件中，受侵害的人在公诉案件中被称为被害人，在自诉案件中被称为自诉人。其中，对于自诉案件而言，自诉人既有起诉权，也有上诉权。但在公诉案件中，被害人没有起诉权（但享有控告权），也没有上诉权（但享有申请抗诉权）。故 D 项表述较为片面，错误。

综上所述，本题应当选 ABC。

---

[1]　答案：ABC。

第十一节　认罪认罚从宽

　　2018年10月26日，全国人民代表大会常务委员会《关于修改〈中华人民共和国刑事诉讼法〉的决定》，增加了认罪认罚从宽原则，该原则特别重要，知识点也比较多。考生应重点掌握本节知识点。

一、概念

认罪认罚从宽是指犯罪嫌疑人、被告人自愿如实供述自己的罪行，承认指控的犯罪事实，愿意接受处罚，可以依法获得从宽处理。

二、意义

1. 有利于激励被告人作出有罪答辩，降低程序的对抗性，从而提高诉讼效率。
2. 有利于培育诉讼民主化的理念和改善被告人诉讼地位。
3. 有利于将我国"坦白从宽""宽严相济"的刑事政策法定化，实现刑罚的目的。
4. 有利于通过发挥控辩双方在刑罚裁量中的作用，防止司法权过度集中化。
5. 有利于降低取证难度，极大地提高了诉讼效率。
6. 认罪认罚从宽制度，在程序上对犯罪嫌疑人、被告人从宽，对确实没有社会危险性的犯罪嫌疑人、被告人取保候审，有利于减少审前羁押。有利于保障犯罪嫌疑人、被告人的迅速审判权，从而实现刑事诉讼法保障人权的目的。
7. 认罪认罚从宽制度，在实体上对被告人相对从宽，有利于增加非监禁刑的适用。

三、认罪认罚从宽制度的具体内容

（一）适用前提条件

1. 犯罪嫌疑人、被告人自愿如实供述自己的罪行，也就是"坦白"；
2. 在审查起诉及审判阶段第一项要求是"犯罪嫌疑人、被告人承认指控的犯罪事实"；
3. 在审查起诉及审判阶段第二项要求是"愿意接受处罚"。

上述"1"和"2"是认罪，包括罪行和犯罪事实，上述"3"是认罚，满足上述"1""2""3"的条件的法律后果是检察院、法院"可以依法从宽处理"。

（二）认罪认罚的法律后果

1. 实体后果
（1）一般后果
a. 检察院、法院"可以依法从宽处理"。
b. 应当认定为审查批准逮捕或者决定逮捕中衡量社会危险性的因素。批准或者决定逮捕，应当将犯罪嫌疑人、被告人涉嫌犯罪的性质、情节，认罪认罚等情况，作为是否可能发生社会危险性的考虑因素。
（2）重大后果

犯罪嫌疑人自愿如实供述涉嫌犯罪的事实，有重大立功或者案件涉及国家重大利益的，经最高人民检察院核准，公安机关可以撤销案件，人民检察院可以作出不起诉决定，也可以对涉嫌数罪中的一项或者多项不起诉。如果不起诉或者撤销案件的，人民检察院、公安机关应当及时对查封、扣押、冻结的财物及其孳息作出处理。

（3）从宽幅度的把握

办理认罪认罚案件，应当区别认罪认罚的不同诉讼阶段、对查明案件事实的价值和意义、是否确有悔罪表现以及罪行严重程度等，综合考量确定从宽的限度和幅度。在刑罚评价上，主动认罪优于被动认罪，早认罪优于晚认罪，彻底认罪优于不彻底认罪，稳定认罪优于不稳定认罪。

认罪认罚的从宽幅度一般应当大于仅有坦白，或者虽认罪但不认罚的从宽幅度。对犯罪嫌疑人、被告人具有自首、坦白情节，同时认罪认罚的，应当在法定刑幅度内给予相对更大的从宽幅度。认罪认罚与自首、坦白不作重复评价。

对罪行较轻、人身危险性较小的，特别是初犯、偶犯，从宽幅度可以大一些；罪行较重、人身危险性较大的，以及累犯、再犯，从宽幅度应当从严把握。

2. 程序后果（可以适用速裁程序）

基层人民法院管辖的可能判处三年有期徒刑以下刑罚的案件，案件事实清楚，证据确实、充分，被告人认罪认罚并同意适用速裁程序的，可以适用速裁程序，由审判员一人独任审判

（三）适用阶段和告知义务

根据《最高人民法院、最高人民检察院、公安部、国家安全部、司法部关于认罪认罚从宽制度的指导意见》（以下简称《指导意见》）的规定，认罪认罚从宽制度贯穿刑事诉讼全过程，适用于侦查、起诉、审判各个阶段。在侦查、审查起诉、审判三个阶段，公安司法机关都有告知义务。

1. 公安机关侦查阶段

公安机关在侦查过程中，应当告知犯罪嫌疑人享有的诉讼权利、如实供述罪行可以从宽处理和认罪认罚的法律规定，听取犯罪嫌疑人及其辩护人或者值班律师的意见，记录在案并随案移送。

2. 人民检察院自侦案件和审查起诉

人民检察院办理直接受理侦查的案件，讯问犯罪嫌疑人时，应当告知其如实供述自己罪行可以依法从宽处理和认罪认罚的法律规定。

案件移送审查起诉后，人民检察院应当告知犯罪嫌疑人享有的诉讼权利和认罪认罚的法律规定，保障犯罪嫌疑人的程序选择权。告知应当采取书面形式，必要时应当充分释明。

3. 审理阶段

人民法院应当告知被告人享有的诉讼权利和认罪认罚的法律规定，听取被告人及其辩护人或者值班律师的意见。

（四）形式要件

1. 随案移送

犯罪嫌疑人自愿认罪的，应当记录在案，随案移送，并在起诉意见书中写明有关情况。

2. 听取意见

犯罪嫌疑人认罪认罚的，人民检察院应当告知其享有的诉讼权利和认罪认罚的法律规

定，听取犯罪嫌疑人、辩护人或者值班律师、被害人及其诉讼代理人对下列事项的意见，并记录在案：

（1）涉嫌的犯罪事实、罪名及适用的法律规定；

（2）从轻、减轻或者免除处罚等从宽处罚的建议；

（3）认罪认罚后案件审理适用的程序；

（4）其他需要听取意见的事项。

人民检察院依照前两款规定听取值班律师意见的，应当提前为值班律师了解案件有关情况提供必要的便利。

3. 签署认罪认罚具结书

犯罪嫌疑人自愿认罪，同意量刑建议和程序适用的，应当在辩护人或者值班律师在场的情况下签署认罪认罚具结书。

犯罪嫌疑人认罪认罚，有下列情形之一的，不需要签署认罪认罚具结书：

（1）犯罪嫌疑人是盲、聋、哑人，或者是尚未完全丧失辨认或者控制自己行为能力的精神病人的；

（2）未成年犯罪嫌疑人的法定代理人、辩护人对未成年人认罪认罚有异议的；

（3）其他不需要签署认罪认罚具结书的情形。

4. 提出量刑建议书

犯罪嫌疑人认罪认罚的，人民检察院应当就主刑、附加刑、是否适用缓刑等提出量刑建议。人民检察院提出量刑建议前，应当充分听取犯罪嫌疑人、辩护人或者值班律师的意见，尽量协商一致。

办理认罪认罚案件，人民检察院一般应当提出确定刑量刑建议。对新类型、不常见犯罪案件，量刑情节复杂的重罪案件等，也可以提出幅度刑量刑建议。提出量刑建议，应当说明理由和依据。

犯罪嫌疑人认罪认罚没有其他法定量刑情节的，人民检察院可以根据犯罪的事实、性质等，在基准刑基础上适当减让提出确定刑量刑建议。有其他法定量刑情节的，人民检察院应当综合认罪认罚和其他法定量刑情节，参照相关量刑规范提出确定刑量刑建议。

犯罪嫌疑人在侦查阶段认罪认罚的，主刑从宽的幅度可以在前款基础上适当放宽；被告人在审判阶段认罪认罚的，在前款基础上可以适当缩减。建议判处罚金刑的，参照主刑的从宽幅度提出确定的数额。

犯罪嫌疑人认罪认罚的，人民检察院应当就主刑、附加刑、是否适用缓刑等提出量刑建议，并随案移送认罪认罚具结书等材料。

5. 人民检察院同步录音录像

（1）办理认罪认罚案件，对于检察官围绕量刑建议、程序适用等事项听取犯罪嫌疑人、被告人、辩护人或者值班律师意见、签署具结书活动，应当同步录音录像。

听取意见同步录音录像不包括讯问过程，但是讯问与听取意见、签署具结书同时进行的，可以一并录制。

多次听取意见的，至少要对量刑建议形成、确认以及最后的具结书签署过程进行同步录音录像。对依法不需要签署具结书的案件，应当对能够反映量刑建议形成的环节同步录音录像。

（2）认罪认罚案件听取意见同步录音录像适用于所有认罪认罚案件。

（3）同步录音录像的内容

同步录音录像一般应当包含如下内容：

①告知犯罪嫌疑人、被告人、辩护人或者值班律师对听取意见过程进行同步录音录像的情况；

②告知犯罪嫌疑人、被告人诉讼权利义务和认罪认罚法律规定，释明认罪认罚的法律性质和法律后果的情况；

③告知犯罪嫌疑人、被告人无正当理由反悔的法律后果的情况；

④告知认定的犯罪事实、罪名、处理意见，提出的量刑建议、程序适用建议并进行说明的情况；

⑤检察官听取犯罪嫌疑人、被告人、辩护人或者值班律师意见，犯罪嫌疑人、被告人听取辩护人或者值班律师意见的情况；

⑥根据需要，开示证据的情况；

⑦犯罪嫌疑人、被告人签署具结书及辩护人或者值班律师见证的情况；

⑧其他需要录制的情况。

（4）听取意见前，人民检察院应当告知辩护人或者值班律师听取意见的时间、地点，并听取辩护人或者值班律师意见。

在听取意见过程中，人民检察院应当为辩护人或者值班律师会见犯罪嫌疑人、查阅案卷材料提供必要的便利。

（5）同步录音录像，应当客观、全面地反映听取意见的参与人员、听取意见过程，画面完整、端正，声音和影像清晰可辨。同步录音录像应当保持完整、连续，不得选择性录制，不得篡改、删改。

（6）同步录音录像的起始和结束由检察官宣布。开始录像前，应当告知犯罪嫌疑人、被告人、辩护人或者值班律师。

（7）因人民法院、犯罪嫌疑人、被告人、辩护人或者值班律师对认罪认罚自愿性、真实性、合法性提出异议或者疑问等原因，需要查阅同步录音录像文件的，人民检察院可以出示，也可以将同步录音录像文件移送人民法院，必要时提请法庭播放。

6. 开庭审查认罪认罚的自愿性、真实性、合法性

被告人认罪认罚的，审判长应当告知被告人享有的诉讼权利和认罪认罚的法律规定，审查认罪认罚的自愿性和认罪认罚具结书内容的真实性、合法性。

（五）对判决结果的影响

1. 《高法解释》第353条、354条规定：

（1）对认罪认罚案件，人民法院经审理认为量刑建议明显不当，或者被告人、辩护人对量刑建议提出异议的，人民检察院可以调整量刑建议。人民检察院不调整或者调整后仍然明显不当的，人民法院应当依法作出判决。

（2）适用速裁程序审理认罪认罚案件，需要调整量刑建议的，应当在庭前或者当庭作出调整；调整量刑建议后，仍然符合速裁程序适用条件的，继续适用速裁程序审理。

（3）对量刑建议是否明显不当，应当根据审理认定的犯罪事实、认罪认罚的具体情况，结合相关犯罪的法定刑、类似案件的刑罚适用等作出审查判断。

2. 《高法解释》第355条规定：

（1）对认罪认罚案件，人民法院一般应当对被告人从轻处罚；符合非监禁刑适用条件

的，应当适用非监禁刑；具有法定减轻处罚情节的，可以减轻处罚。

（2）对认罪认罚案件，应当根据被告人认罪认罚的阶段早晚以及认罪认罚的主动性、稳定性、彻底性等，在从宽幅度上体现差异。

（3）共同犯罪案件，部分被告人认罪认罚的，可以依法对该部分被告人从宽处罚，但应当注意全案的量刑平衡。

3. 《高法解释》第 357 条规定：

对被告人在第一审程序中未认罪认罚，在第二审程序中认罪认罚的案件，应当根据其认罪认罚的具体情况决定是否从宽，并依法作出裁判。确定从宽幅度时应当与第一审程序认罪认罚有所区别。

四、反悔的处理

（一）审查起诉阶段反悔

1. 不起诉后反悔的处理

因犯罪嫌疑人认罪认罚，人民检察院依照《刑诉法》第 177 条第 2 款作出不起诉决定后，犯罪嫌疑人否认指控的犯罪事实或者不积极履行赔礼道歉、退赃退赔、赔偿损失等义务的，人民检察院应当进行审查，区分下列情形依法作出处理：

（1）发现犯罪嫌疑人没有犯罪事实，或者符合《刑诉法》第 16 条规定的情形之一的，应当撤销原不起诉决定，依法重新作出不起诉决定；

（2）认为犯罪嫌疑人仍属于犯罪情节轻微，依照刑法规定不需要判处刑罚或者免除刑罚的，可以维持原不起诉决定；

（3）排除认罪认罚因素后，符合起诉条件的，应当根据案件具体情况撤销原不起诉决定，依法提起公诉。

2. 起诉前反悔的处理

犯罪嫌疑人认罪认罚，签署认罪认罚具结书，在人民检察院提起公诉前反悔的，具结书失效，人民检察院应当在全面审查事实证据的基础上，依法提起公诉。

（二）审判阶段反悔的处理

《高法解释》第 358 条规定："案件审理过程中，被告人不再认罪认罚的，人民法院应当根据审理查明的事实，依法作出裁判。需要转换程序的，依照本解释的相关规定处理。"

（三）不同上诉理由的处理

被告人不服适用速裁程序作出的第一审判决提出上诉的案件，可以不开庭审理。第二审人民法院审查后，按照下列情形分别处理：

1. 发现被告人以事实不清、证据不足为由提出上诉的，应当裁定撤销原判，发回原审人民法院适用普通程序重新审理，不再按认罪认罚案件从宽处罚；

2. 发现被告人以量刑不当为由提出上诉的，原判量刑适当的，应当裁定驳回上诉，维持原判；原判量刑不当的，经审理后依法改判。

五、程序转换

（一）人民法院主动转换

1. 速裁转普通或者简易

人民法院在适用速裁程序审理过程中，发现有被告人的行为不构成犯罪或者不应当追究刑事责任、被告人违背意愿认罪认罚、被告人否认指控的犯罪事实情形的，应当转为普通程序审理。发现其他不宜适用速裁程序但符合简易程序适用条件的，应当转为简易程序重新审理。

2. 简易转普通

发现有不宜适用简易程序审理情形的，应当转为普通程序审理。

（二）人民检察院建议

人民检察院在人民法院适用速裁程序审理案件过程中，发现有不宜适用速裁程序审理情形的，应当建议人民法院转为普通程序或者简易程序重新审理；发现有不宜适用简易程序审理情形的，应当建议人民法院转为普通程序重新审理。

图表总结

目次	内容		注意
适用前提条件	1. 犯罪嫌疑人、被告人自愿如实供述自己的罪行，也就是"坦白"； 2. 在审查起诉及审判阶段第一项要求是"犯罪嫌疑人、被告人承认指控的犯罪事实"； 3. 在审查起诉及审判阶段第二项要求是"愿意接受处罚"。		左侧"1"和"2"是认罪，包括罪行和犯罪事实，左侧"3"是认罚，满足上述"1""2""3"的条件的法律后果是检察院、法院"可以依法从宽处理"。
认罪认罚的法律后果	实体后果	（1）一般后果。a. 检察院、法院"可以依法从宽处理"。b. 应当认定为审查批准逮捕或者决定逮捕中衡量社会危险性的因素。批准或者决定逮捕，应当将犯罪嫌疑人、被告人涉嫌犯罪的性质、情节、认罪认罚等情况，作为是否可能发生社会危险性的考虑因素。 （2）重大后果。犯罪嫌疑人自愿如实供述涉嫌犯罪的事实，有重大立功或者案件涉及国家重大利益的，经最高人民检察院核准，公安机关可以撤销案件，人民检察院可以作出不起诉决定，也可以对涉嫌数罪中的一项或者多项不起诉。如果不起诉或者撤销案件的，人民检察院、公安机关应当及时对查封、扣押、冻结的财物及其孳息作出处理。	
	程序后果	基层人民法院管辖的可能判处三年有期徒刑以下刑罚的案件，案件事实清楚，证据确实、充分，被告人认罪认罚并同意适用速裁程序的，可以适用速裁程序，由审判员一人独任审判。	
告知义务	侦查人员在讯问犯罪嫌疑人的时候，应当告知犯罪嫌疑人享有的诉讼权利，如实供述自己罪行可以从宽处理和认罪认罚的法律规定。		

续表

目次	内容	注意
形式要件	1. 随案移送。犯罪嫌疑人自愿认罪的，应当记录在案，随案移送，并在起诉意见书中写明有关情况。 2. 听取意见。犯罪嫌疑人认罪认罚的，人民检察院应当告知其享有的诉讼权利和认罪认罚的法律规定，听取犯罪嫌疑人、辩护人或者值班律师、被害人及其诉讼代理人下列事项的意见，并记录在案：（1）涉嫌的犯罪事实、罪名及适用的法律规定；（2）从轻、减轻或者免除处罚等从宽处罚的建议；（3）认罪认罚后案件审理适用的程序；（4）其他需要听取意见的事项。 3. 签署认罪认罚具结书。犯罪嫌疑人自愿认罪，同意量刑建议和程序适用的，应当在辩护人或者值班律师在场的情况下签署认罪认罚具结书。犯罪嫌疑人认罪认罚，有下列情形之一的，不需要签署认罪认罚具结书：（1）犯罪嫌疑人是盲、聋、哑人，或者是尚未完全丧失辨认或者控制自己行为能力的精神病人的；（2）未成年犯罪嫌疑人的法定代理人、辩护人对未成年人认罪认罚有异议的；（3）其他不需要签署认罪认罚具结书的情形。 4. 提出量刑建议书。犯罪嫌疑人认罪认罚的，人民检察院应当就主刑、附加刑、是否适用缓刑等提出量刑建议，并随案移送认罪认罚具结书等材料。 5. 开庭审查认罪认罚的自愿性、真实性、合法性。被告人认罪认罚的，审判长应当告知被告人享有的诉讼权利和认罪认罚的法律规定，审查认罪认罚的自愿性和认罪认罚具结书内容的真实性、合法性。	
对判决结果的影响	1.《高法解释》第 353 条、354 条规定：（1）对认罪认罚案件，人民法院经审理认为量刑建议明显不当，或者被告人、辩护人对量刑建议提出异议的，人民检察院可以调整量刑建议。人民检察院不调整或者调整后仍然明显不当的，人民法院应当依法作出判决。（2）适用速裁程序审理认罪认罚案件，需要调整量刑建议的，应当在庭前或者当庭作出调整；调整量刑建议后，仍然符合速裁程序适用条件的，继续适用速裁程序审理。（3）对量刑建议是否明显不当，应当根据审理认定的犯罪事实、认罪认罚的具体情况，结合相关犯罪的法定刑、类似案件的刑罚适用等作出审查判断。 2.《高法解释》第 355 条规定：（1）对认罪认罚案件，人民法院一般应当对被告人从轻处罚；符合非监禁刑适用条件的，应当适用非监禁刑；具有法定减轻处罚情节的，可以减轻处罚。（2）对认罪认罚案件，应当根据被告人认罪认罚的阶段早晚以及认罪认罚的主动性、稳定性、彻底性等，在从宽幅度上体现差异。（3）共同犯罪案件，部分被告人认罪认罚的，可以依法对该部分被告人从宽处罚，但应当注意全案的量刑平衡。 3.《高法解释》第 357 条规定：对被告人在第一审程序中未认罪认罚，在第二审程序中认罪认罚的案件，应当根据其认罪认罚的具体情况决定是否从宽，并依法作出裁判。确定从宽幅度时应当与第一审程序认罪认罚有所区别。	人民法院经审理认为量刑建议明显不当，或者被告人、辩护人对量刑建议提出异议的，人民检察院可以调整量刑建议。人民检察院不调整量刑建议或者调整量刑建议后仍然明显不当的，人民法院应当依法作出判决。

续表

目次		内容	注意
反悔的处理	审查起诉阶段	**不起诉后反悔的处理** 发现犯罪嫌疑人没有犯罪事实，或者符合《刑诉法》第16条规定的情形之一的，应当撤销原不起诉决定，依法重新作出不起诉决定； 认为犯罪嫌疑人仍属于犯罪情节轻微，依照刑法规定不需要判处刑罚或者免除刑罚的，可以维持原不起诉决定。	
		排除认罪认罚因素后，符合起诉条件的，应当根据案件具体情况撤销原不起诉决定，依法提起公诉。	
	起诉前反悔的处理	具结书失效，人民检察院应当在全面审查事实证据的基础上，依法提起公诉。	
	审判阶段反悔的处理	《高法解释》第358条规定："案件审理过程中，被告人不再认罪认罚的，人民法院应当根据审理查明的事实，依法作出裁判。需要转换程序的，依照本解释的相关规定处理。"	
	不同上诉理由的处理	发现被告人以事实不清、证据不足为由提出上诉的，应当裁定撤销原判，发回原审人民法院适用普通程序重新审理，不再按认罪认罚案件从宽处罚。	
		发现被告人以量刑不当为由提出上诉的，原判量刑适当的，应当裁定驳回上诉，维持原判；原判量刑不当的，经审理后依法改判。	

【经典真题】

2020 法考客观题回忆版：[1]

关于认罪认罚的相关程序，下列表述正确的是？

A. 犯罪嫌疑人刘某杀了妻子的情人，刘某认罪认罚，表示不后悔杀人，并对公安机关的某些行为有意见，公安机关认为刘某不真诚悔过，认罪认罚没有记录在案

B. 犯罪嫌疑人高某涉嫌交通肇事罪，高某认罪认罚，但是认为对方有错而不愿意全赔，检察院未将其认罪认罚的情况写进起诉书中

C. 犯罪嫌疑人罗某涉嫌故意伤害罪，其认罪认罚并与被害人张某和解，公安机关于是

---

〔1〕 答案：D。

撤销案件

D. 犯罪嫌疑人殷某认罪认罚，该情节应当作为羁押必要性审查的重要因素考虑

【考点】认罪认罚从宽、羁押必要性审查

【本题解析】

A 错误。两高三部《关于适用认罪认罚从宽制度的指导意见》（以下简称《指导意见》）第 23 条规定："认罪教育。公安机关在侦查阶段应当同步开展认罪教育工作，但不得强迫犯罪嫌疑人认罪，不得作出具体的从宽承诺。犯罪嫌疑人自愿认罪，愿意接受司法机关处罚的，应当记录在案并附卷。"A 选项明显错误。

《指导意见》第 32 条规定："提起公诉。人民检察院向人民法院提起公诉的，应当在起诉书中写明被告人认罪认罚情况，提出量刑建议，并移送认罪认罚具结书等材料。量刑建议书可以另行制作，也可以在起诉书中写明。"因此，B 选项明显错误。

C 选项错误。《高检规则》第 279 条第 1 款规定："犯罪嫌疑人自愿如实供述涉嫌犯罪的事实，有重大立功或者案件涉及国家重大利益的，经最高人民检察院核准，公安机关可以撤销案件，人民检察院可以作出不起诉决定，也可以对涉嫌数罪中的一项或者多项不起诉。"因此，题干所列情况不属于撤销案件的情形。

D 正确。《高检规则》第 270 条第 2 款规定："已经逮捕的犯罪嫌疑人认罪认罚的，人民检察院应当及时对羁押必要性进行审查。经审查，认为没有继续羁押必要的，应当予以释放或者变更强制措施。"D 选项正确。

第十二节　具有法定情形不予追究刑事责任※※

关联法条

《刑诉法》：

第 16 条　有下列情形之一的，不追究刑事责任，已经追究的，应当撤销案件，或者不起诉，或者终止审理，或者宣告无罪：

（一）情节显著轻微、危害不大，不认为是犯罪的；

（二）犯罪已过追诉时效期限的；

（三）经特赦令免除刑罚的；

（四）依照刑法告诉才处理的犯罪，没有告诉或者撤回告诉的；

（五）犯罪嫌疑人、被告人死亡的；

（六）其他法律规定免予追究刑事责任的。

○重点解读

这项原则是各类考试尤其是法律职业资格考试的重点，几乎成了必考的内容。与本节相关的法律条文有《刑诉法》第 16 条，《中华人民共和国刑法》（以下简称《刑法》）第 13（情节显著轻微）、87（追诉时效）条。本项原则可做如下理解：

一、法定情形

《刑诉法》第 16 条规定了下列六种不追究刑事责任的情形：

法定不追究情形 {
情节显著轻微、危害不大，不认为是犯罪的
犯罪已过追诉时效期限的
经特赦令免除刑罚的
依照刑法告诉才处理的犯罪，没有告诉或者撤回告诉的
犯罪嫌疑人、被告人死亡的
其他法律规定免予追究刑事责任的
}

强记 6 种情形，尤其是："情节显著轻微、危害不大，不认为是犯罪的"；"犯罪已过追诉时效期限的"；"依照刑法告诉才处理的犯罪，没有告诉或者撤回告诉的"；"犯罪嫌疑人、被告人死亡的"。判断情节显著轻微的标志：一是题干中明确给明"显著"；二是题干中没有明确给明，当且仅当下列两种情况认为是"显著轻微"，即伤害案中的"轻微伤"和我国刑法中以数额为定罪标准的没有达到"法定的定罪数额"。

二、具备《刑诉法》第 16 条规定的六种情形之一在各个不同程序阶段的处理方式

程序阶段处理 {
立案阶段：不立案的决定，自诉案件不予受理
侦查阶段：撤销案件——决定
审查起诉阶段：不起诉——决定（法定不起诉）
审判阶段：{
宣告无罪——判决（第一种情形）
终止审理——裁定（其他）
}
}

其实关于各个不同阶段的处理方式，是和各个不同程序阶段的任务相适应的。具体的处理方式是：在立案阶段，不立案（公安、检察院），或者不予受理（法院）；在侦查阶段，应当作出撤销案件的决定；在审查起诉阶段，应当作出法定不起诉的决定；在审判阶段，对于上述第一种情形，人民法院应当判决宣告无罪，对于其余五种情形应当裁定终止审理，但是根据已经查明的案件事实和认定的证据，能够确认已经死亡的被告人无罪的，人民法院应当判决宣告被告人无罪，还被告人以清白。

三、"依照刑法告诉才处理的犯罪，没有告诉或者撤回告诉的"的情况

有很多初学者将其错误地理解为所有自诉案件。其实，《刑诉法》第 16 条规定的这种情形，只是三种自诉案件中的一种。这种情形只包括 5 个罪：侮辱罪（严重危害社会秩序和国家利益的除外），诽谤罪（严重危害社会秩序和国家利益的除外），暴力干涉婚姻自由罪（致使被害人死亡的除外），虐待罪（致使被害人重伤、死亡的除外），侵占罪。其他两类自诉案件即被害人有证据证明的轻微刑事案件和公诉转自诉的案件，则不属于《刑诉法》第 16 条规定的 6 种情形。

四、撤销案件和不起诉还有其他情形

将在侦查和审查起诉中介绍。

五、需要注意的知识点

1. 在公诉案件的庭前审查阶段，根据《高法解释》第 219 条的规定，案件经审查后，对于符合《刑诉法》第 16 条第 2 至 6 项规定的情形的，应当退回人民检察院；属于告诉才处理的案件，应当同时告知被害人有权提起自诉。

2. 在第二审程序中，如果共同犯罪案件中提出上诉的被告人死亡，其他被告人没有提出上诉，第二审人民法院仍应当对全案进行审查，死亡的被告人不构成犯罪的，应当<u>宣告无罪</u>；审查后认为构成犯罪的，应当宣布<u>终止审理</u>，对其他同案被告人仍应当作出判决或者裁定。

图表总结

法定不追究刑事责任的情形	1. <u>显著轻微无罪</u>	
	2. <u>已过时效</u>	
	3. <u>特赦免刑</u>	
	4. <u>告诉撤回</u>	
	5. <u>已经死亡</u>	
	6. 其他规定	
遇有法定情形时的处理	1. 立案阶段	<u>不予立案</u>
	2. 侦查阶段	<u>撤销案件</u>
	3. 审查起诉	<u>不起诉</u>
	4. 审判阶段	（1）显著轻微，<u>宣告无罪</u>
		（2）其他情况，<u>终止审理</u>。若在<u>庭前审查</u>，应<u>退检</u>
		（3）被告死亡，确定无罪，<u>宣告无罪</u>； 不能确定，<u>终止审理</u>； <u>二审亦然</u>

要点提示

1.《刑诉法》第16条非常重要，几乎每年必考，请考生背过。

2.《刑诉法》第16条是法定情形不追究刑事责任原则，需要注意的是，在司法实践中，还有很多不追究刑事责任的情形，但不一定都属于《刑诉法》第16条的规定。譬如，（1）被告人没有犯罪事实，而被法院宣告无罪。（2）检察机关认为指控犯罪嫌疑人的证据不足而决定不起诉。虽然最后都没有追究犯罪嫌疑人、被告人的刑事责任，但不属于《刑诉法》第16条规定中的任何一种。简言之，考生需要掌握《刑诉法》第16条中规定的六种情形，但实践中还存在其他不追究刑事责任的情形，不要混淆。

3. 在审判阶段对于法院而言，需要注意，只有《刑诉法》第16条中第1项和第5项，即"情节显著轻微、危害不大、不认为是犯罪"和"犯罪嫌疑人、被告人死亡"，法院会宣告无罪，其他情况下，法院只能终止审理或者退回人民检察院。

4. 在审查起诉阶段，正确区分不起诉和将案件退回建议重新调查或者侦查的情形

《高检规则》第365条规定：

（1）人民检察院对于监察机关或者公安机关移送起诉的案件，发现犯罪嫌疑人没有犯罪事实，或者符合刑事诉讼法第十六条规定的情形之一的，经检察长批准，应当作出不起诉决定。

（2）对于犯罪事实并非犯罪嫌疑人所为，需要重新调查或者侦查的，应当在作出不起诉决定后书面说明理由，将案卷材料退回监察机关或者公安机关并建议重新调查或者侦查。

【经典真题】

2014 年单项选择题第 23 题：[1]

社会主义法治要通过法治的一系列原则加以体现。具有法定情形不予追究刑事责任是《刑诉法》确立的一项基本原则，下列哪一案件的处理体现了这一原则？

A. 甲涉嫌盗窃，立案后发现涉案金额 400 余元，公安机关决定撤销案件

B. 乙涉嫌抢夺，检察院审查起诉后认为犯罪情节轻微，不需要判处刑罚，决定不起诉

C. 丙涉嫌诈骗，法院审理后认为其主观上不具有非法占有他人财物的目的，作出无罪判决

D. 丁涉嫌抢劫，检察院审查起诉后认为证据不足，决定不起诉

【本题解析】

A，最高人民法院、最高人民检察院关于《办理盗窃刑事案件适用法律若干问题的解释》第 1 条第 1 款规定："盗窃公私财物价值一千元至三千元以上、三万元至十万元以上、三十万元至五十万元以上的，应当分别认定为刑法第二百六十四条规定的'数额较大'、'数额巨大'、'数额特别巨大'。"

可见，A，立案后侦查阶段发现涉案金额 400 元不足以追究刑事责任，属于情节显著轻微的情形，故撤销案件，正确。

B，若因《刑诉法》第 16 条之原因而不起诉属于法定不起诉制度。B 项属于《刑诉法》第 177 条第 2 款规定的情形，即："对于犯罪情节轻微，依照刑法规定不需要判处刑罚或者免除刑罚的，人民检察院可以作出不起诉决定。"该条文属于酌定不起诉制度。法定不起诉与酌定不起诉是并列关系，不是包含与被包含的关系，B 错误。

C，"主观上不具有非法占有他人财物的目的"意味着，被告人没有犯罪故意，主观方面没有罪过，根本不存在犯罪行为。可见，法院作出无罪判决的理由不属于《刑诉法》第 16 条规定中的任何一项，故 C 错误。

D，若因《刑诉法》第 16 条之原因而不起诉属于法定不起诉制度。D 项属于《刑诉法》第 175 条第 4 款规定的情形，即："对于二次补充侦查的案件，人民检察院仍然认为证据不足，不符合起诉条件的，应当作出不起诉的决定。"该条文属于证据不足不起诉制度。法定不起诉与证据不足不起诉是并列关系，不是包含与被包含的关系，D 错误。

综上所述，本题应当选 A。

第十三节　追究外国人刑事责任适用我国刑事诉讼法

▽ **关联法条**

《刑诉法》：

第 17 条　对于外国人犯罪应当追究刑事责任的，适用本法的规定。

对于享有外交特权和豁免权的外国人犯罪应当追究刑事责任的，通过<u>外交途径</u>解决。

---

[1]　答案：A。

要点提示

1. 外国人除了包括拥有外国国籍的人外，还包括无国籍人和国籍不明的人。

2. 《高法解释》第 477 条规定："外国人的国籍，根据其<u>入境时的有效证件</u>确认；国籍不明的，根据公安机关或者有关国家驻华使、领馆<u>出具的证明</u>确认。

国籍无法查明的，以无国籍人对待，适用本章有关规定，在裁判文书中写明'国籍不明'。"

3. 本节知识了解即可。

第三章

刑事诉讼中的专门机关和诉讼参与人 ※

导学

　　本章内容非常多，在历年真题中时有出现。相当多的知识点属于【综合重点】，请考生认真学习。

　　本章的逻辑架构非常清晰，阐述两个问题：专门机关和诉讼参与人。

　　专门机关包括：公安机关与其他侦查机关、检察机关、审判机关。需要考生掌握的是这些机关的性质（行政机关还是司法机关）、组织体系（上下级之间是领导关系还是监督关系）和职权（各有哪些权力）。

　　诉讼参与人可以分为当事人（被害人，犯罪嫌疑人，被告人，自诉人，附带民事诉讼原告人、附带民事诉讼被告人六个）和其他诉讼参与人（法定代理人，诉讼代理人，辩护人，证人，鉴定人，翻译人员六个）。考生需要掌握的是这些当事人和其他诉讼参与人的概念、权利和义务。

　　本章的重要性并不仅限于本章自身，其重要性渗透于整个刑事诉讼法，后面学到管辖、回避、辩护、强制措施、一审、二审等章节，没有一章可以避开刑事诉讼中专门机关和诉讼参与人。学好了这一章，就为学好后续章节打下了坚实基础。

【重点知识结构】

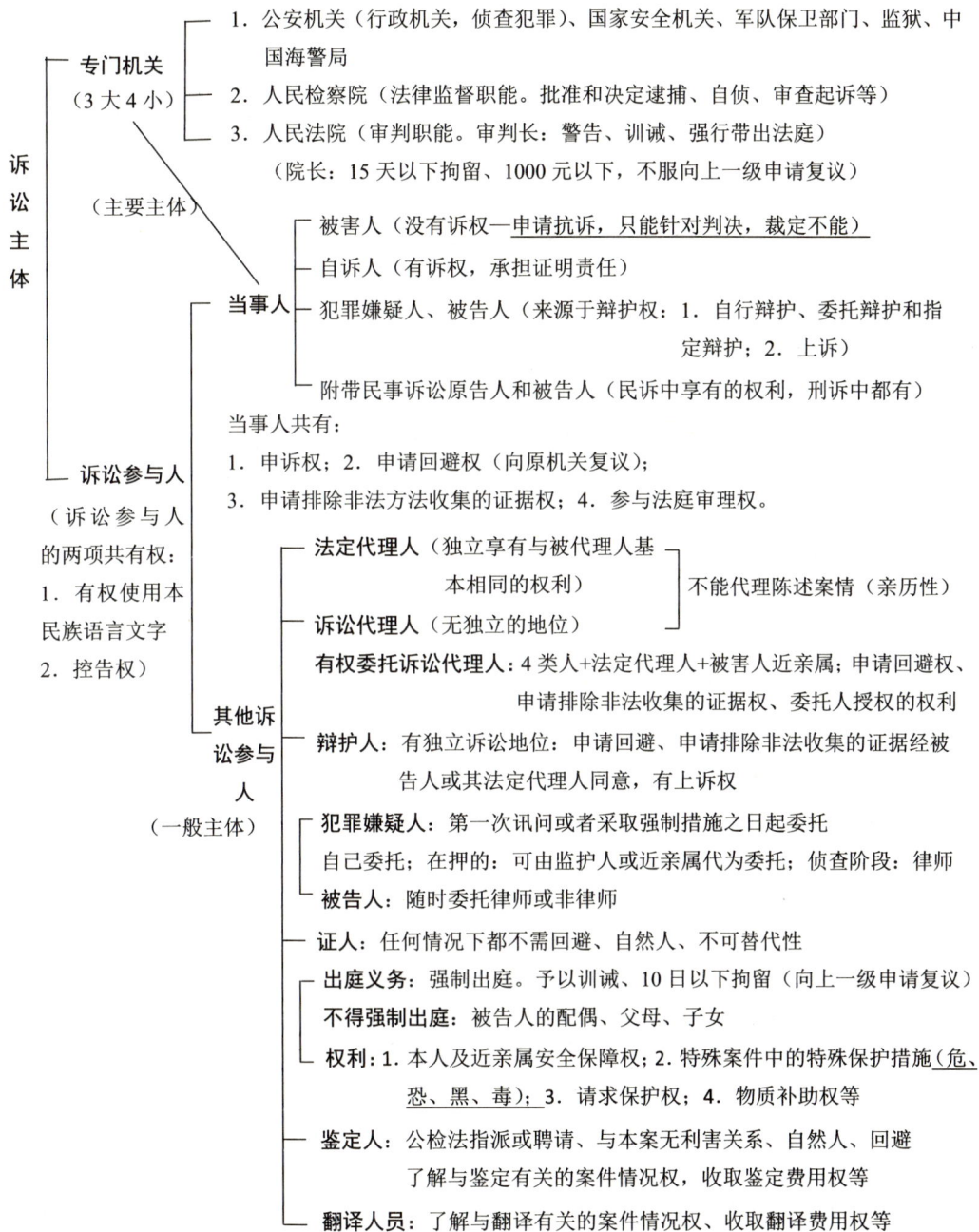

诉讼主体

专门机关
（3大4小）

1. 公安机关（行政机关，侦查犯罪）、国家安全机关、军队保卫部门、监狱、中国海警局
2. 人民检察院（法律监督职能。批准和决定逮捕、自侦、审查起诉等）
3. 人民法院（审判职能。审判长：警告、训诫、强行带出法庭）
   （院长：15天以下拘留、1000元以下，不服向上一级申请复议）

（主要主体）

诉讼参与人
（诉讼参与人的两项共有权：
1. 有权使用本民族语言文字
2. 控告权）

当事人

— 被害人（没有诉权—申请抗诉，只能针对判决，裁定不能）
— 自诉人（有诉权，承担证明责任）
— 犯罪嫌疑人、被告人（来源于辩护权：1. 自行辩护、委托辩护和指定辩护；2. 上诉）
— 附带民事诉讼原告人和被告人（民诉中享有的权利，刑诉中都有）

当事人共有：
1. 申诉权；2. 申请回避权（向原机关复议）；
3. 申请排除非法方法收集的证据权；4. 参与法庭审理权。

其他诉讼参与人
（一般主体）

— **法定代理人**（独立享有与被代理人基本相同的权利）
— **诉讼代理人**（无独立的地位）
　　　　　　不能代理陈述案情（亲历性）

有权委托诉讼代理人：4类人+法定代理人+被害人近亲属；申请回避权、申请排除非法收集的证据权、委托人授权的权利

辩护人：有独立诉讼地位：申请回避、申请排除非法收集的证据经被告人或其法定代理人同意，有上诉权

— **犯罪嫌疑人**：第一次讯问或者采取强制措施之日起委托
　自己委托；在押的：可由监护人或近亲属代为委托；侦查阶段：律师
— **被告人**：随时委托律师或非律师

— **证人**：任何情况下都不需回避、自然人、不可替代性
— **出庭义务**：强制出庭。予以训诫、10日以下拘留（向上一级申请复议）
　不得强制出庭：被告人的配偶、父母、子女
— **权利**：1. 本人及近亲属安全保障权；2. 特殊案件中的特殊保护措施（危、恐、黑、毒）；3. 请求保护权；4. 物质补助权等

— **鉴定人**：公检法指派或聘请、与本案无利害关系、自然人、回避
　了解与鉴定有关的案件情况权，收取鉴定费用权等

— **翻译人员**：了解与翻译有关的案件情况权、收取翻译费用权等

本章重点

第一节　刑事诉讼中的专门机关

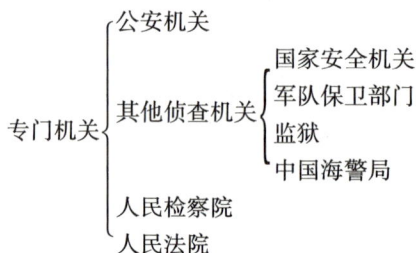

$$
专门机关
\begin{cases}
公安机关 \\
其他侦查机关
\begin{cases}
国家安全机关 \\
军队保卫部门 \\
监狱 \\
中国海警局
\end{cases} \\
人民检察院 \\
人民法院
\end{cases}
$$

刑事诉讼中的专门机关，是指依照法定职权进行刑事诉讼活动，并在诉讼中承担一定职能的国家机关。刑事诉讼中的专门机关主要是指人民法院、人民检察院和公安机关。另外，还包括国家安全机关、军队保卫部门、监狱和中国海警局。

一、公安机关的性质、组织体系与职权

重点解读

（一）公安机关的性质

公安机关是国家的治安保卫机关，是各级人民政府的组成部分，性质上属于行政机关。它与检察机关和审判机关不同，由于检、法依据宪法由同级人大常委会产生并对其负责，检、法的性质属于司法机关。公安机关虽然可以行使部分刑事司法职能，但它隶属于政府，属于行政机关。

（二）公安机关的组织体系

1. 上下级之间是领导与被领导关系。下级公安机关既要服从本级人民政府领导，又要服从上级公安机关领导。

2. 根据需要，在大中城市街道办事处和县属的乡镇设立公安派出所，它们是基层公安机关的派出工作机构，履行基层公安机关的部分职责，但不是一级公安机关。

3. 公安部和地方公安机关根据工作需要，经国务院批准，可以在一些特殊的部门或单位设立专门公安机关，如在铁路、交通、林业、民航等系统设立的公安机关。

图表总结

	性质	行政机关
公安机关	上下级关系	1. 上级发现下级有错误，有权予以撤销或者变更，也可以指令下级纠正。 2. 下级对上级的决定必须执行，如果认为有错误，可以在执行的同时向上级公安机关报告。
	办案协作	1. 不收费用 对异地公安机关提出协助调查、执行强制措施等协作请求，只要法律手续完

续表

		备，协作地公安机关就<u>应当及时无条件予以配合</u>，<u>不得收取任何形式的</u><u>费用</u>。 **2. 责任承担** 协作地公安机关依照请求协作的公安机关的要求，履行办案协作职责所产生的<u>法律责任</u>，由<u>请求协作的公安机关承担</u>。

（三）公安机关的职权

综合重点

	立案权	检、法、监委管辖之外案件
公安机关的职权	侦查权	讯问、询问
		勘验、检查
		搜查、扣押
		查询、冻结
		鉴定、辨认
		侦查实验
		技术侦查
		实施通缉
		决定部分强制措施、执行强制措施
		侦查终结
		主持和解
		制作"没收""强疗"文书
	执行权	拘役
		剥夺政治权利
		驱逐出境
		余刑 3 月以下有期徒刑

要点提示

公安机关的职权非常重要，跨越立案、侦查和执行阶段，请考生做到眼熟，这是很好的选择题出题知识点。

对考生的要求是，如果提出一项权力，应当能马上分辨出该权力是否属于公安机关职权。比如，公安机关拥有侦查权，可以扣划犯罪嫌疑人存款、汇款吗？答案是否定的，因为只能查询、冻结而不能扣划。

二、其他侦查机关的职权

其他侦查机关主要是指：国家安全机关、军队保卫部门、监狱、中国海警局。这些部门在各自领域中行使与公安机关相同的职权。侦查终结后，对犯罪嫌疑人需要提起公诉的，写出起诉意见书连同案卷材料、证据一并移送检察机关审查决定。

重点解读

（一）国家安全机关

《刑诉法》第4条规定："国家安全机关依照法律规定，办理危害国家安全的刑事案件，行使与公安机关相同的职权。"

（二）军队保卫部门

军队保卫部门是中国人民解放军的政治安全保卫机关，不是公安机关的组成部分，在行政、业务上自成体系，不受公安机关领导。其主要任务是侦查军队内部发生的刑事案件，可以行使公安机关的侦查、拘留、预审和执行逮捕的职权。

（三）监狱

监狱是国家的刑罚执行机关。职权主要包括：

1. 刑罚执行权。负责死缓、无期、有期徒刑的执行。（被判处有期徒刑余刑在三个月以下的罪犯由看守所代为执行）

2. 监狱内犯罪的侦查权。《刑诉法》第308条第3款规定："对罪犯在监狱内犯罪的案件，由监狱进行侦查。"监狱办理刑事案件，适用刑事诉讼法的有关规定。在刑事诉讼过程中，监狱享有公安机关侦查案件的职权，如讯问犯罪嫌疑人，询问证人、被害人，勘验、检查，搜查，扣押，鉴定、辨认等。侦查终结后，监狱认为应当追究犯罪嫌疑人刑事责任的，写出起诉意见书，连同案卷材料、证据一并移送人民检察院审查起诉。

3. 在罪犯服刑期间，发现在判决时所没有发现的新罪行，有权移送人民检察院处理。

4. 对罪犯应予监外执行的，有权提出书面意见，报省、自治区、直辖市监狱管理机关批准。

5. 对判处死缓的罪犯，如果缓刑期间没有故意犯罪的，两年后有权提出减刑建议。

6. 对罪犯在执行期间具备法定减刑、假释条件的，有权提出减刑、假释建议。

7. 在刑罚执行过程中，如果认为判决确有错误或者罪犯提出申诉的，有权转交人民检察院或法院处理。

（四）中国海警局

图表总结

国安	办理危害国家安全的刑事案件
军保	侦查军队内部发生的刑事案件

续表

监狱	部分刑罚执行（死缓、无期、有期）
	狱内犯罪侦查
	罪犯漏罪侦查
	监外执行意见
	死缓减刑建议
	减刑、假释建议
	处理错误、申诉

要点提示

1. 熟悉国家安全机关、军队保卫部门、监狱、中国海警局这四个其他侦查机关的职权，它们不属于公安机关，但行使与公安机关大体相同的职权，处理各自领域内的刑事案件。

2. 虽然军队保卫部门、监狱、中国海警局行使与公安机关大体相同的职权，但是，它们不可以行使技术侦查权[1]。根据《刑诉法》及相关司法解释的规定，技术侦查权只能由公安机关或者国家安全机关行使。

三、人民检察院的性质、组织体系与职权

重点解读

（一）人民检察院的性质

人民检察院是国家的法律监督机关，代表国家行使检察权，是专门机关、司法机关，唯一的公诉机关。

（二）人民检察院的组织体系

人民检察院从机构设置上可以分为最高人民检察院、地方各级人民检察院和各专门人民检察院。检察院上下级之间是领导与被领导的关系。

1. 最高人民检察院

最高人民检察院是我的最高检察机关。

主要职责包括：

（1）领导地方各级人民检察院和专门人民检察院的工作。

（2）对全国的重大刑事案件行使检察权。

（3）对各级人民法院已经发生效力的判决和裁定，如果发现确有错误，按照审判监督程序提出抗诉。

（4）依法对监狱、看守所的活动进行监督。

（5）依法对刑事诉讼、民事审判和行政诉讼实行法律监督。

（6）对具体应用法律、法令的问题进行解释。

---

〔1〕 技术侦查措施包括跟踪、窃听、截留邮件、卧底、诱惑侦查、化妆侦查、控制下交付等。

（7）制定检察工作条例、细则和办法。

（8）规定各级人民检察院的人员编制。

2. 地方各级人民检察院

地方各级人民检察院包括：（1）省、自治区、直辖市人民检察院；（2）省、自治区、直辖市人民检察院分院；（3）自治州和省辖市人民检察院；（4）县、市、自治县和市辖区人民检察院。

其中，省一级人民检察院和县一级人民检察院，根据工作需要，提请本级人民代表大会常务委员会批准，可以在工矿区、农垦区、林区等区域设置人民检察院，作为派出机构。

此外，为适应检察工作的需要，地方各级人民检察院还先后在监狱、看守所设立了驻监、驻所检察室，在税务机关设立了税务检察室。

地方各级人民检察院的主要职责包括：

（1）对本辖区内的重大刑事案件行使检察权。

（2）对需要提起公诉的案件进行审查，决定是否提起公诉。

（3）依法对刑事诉讼、民事审判、行政诉讼实行法律监督。

3. 领导体制

在我国，上下级检察机关是领导与被领导的关系。

（1）各级人民检察院由同级人民代表大会产生，对它负责，受它监督。

（2）最高人民检察院领导地方各级人民检察院和各专门人民检察院，上级人民检察院领导下级人民检察院工作，并可以直接参与指挥下级检察院的办案活动。

各人民检察院由检察长统一领导日常工作。各级人民检察院设检察委员会，在检察长主持下讨论重大疑难案件和其他重大问题。检委会由同级人大常委会任免，检察长、副检察长和各部门负责人一般都是检委会成员。检委会实行民主集中制，讨论问题实行少数服从多数，如果检察长不同意多数人的意见，可以报请同级人大常委会决定。

（3）人民检察院办理刑事案件，由检察官、检察长、检察委员会在各自职权范围内对办案事项作出决定，并依照规定承担相应司法责任。

检察官在检察长领导下开展工作。重大办案事项，由检察长决定。检察长可以根据案件情况，提交检察委员会讨论决定。其他办案事项，检察长可以自行决定，也可以委托检察官决定。

以人民检察院名义制发的法律文书，由检察长签发；属于检察官职权范围内决定事项的，检察长可以授权检察官签发。

重大、疑难、复杂或者有社会影响的案件，应当向检察长报告。

（4）人民检察院办理刑事案件，根据案件情况，可以由一名检察官独任办理，也可以由两名以上检察官组成办案组办理。由检察官办案组办理的，检察长应当指定一名检察官担任主办检察官，组织、指挥办案组办理案件。

检察官办理案件，可以根据需要配备检察官助理、书记员、司法警察、检察技术人员等检察辅助人员。检察辅助人员依照法律规定承担相应的检察辅助事务。

（5）人民检察院根据检察工作需要设置业务机构，在刑事诉讼中按照分工履行职责。

业务机构负责人对本部门的办案活动进行监督管理。需要报请检察长决定的事项和需要向检察长报告的案件，应当先由业务机构负责人审核。业务机构负责人可以主持召开检察官联席会议进行讨论，也可以直接报请检察长决定或者向检察长报告。

检察长不同意检察官处理意见的，可以要求检察官复核，也可以直接作出决定，或者提请检察委员会讨论决定。

检察官执行检察长决定时，认为决定错误的，应当书面提出意见。检察长不改变原决定的，检察官应当执行。

（6）对同一刑事案件的审查逮捕、审查起诉、出庭支持公诉和立案监督、侦查监督、审判监督等工作，由同一检察官或者检察官办案组负责，但是审查逮捕、审查起诉由不同人民检察院管辖，或者依照法律、有关规定应当另行指派检察官或者检察官办案组办理的除外。

图表总结

检察院	性质	法律监督机关		
		唯一公诉机关		
		属于司法机关		
	组织体系	领导与被领导	最高人民检察院 ↓ 地方各级人民检察院→省、自治区、直辖市人民检察院 ↓ 省、自治区、直辖市人民检察院分院，自治州和省辖市人民检察院 ↓ 县、县级市、自治县和市辖区人民检察院	

要点提示

在人民检察院的组织体系中，最高人民检察院的 8 项职责与地方各级人民检察院的 3 项职责需要做到熟悉，无需背过。对划线的地方需要重点掌握。

（三）人民检察院的职权

综合重点

检察院职权		侦查权		
	公诉权	审查起诉		
		提起附民		
		自侦案件侦查		
		补充侦查		
		审判阶段	派员出庭	
			讯问发问	
			宣读证据	
			出示物证	
			法庭辩论	

续表

		监督立案
		审查批捕
		监督侦查
诉讼监督权		监督庭审
		启动抗诉
		监督特别程序
		监督执行

要点提示

　　检察院的职权较为重要，包括了侦查权、公诉权和诉讼监督权，属于典型跨章节的【综合重点】知识点，考生无需背过，但应当做到特别熟悉。这种知识点很容易出选择题。

四、人民法院的性质、组织体系与职权

○重点解读

（一）人民法院的性质

　　人民法院是司法机关，同时是国家唯一的审判机关。《刑诉法》第3条规定，审判由人民法院负责。第12条规定，未经人民法院依法判决，对任何人都不得确定有罪。

（二）组织体系

　　我国人民法院由最高人民法院、地方各级人民法院和专门人民法院构成。

　　1. 最高人民法院

　　最高人民法院是国家的最高审判机关。

　　（1）最高人民法院有权监督地方各级人民法院和专门人民法院的审判工作；

　　（2）审判法律、法令规定由它管辖的和它认为应由自己审判的第一审案件；

　　（3）对高级人民法院、专门人民法院判决和裁定的上诉案件和抗诉案件、最高人民检察院按照审判监督程序抗诉的案件进行审判；

　　（4）对于在审判过程中如何具体适用法律、法令的问题，进行解释。

　　简单地说，就是监督地方、审第一审、审上抗诉、解释法律。

　　2. 地方各级人民法院

　　地方各级人民法院包括：省、自治区、直辖市高级人民法院，中级人民法院和各基层人民法院。

　　（1）省、自治区、直辖市高级人民法院

　　省、自治区、直辖市高级人民法院审理下列案件：

　　（a）法律、法令规定由它管辖的第一审案件；

　　（b）下级人民法院移送审判的第一审案件；

　　（c）对下级人民法院判决和裁定上诉和抗诉的案件；

　　（d）按照审判监督程序提起的再审案件。

（2）中级人民法院

中级人民法院包括在省、自治区内按地区设立的中级人民法院，在直辖市内设立的中级人民法院，省、自治区所辖市的中级人民法院，以及自治州中级人民法院。

中级人民法院审理的案件包括：

（a）法律、法令规定由它管辖的第一审案件[1]；

（b）基层人民法院移送的第一审案件；

（c）对基层人民法院判决和裁定上诉和抗诉的案件；

（d）按照审判监督程序提起的案件。

（3）基层人民法院

基层人民法院包括县人民法院和县级市人民法院、自治县人民法院、市辖区人民法院。

基层人民法院审判第一审案件，但是法律、法令另有规定的除外。

3. 专门人民法院

我国目前建立的专门法院包括军事法院和海事法院。其中海事法院没有刑事案件审判权。

（三）上、下级人民法院之间的关系

上、下级法院之间是监督与被监督的事后监督关系。人民法院的监督不是通过对具体案件的指导实现的，各级人民法院依照职权独立地进行审判，上级人民法院不应对下级人民法院正在审理的案件作出决定，指令下级人民法院执行。下级人民法院也不应将案件在判决之前报送上级人民法院，请求审查批示。

上级人民法院审判监督表现在以下方面：

1. 通过第二审程序审查下级人民法院未发生法律效力的一审裁判是否合法，如有错误则按法定程序予以纠正；

2. 通过审判监督程序纠正下级人民法院已发生法律效力的确有错误的裁判；

3. 最高人民法院和高级人民法院通过死刑复核程序对下级人民法院审判的死刑案件实行监督；

4. 最高人民法院通过依法解释法律、法令等方法，指导、监督各级人民法院的审判工作；

5. 通过检查工作、总结经验，发现问题。

---

[1] 主要指的是《刑诉法》第21条的规定："中级人民法院管辖下列第一审刑事案件：（一）危害国家安全、恐怖活动案件；（二）可能判处无期徒刑、死刑的案件。"

图表总结

法院	性质	唯一审判机关	
		属于司法机关	
	组织体系	监督与被监督	最高人民法院→（可以设立巡回法庭） ↓ 地方各级人民法院 省、自治区、直辖市高级人民法院 ↓ 省、自治区内按地区设立的中级人民法院 直辖市内设立的中级人民法院 省、自治区所辖市的中级人民法院 自治州中级人民法院 ↓ 县、县级市、自治县和市辖区人民法院

审判监督方式：二审程序；审判监督；死刑复核；解释法律；工作检查。

要点提示

　　最高人民法院设立巡回法庭，受理巡回区内相关案件。目前，第一巡回法庭设在广东省深圳市，巡回区为广东、广西、海南三省区。第二巡回法庭设在辽宁省沈阳市，巡回区为辽宁、吉林、黑龙江三省。2016 年 11 月 1 日，中央深改组第二十九次会议，同意最高人民法院在深圳、沈阳设立第一、第二巡回法庭的基础上，在重庆市、西安市、南京市、郑州市增设第三、第四、第五、第六巡回法庭。

　　巡回法庭是最高人民法院派出的常设审判机构。巡回法庭作出的判决、裁定和决定，是最高人民法院的判决、裁定和决定。

（四）人民法院的职权

综合重点

法院职权	审判权	受理自诉案件
		审理公诉案件
		依法作出判决
		作出裁定、决定
		审理特别程序案件
	其他职权	决定强制措施
		调查核实证据
		强制证人出庭
		处罚违反秩序
		收缴处理赃物
		执行某些裁判
		提出司法建议

要点提示

1. 基层法院下设的派出法庭不是一级审判机关，所作出的判决实际上就是基层法院的判决。如果不服该判决，只能向中级人民法院而非基层法院上诉。

2. 海事法院没有刑事案件审判权。

3. 只有法院有"中级"或者"高级"的称谓，检察院没有。譬如，没有西安市中级人民检察院或者天津市高级人民检察院的说法，但有西安市中级人民法院和天津市高级人民法院。

4. 法院有权决定逮捕，无权批准逮捕，也无权执行逮捕。批准逮捕的权力专属于检察院，执行逮捕的权力专属于公安机关。此外，法院也无权决定刑事拘留。需要注意的是，一方面，刑事拘留主要针对现行犯或者具有重大犯罪嫌疑的人，法院作为中立的审判机关无权决定；另一方面，拘留在我国可以被区分为刑事拘留、行政拘留和司法拘留。法院不能决定刑事拘留与行政拘留，但法院有权决定司法拘留。详见第八章"强制措施"。

5. 为确保独立公正行使审判权、检察权，2013 年 11 月 12 日通过的《中共中央关于全面深化改革若干重大问题的决定》中，关于司法管理体制改革的内容需要考生熟悉。

该决定中说："改革司法管理体制，推动省以下地方法院、检察院人财物统一管理，探索建立与行政区划适当分离的司法管辖制度，保证国家法律统一正确实施。建立符合职业特点的司法人员管理制度，健全法官、检察官、人民警察统一招录、有序交流、逐级遴选机制，完善司法人员分类管理制度，健全法官、检察官、人民警察职业保障制度。"这意味着将会对我国法院、检察院的现有组织管理体制进行重大改革。

【经典真题】

2017 年多项选择第 65 题：[1]

某案件经中级法院一审判决后引起社会的广泛关注。为回应社会关注和保证办案质量，在案件由高级法院作出二审判决前，基于我国法院和检察院的组织体系与上下级关系，最高法院和最高检察院可采取下列哪些措施？

A. 最高法院可听取高级法院对该案的汇报并就如何审理提出意见

B. 最高法院可召开审判业务会议对该案的实体和程序问题进行讨论

C. 最高检察院可听取省检察院的汇报并对案件事实、证据进行审查

D. 最高检察院可决定检察机关在二审程序中如何发表意见

【本题解析】

人民法院独立行使审判权的含义是每个法院独立，因为上下级法院之间是监督与被监督的事后监督关系；人民检察院独立行使检察权的含义是全国检察机关作为一个整体的独立，因为上下级检察院之间是领导与被领导的关系。据此，A、B 项明显错误，C、D 项正确。

---

[1] 答案：CD。

第二节　诉讼参与人※

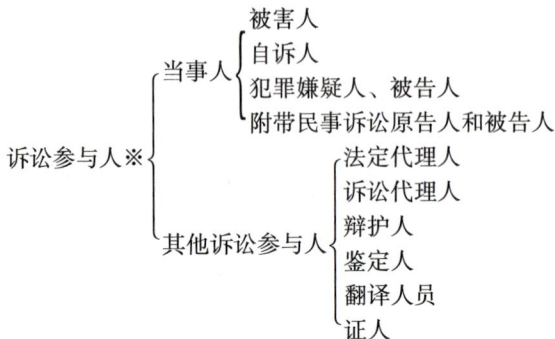

诉讼参与人※
{
　　当事人
　　{
　　　被害人
　　　自诉人
　　　犯罪嫌疑人、被告人
　　　附带民事诉讼原告人和被告人
　　}
　　其他诉讼参与人
　　{
　　　法定代理人
　　　诉讼代理人
　　　辩护人
　　　鉴定人
　　　翻译人员
　　　证人
　　}
}

一、诉讼参与人概述

○ 重点解读

诉讼参与人是指在刑事诉讼过程中享有一定诉讼权利，承担一定诉讼义务的除了国家专门机关工作人员以外的人。

诉讼参与人可以分为两类：当事人与其他诉讼参与人。

（一）当事人

当事人是指与案件的结局有着直接利害关系，对刑事诉讼进程发挥着较大影响作用的诉讼参与人。《刑诉法》第108条第2项规定，"当事人"是指被害人、自诉人、犯罪嫌疑人、被告人、附带民事诉讼的原告人和被告人。

1. 当事人的特点

当事人的特点有二：

（1）与案件的结局有直接的利害关系。如被告人，如果判死刑，他就可能要失去生命，具有直接利害关系。这是实体条件。

（2）在诉讼中拥有广泛的诉讼权利（使用本民族语言文字进行诉讼，申请回避，控告，参加法庭调查和辩论，申诉等），并对诉讼过程和诉讼结局发挥比其他诉讼参与人更大的作用和影响。譬如，被告人可以通过行使上诉权来推动程序进入二审，而证人显然不行。这是程序条件。

2. 当事人的诉讼权利

当事人享有以下诉讼权利：

（1）使用本民族语言文字进行诉讼。

（2）申请回避权。在具有法定理由时申请侦查人员、检察人员、审判人员或者书记员、鉴定人、翻译人员回避，对于驳回申请回避的决定，有权申请复议一次。

（3）控告权。有权控告侦查人员、检察人员、审判人员侵犯其诉讼权利或者对其人身进行侮辱的行为。

（4）有权参加法庭调查和法庭辩论，向证人发问并质证，辨认物证和其他证据，并就证据发表意见，申请通知新的证人到庭和调取新的物证，申请重新勘验或者鉴定，互相辩论，等等。

（5）**申诉权**。对已经发生法律效力的裁判不服的，向人民法院或者人民检察院提出申诉。

（6）申请排除非法证据权。

（二）其他诉讼参与人

其他诉讼参与人是指除公安司法人员以及当事人之外，参与诉讼活动并在诉讼中享有一定的诉讼权利、承担一定的诉讼义务的人。

其他诉讼参与人与诉讼结局无必然利害关系，如被告被判死刑了，对鉴定人或翻译人员不会有什么不利。因为他们在诉讼中不是为了保护自己的实体权利，而是在诉讼的某一环节协助诉讼的进行，他们不能启动诉讼程序，对诉讼程序也不会产生直接影响。

《刑诉法》第 108 条第 4 项规定，"诉讼参与人"是指当事人、法定代理人、诉讼代理人、辩护人、证人、鉴定人和翻译人员。可见，其他诉讼参与人是指除当事人之外的"法定代理人、诉讼代理人、辩护人、证人、鉴定人和翻译人员"。

🔍 图表总结

诉讼参与人		
	当事人	其他诉讼参与人
范围	（1）被害人；	（1）法定代理人；
	（2）自诉人；	（2）诉讼代理人；
	（3）犯罪嫌疑人；	（3）辩护人；
	（4）被告人；	（4）证人；
	（5）附带民事诉讼原告人；	（5）鉴定人；
	（6）附带民事诉讼被告人。	（6）翻译人员。
特点	实体条件：与案件的结局有直接利害关系。	与案件的结局没有必然利害关系。
	程序条件：拥有广泛诉讼权利。	没有当事人诉讼权利广泛。

要点提示

1. 诉讼参与人分两类：当事人和其他诉讼参与人。一定注意，诉讼参与人是"除了国家专门机关工作人员以外的人。"即，公、检、法的工作人员不是诉讼参与人。

2. 注意当事人与其他诉讼参与人的区别：是否直接关涉个人利益；是否拥有较多诉讼权利；是否对诉讼进程有直接推动作用。

3. 侦查机关可以设立鉴定机构（法院和司法行政机关禁止设立鉴定机构），但侦查机关中的鉴定人员的主要任务是运用科学技术或者专门知识对诉讼涉及的专门性问题进行鉴别和判断并提供鉴定意见的活动，其基于鉴定人的权利和义务进行工作，不涉及对案件情况作出判断和推测，属于其他诉讼参与人。而检察机关或者审判机关的书记员则不同，他们属于国家机关工作人员，权力根基是司法权，一般书记员都跟随办案。因此书记员不是诉讼参与人。

4. 有专门知识的人、见证人、近亲属、旁听人员等人虽然参加了刑事诉讼活动，但严格说来，不属于法定的诉讼参与人。

【经典真题】

2017 年多项选择题第 66 题：[1]

在袁某涉嫌故意杀害范某的案件中，下列哪些人员属于诉讼参与人？

A. 侦查阶段为袁某提供少数民族语言翻译的翻译人员

B. 公安机关负责死因鉴定的法医

C. 就证据收集合法性出庭说明情况的侦查人员

D. 法庭调查阶段就范某死因鉴定意见出庭发表意见的有专门知识的人

【本题解析】

《刑诉法》第 108 条第 2 项和第 4 项规定，"当事人"是指被害人、自诉人、犯罪嫌疑人、被告人、附带民事诉讼的原告人和被告人；"诉讼参与人"是指当事人、法定代理人、诉讼代理人、辩护人、证人、鉴定人和翻译人员。因此，A、B 项正确，C、D 项错误。

二、被害人

🔹 **重点解读**

（一）被害人的概念与特点

这里指的被害人是<u>狭义</u>的被害人，即在公诉案件中，以个人身份参与诉讼，并与人民检察院共同行使控诉职能的人。广义的被害人还包括自诉案件中的自诉人和有权提起附带民事诉讼的原告人。

被害人具有以下特点：

1. 被害人与案件结局有着<u>直接的利害关系</u>。他不仅具有获得经济赔偿或补偿的愿望，而且更有着要让犯罪人受到法律上的谴责、惩罚的要求。

2. 被害人陈述本身是<u>法定</u>的<u>证据</u>来源之一。被害人有义务接受侦查人员、检察人员、审判人员的传唤，到场或出庭提供有关案件事实的陈述，并接受各方的询问和质证。

3. 被害人既<u>有权要求</u>公安司法机关<u>追究</u>、<u>惩罚</u>犯罪，也有权要求<u>经济赔偿</u>，全面维护其人身、财产和民主权利。

4. 被害人<u>与犯罪嫌疑人、被告人</u>居于大致<u>相同</u>的诉讼地位，享有与犯罪嫌疑人、被告人大致<u>相同的诉讼权利</u>。但是，被害人不享有公诉案件的起诉权和抗诉权。

---

[1] 答案：AB。

（二）被害人的权利和义务

综合重点

被害人的权利和义务		
权利		义务
当事人共有权利		如实陈述
不立案申请复议		
申诉权	公安不立案申诉	
	检察不起诉申诉	接受传唤
	法院的裁判申诉	
委托诉讼代理人		
向法院直接自诉		
申请第二审抗诉		遵守纪律
作证安全被保护		

三、自诉人

（一）自诉人的概念与特点

重点解读

自诉人是指在自诉案件中，以自己的名义直接向人民法院提起诉讼的人。自诉人可以启动自诉程序，在诉讼中承担控诉职能。只有在自诉案件中才存在自诉人。自诉人通常是该案件的被害人。

自诉人的特点包括：

1. 启动自诉程序。没有自诉人的告诉，就没有刑事自诉案件的审判。

2. 只有自诉案件中，才存在自诉人。

3. 自诉人在诉讼中承担控诉职能。需要注意的是，如果自诉案件中的被告人提出反诉，则具有双重身份。在自诉中是自诉人，行使控诉职能；在反诉中是被告人，行使辩护职能。

理论释义

自诉人为什么要自行起诉，为什么不公诉？

在我国，大多数刑事案件都是公诉案件，需要由公安机关或者检察机关立案侦查，检察机关提起公诉，法院审判。但也有一部分案件不是如此，有三类（后面会在第四章"管辖"中详述）：（1）刑法中规定的告诉才处理的案件。一般来说，这类案件被害人不告诉，谁都不能管；（2）人民检察院没有提起公诉，被害人有证据证明的轻微刑事案件；（3）被害人有证据证明对被告人侵犯自己人身、财产权利的行为应当依法追究刑事责任，而公安机关或者人民检察院不予追究的案件。这些案件要么是不告不理的"亲告罪"案件，要么是被害人告了但公安或检察院没管的案件，为了最大限度地保护被害人的合法权益，法律允许被害人在向公安或者检察院求救无门的情况下直接向法院起诉，也就有了自诉案件和自诉人。

（二）自诉人的权利与义务

图表总结

自诉人	权利	当事人共有权利
		直接提起自诉
		委托诉讼代理
		调解和解撤诉
		参加调查辩论
		申请调查取证
		对一审提上诉
		已生效提申诉
	义务	承担举证责任
		不得捏造伪造
		按时出席法庭
		遵守法庭纪律

要点提示

自诉人有权随时委托诉讼代理人；公诉案件中的被害人有权自案件移送审查起诉之日起委托诉讼代理人。

四、犯罪嫌疑人、被告人

（一）概念与诉讼地位

重点解读

"犯罪嫌疑人"和"被告人"是对因涉嫌犯罪而受到刑事追诉的人的两种称谓。在公诉案件中，被追诉者在检察院向法院提起公诉以前，称为"犯罪嫌疑人"，在检察院向法院提起公诉以后，则称为"被告人"。自诉案件中，自诉人向法院提起自诉之后，被追诉者称为"被告人"。

关于犯罪嫌疑人、被告人的诉讼地位：

1. 犯罪嫌疑人、被告人是辩护权主体，居于当事人的地位。犯罪嫌疑人、被告人不是被动地接受讯问、追诉和处理的客体，而是积极主动进行防御并对裁判活动施加积极影响的诉讼主体。

2. 犯罪嫌疑人、被告人与案件结局有着直接利害关系，是刑事诉讼的被追诉者。因此，犯罪嫌疑人、被告人在一定程度上负有接受公安司法机关的强制性措施、协助国家专门机关顺利进行刑事诉讼的义务，例如承受逮捕、拘留、接受讯问、搜查、扣押等。

3. 犯罪嫌疑人、被告人是重要的证据来源。犯罪嫌疑人、被告人供述和辩解是法定的证据种类。严禁以刑讯逼供或者威胁、引诱、欺骗以及其他非法方法收集证据，不得强迫任何人证实自己有罪，确保犯罪嫌疑人、被告人的供述基于自愿。

（二）犯罪嫌疑人、被告人的诉讼权利与义务

综合重点

犯罪嫌疑人、被告人的权利、义务	权利	防御性权利	本族语言诉讼
			提出回避申请
			申请排非
			依法进行辩护
			拒绝回答无关
			十日前收副本
			参加法庭调查
			参加法庭辩论
			进行最后陈述
			自诉案件反诉
		救济性权利	驳回回避复议
			控告侵权行为
			申请变更解除
			申诉酌定不诉
			不服一审上诉
			申诉权
		其他程序权	享受无罪推定
			获得公正审判
			不受非法取证
			不受非法强制
			不受非法侦查
			上诉不加刑
	义务	依法承受强制	
		依法接受侦查	
		如实回答讯问	
		按时出席法庭	
		遵守法庭纪律	
		履行生效裁判	

【经典真题】

2017 年多项选择题第 67 题：[1]

犯罪嫌疑人、被告人在刑事诉讼中享有的诉讼权利可分为防御性权利和救济性权利。下列哪些选项属于犯罪嫌疑人、被告人享有的救济性权利？

A. 侦查机关讯问时，犯罪嫌疑人有申辩自己无罪的权利

B. 对办案人员人身侮辱的行为，犯罪嫌疑人有提出控告的权利

C. 对办案机关应退还取保候审保证金而不退还的，犯罪嫌疑人有申诉的权利

D. 被告人认为一审判决量刑畸重，有提出上诉的权利

【本题解析】 刑事诉讼中犯罪嫌疑人、被告人享有广泛的诉讼权利。这些诉讼权利按其性质和作用的不同，可分为防御性权利和救济性权利两种。防御性权利，是指犯罪嫌疑人、被告人为对抗追诉方的指控、抵消其控诉效果所享有的诉讼权利。救济性权利，是指犯罪嫌疑人、被告人对国家专门机关所作的对其不利的行为、决定或裁判，要求专门机关予以审查并作出改变或撤销的诉讼权利。据此，A 项是防御性权利，B、C、D 项是救济性权利。

五、附带民事诉讼当事人

（一）附带民事诉讼当事人的范围

图表总结

附带民事诉讼当事人	
附带民事诉讼原告人	附带民事诉讼被告人
1. 被害人	1. 被告人
2. 近亲属（被害人死亡）	2. 共同致害人（未被追究刑责）
	3. 监护人
3. 人民检察院（国家、集体财产受损）	4. 遗产继承人（死刑罪犯或者共同犯罪中一部分被告人死亡）

---

[1]　答案：BCD。

（二）附带民事诉讼当事人的权利、义务

综合重点

附带民事诉讼当事人的权利、义务			
权利		义务	
附民原告人	附民被告人	附民原告人	附民被告人
提起附民		提供证据	提供证据
申请回避	申请回避	如实陈述	如实陈述
委托代理	委托代理	按时出庭	按时出庭
要求保全		遵守纪律	遵守纪律
申请先执			执行裁判
调查辩论	调查辩论		
调解和解	调解和解		
一审上诉	一审上诉		
再审申诉	再审申诉		
	提起反诉		

要点提示

1. 附带民事诉讼中的"附带"，顾名思义，刑事诉讼才是主体，民事诉讼只是粘附于刑事诉讼之上。因此，附带民事诉讼当事人的权利和义务主要局限于民事部分。譬如，附带民事诉讼原告人、被告人享有上诉权、申诉权，但仅能针对附带的民事部分上诉或者申诉，而不能针对刑事部分的裁判上诉或者申诉。

2. 上述附带民事诉讼当事人的权利、义务以熟悉为主。

3. 上述附带民事诉讼当事人的范围是考试重点，需要背过。

附带民事诉讼原告人：被、近、检。（被害人、近亲属、检察院）

附带民事诉讼被告人：被、共、监、继。（被告人、共同致害人、监护人、遗产继承人）

其中，关于附带民事诉讼原告人，天然的启动附带民事诉讼的人只有被害人自己，既可以是个人也可以是单位、组织。如果被害人是自然人，被害人的近亲属、法定代理人提起附带民事诉讼是有条件的，需要被害人死亡或者丧失行为能力。检察院在国有财产、集体财产受损时，会首先观察国有财产、集体财产的监管者是否请求赔偿，如果没有，检察院会代表国家公共利益提起附带民事诉讼，所以检察院是"可以"，而非"应当"提起附带民事诉讼。

关于附带民事诉讼被告人，刑事被告人既可以是单位也可以是个人。被告人的亲属和朋友如果自愿代为赔偿，应当准许。需要注意三点：第一，不仅有"亲属"还有"朋友"；第二，必须是"自愿"的；第三，"应当"准许。这是为了使被害人能够最大限度地获得赔偿，保障其合法权益。

六、单位当事人

🔲 重点解读

单位当事人包括单位犯罪嫌疑人、被告人和单位被害人。

（一）单位犯罪嫌疑人、被告人

单位可以独立成为犯罪嫌疑人、被告人，与作为自然人的直接负责的主管人员和其他直接责任人员一起参与刑事诉讼。

代表涉嫌犯罪单位参加刑事诉讼的诉讼代表人，应当是单位的法定代表人或者主要负责人。

法定代表人或者主要负责人被指控为对单位犯罪直接负责的主管人员的，应当由单位的其他负责人或者职工作为被告单位的诉讼代表人出庭。

在审判阶段，被告单位的诉讼代表人与被指控为对单位犯罪直接负责的主管人员是同一人的，人民法院应当要求人民检察院另行确定被告单位的诉讼代表人出庭。

单位犯罪嫌疑人、被告人的诉讼权利和诉讼义务，与自然人犯罪嫌疑人、被告人大致相同。

（二）单位被害人

被害人一般是指自然人，但单位也可以成为被害人。单位被害人参与刑事诉讼时，应由其法定代表人作为代表参加刑事诉讼。法定代表人也可以委托诉讼代理人参加刑事诉讼。

单位被害人在刑事诉讼中的诉讼权利和诉讼义务，与自然人作为被害人时大体相同。

要点提示

1. 注意区分几个概念。

诉讼代表人	代表涉嫌犯罪单位参加刑事诉讼的人。一般应当由单位的法定代表人或者主要负责人充当。
法定代表人	法定代表人是指依法代表法人行使民事权利，履行民事义务的主要负责人。如工厂的厂长、公司的董事长等。
法定代理人	法定代理人是由法律规定的对被代理人负有专门保护义务并代其进行诉讼的人。如未成年人的监护人等。
诉讼代理人	诉讼代理人是基于被代理人的委托而代表被代理人参与刑事诉讼的人。可以是律师，也可以是被代理人的亲友等。

2. 请特别注意《高法解释》第335至346条关于单位当事人的规定：

（1）被告单位的诉讼代表人，应当是法定代表人、实际控制人或者主要负责人。

（2）法定代表人、实际控制人或者主要负责人被指控为单位犯罪直接责任人员或者因客观原因无法出庭的，应当由被告单位委托其他负责人或者职工作为诉讼代表人。

但是，有关人员被指控为单位犯罪直接责任人员或者知道案件情况、负有作证义务的除外。

（3）诉讼代表人系被告单位的<u>法定代表人、实际控制人或者主要负责人</u>，<u>无正当理由</u>拒不出庭的，<u>可以拘传其到庭</u>；因<u>客观原因无法出庭</u>，或者<u>下落不明</u>的，应当要求人民<u>检察院另行确定诉讼代表人</u>。

（注意上述"（2）"和"（3）"：诉讼代表人因客观原因无法出庭的，是由被告单位委托其他诉讼代表人呢还是由检察院另行确定诉讼代表人呢？如果真题中问谁另行"委托"，选"被告单位"。如果真题中问法院要求谁另行"确定"，选"检察院"。）

（4）开庭时，诉讼代表人席位置于<u>审判台前左侧</u>，<u>与辩护人席并列</u>。

（5）被告单位的<u>违法所得</u>及其他涉案财物，<u>尚未</u>被依法追缴或者查封、扣押、冻结的，人民<u>法院应当决定追缴或者查封、扣押、冻结</u>。

（6）为保证判决的执行，人民法院<u>可以先行查封、扣押、冻结被告单位的财产</u>，或者由<u>被告单位提出担保</u>。

（注意：先行查、冻、扣与提供担保是"或"的关系。）

（7）审判期间，被告单位被吊销营业执照、宣告破产但尚未完成清算、注销登记的，应当继续审理；被告单位被撤销、注销，对单位犯罪直接负责的主管人员和其他直接责任人员应当继续审理。

（8）审判期间，被告单位合并、分立的，应当将<u>原单位列为被告单位</u>，并注明合并、分立情况。对被告单位所判处的<u>罚金</u>以其在<u>新单位</u>的财产及收益为限。

（注意：被告"死"，直接负责，继续审理；被告"变"，被告列原，罚金限新。）

七、法定代理人

○ 重点解读

（一）法定代理人的概念

法定代理人是由法律规定的对被代理人负有专门保护义务并代其进行诉讼的人。《刑诉法》第 108 条第 3 项规定：法定代理人的范围包括被代理人的<u>父母、养父母、监护人</u>和<u>负有保护责任的机关、团体的代表</u>。

（二）法定代理人的权利、职责

法定代理人的<u>权利</u>包括：

1. 法定代理人具有<u>独立</u>的法律地位，不受被代理人意志的约束，在行使代理权限时无须经过被代理人同意。

2. 法定代理人享有广泛的<u>与被代理人相同</u>的诉讼权利。但法定代理人<u>不能代替被代理人作陈述</u>，也<u>不能代替被代理人承担与人身自由相关联的义务</u>，例如服刑等。

3. <u>除被害人</u>的法定代理人外，其他当事人（被告人、自诉人、附带民事诉讼当事人等）的法定代理人还享有<u>独立的上诉权</u>。而被害人的法定代理人对第一审的判决不服的，无权独立地提起上诉，只能请求人民检察院抗诉。

法定代理人的<u>职责</u>包括：

1. 依法<u>保护</u>无行为能力人或者限制行为能力人的合法权利。

2. <u>监督</u>被代理人行为。

八、诉讼代理人

重点解读

（一）诉讼代理人的概念

诉讼代理人是基于被代理人的<u>委托</u>而不是依据法律的规定代表被代理人参与刑事诉讼的人。《刑诉法》第108条第5项规定，"诉讼代理人"是指公诉案件的被害人及其法定代理人或者近亲属、自诉案件的自诉人及其法定代理人委托代为参加诉讼的人和附带民事诉讼的当事人及其法定代理人委托代为参加诉讼的人。

（二）诉讼代理人的权限

诉讼代理人的职责是<u>帮助其</u>代理的公诉案件被害人及其法定代理人或者近亲属、自诉案件自诉人及其法定代理人、附带民事诉讼案件当事人及其法定代理人等<u>行使诉讼权利</u>。

诉讼代理人只能在被代理人<u>授权范围内</u>进行诉讼活动，既不得超越代理范围，也不能违背被代理人的意志。如果没有被代理人的授权，诉讼代理人代替被代理人进行的诉讼活动就不具有法律效力。

要点提示

1. 诉讼代理人与法定代理人的区别是重点：

		法定代理人	诉讼代理人
区别	1. 根据不同	法律规定	委托协议
	2. 权限不同	全权代理（但不能代陈述，服刑）	限于授权
	3. 效力不同	不受（被代理人意志）约束	不能违背（被代理人意志）
共性	1. 代理<u>权限</u>范围内活动		
	2. 在权限范围内的诉讼行为与被代理人自己的诉讼行为具有<u>同等</u>的法律效力		
	3. 代理人合法代理的法律<u>后</u>果都由被代理人承担		

2. 注意刑诉法中的近亲属范围不同于《民法典》中近亲属的范围，《刑诉法》第108条第6项规定，"<u>近亲属</u>"是指<u>夫、妻、父、母、子、女、同胞兄弟姊妹</u>。可以看出，第一，刑诉法规定的近亲属要求"同胞兄弟姊妹"，而不是《民法典》中的兄弟姐妹。第二，刑诉法中的近亲属不包含祖父母和外祖父母、孙子女和外孙子女。

3. 在未成年人刑事诉讼程序中，未成年人的法定代理人不能代替陈述，但可以在未成年人最后陈述后<u>补充陈述</u>。

【经典真题】

2009 年多项选择题第 67 题：[1]

关于刑事诉讼法定代理人与诉讼代理人的区别，下列哪些选项是正确的？

A. 法定代理人基于法律规定或法定程序产生，诉讼代理人基于被代理人委托产生

B. 法定代理人的权利源于法律授权，诉讼代理人的权利源于委托协议授权

C. 法定代理人可以违背被代理人的意志进行诉讼活动，诉讼代理人的代理活动不得违背被代理人的意志

D. 法定代理人可以代替被代理人陈述案情，诉讼代理人不能代替被代理人陈述案情

【本题解析】

根据上述【图表总结】可知，ABC 正确。

法定代理关系是由法律基于代理人与被代理人之间存在的血缘关系、婚姻关系、组织关系、信任关系等而规定的。法定代理人享有广泛的与被代理人相同的诉讼权利，但法定代理人不能代替被代理人作陈述，也不能代替被代理人承担与人身自由相关联的义务，如服刑等，D 错误。

九、辩护人

○ 重点解读

辩护人是指在刑事诉讼中接受犯罪嫌疑人、被告人及其法定代理人的委托，或者接受法律援助机构的指派，依法为犯罪嫌疑人、被告人辩护，以维护其合法权益的人。

关于辩护人的范围、地位等知识点详见第六章"辩护与代理"。

要点提示

注意刑事代理与辩护的区别：

区别	辩护	刑事代理
委托主体	犯罪嫌疑人、被告人	(1) 被害人及其法定代理人或者近亲属、自诉案件的自诉人及其法定代理人、附带民事诉讼的当事人及其法定代理人 (2) 犯罪嫌疑人、被告人逃匿、死亡案件违法所得的没收程序中犯罪嫌疑人、被告人，犯罪嫌疑人、被告人的近亲属，以及其他利害关系人 (3) 强制医疗程序中的被申请人或者被告人
表现形式	(1) 自行辩护 (2) 委托辩护 (3) 法律援助辩护	委托代理
诉讼地位	独立地位	受被代理人意志限制
诉讼职能	辩护职能	一部分诉讼代理人具有控诉职能（公诉案件被害人、自诉案件自诉人的代理人等）

[1] 答案：ABC。

十、证人

○ 重点解读

（一）证人的概念和特点

刑事诉讼中的证人，是指凭着感觉通过诉讼外的途径了解案件情况并向专门机关作出陈述的当事人以外的人。

1. 注意刑诉和民诉中对证人规定的区别

在刑事诉讼中，证人只能是自然人，只有自然人才有感觉器官，才能感知案件情况。单位不能作证人，因为单位本身没有感觉和知觉，不能感知案件情况，也无法承担作伪证的责任。但是在民事诉讼中，证人包括单位和个人。

2. 证人的条件

对《刑诉法》第62条第2款规定的理解。我国《刑诉法》第62条第2款规定："生理上、精神上有缺陷或者年幼，不能辨别是非、不能正确表达的人，不能作证人。"对该规定正确理解是：在第一个"不能"前面加上"而且"字样；第二个"不能"前面加"或者"。也就是说，生理上、精神上有缺陷或者年幼，只有达到不能辨别是非或者不能正确表达的程度，才不能作证人。换句话说，生理上、精神上虽然有缺陷或者年幼，但是还没有达到不能辨别是非或者不能正确表达的程度，仍然可以作证人。证人的条件还有：（1）了解案件情况（当事人除外），既包括直接了解，又包括间接了解；（2）提供案件情况；（3）必须通过诉讼外途径了解案件情况。

3. 证人具有不可替代性

证人对案件事实的感知是其可以证明案件事实的根据，这种感知具有亲历性，是不可能由他人替代的；并且出庭接受质证时必须由其本人回答，也是不可替代的；同时，证人作伪证要由其本人负法律责任，这也是不能由他人替代的。证人的不可替代性，必然得出证人作证优先规则。因此，当公安司法机关的工作人员或者其他法律工作者通过诉讼外的途径了解案件情况时，应该优先作为证人，而不能作为公安司法机关的工作人员或者法律工作者参与案件的侦查、起诉、审判或者其他法律工作。

4. 关于证人是否需要回避问题

无论证人与案件当事人有无利害关系，都不需要回避，因为证人具有不可替代性。

5. 证人以出庭为原则，以不出庭为例外。

6. 证人不能旁听本案的审判。

（二）证人的特点

1. 了解案件情况。

2. 诉讼之外了解案件情况。譬如，侦查、审查起诉、审判人员以及辩护人、诉讼代理人、鉴定人等在诉讼过程中也了解案件情况，但其对案件情况的了解是在诉讼开始之后的诉讼过程中形成的，因而不属于证人。

3. 证人必须是当事人以外的人。被告人、被害人等虽然也了解案件情况，但由于其与案件裁判结果存在切身利害关系，因而只能作为当事人，而不能作为证人。

（三）证人的权利和义务

1. 证人的义务

（1）如实作证、不得作伪证

（2）出庭义务——可以强制到庭（但是被告人的配偶、父母、子女除外。）——予以训诫、处以 10 日以下的拘留（院长批准，不服的可以向上一级人民法院申请复议。复议期间不停止执行。）

2. 证人的权利

（1）本人及其近亲属的安全保障权

第一，请求保护权。

证人、鉴定人、被害人认为因在诉讼中作证，本人或者其近亲属的人身安全面临危险的，可以向人民法院、人民检察院、公安机关请求予以保护。

第二，特殊案件中的特殊保护措施。

《刑诉法》第 64 条第 1 款规定："对于危害国家安全犯罪、恐怖活动犯罪、黑社会性质的组织犯罪、毒品犯罪等案件，证人、鉴定人、被害人因在诉讼中作证，本人或者其近亲属的人身安全面临危险的，人民法院、人民检察院和公安机关应当采取以下一项或者多项保护措施：（一）不公开真实姓名、住址和工作单位等个人信息；（二）采取不暴露外貌、真实声音等出庭作证措施；（三）禁止特定的人员接触证人、鉴定人、被害人及其近亲属；（四）对人身和住宅采取专门性保护措施；（五）其他必要的保护措施。"

（2）物质补助权

证人因履行作证义务而支出的交通、住宿、就餐等费用，应当给予补助。证人作证的补助列入司法机关业务经费，由同级政府财政予以保障。

有工作单位的证人作证，所在单位不得克扣或者变相克扣其工资、奖金及其他福利待遇。

另外，证人还有下列图表所列权利义务。

图表总结

证人的权利和义务	
权利	**义务**
本族语言	回答询问
查阅证言	出席法庭
控告违法	遵守纪律

要点提示

综合重点

注意证人的以下重点：

1. 证人如果仅仅生理上、精神上有缺陷或者年幼，但能够辨别是非，能够正确表达的，也可以作为证人。换言之，<u>能否辨别是非、正确表达</u>才是重点。

2. 证人所作证言不一定为真，不一定可信，对证人证言还要经过法庭质证进一步判断。

3. 证人具有<u>不可替代性</u>。甲目睹了车祸，甲必须亲自作证，如果甲将目睹的事实告诉儿子乙，并让乙去法庭作证是不可以的。

4. <u>证人优先原则</u>。即一个人同时身具证人和其他诉讼参与人或国家机关人员身份时，应当首先充当证人。例如，法官张某目睹了一起交通肇事案件，张法官就是证人了，因此，张法官不能再参加这起交通肇事罪的审判。

5. <u>意见证据规则</u>。即证人只能说事实，不能提推断性、臆断性、猜测性的意见。譬如，证人说："我看到被告人的家里开着灯，里面还有一个人影，我感觉那个人一定是被告人。"其中，被告人家里开着灯有人影是证人看到的事实，但那个人影一定是被告人则属于证人的猜测。猜测的虚假性较大，证人所说的"我感觉那个人一定是被告人"将不得作为定案根据。

6. <u>非法证据排除规则</u>。通过暴力、威胁、非法限制人身自由等非法方法获取的证人证言将会被依法排除，不得作为定案根据。

7. 侦查机关询问证人时，如果没有<u>个别</u>询问（如甲乙是证人，侦查人员应当将甲乙分开询问），或者证言没有让证人<u>核对</u>，或者证人不通晓当地语言或是聋哑人而没有提供<u>翻译</u>的，证言不得作为定案根据。

【经典真题】

2014 年多项选择题第 69 题：[1]

某地法院审理齐某组织、领导、参加黑社会性质组织罪，关于对作证人员的保护，下列哪些选项是正确的？

A. 可指派专人对被害人甲的人身和住宅进行保护

B. 证人乙可申请不公开真实姓名、住址等个人信息

C. 法院通知侦查人员丙出庭说明讯问的合法性，为防止黑社会组织报复，对其采取不向被告人暴露外貌、真实声音的措施

D. 为保护警方卧底丁的人身安全，丁可不出庭作证，由审判人员在庭外核实丁的证言

【本题解析】本题考查证人保护和技术侦查。《刑诉法》第 64 条第 1 款规定："对于危害国家安全犯罪、恐怖活动犯罪、黑社会性质的组织犯罪、毒品犯罪等案件，证人、鉴定人、被害人因在诉讼中作证，本人或者其近亲属的人身安全面临危险的，人民法院、人民检察院和公安机关应当采取以下一项或者多项保护措施：（一）不公开真实姓名、住址和工作单位等个人信息；（二）采取不暴露外貌、真实声音等出庭作证措施；（三）禁止特定的

---

[1]　答案：ABD

人员接触证人、鉴定人、被害人及其近亲属；（四）对人身和住宅采取专门性保护措施；（五）其他必要的保护措施。"故本题中的 AB 两项均正确。C 项中的侦查人员是"出庭说明情况"，而并非作为证人"出庭作证"，所以，不受证人保护法律规范的约束。故 C 项不正确。《刑诉法》第 154 条规定："依照本节规定采取侦查措施收集的材料在刑事诉讼中可以作为证据使用。如果使用该证据可能危及有关人员的人身安全，或者可能产生其他严重后果的，应当采取不暴露有关人员身份、技术方法等保护措施，必要的时候，可以由审判人员在庭外对证据进行核实。"故 D 项也正确。本题的正确答案为 ABD 三项。

十一、鉴定人

（一）鉴定人的概念、特点、条件

刑事诉讼中的鉴定人是指受公安司法机关的指派或者聘请，运用自己的专门知识或者技能对刑事案件中专门性问题进行分析判断并提出书面鉴定意见的人。

鉴定人的书面分析意见称为鉴定意见，是刑诉法证据种类之一。

鉴定人的特点：

1. 鉴定人与案件没有利害关系；

2. 鉴定人通过参加刑事诉讼活动了解案件情况；

3. 鉴定人通过指派或者聘请产生，在诉讼过程中可以更换；

4. 鉴定人必须具备鉴定某项专门性问题的知识或技能。

鉴定人的条件：

1. 应当具有专门知识或者技能，即具有分析判断案件中专门性问题（非法律问题）的能力；

2. 鉴定人应当受到公安司法机关的指派或者聘请，这是鉴定人与一般具有专门知识或者技能的专业人员的区别所在；

3. 鉴定人应当与案件无利害关系，否则应当回避。

（二）鉴定人的权利、义务

图表总结

鉴定人的权利和义务	
权利	义务
了解情况	如实鉴定
要求提供材料、条件	隐私保密
收取费用	接受询问
人身保护	遵守纪律

要点提示

1. 鉴定意见属于<u>言词证据</u>，而非实物证据。
2. 鉴定人与证人的区别：

区别	鉴定人	证人
利害关系	不可有	可有
指派聘请	需要	不需要
产生时间	诉讼中	案发时
可替代性	可替代	不可替
专门知识	需要	不需要
资质	需要	不需要

3. 刑诉中<u>当事人不能自行委托鉴定人</u>，而民事诉讼中可以。如果刑诉中，当事人可以自行委托鉴定人，那当事人肯定会委托对自己有利的鉴定机构，进而可能造成司法不公。不过，刑诉中当事人对鉴定意见有异议的，可以申请重新鉴定或补充鉴定。

4. <u>只有侦查机关可以设立鉴定机构</u>，法院和司法行政机关严禁设立鉴定机构。法院是中立的司法机关，如果法院的鉴定机构作出了某种鉴定意见，会对法官造成不适当的影响，进而有损法官中立立场。司法行政机构是管理鉴定机构的机关，如果允许设立鉴定机构，则可能会导致鉴定机构的不正当竞争，有损司法公正和鉴定制度。

5. 鉴定人只能是<u>自然人</u>，鉴定意见结尾是单位盖章和鉴定人签名，一个都不能少。

理论释义

鉴定人与有专门知识的人。

《刑诉法》中确立了另一主体叫"有专门知识的人"，在国外，有专门知识的人也被称为"专家证人"或者"专家辅助人"。两者的关系是：都具有专门知识，但鉴定人一定是有专门知识的人，而有专门知识的人不一定是鉴定人。因为在我国，鉴定人有一定的"门槛"，譬如需要一定的专业、一定的学历、一定的职称等。而有专门知识的人则不需要这些条件，只要在某一领域具备专门知识即可。譬如，一位水管修理工就可以成为水管修理中某一特定事项的有专门知识的人。

根据《刑诉法》关于诉讼参与人的规定，鉴定人属于诉讼参与人，而有专门知识的人不属于诉讼参与人。理论界关于有专门知识的人是否属于诉讼参与人也存在争议。

此外，鉴定人作出的鉴定意见属于法定证据种类之一，而有专门知识的人针对鉴定意见提出的意见不属于任何证据，只能作为一种参考材料。这意味着，有专门知识的人提出的专门意见不是证据，不得作为定案根据。

最后，鉴定人需要接受公安司法机关的指派或者聘请介入诉讼，而有专门知识的人通常由控辩双方委托而介入诉讼。《刑诉法》第 197 条第 2 款规定："公诉人、当事人和辩护人、诉讼代理人可以申请法庭通知有专门知识的人出庭，就鉴定人作出的鉴定意见提出意见。"

十二、翻译人员

重点解读

翻译人员是指在诉讼过程中接受公安司法机关的指派或聘请，为参与刑事诉讼的外国人、无国籍人，少数民族人员，盲人、聋人、哑人等进行语言、文字或者手势翻译的人员。

翻译人员应当与本案<u>没有利害关系</u>，否则应当回避。

翻译人员的权利：

1. 了解与翻译有关的案件情况；

2. 要求公安司法机关提供与翻译内容有关的案件情况；

3. 查阅记录其翻译内容的笔录；

4. 获得相应的报酬和补偿。

翻译人员的义务：

1. 如实翻译；

2. 对于获知的隐私应当保密。

要点提示

翻译人员的知识点了解即可。

第四章

管 辖 ※※

导学

　　"发生了刑事案件，谁来管？谁来判？"这是对本章最直接的概括。"谁来管和谁来判"是核心，总体可以分为两种情形：一，案件发生了，是由公安机关立案、检察机关立案还是审判机关立案？二，案件经过立案、侦查、起诉，由哪个人民法院审判？由基层法院、中级法院还是由高级法院或最高法院审判？由甲地的法院审判还是由乙地法院审判？若都可以审判怎么办？其中，第一种情形称为立案管辖，第二种情形称为审判管辖。

　　管辖在考试中是重点章节，年年考，平均每年约考两道题。考生务必认真学习。

　　从本章开始，考生将学习到大量的法条知识，法条可以说是刑诉法的核心考点。本章考点繁杂且都重要，但逻辑清晰、难度有限。复习本章的技巧是将各种管辖规则理顺，在此基础上综合运用，根据不同的案件情况，将自己设想成警察、检察官、法官或者当事人，如果刑事案件发生了，并且现在到你手上了，该如何判断？

知识体系

管辖	立案管辖	公安机关直接受理的案件	
		检察机关可以直接受理的自侦案件：司法工作人员利用职权实施的非法拘禁、刑讯逼供、非法搜查等侵犯公民权利、损害司法公正的犯罪	
		人民法院直接受理的案件：三种自诉案件的区别	
		其他专门机关直接受理的案件	
	审判管辖	级别管辖	基层人民法院
			中级人民法院
			高级人民法院
			最高人民法院
		地域管辖	犯罪地法院：计算机网络犯罪管辖
			被告人居住地法院
			管辖的变通和指定管辖
		新罪、漏罪	新罪
			漏罪

本章重点

刑事诉讼中的管辖，是指公安机关、检察机关和审判机关等在直接受理刑事案件上的权限划分以及审判机关系统内部在审理第一审刑事案件上的权限划分。一般将管辖分为立案管辖和审判管辖，审判管辖又可以分为级别管辖和地域管辖等。

第一节　立案管辖

立案管辖	公安机关	一般刑事案件			
	检察机关	检察机关可以直接受理的自侦案件：司法工作人员利用职权实施的非法拘禁、刑讯逼供、非法搜查等侵犯公民权利、损害司法公正的犯罪			
		对于公安机关管辖的国家机关工作人员利用职权实施的重大犯罪案件，需要由人民检察院直接受理的时候，经省级以上人民检察院决定，可以由人民检察院立案侦查			
	审判机关	告诉才处理的案件	侮辱、诽谤	和解 简易程序 调解 反诉	和解 简易程序 不能亲自告诉的可以代为告诉
			暴力干涉婚姻自由		
			虐待		
			侵占		
		被害人有证据证明的轻微刑事案件	轻伤		
			重婚		
			遗弃		
			妨害通信自由		
			非法侵入住宅		
			生产销售伪劣产品		
			侵犯知识产权		
			刑法分则第4、5章，3年以下		
		公诉转自诉的案件 （有证据证明＋公检不追究）		不能调解 不能反诉	

立案管辖是指人民法院、人民检察院和公安机关之间，在直接受理刑事案件范围上的权限划分。

立案管辖的划分依据主要有：（1）公安司法机关的性质与诉讼职能；（2）刑事案件的性质、案情和轻重、复杂程度等。

一、公安机关立案的案件

关联法条

《刑诉法》：

第19条第1款　刑事案件的侦查由公安机关进行，法律另有规定的除外。

> **要点提示**
>
> 可见，公安机关管辖我国绝大多数案件，让考生全都背过是不可能的。因此，需要考生重点掌握检察院和法院立案管辖的案件，除此之外就都由公安机关立案侦查了。

二、人民检察院直接受理的自侦案件

关联法条

《刑诉法》：

第19条第2款　人民检察院在对诉讼活动实行法律监督中发现的司法工作人员利用职权实施的非法拘禁、刑讯逼供、非法搜查等侵犯公民权利、损害司法公正的犯罪，可以由人民检察院立案侦查。对于公安机关管辖的国家机关工作人员利用职权实施的重大犯罪案件，需要由人民检察院直接受理的时候，经省级以上人民检察院决定，可以由人民检察院立案侦查。

★重点提示　人民检察院直接受理的自侦案件包括2类：

1. 司法工作人员利用职权实施的侵犯公民权利、损害司法公正的犯罪，检察机关可以直接受理。根据《关于人民检察院立案侦查司法工作人员相关职务犯罪案件若干问题的规定》，具体包括：

（1）非法拘禁罪（刑法第238条）（非司法工作人员除外）；

（2）非法搜查罪（刑法第245条）（非司法工作人员除外）；

（3）刑讯逼供罪（刑法第247条）；

（4）暴力取证罪（刑法第247条）；

（5）虐待被监管人罪（刑法第248条）；

（6）滥用职权罪（刑法第397条）（非司法工作人员滥用职权侵犯公民权利、损害司法公正的情形除外）；

（7）玩忽职守罪（刑法第397条）（非司法工作人员玩忽职守侵犯公民权利、损害司法公正的情形除外）；

（8）徇私枉法罪（刑法第399条第1款）；

（9）民事、行政枉法裁判罪（刑法第399条第2款）；

（10）执行判决、裁定失职罪（刑法第399条第3款）；

（11）执行判决、裁定滥用职权罪（刑法第399条第3款）；

（12）私放在押人员罪（刑法第400条第1款）；

（13）失职致使在押人员脱逃罪（刑法第400条第2款）；

（14）徇私舞弊减刑、假释、暂予监外执行罪（刑法第401条）。

2. 对于公安机关管辖的国家机关工作人员利用职权实施的重大犯罪案件，需要由人民检察院直接受理的时候，经省级以上人民检察院决定，可以由人民检察院立案侦查。

三、人民法院直接受理的案件※※

由人民法院直接受理的刑事案件，是指不需要经过公安机关、人民检察院或者其他侦查机关立案侦查，不通过人民检察院提起公诉，由人民法院对当事人提起的诉讼直接立案和审判的案件，在刑事诉讼中称为自诉案件。

图表总结

	法院直接受理案件——自诉案件
（一）	告诉才处理的案件： 1. 侮辱、诽谤案（但严重危害社会秩序和国家利益的除外）； 2. 暴力干涉婚姻自由案（致人死亡的除外）； 3. 虐待案（致被害人重伤或者死亡的除外）； 4. 侵占案（不含职务侵占）。
（二）	人民检察院没有提起公诉，被害人有证据证明的轻微刑事案件： 1. 故意伤害案（刑法第 234 条第 1 款规定的）； 2. 非法侵入住宅案（刑法第 245 条规定的）； 3. 侵犯通信自由案（刑法第 252 条规定的）； 4. 重婚案（刑法第 258 条规定的）； 5. 遗弃案（刑法第 261 条规定的）； 6. 生产、销售伪劣商品案（刑法分则第 3 章第 1 节规定的，但严重危害社会秩序和国家利益的除外）； 7. 侵犯知识产权案（刑法分则第 3 章第 7 节规定的，但严重危害社会秩序和国家利益的除外）； 8. 刑法分则第 4 章、第 5 章规定的，对被告人可能判处 3 年有期徒刑以下刑罚的案件。 本项规定的案件，被害人直接向人民法院起诉的，人民法院应当依法受理。对其中（1）证据不足、可以由公安机关受理的；（2）认为对被告人可能判处 3 年有期徒刑以上刑罚的，应当告知被害人向公安机关报案，或者移送公安机关立案侦查。
（三）	公诉转自诉案件： 被害人有证据证明对被告人侵犯自己人身、财产权利的行为应当依法追究刑事责任，且有证据证明曾经提出控告，而公安机关或者人民检察院不予追究被告人刑事责任的案件。

要点提示一

1. 之所以说自诉案件是由法院"直接"受理，是因为法院受理的案件可以分为公诉案件和自诉案件，而且司法实践中绝大多数案件是公诉案件。为了区分法院受理的公诉案件，自诉案件使用法院"直接"受理的表述方式。

2. 第一类自诉案件，即告诉才处理的案件。把握 2 个重点：

（1）侮辱、诽谤、暴力干涉婚姻自由、虐待、侵占，需要背过。

（2）注意这些案件在什么条件下即不再是自诉案件而属于公诉案件？注意括号中划线内容。

3. 第二类自诉案件，即被害人有证据证明的轻微刑事案件。把握以下 4 个重点：

（1）人民检察院没有提起公诉。指的是公安机关或人民检察院认为不符合立案条件没有立案，或者虽然立案侦查了，但侦查终结移送审查起诉后，人民检察院认为不符合起诉条件而作出不起诉决定的案件。

（2）被害人有证据证明。没有证据多半会被法院劝说撤回自诉或者裁定不予受理、裁定驳回起诉。

（3）8 项轻微刑事案件。这 8 项案件的共性是都比较轻微，我国一般将超过 3 年有期徒刑的刑罚视为重刑。考生不一定要背过这八类案件，但要保证眼熟，题目选项中出现了能够辨别出来即可。

（4）对这 8 项轻微刑事案件，注意：

<u>自诉转公诉的条件</u>：a. 法院认为<u>证据不足，可由公安机关受理</u>；b. 或者认为对被告人可能判处 <u>3 年有期徒刑以上</u>刑罚。

<u>自诉转公诉的方式</u>：a. 法院应当<u>告知</u>被害人向公安机关报案；b. 或者<u>移送</u>公安机关立案侦查。

4. 第三类自诉案件，即公诉转自诉案件。这类案件本来应由公安机关或检察机关立案侦查，属于公诉案件，但公安机关或者检察机关基于某种原因（如不认为是犯罪，或者存在司法不公等）不予追究，为了保护被害人的合法诉权，拓宽被害人获得救济的途径，维护司法公正，法律允许被害人在向公安机关或者检察机关"求救无门"后，直接向人民法院提起自诉。

复习时注意公诉转自诉的条件：

（1）人身权利、财产权利<u>被侵害</u>。

（2）被告人的行为<u>应当被追究</u>刑事责任（被害人自认为）。

（3）被害人有<u>证据</u>证明。

（4）公安机关或者人民检察院<u>不予追究</u>。

要点提示二

特别需要指出的是，有许多初学者容易出现 2 个方面的错误：第一，误认为自诉案件就是告诉才处理的案件；第二，混淆了 3 类自诉案件的区别，对各类自诉案件的特点理解掌握不够。针对上述 2 个方面的错误，下面具体进行分析比较：

1. 告诉才处理的案件，只是自诉案件中的一种，自诉案件还包括被害人有证据证明的轻微刑事案件和公诉转自诉的案件。

2. 第一类自诉案件和第二类自诉案件的不同点：

（1）第一类自诉案件叫"告诉才处理的案件"，是指"被害人告诉才处理"，如果"被害人"能够"告诉"而不告诉，公安司法机关不得主动追究，其他任何人（法定代理人除外）也不得"告诉"；当然，如果被害人因受强制、威吓无法告诉的，被害人的近亲属也可以告诉，对于虐待案还可以由人民检察院提起公诉。

（2）第二类自诉案件即"被害人有证据证明的轻微刑事案件"，是"自诉与公诉"的选择。如果被害人直接向人民法院起诉的，人民法院应当依法受理；对其中证据不足、可以由公安机关受理的，或者认为对被告人可能判处 3 年有期徒刑以上刑罚的，应当告知被害人向公安机关报案，或者移送公安机关立案侦查。如果被害人直接向公安机关控告的，公安机关应当作为公诉案件立案侦查。被害人等如果没有控告，公安机关也可以主动立案侦查。

（3）简单说，第一类自诉案件，如果"被害人"能够"告诉"而不告诉，公安司法机关不得主动追究，其他任何人（法定代理人除外）也不得"告诉"。第二类自诉案件是"公诉和自诉"的选择，即使被害人不告诉，公安司法机关也可以主动追究，并且如果被害人选择自诉，法院认为证据不足可以由公安机关受理的，应当移送公安机关作为公诉案件立案侦查。

3. 第一类自诉案件和第二类自诉案件的相同点：

（1）在审理过程中，法院可以依法进行调解。

（2）符合适用简易程序条件的，都可以适用简易程序。

（3）二类案件的被告人或者被告人的法定代理人，可以对自诉人提起反诉。

4. 第三类自诉案件与第一类、第二类自诉案件的区别和相同点：

（1）区别

第三类自诉案件叫"公诉转自诉的案件"，这类案件本来是公诉案件，只是由于公安机关、人民检察院和被害人一方的认识不同，刑事诉讼法为了保护被害人一方的利益，才赋予被害人一方自诉权。如果理解了这一点，那么第三类自诉案件和第一、第二类自诉案件的区别就容易掌握：

①第一、第二类自诉案件，人民法院在审理过程中，可以依法进行调解；而第三类自诉案件，本来是公诉案件，所以法院在审理过程中不可以调解。

②第一、第二类自诉案件的被告人或者被告人的法定代理人，可以对自诉人提起反诉；但是，由于第三类自诉案件本来是公诉案件，所以被告人不得对自诉人提起反诉。

（2）相同点

通说认为，三类自诉案件的相同点：①三类自诉案件当事人都可以和解；②符合适用简易程序条件的，都可以适用简易程序；③三类案件中，如果被害人死亡、丧失行为能力或者因受强制、威吓等无法告诉，或者是限制行为能力人以及因年老、患病、盲、聋、哑等不能亲自告诉，其法定代理人、近亲属都可以告诉或者代为告诉。法定代理人、近亲属告诉、代为告诉的，符合自诉案件受理条件的，人民法院应当依法受理。被害人的法定代理人、近亲属告诉、代为告诉，应当提供与被害人关系的证明和被害人不能亲自告诉的原因的证明。

四、互涉案件的立案管辖

（一）检察院与监委互涉案件

1. 人民检察院办理直接受理侦查的案件，发现犯罪嫌疑人同时涉嫌监察机关管辖的职务犯罪线索的，应当及时与同级监察机关沟通。

2. 经沟通，认为全案由监察机关管辖更为适宜的，人民检察院应当将案件和相应职务犯罪线索一并移送监察机关；认为由监察机关和人民检察院分别管辖更为适宜的，人民检察院应当将监察机关管辖的相应职务犯罪线索移送监察机关，对依法由人民检察院管辖的犯罪案件继续侦查。

3. 人民检察院应当及时将沟通情况报告上一级人民检察院。沟通期间不得停止对案件的侦查。（《高检规则》第17条）

关联法条

《监察法》：

第34条　人民法院、人民检察院、公安机关、审计机关等国家机关在工作中发现公职人员涉嫌贪污贿赂、失职渎职等职务违法或者职务犯罪的问题线索，应当移送监察机关，由监察机关依法调查处置。

被调查人既涉嫌严重职务违法或者职务犯罪，又涉嫌其他违法犯罪的，一般应当由监察机关为主调查，其他机关予以协助。

要点提示

1. 口诀：监察竞合，进行沟通。可归监察，可分别管。沟通上报，侦查不停。

2. 公安机关同样适用：公安机关侦查的刑事案件的犯罪嫌疑人涉及监察机关管辖的案件时，应当及时与同级监察机关协商，一般应当由监察机关为主调查，公安机关予以协助。（《公安部规定》第29条）

（二）公安机关、检察院与法院之间的管辖权竞合

1. 公安机关、检察院与法院发生管辖权竞合（公诉竞合自诉）。

公安机关或者人民检察院在侦查过程中，如果发现被告人还涉嫌实施了属于人民法院直接受理的案件范围的犯罪时：

（1）对于属于告诉才处理的案件，可以告知被害人向人民法院直接提起诉讼。

（2）对于属于人民法院可以受理的其他类型（第二或三类）的自诉案件的：①可以立案侦查，然后在人民检察院提起公诉时，和公诉案件一并移送人民法院，由人民法院合并审理。②侦查终结后不提起公诉的，则应直接移送人民法院处理。

2. 法院与公安机关、检察院发生管辖权竞合（自诉竞合公诉）。

人民法院在审理自诉案件的过程中，如果发现被告人还涉嫌实施了应当由人民检察院提起公诉的案件的，应当将新发现的案件另案移送有管辖权的公安机关、人民检察院处理。

（三）并案处理

人民法院、人民检察院、公安机关可以在其职责范围内并案处理的情形：1. 一人犯数罪的；2. 共同犯罪的；3. 共同犯罪的犯罪嫌疑人、被告人还实施其他犯罪的；4. 多个犯罪嫌疑人、被告人实施的犯罪存在关联，并案处理有利于查明案件事实的。

要点提示

"并案"处理：

1. 是"可以"并案，而非"应当"并案。

2. 公、检、法可以在各自职责范围内并案，超出职责不可并案。

但有一种情形例外：对于公安机关和检察机关竞合管辖的案件，如果一个人实施的两个犯罪分属公安机关和检察机关管辖，但两个犯罪如果存在关联，则可以由其中一个机关并案处理。譬如，张警官涉嫌重婚和利用职权非法拘禁，本应由公安机关管辖重婚罪，检察机关管辖非法拘禁罪，但假如张警官非法拘禁妇女的目的就是为了实现重婚，两罪即存在联系，则可以由公安机关或者检察机关并案管辖这两罪。

综合重点

注意区分检察院在立案侦查阶段和审查起诉阶段发现案件不属于自己管辖的处理方式：

人民检察院侦查自侦案件涉及公安机关管辖的刑事案件，<u>应当</u>将属于公安机关管辖的刑事案件<u>移送公安机关</u>。

人民检察院立案侦查时认为属于直接立案侦查的案件，在<u>审查起诉阶段发现不属于人民检察院管辖</u>，案件事实清楚、证据确实充分，符合起诉条件的，<u>可以直接起诉；事实不清、证据不足的，应当及时移送有管辖权的机关办理</u>。

第二节　审判管辖

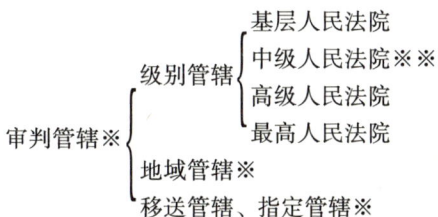

审判管辖※ {
　级别管辖 {
　　基层人民法院
　　中级人民法院※※
　　高级人民法院
　　最高人民法院
　}
　地域管辖※
　移送管辖、指定管辖※
}

审判管辖是指，各级人民法院之间、同级人民法院之间、普通人民法院与专门人民法院之间、各专门人民法院之间在审判第一审刑事案件上的职权划分。解决的是一起刑事案件应该由哪一个人民法院进行第一审的问题。包括：级别管辖，地域管辖，专门管辖，移送管辖，指定管辖。

一、级别管辖

指各级人民法院之间在审判第一审刑事案件上的权限分工。即基层法院审哪些案件，中院审哪些案件，高院或最高院审哪些案件。

重点解读

1. 中级人民法院管辖的第一审案件

（1）危害<u>国家安全</u>案件。

（2）恐怖活动案件。

（3）可能判处<u>无期徒刑</u>的案件。

（4）可能判处<u>死刑</u>的案件。

（5）犯罪嫌疑人、被告人逃匿、死亡案件违法所得的没收程序。

（6）缺席审判。

此外，高级人民法院管辖的第一审刑事案件，是全省（自治区、直辖市）性的重大刑事案件。最高人民法院管辖的第一审刑事案件，是全国性的重大刑事案件。除此之外的案件，均由基层法院管辖。

2. 人民检察院认为可能判处无期徒刑、死刑，向中级人民法院提起公诉的案件，中级人民法院受理后，认为不需要判处无期徒刑、死刑的，<u>应当依法审判，不再交基层人民法院审判</u>。

3. 一人犯数罪、共同犯罪和其他需要并案审理的案件，其中<u>一人</u>或者<u>一罪</u>属于上级人民法院管辖的，全案由上级人民法院管辖。

图表总结

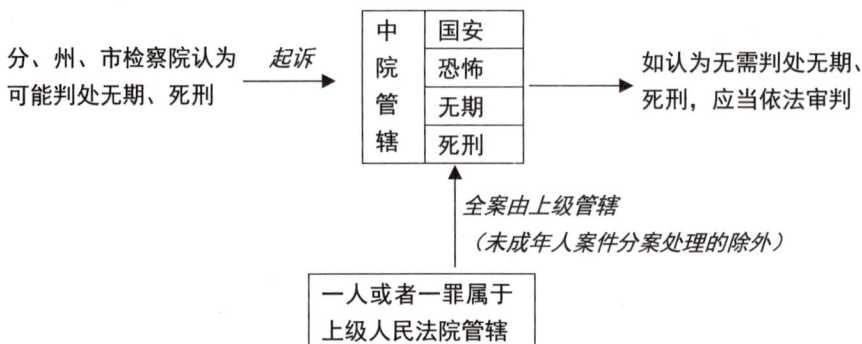

分、州、市检察院认为
可能判处无期、死刑　—*起诉*→　中院管辖【国安　恐怖　无期　死刑】　→　如认为无需判处无期、死刑，应当依法审判

全案由上级管辖
（未成年人案件分案处理的除外）
↑
一人或者一罪属于
上级人民法院管辖

要点提示

1. 在各级法院的级别管辖中，中级人民法院管辖范围是重点，请同学们注意：国（安）、恐（怖）、无（期）、死（刑）。

刑事诉讼法中还有一个特别程序叫"犯罪嫌疑人、被告人逃匿、死亡案件违法所得的财产没收程序"，该程序也由中级人民法院审理。缺席判决也由中级人民法院审理。

此外，对于公安机关来说，县级公安机关负责侦查发生在本辖区内的刑事案件。设区的市一级以上公安机关负责重大的危害国家安全犯罪、恐怖活动犯罪、涉外犯罪、经济犯罪、集团犯罪案件的侦查。

请同学们背过：

法院：国、恐、无、死、没、缺。

公安：国、恐、外、经、集（重大）。

2. 中院管辖的这四类案件并非只能由中院进行第一审，不排除案件如果是有省级影响的或有全国影响的，由高级人民法院或最高人民法院一审。

3. 注意以下两段话的区别：

"人民检察院认为可能判处无期徒刑、死刑而向中级人民法院提起公诉，而中级人民法院经过审查认为不需要判处无期徒刑以上刑罚的，'应当'依法审理，不再交基层法院。

基层人民法院需要将案件移送中级人民法院审判的，应当在报请院长决定后，至迟于案件审理期限届满15日前书面请求移送。中级人民法院应当在接到申请后10日内作出决定。不同意移送的，应当下达不同意移送决定书，由请求移送的人民法院依法审判；同意移送的，应当下达同意移送决定书，并书面通知同级人民检察院。"

第一段指的是分、州、市检察院认为案件属于中级法院管辖而诉至中级法院，中级法院即使认为不归自己管也应当依法审理。

第二段指的是基层法院认为案件应当由中级法院管辖而想要移送中级法院，中级法院如认为不归自己管有权拒绝。

4. 只要一人或者一罪属于上级法院管辖的，全案由上级法院管辖。但如果共同犯罪中的被告人有未成年人时，情况较为特殊。人民检察院审查未成年人与成年人共同犯罪案件，一般应当将未成年人与成年人分案起诉。对分案起诉至同一人民法院的未成年人与成年人共同犯罪案件，可以由同一个审判组织审理；不宜由同一个审判组织审理的，可以分别由少年法庭、刑事审判庭审理。未成年人与成年人共同犯罪案件，由<u>不同人民法院</u>或者不同审判组织分别审理的，有关人民法院或者审判组织应当互相了解共同犯罪被告人的审判情况，注意全案的量刑平衡。简言之，<u>共同犯罪案件，如果被告人中有未成年人被分案起诉、审判时，有可能未成年人不会和其他被告人一并移送上级法院管辖。</u>

【经典真题】

2014 年多项选择题第 66 题：[1]

某县破获一抢劫团伙，涉嫌多次入户抢劫，该县法院审理后认为，该团伙中只有主犯赵某可能被判处无期徒刑。关于该案的移送管辖，下列哪些选项是正确的？

A. 应当将赵某移送中级法院审理，其余被告人继续在县法院审理

B. 团伙中的未成年被告人应当一并移送中级法院审理

C. 中级法院审查后认为赵某不可能被判处无期徒刑，可不同意移送

D. 中级法院同意移送的，应当书面通知其同级检察院

【本题解析】

A. 一人或者一罪属于中级法院管辖，应当将全案移送中级法院审理，A 错误。

B. 《高检规则》第 459 条规定："人民检察院办理未成年人与成年人共同犯罪案件，一般应当对未成年人与成年人分案办理、分别起诉。不宜分案处理的，应当对未成年人采取隐私保护、快速办理等特殊保护措施。"可见，本案中，虽然未成年人与成年人共同抢劫，但检察机关可能会将未成年人分案起诉，即未成年人案件单独处理，与其他成年人的抢劫案是独立的两个案件。因此，其他成年人有人因可能被判处无期徒刑而需要移送中级法院审理时，与该未成年人没有关系。B 错误。

C. 《高法解释》第 17 条第 3 款规定："需要将案件移送中级人民法院审判的，应当在报请院长决定后，至迟于案件审理期限届满十五日前书面请求移送。中级人民法院应当在接到申请后十日内作出决定。不同意移送的，应当下达不同意移送决定书，由请求移送的人民法院依法审判；同意移送的，应当下达同意移送决定书，并书面通知同级人民检察院。"可见，中级法院可以不同意移送，C 正确。

D. 《高法解释》第 16 条规定："上级人民法院决定审判下级人民法院管辖的第一审刑事案件的，应当向下级人民法院下达改变管辖决定书，并书面通知同级人民检察院。"可见，D 正确。

综上所述，本题应当选 CD。

二、地域管辖※

地域管辖，是指同级人民法院之间，在审判第一审刑事案件上的权限划分。就比如，一个刑事案件，是由甲地 A 区人民法院管辖还是由甲地 B 区人民法院管辖的问题。

---

[1] 答案：CD。

〇重点解读

刑事案件由犯罪地的人民法院管辖。如果由被告人居住地的人民法院审判更为适宜的，可以由被告人居住地的人民法院管辖。

犯罪地包括犯罪行为发生地和犯罪结果发生地。

被告人的户籍地为其居住地。经常居住地与户籍地不一致的，经常居住地为其居住地。经常居住地为被告人被追诉前已连续居住 1 年以上的地方，但住院就医的除外。

被告单位登记的住所地为其居住地。主要营业地或者主要办事机构所在地与登记的住所地不一致的，主要营业地或者主要办事机构所在地为其居住地。

几个同级人民法院都有权管辖的案件，由最初受理的人民法院审判。在必要的时候，可以移送主要犯罪地的人民法院审判。

图表总结

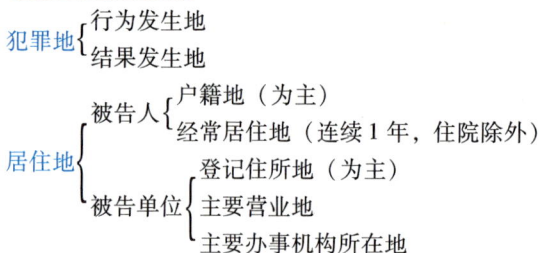

犯罪地 { 行为发生地 / 结果发生地 }

居住地 { 被告人 { 户籍地（为主）/ 经常居住地（连续 1 年，住院除外）}

被告单位 { 登记住所地（为主）/ 主要营业地 / 主要办事机构所在地 }

要点提示

1. 注意把握地域管辖的两个大原则：

第一，以犯罪地人民法院管辖为主，被告人居住地人民法院管辖为辅；

第二，在多个同级法院都有管辖权的情况下，以最初受理的人民法院审判为主，主要犯罪地人民法院审判为辅。

2. 针对或者主要利用计算机网络实施的犯罪：

犯罪地包括用于实施犯罪行为的网络服务使用的服务器所在地，网络服务提供者所在地，被侵害的信息网络系统及其管理者所在地，犯罪过程中被告人、被害人使用的信息网络系统所在地，以及被害人被侵害时所在地和被害人财产遭受损失地等。

需要注意，为了最大限度地打击网络犯罪，对网络犯罪采用"牵连管辖"原则，基本上与网络、计算机、被告人、被害人存在关联的地方都可以作为犯罪地，考生无需背过划线的这些犯罪地，但要做到熟悉。

3. 第二类自诉案件，因证据不足驳回起诉，法院移送公安机关或者被害人向公安机关控告的，公安机关应当受理；被害人直接向公安机关控告的，公安机关应当受理。

4. 行驶中的交通工具上发生的刑事案件，由交通工具最初停靠地公安机关管辖；必要时，交通工具始发地、途经地、到达地公安机关也可以管辖。

三、移送管辖、指定管辖※

移送管辖是指本来受理案件的人民法院，基于实践中出现的某些特殊情况（管辖权错误、不适宜审理、难以审理等），将案件移送其他法院管辖。

指定管辖是指当管辖权不明或者有管辖权的法院不宜行使管辖权时，由上级人民法院以指定的方式确定案件由下级法院管辖。

◎ 重点解读

（一）移送管辖

上级人民法院在必要的时候，可以审判下级人民法院管辖的第一审刑事案件；下级人民法院认为案情重大、复杂需要由上级人民法院审判的第一审刑事案件，<u>可以请求移送上一级人民法院审判</u>。

基层人民法院对可能判处<u>无期徒刑</u>、<u>死刑</u>的第一审刑事案件，<u>应当移送中级人民法院审判</u>。

基层人民法院对下列第一审刑事案件，<u>可以</u>请求移送中级人民法院审判：

1. <u>重大</u>、<u>复杂</u>案件；

2. <u>新类型</u>的疑难案件；

3. 在法律适用上具有<u>普遍</u>指导意义的案件。

需要将案件移送中级人民法院审判的，应当在报请院长决定后，至迟于案件审理期限届满15日前书面请求移送。中级人民法院应当在接到申请后10日内作出决定。<u>不同意移送</u>的，应当下达<u>不同意移送决定书</u>，由请求移送的人民法院依法审判；<u>同意移送</u>的，应当下达<u>同意移送决定书</u>，并书面<u>通知同级人民检察院</u>。

有管辖权的人民法院因案件涉及本院院长需要回避或者其他原因，不宜行使管辖权的，可以请求移送上一级人民法院管辖。上一级人民法院可以管辖，也可以指定与提出请求的人民法院同级的其他人民法院管辖。

（二）指定管辖

<u>上级人民法院可以指定下级人民法院审判管辖不明的案件</u>。

有管辖权的人民法院因案件涉及本院<u>院长需要回避</u>或者其他原因，不宜行使管辖权的，可以请求移送上一级人民法院管辖。上一级人民法院<u>可以管辖</u>，也<u>可以指定</u>与<u>提出请求</u>的人民法院<u>同级</u>的<u>其他</u>人民法院管辖。

上级人民法院指定管辖，应当将指定管辖决定书分别送达被指定管辖的人民法院和其他有关的人民法院。

原受理案件的人民法院在收到上级人民法院改变管辖决定书、同意移送决定书或者指定其他人民法院管辖决定书后，对公诉案件，<u>应当书面通知同级人民检察院</u>，并将案卷材料<u>退回</u>，同时书面通知当事人；对自诉案件，应当将案卷材料移送被指定管辖的人民法院，并书面通知当事人。

（三）管辖权冲突

两个以上同级人民法院都有管辖权的案件，由<u>最初</u>受理的人民法院审判。<u>必要时</u>，可以移送被告人<u>主要犯罪地</u>的人民法院审判。

管辖权发生争议的，应当在审理期限内<u>协商</u>解决；协商不成的，由争议的人民法院分别<u>层报共同的上级人民法院指定管辖</u>。

要点提示

1. 指定管辖与移送管辖的关系。只能是上级指定，上级一旦指定，必然发生移送；而移送并不必然基于指定，同级之间协商会发生移送，但不会有指定。

2. 如果发生了移送或指定管辖的情况，人民法院要"书面通知提起公诉的检察院，并将案卷材料退回"，这是为什么？请同学们注意，在案件的相互移送过程中，<u>检察机关是"轴心"</u>，因为必须做到同级起诉。

图表总结

```
公安厅            省检察院            省高院

公安局            市检察院      ——— 6 ———→  市中院
                         5 ↑     4        3 ↑  （不可直接
公安分局 ——— 1 ———→ 区检察院 ←——— 2 ———  区法院     移送或指定）
```

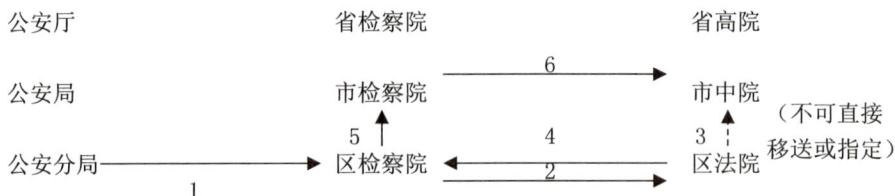

请看图，第一步，公安分局侦查终结后移送区检察院审查起诉；第二步，区检察院审查后向区法院提起公诉，向区法院移送相关案卷材料；第三步，区法院审查后认为本院院长应当回避或被告人可能被判死刑，请求市中院管辖；第四步，此时市中院如果同意管辖，则书面通知市检察院；区法院同时将起诉移送来的案卷材料退回区检察院。这一步是关键；第五步，区检察院将案件移送给市检察院；第六步，市检察院将案件向市中院提起公诉，中院审判，完成移送。

显然，上下级法院或同级法院之间不能直接移送，要通过与之相对应的、同级的检察院进行转移、起诉。因此说，对于移送和指定管辖，要以检察机关为轴心。"人民检察院和人民法院之间一对一的关系"的含义是：在刑事诉讼中特定的检察院对应着特定的法院，反过来也是正确的，即特定的法院对应着特定的检察院。这包括两层含义：第一，级别上的"一对一"，即一定级别的检察院对应着相应级别的法院；第二，地区上的"一对一"，即特定地区的检察院对应着相应地区的法院。

重点理解《高法解释》第23条："第二审人民法院发回重新审判的案件，人民检察院撤回起诉后，又向原第一审人民法院的下级人民法院重新提起公诉的，下级人民法院应当将有关情况层报原第二审人民法院。原第二审人民法院根据具体情况，可以决定将案件移送原第一审人民法院或者其他人民法院审判。"

例如：在河北省石家庄市桥西区，石家庄市中级人民法院一审判处甲抢劫罪，死刑。甲上诉，河北省高级人民法院经过审查后认为事实不清、证据不足而发回石家庄市中级人民法院重审。如果石家庄市人民检察院撤诉，并指令桥西区人民检察院向桥西区人民法院提起公诉。需要注意，这意味着审级降低了，本应由中级法院审理的案件现在要由基层法院审理了，这可能隐含着中级法院故意降低审级进而控制二审管辖权的意图。此时，桥西区人民法院应当将这一情况层报河北省高级人民法院。河北省高级人民法院根据情况，既可以要求桥西区人民法院将案件移送石家庄市中级人民法院审理，也可以要求桥西区人民法院将案件移送给河北省高级人民法院认为合适的其他人民法院审理。

法条如此规定的用意是：防止一审法院通过降低审级的方式控制二审，逃避原二审法院对案件的监督。

（四）最高人民法院、最高人民检察院、公安部关于办理网络犯罪案件适用刑事诉讼程序若干问题的意见

公通字〔2014〕10 号

各省、自治区、直辖市高级人民法院，人民检察院，公安厅、局，新疆维吾尔自治区高级人民法院生产建设兵团分院，新疆生产建设兵团人民检察院、公安局：

为解决近年来公安机关、人民检察院、人民法院在办理网络犯罪案件中遇到的新情况、新问题，依法惩治网络犯罪活动，根据《中华人民共和国刑法》、《中华人民共和国刑事诉讼法》及有关司法解释的规定，结合侦查、起诉、审判实践，现就办理网络犯罪案件适用刑事诉讼程序问题提出以下意见：

一、关于网络犯罪案件的范围

1. 本意见所称网络犯罪案件包括：
（1）危害计算机信息**系统安全**犯罪案件；
（2）通过危害计算机信息系统安全实施的**盗窃、诈骗、敲诈勒索**等犯罪案件；
（3）在网络上**发布信息**或者**设立**主要用于实施犯罪活动的**网站**、**通讯群组**，针对或者组织、教唆、帮助**不特定多数人**实施的犯罪案件；
（4）主要犯罪行为在网络上实施的其他案件。

【解析】
本条规定了网络犯罪案件的范围：
①危害计算机系统安全（使他人网络瘫痪）。
②危害计算机系统安全进而实施其他犯罪（植入盗号木马侵财）。
③发布信息或者设立网站，针对不特定多数人（利用微博发布诋毁国家或者制造民族矛盾的不实信息）。

二、关于网络犯罪案件的管辖

2. 网络犯罪案件由**犯罪地**公安机关立案侦查。必要时，可以由犯罪嫌疑人**居住地**公安机关立案侦查。

网络犯罪案件的**犯罪地**包括用于实施犯罪行为的**网站服务器所在地**，**网络接入地**，**网站建立者、管理者所在地**，**被侵害的计算机信息系统或其管理者所在地**，**犯罪嫌疑人、被害人使用的计算机信息系统所在地**，**被害人被侵害时所在地**，以及**被害人财产遭受损失地**等。

涉及**多个环节**的网络犯罪案件，犯罪嫌疑人为网络犯罪**提供帮助**的，其**犯罪地**或者**居住地**公安机关可以立案侦查。

【解析】
本条规定了网络犯罪案件的管辖地：
①犯罪地管辖为主，居住地管辖为辅。
②犯罪地：与计算机、网络、建立者、管理者、被害人相关的地方均可管辖。
③涉及多个环节的网络犯罪案件中，"多个环节"是指，譬如，为诈骗网站提供网站推

广、广告挂靠等服务的人。

3. 有**多个犯罪地**的网络犯罪案件，由**最初受理**的公安机关或者**主要犯罪地**公安机关立案侦查。有**争议**的，按照有利于查清犯罪事实、有利于诉讼的原则，由**共同上级**公安机关**指定**有关公安机关立案侦查。需要提请批准逮捕、移送审查起诉、提起公诉的，由该公安机关所在地的人民检察院、人民法院受理。

【解析】

本条规定了管辖地冲突的处理：

①多个犯罪地，最初受理地或者主要犯罪地管辖。

②有争议，共同上级公安机关指定管辖。

4. 具有下列情形之一的，有关公安机关可以在其职责范围内并案侦查，需要提请批准逮捕、移送审查起诉、提起公诉的，由该公安机关所在地的人民检察院、人民法院受理：

（1）一人犯数罪的；

（2）共同犯罪的；

（3）共同犯罪的犯罪嫌疑人、被告人还实施其他犯罪的；

（4）多个犯罪嫌疑人、被告人实施的犯罪存在关联，并案处理有利于查明案件事实的。

【解析】

本条规定了并案处理，与《刑诉法》规定一样，以《刑诉法》规定为准即可。

5. 对因网络交易、技术支持、资金支付结算等关系形成**多层级**链条、**跨区域**的网络犯罪案件，**共同上级**公安机关**可以**按照有利于查清犯罪事实、有利于诉讼的原则，**指定**有关公安机关一并立案侦查，需要提请批准逮捕、移送审查起诉、提起公诉的，由该公安机关所在地的人民检察院、人民法院受理。

【解析】

本条规定了指定管辖。多层级、跨区域，共同上级可指定。

6. 具有特殊情况，由**异地**公安机关立案侦查**更有利**于查清犯罪事实、保证案件公正处理的跨省（自治区、直辖市）重大网络犯罪案件，可以由**公安部商最高人民检察院和最高人民法院指定管辖**。

【解析】

本条规定了指定管辖。异地侦查更有利，公安部商两高后指定管辖。

7. 人民**检察院**对于公安机关移送审查起诉的网络犯罪案件，发现犯罪嫌疑人**还有犯罪**被**其他**公安机关立案侦查的，**应当通知**移送审查起诉的公安机关。

人民**法院**受理案件后，发现被告人**还有犯罪**被**其他**公安机关立案侦查的，**可以建议**人民检察院**补充侦查**。人民检察院经审查，认为**需要补充侦查**的，**应当通知**移送审查起诉的公安机关。

经人民检察院通知，有关公安机关根据案件具体情况，**可以**对犯罪嫌疑人所犯其他犯罪**并案侦查**。

【解析】

本条规定了检察院通知公安机关可能并案侦查。

本条规定的目的是让公安机关在侦查阶段尽可能将一人数罪的案件并案处理，确定管辖权。这样可以避免后续不同的公安机关对同一人涉嫌的不同犯罪向不同的检察院移送审查起诉，造成检察院公诉、法院审判时管辖权的争议。

例1：A公安移送审查起诉甲盗窃罪，检察院发现甲还被B公安正在侦查抢劫罪，检察院应当通知A公安，A公安可以根据情况，与B公安协商管辖、并案处理。

例2：A公安移送审查起诉甲盗窃罪，检察院将甲起诉至法院，法院发现甲还被B公安正在侦查抢劫罪，法院可以建议检察院补充侦查，检察院认为需要补侦的，应当通知A公安补侦。A公安可以根据情况，与B公安协商管辖、并案处理。

8. 为保证及时结案，避免超期羁押，人民**检察院**对于公安机关提请批准逮捕、移送审查起诉的网络犯罪案件，**第一审人民法院**对于已经受理的网络犯罪案件，经审查发现**没有管辖权**的，**可以依法报请共同上级**人民检察院、人民法院**指定**管辖。

【解析】

本条规定了检察院、法院发现自己没有管辖权后的处理：

可以报请共同上级指定管辖。

9. **部分**犯罪嫌疑人**在逃**，但**不影响**对已到案共同犯罪嫌疑人、被告人的犯罪事实认定的网络犯罪案件，可以依法**先行追究已到案**共同犯罪嫌疑人、被告人的刑事责任。在逃的共同犯罪嫌疑人、被告人**归案**后，可以由**原**公安机关、人民检察院、人民法院管辖其所涉及的案件。

【解析】

本条规定了部分犯罪嫌疑人在逃的处理：

①部分人在逃，不影响到案人认定，可以先追究到案人。

②在逃人归案，可由原机关（办理原到案人的公检法）管辖。

三、关于网络犯罪案件的初查

10. 对接受的案件或者发现的犯罪线索，在**审查**中发现案件事实或者线索不明，**需要**经过**调查**才能够确认是否达到犯罪追诉标准的，经办案部门负责人批准，**可以进行初查**。

初查过程中，可以采取询问、查询、勘验、检查、鉴定、调取证据材料等**不限制**初查对象人身、财产权利的措施，但**不得**对初查对象采取**强制措施**和**查封、扣押、冻结**财产。

【解析】

本条规定了网络犯罪案件的初查：

①审查中发现需要调查，可以初查。

②初查只能采取任意性措施，不能采取强制性措施。

四、关于网络犯罪案件的跨地域取证

11. 公安机关**跨地域调查取证**的，可以将办案协作函和相关法律文书及凭证**电传**或者通过公安机关信息化系统**传输至协作地**公安机关。协作地公安机关经审查确认，在传来的法律文书上**加盖本地公安机关印章**后，可以代为调查取证。

【解析】

本条规定了协作地公安机关代为取证：

办案地公安机关先传输法律文书至协作地公安机关，协作地公安机关在文书上盖章后即可代为取证。

12. 询（讯）问<u>异地</u>证人、被害人以及与案件有关联的犯罪嫌疑人的，<u>可以</u>由<u>办案地公安</u>机关通过<u>远程网络视频</u>等方式进行询（讯）问并制作笔录。

远程询（讯）问的，<u>应当</u>由<u>协作地公安</u>机关<u>事先核实</u>被询（讯）问人的<u>身份</u>。<u>办案地公安</u>机关应当将询（讯）问<u>笔录传输至协作地公安</u>机关。询（讯）问笔录经<u>被询（讯）问人确认</u>并逐页签名、捺指印后，由协作地公安机关<u>协作人员签名</u>或者<u>盖章</u>，并将<u>原件</u>提供给<u>办案地公安</u>机关。询（讯）问人员收到笔录后，应当在首页右上方写明"于某年某月某日收到"，并签名或者盖章。

远程询（讯）问的，<u>应当</u>对询（讯）问过程进行<u>录音录像</u>，并随案移送。

异地证人、被害人以及与案件有关联的犯罪嫌疑人亲笔书写证词、供词的，参照本条第二款规定执行。

【解析】

本条规定了异地询（讯）问程序：

①办案地公安机关可用远程视频。

②协作地公安机关核实被问人身份。

③办案地公安机关将笔录传输至协作地公安机关。

④被问人确认。

⑤协作人员签名盖章。

⑥原件交办案地公安机关。

此外，远程问，应当录。

五、关于电子数据的取证与审查

13. 收集、提取电子数据，应当由<u>二名以上</u>**具备相关专业知识**的侦查人员进行。取证设备和过程应当符合相关技术标准，并保证所收集、提取的电子数据的完整性、客观性。

【解析】

本条规定了取证人员的要求：

① 2 名以上。

②具备相关专业知识。

14. 收集、提取电子数据，能够获取原始存储介质的，<u>应当封存原始存储介质</u>，并制作笔录，记录原始存储介质的封存状态，由<u>侦查人员</u>、<u>原始存储介质持有人</u>签名或者盖章；持有人<u>无法签名</u>或者<u>拒绝签名</u>的，应当在笔录中注明，由<u>见证人</u>签名或者盖章。<u>有条件的</u>，侦查人员<u>应当</u>对相关活动进行<u>录像</u>。

【解析】

本条规定了收集、提取电子数据的程序：

①能获取的，应当封存原始存储介质。

②侦查人员、原始存储介质持有人应当在笔录上签名或盖章。

③不签的，笔录中注明，见证人签名或盖章。

④有条件的，应当录像。

15. 具有下列情形之一，<u>无法获取原始存储介质</u>的，<u>可以提取电子数据</u>，但应当在笔录中注明不能获取原始存储介质的原因、原始存储介质的存放地点等情况，并由侦查人员、电子数据持有人、提供人签名或者盖章；持有人、提供人无法签名或者拒绝签名的，应当在笔录中注明，由见证人签名或者盖章；有条件的，侦查人员应当对相关活动进行录像：

（1）原始存储介质**不便封存**的；

（2）提取计算机内存存储的数据、网络传输的数据等**不是存储在存储介质上**的电子数据的；

（3）原始存储介质**位于境外**的；

（4）其他无法获取原始存储介质的情形。

【解析】

本条规定了收集、提取电子数据的程序：

无法获取原始存储介质的（不便封、无数据、在境外），可以提取电子数据。

16. 收集、提取电子数据**应当制作笔录**，记录案由、对象、内容，收集、提取电子数据的时间、地点、方法、过程，电子数据的清单、规格、类别、文件格式、完整性校验值等，并由收集、提取电子数据的**侦查人员签名或者盖章**。远程提取电子数据的，应当说明原因，有条件的，应当对相关活动进行录像。通过数据恢复、破解等方式获取被删除、隐藏或者加密的电子数据的，应当对恢复、破解过程和方法作出说明。

【解析】

本条规定了收集、提取电子数据的程序：

收集、提取电子数据应当制作笔录，侦查人员签名或者盖章。一般熟悉。

17. 收集、提取的原始存储介质或者电子数据，应当以**封存状态**随案移送，并制作**电子数据**的**复制件**一并移送。

对文档、图片、网页等可以直接展示的电子数据，可以不随案移送电子数据打印件，但应当附有展示方法说明和展示工具；人民法院、人民检察院因设备等条件限制无法直接展示电子数据的，公安机关应当随案移送打印件。

对侵入、非法控制计算机信息系统的程序、工具以及计算机病毒等无法直接展示的电子数据，应当附有电子数据属性、功能等情况的说明。

对数据统计数量、数据同一性等问题，公安机关应当出具说明。

【解析】

本条规定了收集、提取电子数据的程序：

①原始存储介质或者电子数据应当以封存状态随案移送。

②制作电子数据的复制件一并移送。

18. 对电子数据涉及的专门性问题难以确定的，由司法鉴定机构出具鉴定意见，或者由公安部指定的机构出具检验报告。

【解析】

一般熟悉。

六、关于网络犯罪案件的其他问题

19. 采取技术侦查措施收集的材料作为证据使用的，应当随案移送批准采取技术侦查措施的法律文书和所收集的证据材料。使用有关证据材料可能危及有关人员的人身安全，或者可能产生其他严重后果的，应当采取不暴露有关人员身份、技术方法等保护措施，必要时，可以由审判人员在庭外进行核实。

【解析】

通过技术侦查获取的证据可以由法官在庭外进行核实，《刑诉法》已有规定，以《刑诉法》为准即可。

20. 对针对或者组织、教唆、帮助不特定多数人实施的网络犯罪案件，确因客观条件限制无法逐一收集相关言词证据的，可以根据记录被害人数、被侵害的计算机信息系统数量、涉案资金数额等犯罪事实的电子数据、书证等证据材料，在慎重审查被告人及其辩护人所提辩解、辩护意见的基础上，综合全案证据材料，对相关犯罪事实作出认定。

【解析】

一般熟悉。

图表总结

移送管辖	上可审下		
	下可求上	应当移上	无期徒刑和死刑
		可以移上	重大复杂新类型，法律适用可指导
指定管辖	指定只能上指下	可指管辖不明案	
		可指此下至彼下	
管辖冲突	几个法院都能管，最初受理来管辖，必要才轮主犯地		
	管辖争议应协商，不成层报共上级		
网络犯罪案件管辖	《最高人民法院、最高人民检察院、公安部关于办理网络犯罪案件适用刑事诉讼程序若干问题的意见》（熟悉为主）		

【经典真题】

2015 年单项选择题第 24 题：[1]

关于网络犯罪案件证据的收集与审查，下列哪一选项是正确的？

A. 询问异地证人、被害人的，应由办案地公安机关通过远程网络视频等方式进行

B. 收集、提取电子数据，能够获取原始存储介质的应封存原始存储介质，并对相关活动录像

C. 远程提取电子数据的，应说明原因，并对相关活动录像

D. 对电子数据涉及的专门性问题难以确定的，可由公安部指定的机构出具检验报告

【本题解析】

《最高人民法院、最高人民检察院、公安部关于办理网络犯罪案件适用刑事诉讼程序若干问题的意见》第 12 条规定："询（讯）问异地证人、被害人以及与案件有关联的犯罪嫌疑人的，可以由办案地公安机关通过远程网络视频等方式进行询（讯）问并制作笔录。" A 中的"应由"错误。

《最高人民法院、最高人民检察院、公安部关于办理网络犯罪案件适用刑事诉讼程序若

---

[1] 答案：D。

干问题的意见》第 14 条规定："收集、提取电子数据，能够获取原始存储介质的，应当封存原始存储介质，并制作笔录，记录原始存储介质的封存状态，由侦查人员、原始存储介质持有人签名或者盖章；持有人无法签名或者拒绝签名的，应当在笔录中注明，由见证人签名或者盖章。有条件的，侦查人员应当对相关活动进行录像。"可见，不是全都要录像，是"有条件的"才录。B 错误。

《最高人民法院、最高人民检察院、公安部关于办理网络犯罪案件适用刑事诉讼程序若干问题的意见》第 16 条规定："远程提取电子数据的，应当说明原因，有条件的，应当对相关活动进行录像。"可见，不是全都要录像，是"有条件的"才录。C 错误。

《最高人民法院、最高人民检察院、公安部关于办理网络犯罪案件适用刑事诉讼程序若干问题的意见》第 18 条规定："对电子数据涉及的专门性问题难以确定的，由司法鉴定机构出具鉴定意见，或者由公安部指定的机构出具检验报告。"可见，D 正确。

综上所述，本题应当选 D。

第三节　特殊情况的管辖

○ 重点解读

《高法解释》总结司法实践，罗列了几种特殊情况下的管辖，较为简单，请考生认真学习。

1. 在中华人民共和国领域外的中国船舶内的犯罪：

由该船舶最初停泊的中国口岸所在地或者被告人登陆地、入境地的人民法院管辖。

2. 在中华人民共和国领域外的中国航空器内的犯罪：

由该航空器在中国最初降落地的人民法院管辖。

3. 在国际列车上的犯罪：

在国际列车上的犯罪，根据我国与相关国家签订的协定确定管辖；没有协定的，由该列车始发或者前方停靠的中国车站所在地负责审判铁路运输刑事案件的人民法院管辖。

4. 中国公民在中国驻外使领馆内的犯罪：

由其主管单位所在地或者原户籍地的人民法院管辖。

5. 中国公民在中华人民共和国领域外的犯罪：

由其登陆地、入境地、离境前居住地或者现居住地的人民法院管辖；被害人是中国公民的，也可以由被害人离境前居住地或者现居住地的人民法院管辖。

6. 外国人在中华人民共和国领域外对中华人民共和国国家或者公民犯罪：

根据《中华人民共和国刑法》应当受处罚的，由该外国人登陆地、入境地或者入境后居住地的人民法院管辖，也可以由被害人离境前居住地或者现居住地的人民法院管辖。

7. 对中华人民共和国缔结或者参加的国际条约所规定的罪行：

中华人民共和国在所承担条约义务的范围内行使刑事管辖权的，由被告人被抓获地、登陆地或者入境地的人民法院管辖。

8. 正在服刑的罪犯在判决宣告前还有其他罪没有判决的：

由原审地人民法院管辖；由罪犯服刑地或者犯罪地的人民法院审判更为适宜的，可以由罪犯服刑地或者犯罪地的人民法院管辖。

9. 罪犯在服刑期间又犯罪的：

由<u>服刑地</u>的人民法院管辖。

10. 罪犯在脱逃期间犯罪的：

由<u>服刑地</u>的人民法院管辖。但是，在<u>犯罪地抓获</u>罪犯并<u>发现</u>其在脱逃期间的犯罪的，由<u>犯罪地</u>的人民法院管辖。

> **要点提示**
>
> 历年真题中对这一部分出题的情况很少，但上述十项中划线部分还请考生熟悉。
>
> 相比较而言，上述"8、9、10"项关于服刑罪犯出现漏罪、新罪、脱逃期间犯罪的管辖法院更为重要。
>
> 简言之：
>
> 服刑罪犯有漏罪：<u>原审地、服刑地、犯罪地</u>。
>
> 服刑罪犯犯新罪：<u>服刑地</u>。
>
> 罪犯脱逃又犯罪（不是指罪犯脱逃行为本身构成的犯罪，而是脱逃后又犯的其他新罪）：<u>服刑地</u>。（又犯新罪被当地抓获，<u>犯罪地</u>管）

特别提示：下列两种情况仍然是在中华人民共和国领域内的犯罪：

1. 在中华人民共和国内水、领海发生的刑事案件，由犯罪地或者被告人登陆地的人民法院管辖。由被告人居住地的人民法院审判更为适宜的，可以由被告人居住地的人民法院管辖。

2. 在列车上的犯罪，被告人在列车运行途中被抓获的，由前方停靠站所在地负责审判铁路运输刑事案件的人民法院管辖。必要时，也可以由始发站或者终点站所在地负责审判铁路运输刑事案件的人民法院管辖。

被告人不是在列车运行途中被抓获的，由负责该列车乘务的铁路公安机关对应的审判铁路运输刑事案件的人民法院管辖；被告人在列车运行途经车站被抓获的，也可以由该车站所在地负责审判铁路运输刑事案件的人民法院管辖。

导学

　　如果公安司法人员是案件当事人或与案件当事人有利害关系，极有可能会影响案件的公正处理，这样的人员应当退出刑事诉讼程序，否则维护司法公正、保障犯罪嫌疑人、被告人合法权益将无从谈起。

　　本章知识点主要包括：回避的适用人员，回避的理由，回避的种类，回避的期间，回避的申请与决定，回避的申请复议。

　　本章基本保持每年考试中出现一题，值得同学们认真对待。回避一章在刑诉法中算是较小的章节，条理清晰，难度有限，利于考生掌握。

✎ 知识体系

	概念			
回避	适用人员	审判人员		
		检察人员		
		侦查人员		
		书记员		
		翻译人		
		鉴定人		
		其他人员：司法警察等		
	理由	是本案当事人或者是当事人的近亲属		
		本人或者他的近亲属和本案有利害关系		
		担任过本案证人、鉴定人、辩护人或者诉讼代理人		
		与本案当事人有其他关系，可能影响案件公正处理		
		吃、拿、借、推介辩护人、诉讼代理人、违规会见		
		前程序使后程序回避（发回重审后再次二审和死刑复核审的例外）		
	种类	申请回避	形式	口头或书面，说明理由
			特殊规定	吃、拿、卡、要，提供证明材料
			权利人	当事人、法定代理人、辩护人、诉讼代理人

续表

	自行回避	形式	口头或书面，说明理由
		权利人	侦、检、审、书记员、翻译人员、鉴定人员等
	指令回避	前提	具备回避的条件，未申请也未自行
		决定权	院长、检察长、公安机关负责人或者委员会
程序	时间		立案后，审判结束前
	决定权人		普通人员——院长、检察长、公安机关负责人
			院长、检察长、公安机关负责人——委员会
			谁派遣谁决定
复议	程序		对驳回回避申请的复议，向原机关复议
	法律后果		暂停职务，侦查人员除外
			开庭检察人员回避、休庭
			证据和诉讼行为是否有效，根据具体情况决定
			一审违反，二审发回重审

本章重点

第一节　回避的概念和适用人员

一、回避的概念

刑事诉讼中的回避，是指根据《刑诉法》和有关法律，侦查人员、检察人员、审判人员等同案件有法定利害关系或者其他可能影响案件公正处理的关系，因而不得参加该案诉讼活动的一项诉讼制度。

二、回避的适用人员

回避的适用人员：

（一）审判人员：各级人民法院院长、副院长、审判委员会委员、庭长、副庭长、审判员、助理审判员、其他在法院中占行政编制的工作人员、人民陪审员。

（二）检察人员：各级人民检察院检察官，书记员，司法行政人员，检察委员会委员。

（三）侦查人员。

（四）参加侦查、起诉、审判活动的书记员、翻译员、鉴定人。

司法警察的回避问题：

《高检规则》第 37 条规定："本规则关于回避的规定，适用于书记员、司法警察和人民检察院聘请或者指派的翻译人员、鉴定人。

书记员、司法警察和人民检察院聘请或者指派的翻译人员、鉴定人的回避由检察长决定。

辩护人、诉讼代理人可以依照刑事诉讼法及本规则关于回避的规定要求回避、申请复议。"

《高法解释》第 37 条规定："本章所称的审判人员，包括人民法院院长、副院长、审判委员会委员、庭长、副庭长、审判员和人民陪审员。"第 38 条规定："法官助理、书记员、翻译人员和鉴定人适用审判人员回避的有关规定，其回避问题由院长决定。"

可见，在检察院系统，认为司法警察适用回避制度。而在法院系统，没有条文规定司法警察适用回避制度。

第二节　回避的理由与种类

一、回避的理由※

（一）回避概念

在世界主要法治国家，回避可以被区分为"有因回避"和"无因回避"两种。

有因回避指的是，申请回避时必须提出被申请人的身份或者行为符合法律明确规定的回避原因，该回避请求才有可能得到支持的制度。无因回避则是指，申请回避时不需要提出任何具体理由，被申请人即有可能被决定回避的制度。

在我国，申请侦查人员、检察人员、审判人员回避，必须提出明确的法定原因和理由，我国不适用无因回避制度。

（二）回避理由

重点解读

审判人员、检察人员、侦查人员回避理由汇总：

1. 身份不当回避

（1）是本案的当事人或者是当事人的近亲属的；

（2）本人或者他的近亲属和本案有利害关系的；

（3）担任过本案的证人、鉴定人、辩护人、诉讼代理人的；

（4）与本案的辩护人、诉讼代理人有近亲属关系的；

（5）与本案当事人有其他关系，可能影响公正处理案件的。

2. 违法违规回避（当事人及法定代理人需要举证）

（1）违反规定会见本案当事人、辩护人、诉讼代理人的；

（2）为本案当事人推荐、介绍辩护人、诉讼代理人，或者为律师、其他人员介绍办理本案的；

（3）索取、接受本案当事人及其委托人的财物或者其他利益的；

（4）接受本案当事人及其委托人的<u>宴请</u>，或者参加由其<u>支付费用</u>的活动的；

（5）向本案当事人及其委托人<u>借用款物</u>的；

（6）有<u>其他</u>不正当行为，可能影响公正审判的。

3．跨诉讼阶段回避

（1）检察院自侦案件中，参加过本案<u>侦查</u>的侦查人员，<u>不得</u>承办本案的<u>审查逮捕、起诉</u>和诉讼<u>监督</u>工作。

（2）参与过本案调查、<u>侦查、审查起诉</u>工作的监察、侦查、检察人员，调至人民法院工作的，<u>不得</u>担任本案的<u>审判人员</u>。

（3）在<u>一个</u>审判程序中参与过本案审判工作的合议庭组成人员或者独任审判员，<u>不得</u>再参与本案<u>其他</u>程序的审判。

但是，发回重新审判的案件，在第一审人民法院作出裁判后又进入第二审程序、在法定刑以下判处刑罚的复核程序或者死刑复核程序的，原第二审程序、在法定刑以下判处刑罚的复核程序或者死刑复核程序中的合议庭组成人员不受本款规定的限制。

4．辩护人身份回避

（1）<u>检察人员</u>从人民检察院离任后<u>2年</u>以内，不得以<u>律师身份</u>担任辩护人。

检察人员从人民检察院离任后，不得担任<u>原任职</u>检察院办理案件的<u>辩护人</u>。但作为犯罪嫌疑人的<u>监护人、近亲属</u>进行辩护的除外。

检察人员的<u>配偶、子女</u>不得担任该检察人员所任职检察院办理案件的<u>辩护人</u>。

（2）<u>审判人员和人民法院其他工作人员</u>从人民法院离任后<u>2年</u>内，不得以<u>律师身份</u>担任辩护人。

审判人员和人民法院其他工作人员从人民法院离任后，不得担任<u>原任职</u>法院所审理案件的<u>辩护人</u>，但作为被告人的<u>监护人、近亲属</u>进行辩护的除外。

审判人员和人民法院其他工作人员的<u>配偶、子女</u>或者<u>父母</u>不得担任其任职法院所审理案件的<u>辩护人</u>，但作为被告人的<u>监护人、近亲属</u>进行辩护的除外。

图表总结

公安司法人员回避理由	**身份不当回避**	本案当事、近亲
		存在利害关系
		曾任"证""鉴""辩""代"
		辩护、诉代近亲
		其他不当关系
	违法违规回避（需要举证）	违反规定会见
		推荐、介绍办理
		索取、接受利益
		接受付费活动
		向当事人融借
		其他不当行为

续表

	跨诉讼阶段回避	曾参前不参后
		发回重审后第二次上诉审以及复核例外
	辩护人身份回避	（1）检察人员，离任2年内，不得以律师身份辩护 （2）永远不得在原检察院任辩护人，除非是嫌疑人的监护人、近亲属 （3）其配偶、子女不得在其任职检察院任辩护人
		（1）审判人员及<u>法院工作人员</u>，离任2年内，不得以律师身份辩护 （2）永远不得在原法院任辩护人，除非是被告人的监护人、近亲属 （3）其配偶、子女、<u>父母</u>不得在其任职法院任辩护人。<u>除非是被告人的监护人、近亲属</u>

要点提示

回避的理由是重点，请考生注意：

1. 注意理解一些概念和表述。

"当事人"与"近亲属"。当事人有六个：被害人、自诉人、犯罪嫌疑人、被告人、附带民事诉讼原告人、附带民事诉讼被告人；近亲属包括：夫、妻、父、母、子、女、同胞兄弟姐妹。另外，《最高人民法院关于审判人员严格执行回避制度的若干规定》第1条对此作了细化规定，规定与当事人有<u>直系血亲、三代以内旁系血亲以及近姻亲</u>关系的审判人员都应当回避。[1]

"利害关系"。本人或他的近亲属和本案有利害关系。利害关系，即利益关系，也可能是好的利害关系，也可能是不利的利害关系，都会影响司法公正。

"担任过本案的证人、鉴定人、辩护人或者诉讼代理人"。如果充当过这些诉讼参与人，就会对案件形成先入为主的看法，导致断案不公。比如，张法官下班买菜途中目睹了王某当街杀人的全过程，张法官是证人，如果张法官同时还作为该案件的审判长，难免会对王某恨之入骨，有失中立。另外，《最高人民法院关于审判人员严格执行回避制度的若干规定》中还规定，担任过勘验人的审判人员也应当回避。

"凡在一个审判程序中参与过本案审判工作的合议庭组成人员，不得再参与本案其他程序的审判。"譬如，不能一审、二审都是一个审判长，那么二审就没有意义了。

2. 请考生熟悉审判人员与检察人员在"辩护人身份回避"方面的共同点与不同点。

---

〔1〕 说到这，要特别说明一点，《刑诉法》可以限制公检法三机关没有问题，但是最高法的司法解释只对法院系统内部有效力，最高检的司法解释只对检察系统内部起作用，公安部的规定当然只作用于公安机关。因此，考生在学习刑诉法时，不要将不同机关制定的司法解释或者部门规定混淆应用。如上述最高人民法院《关于审判人员严格执行回避制度的若干规定》第1条的规定虽然很好，但只适用于法院系统，不适用于公安机关和检察机关，公安机关和检察机关如果觉得好，自己去出台解释。考生在司法实践中千万不要用最高法的司法解释来主张人民检察院应当做什么。

首先，<u>共同点</u>。检察人员和审判人员都是：

（1）从单位离任"2年"内，不得以"律师"身份担任辩护人。

（2）"永远"不得担任原任职单位办理案件的辩护人，没有时间限制。

（3）除非作为犯罪嫌疑人、被告人的"监护人、近亲属"进行辩护。

（4）配偶、子女不得担任其任职单位办理案件的辩护人，时间限制是"任职"期间。

其次，<u>不同点</u>：

（1）检察人员任职回避的适用主体包括：a. 检察人员；b. 检察人员的配偶、子女。

审判人员任职回避的适用主体包括：a. 审判人员；b. <u>人民法院其他工作人员</u>；c. 审判人员和人民法院其他工作人员的配偶、子女或者父母。

（2）检察人员的配偶、子女不得担任该检察人员所任职检察院办理案件的辩护人，没有例外。

审判人员和人民法院其他工作人员的配偶、子女或者父母不得担任其任职法院所审理案件的辩护人，<u>但作为被告人的监护人、近亲属进行辩护的除外</u>。

3. 对于"违法违规回避"的情形，申请回避的主体不能没有依据而乱说，需要<u>拿出证据</u>予以证明。

4. 上述法定回避理由众多，无需考生全都背过，但需要做到熟悉。无论是身份有问题还是违法违规，回避的核心在于<u>存在有违司法公正的不当关系</u>。

【经典真题】

2014 年多项选择题第 67 题：[1]

林某盗版销售著名作家黄某的小说涉嫌侵犯著作权罪，经一审和二审后，二审法院裁定撤销原判，发回原审法院重新审判。关于该案的回避，下列哪些选项是正确的？

A. 一审法院审判委员会委员甲系林某辩护人妻子的弟弟，黄某的代理律师可申请其回避

B. 一审书记员乙系林某的表弟而未回避，二审法院可以此为由裁定发回原审法院重审

C. 一审合议庭审判长丙系黄某的忠实读者，应当回避

D. 丁系二审合议庭成员，如果林某对一审法院重新审判作出的裁判不服再次上诉至二审法院，丁应当自行回避

【本题解析】

本题考查的是回避的法定理由。《高法解释》第27条规定："审判人员具有下列情形之一的，应当自行回避，当事人及其法定代理人有权申请其回避：（一）是本案的当事人或者是当事人的近亲属的；（二）本人或者其近亲属与本案有利害关系的；（三）担任过本案的证人、鉴定人、辩护人、诉讼代理人、翻译人员的；（四）与本案的辩护人、诉讼代理人有近亲属关系的；（五）与本案当事人有其他利害关系，可能影响公正审判的。"《最高人民法院关于审判人员在诉讼活动中执行回避制度若干问题的规定》第1条规定："审判人员具有下列情形之一的，应当自行回避，当事人及其法定代理人有权以口头或者书面形式申请

---

〔1〕 答案：AB。

其回避：（一）是本案的当事人或者与当事人有近亲属关系的；（二）本人或者其近亲属与本案有利害关系的；（三）担任过本案的证人、翻译人员、鉴定人、勘验人、诉讼代理人、辩护人的；（四）与本案的诉讼代理人、辩护人有夫妻、父母、子女或者兄弟姐妹关系的；（五）与本案当事人之间存在其他利害关系，可能影响案件公正审理的。本规定所称近亲属，包括与审判人员有夫妻、直系血亲、三代以内旁系血亲及近姻亲关系的亲属。"通过以上两个规定可以发现，A 项属于"与本案的辩护人、诉讼代理人有近亲属关系的"情形，故 A 项正确。C 项中审判长丙尽管与当事人黄某有其他利害关系，但是没有达到可能影响公正审判的程度，故 C 项不正确。B 项中"一审书记员乙系林某的表弟"属于法定回避理由，乙应当回避，但是其没有回避，依据《刑诉法》第 238 条的规定："第二审人民法院发现第一审人民法院的审理有下列违反法律规定的诉讼程序的情形之一的，应当裁定撤销原判，发回原审人民法院重新审判：（一）违反本法有关公开审判的规定的；（二）违反回避制度的；（三）剥夺或者限制了当事人的法定诉讼权利，可能影响公正审判的；（四）审判组织的组成不合法的；（五）其他违反法律规定的诉讼程序，可能影响公正审判的。"所以，二审法院可以此为由裁定发回原审法院重审。故 B 项正确。《高法解释》第 29 条规定："参与过本案调查、侦查、审查起诉工作的监察、侦查、检察人员，调至人民法院工作的，不得担任本案的审判人员。在一个审判程序中参与过本案审判工作的合议庭组成人员或者独任审判员，不得再参与本案其他程序的审判。但是，发回重新审判的案件，在第一审人民法院作出裁判后又进入第二审程序、在法定刑以下判处刑罚的复核程序或者死刑复核程序的，原第二审程序、在法定刑以下判处刑罚的复核程序或者死刑复核程序中的合议庭组成人员不受本款规定的限制。"故 D 项不正确。本题的正确答案为 AB 两项。

二、回避的种类※

图表总结

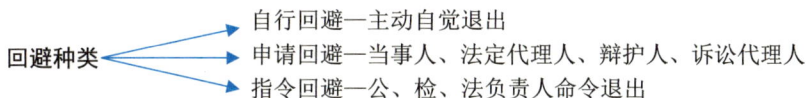

回避种类 —— 自行回避—主动自觉退出
　　　　　　 申请回避—当事人、法定代理人、辩护人、诉讼代理人
　　　　　　 指令回避—公、检、法负责人命令退出

重点解读

由此可见，回避种类可分为 3 类：

1. **自行回避**。审判人员、检察人员、侦查人员主动提出要求退出诉讼活动。

2. **申请回避**。需要注意：要求回避、申请复议的主体有 4 个：当事人、法定代理人、辩护人、诉讼代理人。

3. **指令回避**。是应当回避的审判人员、检察人员、侦查人员自己没有主动提出回避，当事人及其法定代理人也没有申请其回避，法院、检察院或公安机关负责人可以依职权命令其退出诉讼活动。

第三节　回避的程序

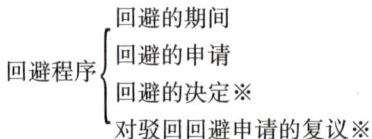

$$回避程序\begin{cases}回避的期间\\回避的申请\\回避的决定※\\对驳回回避申请的复议※\end{cases}$$

一、回避的期间

在刑事诉讼中各个阶段，如侦查、起诉或审判阶段（一审、二审、死刑复核、审判监督程序都适用），有关组织或个人都可以启动回避程序，使相关人员退出刑事诉讼活动。

二、回避的申请与决定※

🔵 **图表总结**

回避人员	决定主体	申请与决定的其他注意
侦查人员	一般侦查人员，<u>公安机关负责人</u>决定回避。	（1）要求公安机关负责人回避，应当向公安机关<u>同级</u>的人民检察院提出，由<u>检察长提交检察委员会讨论决定</u>。 （2）回避作出决定前，侦查人员<u>不停止侦查工作</u>。 （3）被决定回避的公安机关负责人、侦查人员在回避决定作出以前所进行的诉讼活动是否有效，由作出决定的机关<u>根据案件情况决定</u>。
	公安机关负责人，<u>同级检委会</u>决定回避。	
检察人员	一般检察人员，<u>检察长</u>决定回避。	（1）检察人员自行回避的，可以<u>口头</u>或者<u>书面</u>提出，并说明理由。口头提出申请的，应当记录在案。 （2）检察院<u>应当告知</u>当事人及其法定代理人有依法申请回避的权利，并告知办理相关案件检察人员、书记员等的姓名、职务等有关情况。 （3）检委会讨论检察长回避问题时，由<u>副检察长</u>主持，检察长不得参加。 （4）检察人员被决定回避，之前收集的证据与诉讼行为是否有效由检察委员会或者检察长<u>根据案件具体情况决定</u>。
	检察长，<u>检委会</u>决定回避。	
	书记员、司法警察和人民检察院聘请或者指派的翻译人员、鉴定人，<u>检察长</u>决定回避。	
审判人员	一般审判人员，<u>院长</u>决定回避。	（1）审判人员自行申请回避，或者当事人及其法定代理人申请审判人员回避的，可以<u>口头</u>或者<u>书面</u>提出，并说明理由，由院长决定。 （2）法院应当依法告知当事人及其法定代理人有权申请回避，并告知其合议庭组成人员、独任审判员、书记员等人员的名单。 （3）审判委员会讨论院长回避问题时，由<u>副院长</u>主持，院长不得参加。
	院长，<u>审委会</u>决定回避。	
	书记员、翻译人员和鉴定人，<u>院长</u>决定回避。	

续表

回避人员	决定主体	申请与决定的其他注意
		（4）对回避申请，人民法院可以<u>口头</u>或者<u>书面</u>作出决定。 （5）<u>法官无权决定检察官回避</u>。当事人及其法定代理人申请出庭的检察人员回避的，人民法院应当区分情况作出处理：属于刑事诉讼法第 29 条、第 30 条规定情形的回避申请，应当决定休庭，并通知人民检察院尽快作出决定；不属于刑事诉讼法第 29 条、第 30 条规定情形的回避申请，应当<u>当庭驳回</u>，并不得申请复议。

要点提示

1. 申请侦查人员回避，侦查人员不能暂停侦查工作的原因：

一般而言，被申请回避的人员应当暂停参与本案的诉讼活动，但是，对侦查人员的回避作出决定前，侦查人员不能停止对案件的侦查。理由很简单，防止当事人利用回避制度妨碍正常的侦查工作。<u>侦查具有紧迫性，如果不及时侦查，证据或现场可能就不复存在了</u>。起诉阶段和审判阶段都要暂停工作，只有侦查阶段不能停止侦查人员的工作进程。当然，如果最终决定侦查人员回避，侦查人员再停止侦查工作，退出该案件办理。侦查人员在回避决定作出之前收集的证据或者实施的诉讼行为是否有效？由作出决定的机关根据案件情况决定。

2. 公安机关负责人的回避，由与公安机关同级的检察院的检察委员会讨论决定。请考生注意：

（1）公安机关负责人指的是<u>县级以上</u>公安机关的<u>正职负责人</u>，即派出所的所长不算，县公安局副局长也不算。

（2）为什么公安机关负责人的回避要同级检察机关的检委会决定？因为公安机关负责人之上没有类似检察长之上的检委会的设置，且在刑事诉讼活动中，公安机关行使的是司法职权，由作为司法机关的检察院的检委会审查监督并无不妥。

3. 书记员、翻译人员和鉴定人的回避，一般应当按照不同的<u>诉讼阶段</u>分别由公安机关负责人、检察长和法院院长决定。考生注意，在侦查阶段、起诉阶段和审判阶段都可能会出现书记员、翻译人员和鉴定人，因此，他们的回避要看是在什么诉讼阶段，是哪个机关的人或由哪个机关委托或指派的，进而决定是由哪个机关的"一把手"决定其回避。

三、对驳回回避申请的复议※

（一）法院驳回回避申请的复议

对驳回申请回避的决定，<u>当事人、法定代理人、辩护人、诉讼代理人</u>可以在<u>接到决定时</u>申请复议一次。

对于<u>不属于法定回避理由</u>的，由法庭<u>当庭驳回</u>，并<u>不得申请复议</u>。

（二）检察院驳回回避申请的复议

检察院作出驳回申请回避的决定后，<u>应当告知</u>当事人及其法定代理人如不服本决定，有权在收到驳回申请回避的决定书后 5 日以内向原决定机关申请复议一次。

当事人及其法定代理人对驳回申请回避的决定不服申请复议的，决定机关应当在 3 日以内作出复议决定并书面通知申请人。

辩护人、诉讼代理人也可以申请复议一次。

（三）公安机关驳回回避申请的复议

公安机关作出驳回申请回避的决定后，应当告知当事人及其法定代理人、辩护人、诉讼代理人，如不服本决定，可以在收到《驳回申请回避决定书》后5日内向原决定机关申请复议一次。决定机关应当在5日内作出复议决定并书面通知申请人。

> **要点提示**
>
> 1. 复议只有一次机会。
> 2. 复议需要向作出决定的机关提出。
> 3. 能够申请复议一次的主体是被驳回回避申请的人，即当事人、法定代理人、辩护人、诉讼代理人。被决定回避的人，即侦查人员、检察人员、审判人员没有权利申请复议。
> 4. 如果申请回避的理由不是法定回避理由被法庭驳回回避申请的，不得申请复议。法定回避理由主要是指《刑诉法》第29条、第30条规定的情形，譬如：是本案的当事人或者是当事人的近亲属的，本人或者他的近亲属和本案有利害关系的，担任过本案的证人、鉴定人、辩护人、诉讼代理人的，违反规定会见当事人或者接受请客送礼的，等等。
> 如此规定的目的在于规范回避申请。申请回避的主体提出的回避理由应当符合法律规定，不允许使用非法定回避理由。譬如，被告人以审判长长得难看为由申请回避是不可能得逞的。
> 5. 公安机关、检察院与法院驳回回避申请，当事人等主体申请复议的时间不同。
> 对法院驳回申请回避的决定，可以在接到决定时申请复议一次。
> 对公安机关、检察院驳回申请回避的决定，有权在收到驳回申请回避的决定书后5日以内向原决定机关申请复议一次。

【经典真题】

2013年单项选择题第28题：[1]

法院审理过程中，被告人赵某在最后陈述时，以审判长数次打断其发言为理由申请更换审判长。对于这一申请，下列哪一说法是正确的？

A. 赵某的申请理由不符合法律规定，法院院长应当驳回申请
B. 赵某在法庭调查前没有申请回避，法院院长应当驳回申请
C. 如法院作出驳回申请的决定，赵某可以在决定作出后5日内向上级法院提出上诉
D. 如法院作出驳回申请的决定，赵某可以向上级法院申请复议一次

【本题解析】

本题考查的是回避的决定程序等相关知识点。《高法解释》第28条规定："审判人员具有下列情形之一的，当事人及其法定代理人有权申请其回避：（一）违反规定会见本案当事人、辩护人、诉讼代理人的；（二）为本案当事人推荐、介绍辩护人、诉讼代理人，或者为律师、其他人员介绍办理本案的；（三）索取、接受本案当事人及其委托人的财物或者其他利益的；（四）接受本案当事人及其委托人的宴请，或者参加由其支付费用的活动的；（五）向本案当事人及其委托人借用款物的；（六）有其他不正当行为，可能影响公正审判的。"《刑诉法》第29条规定："审判人员、检察人员、侦查人员有下列情形之一的，应当

---

[1] 答案：A。

自行回避，当事人及其法定代理人也有权要求他们回避：（一）是本案的当事人或者是当事人的近亲属的；（二）本人或者他的近亲属和本案有利害关系的；（三）担任过本案的证人、鉴定人、辩护人、诉讼代理人的；（四）与本案当事人有其他关系，可能影响公正处理案件的。"《刑诉法》第30条规定："审判人员、检察人员、侦查人员不得接受当事人及其委托的人的请客送礼，不得违反规定会见当事人及其委托的人。审判人员、检察人员、侦查人员违反前款规定的，应当依法追究法律责任。当事人及其法定代理人有权要求他们回避。"《高法解释》第35条第2款规定："当事人及其法定代理人申请回避被驳回的，可以在接到决定时申请复议一次。不属于刑事诉讼法第29条、第30条规定情形的回避申请，由法庭当庭驳回，并不得申请复议。"

本题中，被告人赵某的申请回避的理由不属于法定回避理由，所以，法院院长应当驳回申请，当事人不得申请复议。故A项正确，C、D项错误。在刑事诉讼的各个阶段，包括侦查阶段、审查起诉阶段和审判阶段判决作出前，当事人都可以申请相关人员回避，B项说法于法无据，不当选。

第六章
辩护与代理

导学

　　我们已经在前面章节学过，刑事诉讼的职能包含控诉、辩护和审判。其中，审判居中，控诉和辩护平等对抗才是合理的诉讼构造。辩护作为三大职能中的重要一极，需要同学们认真学习。本章平均每年出2道题目，属于重点章节。

　　本章中，辩护人的范围，辩护的种类，辩护人的诉讼地位，辩护人的权利义务是历年出题重点。请考生细心把握。

知识体系

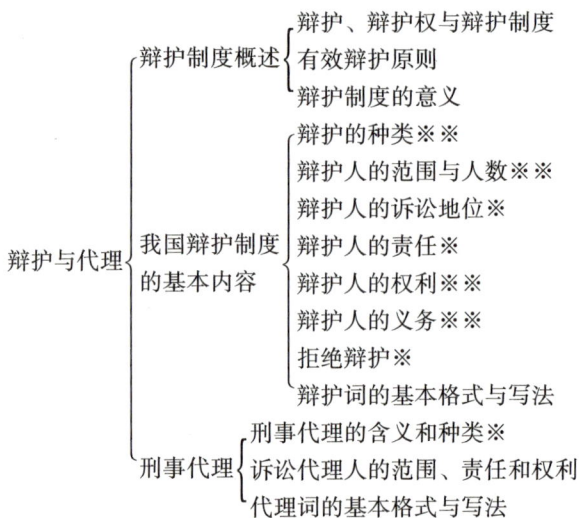

辩护与代理
- 辩护制度概述
  - 辩护、辩护权与辩护制度
  - 有效辩护原则
  - 辩护制度的意义
- 我国辩护制度的基本内容
  - 辩护的种类※※
  - 辩护人的范围与人数※※
  - 辩护人的诉讼地位※
  - 辩护人的责任※
  - 辩护人的权利※※
  - 辩护人的义务※※
  - 拒绝辩护※
  - 辩护词的基本格式与写法
- 刑事代理
  - 刑事代理的含义和种类※
  - 诉讼代理人的范围、责任和权利
  - 代理词的基本格式与写法

本章重点

第一节　辩护制度概述

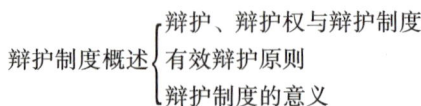

辩护制度概述
- 辩护、辩护权与辩护制度
- 有效辩护原则
- 辩护制度的意义

◆ 重点解读

一、辩护、辩护权与辩护制度（熟悉）

辩护，是指辩方针对控方对犯罪嫌疑人、被告人的指控，从实体和程序上提出有利于犯罪嫌疑人、被告人的事实和理由，以维护犯罪嫌疑人、被告人合法权益的诉讼活动。辩护与控诉相对应，是刑事诉讼中的<u>一种防御性的诉讼活动</u>。

辩护权是法律赋予受到刑事追诉的人针对所受到的指控进行反驳、辩解和申辩，以维护其合法权益的<u>一种诉讼权利</u>。辩护权是犯罪嫌疑人、被告人各项权利的核心权利，也是一项宪法性权利。

辩护权，归纳起来有以下几个特点：

1. 辩护权贯穿于整个刑事诉讼的过程中。
2. 辩护权不受犯罪嫌疑人、被告人是否有罪以及罪行轻重的限制。
3. 辩护权不受案件调查情况的限制。
4. 辩护权不受犯罪嫌疑人、被告人认罪态度的限制。
5. 辩护权的行使不受辩护理由的限制。

辩护制度，是法律规定的关于犯罪嫌疑人、被告人行使辩护权和公安司法机关等有义务保障他们行使辩护权的<u>一系列规则的总称</u>，包括辩护权、辩护人的范围、辩护人的责任、辩护种类、辩护方式、辩护人的权利与义务等。

二、有效辩护原则

辩护应当是实质意义上的，而不应当仅是形式上的，这是有效辩护原则的要求。

通说认为，有效辩护原则至少应当包括以下 3 层意思：一是犯罪嫌疑人、被告人应当享有充分的辩护权。二是应当允许犯罪嫌疑人、被告人聘请合格的辩护人为其辩护。三是国家应当保障犯罪嫌疑人、被告人辩护权充分行使，设立法律援助制度，确保犯罪嫌疑人、被告人获得律师的帮助。可见，有效辩护可以体现于自行辩护、委托辩护与法律援助辩护之中。有效辩护至少有 3 个因素：自我辩护权、辩护人的辩护、法律援助。**有效辩护应具有以下特征：第一，及时性；第二，充分性；第三，抗辩性；第四，过程的持续性。**

我们应当保障犯罪嫌疑人、被告人的辩护权，应当大力保障和提倡有效辩护，反对流于形式、不恪尽己责、损害犯罪嫌疑人、被告人诉讼权利甚至承担控诉职能的无效辩护行为。

【经典真题】

2015 年多项选择题第 69 题：[1]

关于有效辩护原则，下列哪些理解是正确的?

A. 有效辩护原则的确立有助于实现控辩平等对抗

B. 有效辩护是一项主要适用于审判阶段的原则，但侦查、审查起诉阶段对辩护人权利的保障是审判阶段实现有效辩护的前提

---

〔1〕　答案：ACD。

C. 根据有效辩护原则的要求，法庭审理过程中一般不应限制被告人及其辩护人发言的时间

D. 指派没有刑事辩护经验的律师为可能被判处无期徒刑、死刑的被告人提供法律援助，有违有效辩护原则

【本题解析】

有效辩护原则是辩护权的体现，也是对辩护权的保障。在刑事诉讼中，辩护应当对保护犯罪嫌疑人、被告人的权利具有实质意义，而不仅仅是形式上的，这就是有效辩护原则的基本要求。具体来说，有效辩护原则应当包括以下几个方面的内容：（1）犯罪嫌疑人、被告人作为刑事诉讼的当事人在整个诉讼过程中应当享有充分的辩护权；（2）允许犯罪嫌疑人、被告人聘请合格的能够有效履行辩护职责的辩护人为其辩护，这种辩护同样应当覆盖从侦查到审判甚至执行阶段的整个刑事诉讼过程；（3）国家应当保障犯罪嫌疑人、被告人自行辩护权的充分行使，并通过设立法律援助制度确保犯罪嫌疑人、被告人能够获得符合最低标准并具有实质意义的律师帮助。有效辩护原则的确立，是人类社会文明进步在刑事诉讼中的体现，体现了犯罪嫌疑人、被告人刑事诉讼主体地位的确立和人权保障的理念，还有助于强化辩方成为影响诉讼进程的重要力量，维系控辩平等对抗和审判方居中"兼听则明"的刑事诉讼构造。

可见，"有助于强化辩方成为影响诉讼进程的重要力量，维系控辩平等对抗"，A 正确。

"这种辩护同样应当覆盖从侦查到审判甚至执行阶段的整个刑事诉讼过程"，B 说"有效辩护是一项主要适用于审判阶段的原则"错误。

"犯罪嫌疑人、被告人作为刑事诉讼的当事人在整个诉讼过程中应当享有充分的辩护权""不应限制被告人及其辩护人发言的时间"属于保障辩护权的应有之义，C 正确。

"通过设立法律援助制度确保犯罪嫌疑人、被告人能够获得符合最低标准并具有实质意义的律师帮助"，而如果"指派没有刑事辩护经验的律师为可能被判处无期徒刑、死刑的被告人提供法律援助"，显然无法保障被告人获得实质意义的律师帮助，D 正确。

综上所述，本题应当选 ACD。

三、辩护制度的意义（熟悉）

第一，辩护制度有利于发现案件真相和正确处理案件。刑事辩护制度可增强收集证据的全面性，有利于客观真相的揭示，有利于抑制法官的主观片面性和随意性。

第二，辩护制度是实现程序正义的重要保障。辩护制度有助于在刑事诉讼中形成合理的诉讼结构，有助于对被追诉者的合法权益进行保护，有助于对国家权力形成有力的监督和制约。程序正义的核心内容就是规制国家公权力、保障个人私权利，辩护制度最有利于实现程序正义的作用。辩护制度在现代刑事司法制度中具有不可动摇的地位。

第三，辩护制度有助于法制宣传教育。通过控辩双方的辩论，可以使旁听群众了解案情，明辨是非，增强他们的法制观念，有利于树立司法权威。

第二节　我国辩护制度的基本内容

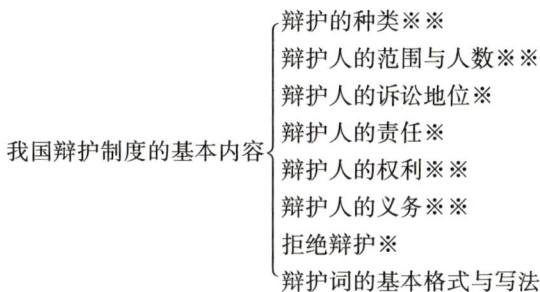

我国辩护制度的基本内容 { 辩护的种类※※
辩护人的范围与人数※※
辩护人的诉讼地位※
辩护人的责任※
辩护人的权利※※
辩护人的义务※※
拒绝辩护※
辩护词的基本格式与写法

一、辩护的种类

📖 图表总结1

辩护种类			重点注意
自行辩护		自我辩解，贯穿各阶段	
委托辩护	1. 委托辩护的时间	（1）委托时间	a. 犯罪嫌疑人：被第一次讯问或者采取强制措施之日起 b. 被告人：随时 c. 侦查期间：辩护人只能是律师身份 d. 如在押，监护人、近亲属可代为委托 e. 辩护人接受委托后，应当及时告知办案机关
		（2）告知时间	a. 侦查机关告知时间：第一次讯问或者采取强制措施的时候 b. 检察院告知时间：收到移送审查起诉的案件材料之日起3日以内 c. 法院告知时间：自受理案件之日起3日以内
	2. 委托要求的转交	在押时要求委托，公检法应及时转达	公安机关： a. 在押的犯罪嫌疑人向看守所提出委托辩护律师要求的，看守所应当及时将其请求转达给办案部门，办案部门应当及时向犯罪嫌疑人委托的辩护律师或者律师事务所转达该项请求 b. 在押的犯罪嫌疑人仅提出委托辩护律师的要求，但提不出具体对象的，办案部门应当及时通知犯罪嫌疑人的监护人、近亲属代为委托辩护律师。犯罪嫌疑人无监护人或者近亲属的，办案部门应当及时通知当地律师协会或者司法行政机关为其推荐辩护律师
			检察院： 要求委托辩护人的，应当及时向其监护人、近亲属或者其指定的人员转达其要求，并记录在案
			法院： a. 要求委托辩护人的，应当在3日内向其监护人、近亲属或者其指定的人员转达要求 b. 被告人应当提供有关人员的联系方式 c. 有关人员无法通知的，应当告知被告人

续表

辩护种类			重点注意		
法律援助辩护	1. 特点		没有委托辩护		
			贯穿刑诉全程		
			只能律师担任		
	2. 种类	申请法律援助	经济困难、其他原因 本人近亲、提出申请 符合条件，应当指派		
		通知法律援助	应当通知法援（公、检、法）	盲、聋、哑	
				精神病（半疯）	
				无期、死刑	
				未成年	
			可以通知法援（法院）	别人已有	
				重大影响	
				检院抗诉	
				其他情形	
	3. 权利告知		（1）公安机关： 第一次开始讯问或者对其采取强制措施的时候，应当告知		
			（2）检察院： 审查起诉阶段：收到移送审查起诉的案件材料之日起 3 日以内，应当告知		
			（3）法院： 自受理案件之日起 3 日内，应当告知		
	4. 指派		法援机构 3 日内指派，对法律援助机构指派律师为被告人提供辩护，被告人的监护人、近亲属又代为委托辩护人的，应当听取被告人的意见，由其确定辩护人人选。		

图表总结 2

名称	前提	告知义务及提供条件	工作场所	值班律师权利
值班律师（非辩护律师）	犯罪嫌疑人、被告人没有委托辩护人，法律援助机构没有指派律师为其提供辩护的	1. 人民法院、人民检察院、看守所应当告知犯罪嫌疑人、被告人有权约见值班律师； 2. 并为犯罪嫌疑人、被告人约见值班律师提供便利。	法律援助机构可以在人民法院、看守所等场所派驻值班律师	1. 提供法律咨询； 2. 程序选择建议； 3. 申请变更强制措施； 4. 对案件处理提出意见等法律帮助； 5. 阅卷权。 尤其是值班律师不享有辩护律师所具有的调查取证权等权利，但是如果约见以后犯罪嫌疑人、被告人委托该值班律师为辩护人，那么该值班律师就是辩护律师了，此时就享有辩护律师的权利了。

要点提示

1. 没有委托辩护才可能出现法律援助辩护。

2. 法律援助辩护只能由律师担任。

3. 1996 年《刑诉法》规定的是"指定辩护"，由于"指定辩护"只发生于审判阶段由法官对于符合一定条件的被告人指定律师进行辩护，在审判前的侦查阶段和审查起诉阶段没有指定辩护，这显然不利于保障审判前程序中符合法律援助条件的犯罪嫌疑人的合法权益。故而现行《刑诉法》规定了"法律援助辩护"，公、检、法三机关对于符合法律援助条件的犯罪嫌疑人、被告人都负有提供法律援助的职责。

4. 1996 年《刑诉法》中，律师在侦查阶段也可以介入，但没有辩护人的身份，只被称为"提供法律帮助的人"，这导致律师在侦查阶段履行职责"名不正、言不顺"。故现行《刑诉法》规定侦查阶段只能是律师身份的辩护人介入，且明确此时的律师为"辩护人"身份。

5. 需要注意：

申请法律援助中，公、检、法不会通知法律援助机构，只依赖于犯罪嫌疑人、被告人及其近亲属自己申请。

应当通知法援中，公、检、法都负有通知法律援助机构的职责。

可以通知法援中，只有法院可以通知法律援助机构。

6. 应当通知法援的另一种变形：

在精神病强制医疗程序中，人民法院审理强制医疗案件，应当通知被申请人或者被告人的法定代理人到场。被申请人或者被告人没有委托诉讼代理人的，人民法院应当通知法律援助机构指派律师为其提供法律帮助。

需要注意，精神病强制医疗程序属于特别程序，法律援助方面也有自己的特色：

（1）被申请人或者被告人委托的不是辩护人，而是诉讼代理人。

（2）法院应当通知法律援助机构，与公安机关和检察院没有关系。

（3）提供法律"帮助"，而非法律援助。

7. 值班律师制度是 2018 年《刑诉法》修改时，为了配合认罪认罚从宽制度及速裁程序等新设立的制度。值班律师不是辩护律师，因而不享有辩护律师所具有的调查取证权等权利，只有提供法律咨询、程序选择建议、申请变更强制措施、对案件处理提出意见、阅卷权等法律帮助权利。但是，如果约见以后，犯罪嫌疑人、被告人委托该值班律师为辩护人，那么该值班律师就是辩护律师了，此时就享有辩护律师的权利了。

二、辩护人的范围与人数

（一）辩护人的概念、人数

重点解读

辩护人是指接受犯罪嫌疑人、被告人的委托或人民法院的指定，帮助犯罪嫌疑人、被告人行使辩护权，以维护其合法权益的人。

辩护人的人数：

犯罪嫌疑人、被告人除自己行使辩护权以外，还可以委托 1 至 2 人作为辩护人。

一名辩护人不得为 2 名以上的同案被告人，或者未同案处理但犯罪事实存在关联的被告人辩护。

> **要点提示**
>
> 　　1. 犯罪嫌疑人、被告人最多可以委托 2 名辩护人。
> 　　2. 一名辩护人不得同时接受 2 名以上的同案犯罪嫌疑人、被告人的委托，作为他们的共同辩护人。因为在共同犯罪中，犯罪嫌疑人、被告人之间存在着利害关系（两人在案件中的地位，作用，分工不同），一名律师同时为 2 名犯罪嫌疑人、被告人服务，容易造成偏颇，损害一方犯罪嫌疑人、被告人合法权益。此外，一名辩护人也不得为未同案处理但犯罪事实存在关联的被告人辩护。

【经典真题】

2016 年单项选择题第 25 题：[1]

法官齐某从 A 县法院辞职后，在其妻洪某开办的律师事务所从业。关于齐某与洪某的辩护人资格，下列哪一选项是正确的？

A. 齐某不得担任 A 县法院审理案件的辩护人

B. 齐某和洪某不得分别担任同案犯罪嫌疑人的辩护人

C. 齐某和洪某不得同时担任同一犯罪嫌疑人的辩护人

D. 洪某可以律师身份担任 A 县法院审理案件的辩护人

【本题解析】

《最高人民法院关于审判人员在诉讼活动中执行回避制度若干问题的规定》第 8 条规定："审判人员及法院其他工作人员从人民法院离任后二年内，不得以律师身份担任诉讼代理人或者辩护人。审判人员及法院其他工作人员从人民法院离任后，不得担任原任职法院所审理案件的诉讼代理人或者辩护人，但是作为当事人的监护人或者近亲属代理诉讼或者进行辩护的除外。"因此，齐某如果是犯罪嫌疑人、被告人的监护人或者近亲属，可以担任辩护人。A 错误。

BC 项，《高法解释》第 43 条第 2 款规定："一名辩护人不得为两名以上的同案被告人，或者未同案处理但犯罪事实存在关联的被告人辩护。"但并未规定两名辩护人不得分别担任同案犯罪嫌疑人的辩护人或者不得同时担任同一犯罪嫌疑人的辩护人。BC 错误。

D 项，《高法解释》第 41 条第 3 款规定："审判人员和人民法院其他工作人员的配偶、子女或者父母不得担任其任职法院所审理案件的辩护人，但作为被告人的监护人、近亲属进行辩护的除外。"可见，本案中，洪某虽然是齐某的配偶，但齐某已经辞职，其身份已经不是法院工作人员，因此，洪某可以律师身份担任 A 县法院审理案件的辩护人。D 正确。

综上所述，本题应当选 D。

---

〔1〕　答案：D。

（二）辩护人的范围※※

图表总结

可以担任辩护人	不可以担任辩护人
1. 律师	1. 正在被执行刑罚或者处于缓刑、假释考验期间的人
2. 团体、单位推荐的人	2. 依法被剥夺、限制人身自由的人
3. 监护人、亲友	3. 无行为能力或者限制行为能力的人
4. 如果右侧6类人： （1）是犯罪嫌疑人、被告人的监护人、近亲属； （2）犯罪嫌疑人、被告人委托担任辩护人； 法院可以准许担任辩护人	4. 人民法院、人民检察院、公安机关、国家安全机关、监狱、监察机关的现职人员
	5. 人民陪审员
	6. 与本案审理结果有利害关系的人
	7. 外国人或者无国籍人
	8. 被开除公职的人
	9. 被吊销律师、公证员执业证书的人

要点提示

1. 正在被执行"刑罚"或者处于缓刑、假释考验期间的人不得担任辩护人，"刑罚"包括主刑与附加刑，即使仅是被单处剥夺政治权利，在没有执行完毕前也不能作辩护人。

2. "人民法院、人民检察院、公安机关、国家安全机关、监察机关、监狱"的"现职"人员不得担任辩护人，注意2点：

（1）必须是人民法院、人民检察院、公安机关、国家安全机关、监察机关、监狱的人员不能作为辩护人，但是政府人员、人大代表等不包含在内；

（2）必须是现职人员。若虽然曾是人民法院、人民检察院、公安机关、国家安全机关、监察机关、监狱的人员，但现已退休或离职则能够成为辩护人。

三、辩护人的诉讼地位※

重点解读

辩护人的诉讼地位可以从以下3个方面来理解：

1. 辩护人在刑事诉讼中只承担辩护职能，是犯罪嫌疑人、被告人合法权益的专门维护者。辩护人在刑事诉讼中一般不能检举、揭发犯罪嫌疑人、被告人已经实施的犯罪行为。

2. 辩护人是独立的诉讼参与人。辩护人与犯罪嫌疑人、被告人的关系，不同于诉讼代理人和当事人的关系。辩护律师参与诉讼是履行法律规定的职责，而不是基于犯罪嫌疑人、被告人的授权。辩护人在法律上享有独立的诉讼地位，不受犯罪嫌疑人、被告人意思表示的约束，不是犯罪嫌疑人、被告人的"代言人"。

3. 辩护人维护的是犯罪嫌疑人、被告人的合法权益，而不是非法权益。

四、辩护人的责任※

重点解读

辩护人的责任是根据事实和法律，提出犯罪嫌疑人、被告人<u>无罪、罪轻或者减轻、免除</u>其刑事责任的材料和意见，维护犯罪嫌疑人、被告人的<u>诉讼权利</u>和<u>其他合法权益</u>。具言之：

（一）实体辩护

根据事实和法律，提出证明犯罪嫌疑人、被告人无罪、罪轻或者减轻、免除其刑事责任的材料和意见。

（二）程序辩护

维护犯罪嫌疑人、被告人的诉讼权利，发现犯罪嫌疑人、被告人的诉讼权利受到侵犯时，向公安司法机关提出意见，要求依法制止，或向有关单位提出控告。

（三）维护其他合法权益

辩护人应当解答犯罪嫌疑人、被告人提出的有关法律问题，为犯罪嫌疑人、被告人代写诉讼文书，征求其对判决是否提起上诉等。

五、辩护人的权利※※

综合重点

	权利	重点内容	其他注意
（一）	阅卷权	1. 阅卷批准 律师无需办案机关批准，其他辩护人需要批准。 2. 阅卷时间 <u>审查起诉之日</u>。 3. 移送情况告知 侦查机关应当在案件移送审查起诉后 <u>3 日</u>以内，人民检察院应当在提起公诉后 <u>3 日</u>以内，将案件移送情况<u>告知</u>辩护律师。 4. 阅卷内容 诉讼<u>文书</u> + 证据材料。 5. 有权查阅调整补充的证据 案件提起公诉后，人民检察院对案卷所附证据材料有<u>调整</u>或者<u>补充</u>的，应当及时<u>告知</u>辩护律师。辩护律师对调整或者补充的证据材料，<u>有权查阅、摘抄、复制</u>。 6. 阅卷方式 复印、扫描、拍照等。 7. 允许刻录、下载 人民检察院、人民法院应当为辩护律师查阅、摘抄、复制案卷材料提供便利，<u>有条件的地方可以</u>推行电子化阅卷，允许<u>刻录、下载</u>材料。	1. 法院<u>合议庭、审判委员会、检察委员会</u>的讨论记录以及<u>其他依法不公开</u>的材料不接受阅卷。 2. 侦查阶段不允许阅卷，但可以了解案件情况，譬如：提供法律帮助；代理申诉、控告；申请变更强制措施；了解犯罪嫌疑人涉嫌的罪名和案件有关情况，提出意见。 3. 在检察院阅卷，必要时，人民检察院可以派员<u>在场</u>协助。 4. 对作为证据材料向人民法院移送的讯问录音录像，辩护律师申请查阅的，人民法院应当准许。

续表

权利	重点内容	其他注意
	8. 阅卷地点 审查起诉之日，检察院；诉至法院后，法院。 9. 法检职责 提供便利与时间，复制只收工本费，法援律师应减免。 10. 不得限制阅卷时间次数 辩护律师提出阅卷要求的，人民检察院、人民法院<u>应当当时安排辩护律师阅卷</u>，无法当时安排的，应当向辩护律师说明并安排其在<u>3 个工作日以内</u>阅卷，<u>不得限制辩护律师阅卷的次数和时间</u>。有条件的地方可以设立阅卷预约平台。 11. 申诉、抗诉案件阅卷 辩护律师办理<u>申诉、抗诉案件</u>，在人民检察院、人民法院经审查<u>决定立案后</u>，可以持律师执业证书、律师事务所证明和委托书或者法律援助公函到案卷档案管理部门、持有案卷档案的办案部门<u>查阅、摘抄、复制</u>已经审理终结案件的案卷材料。 12. 可带助理 <u>可以根据需要带律师助理</u>协助阅卷。办案机关应当核实律师助理的身份。 13. 涉密保密 辩护律师查阅、摘抄、复制的案卷材料属于<u>国家秘密</u>的，应当经过人民检察院、人民法院同意并遵守国家保密规定。律师<u>不得违反规定，披露、散布</u>案件重要信息和案卷材料，或者将其<u>用于</u>本案辩护、代理以外的<u>其他用途</u>。	
（二）	**会见、通信权** 1. 律师可以会见通信，其他辩护人需要事先经过法、检许可。 2. 律师会见需持 3 证 （1）律师执业证书。 （2）律师事务所证明。 （3）委托书或者法律援助公函。 3. 会见<u>看守所</u>安排，<u>不超 48 小时</u>。 4. 不得附加条件 看守所安排会见<u>不得附加其他条件</u>或者变相要求辩护律师提交法律规定以外的其他文件、材料，<u>不得以未收到办案机关通知为由拒绝</u>安排辩护律师会见。 5. 不得以未预约为由拒绝 看守所应当设立会见预约平台，采取网上预约、电话预约等方式为辩护律师会见提供便利，但<u>不得以未预约会见为由拒绝</u>安排辩护律师会见。	

权利	重点内容	其他注意
	6. 不得限制会见时间和次数 看守所应当保障律师履行辩护职责需要的会见时间和次数，并与看守所工作安排和办案机关侦查工作相协调。 7. 可安排讯问室会见 在律师会见室不足的情况下，看守所经辩护律师书面同意，可以安排在讯问室会见，但应当关闭录音、监听设备。 8. 两人或者单独会见 犯罪嫌疑人、被告人委托2名律师担任辩护人的，2名辩护律师可以共同会见，也可以单独会见。辩护律师可以带1名律师助理协助会见。 9. 因拒绝辩护会见 在押的犯罪嫌疑人、被告人提出解除委托关系的，办案机关应当要求其出具或签署书面文件，并在3日以内转交受委托的律师或者律师事务所。辩护律师可以要求会见在押的犯罪嫌疑人、被告人，当面向其确认解除委托关系，看守所应当安排会见；但犯罪嫌疑人、被告人书面拒绝会见的，看守所应当将有关书面材料转交辩护律师，不予安排会见。 在押的犯罪嫌疑人、被告人的监护人、近亲属解除代为委托辩护律师关系的，经犯罪嫌疑人、被告人同意的，看守所应当允许新代为委托的辩护律师会见，由犯罪嫌疑人、被告人确认新的委托关系；犯罪嫌疑人、被告人不同意解除原辩护律师的委托关系的，看守所应当终止新代为委托的辩护律师会见。 10. 危害国家安全犯罪、恐怖活动犯罪案件，律师会见前需要经过侦查机关许可。但仅限于侦查阶段。 11. "国恐"申请会见 在侦查期间要求会见"国恐"犯罪嫌疑人的，侦查机关应当在3日以内将是否许可的决定书面答复辩护律师，并明确告知负责与辩护律师联系的部门及工作人员的联系方式。 侦查机关不得随意解释和扩大"国恐"案件的范围，限制律师会见。 12. 核实证据只能在审查起诉阶段，侦查阶段不可以。 13. 辩护律师会见犯罪嫌疑人、被告人时不被监听。办案机关不得派员在场。 14. 制作会见笔录： 律师会见，可以制作会见笔录，并要求犯罪嫌疑人、被告人确认无误后在笔录上签名。	辩护律师可以同被监视居住的犯罪嫌疑人、被告人会见和通信，除涉嫌危害国家安全犯罪案件、恐怖活动犯罪案件，无需经办案机关许可，会见同样不被监听。

续表

权利		重点内容	其他注意
		15. 翻译随同会见 辩护律师会见在押的犯罪嫌疑人、被告人需要<u>翻译人员</u>随同参加的，应当<u>提前</u>向办案机关提出<u>申请</u>，并提交翻译人员<u>身份证明</u>及其所在<u>单位出具的证明</u>。办案机关应当及时审查并在 <u>3 日</u>以内作出是否许可的决定。许可翻译人员参加会见的，应当向辩护律师出具<u>许可决定文书</u>，并通知看守所。不许可的，应当向辩护律师<u>书面说明理由</u>，并通知其更换。翻译人员应当持办案机关<u>许可决定文书</u>和本人<u>身份证明</u>，随同辩护律师参加会见。 16. 通信权 看守所<u>应当</u>及时<u>传递</u>辩护律师同犯罪嫌疑人、被告人的往来信件。看守所<u>可以</u>对信件进行必要的<u>检查</u>，但是：（1）<u>不得截留、复制、删改信件</u>；（2）<u>不得向办案机关提供信件内容</u>，但信件内容涉及：a. <u>危害国家安全、公共安全、严重危害他人人身安全</u>；b. 涉嫌<u>串供、毁灭</u>证据等情形的除外。	
（三）	调查取证权（广义）	1. 调查取证权（狭义）	（1）律师向证人或者其他有关单位和个人取证。 辩护律师经证人或者其他有关单位和个人<u>同意</u>，可以向他们调查取证，无需经过检察院或者法院许可。 （2）律师向被害人及其近亲属、被害人提供的证人调查取证。 a. <u>需要双许可</u>。辩护律师不仅要经人民<u>检察院</u>或者人民<u>法院</u>许可，并且要经<u>被害人或者其近亲属、被害人提供的证人</u>同意，方可向他们调查取证。 b. 人民检察院、人民法院应当在 <u>5 日</u>以内作出是否许可的决定，并通知辩护律师。辩护律师<u>书面</u>提出有关申请时，办案机关不许可的，<u>应当书面说明理由</u>。 （3）律师提交材料 辩护律师<u>提交</u>与案件有关材料的，办案机关应当在工作时间和办公场所予以<u>接待</u>，当面了解辩护律师提交材料的目的、材料的来源和主要内容等有关情况并记录在案，与相关材料一并附卷，并出具<u>回执</u>。辩护律师<u>应当提交原件</u>，提交原件确有困难的，经办案机关<u>准许</u>，也可以提交<u>复印件</u>，经与原件核对无误后由辩护律师<u>签名</u>确认。	

续表

权利	重点内容	其他注意
	(4) 向服刑犯取证 在查验律师 3 证（执业证书、律师事务所证明、委托书或法律援助公函）后，应当及时安排。 罪犯属于被害人或者其近亲属、被害人提供的证人的，应当经人民检察院或者人民法院许可。	
2. 申请调查取证权	(1) 辩护律师申请检察院代为调查取证。人民检察院根据辩护律师的申请收集、调取证据时，辩护律师可以在场。 (2) 辩护律师申请法院代为调查取证。 a. 律师向证人或者有关单位、个人收集、调取与本案有关的证据材料，因证人或者有关单位、个人不同意，申请人民法院收集、调取，或者申请通知证人出庭作证，人民法院认为确有必要的，应当同意。 b. 辩护律师直接申请人民法院向证人或者有关单位、个人收集、调取证据材料，人民法院认为确有收集、调取必要，且不宜或者不能由辩护律师收集、调取的，应当同意。 c. 人民法院收集、调取证据材料时，辩护律师可以在场。 (3) 辩护人申请检、法调取未随案移送的证明犯罪嫌疑人、被告人无罪或者罪轻的证据。 a. 辩护人可以申请法院向检察院调取。 b. 辩护人也可以申请检察院向公安机关调取。	(1) 对于律师的申请，检察院、法院认为需要调查取证的，应当由检察院、法院亲自调取，不得向律师签发准许调查决定书，让律师调取。 辩护律师申请人民检察院、人民法院收集、调取证据的，人民检察院、人民法院应当在 5日以内作出是否同意的决定，并通知辩护律师。辩护律师书面提出有关申请时，办案机关不同意的，应当书面说明理由。 (2) 申请法、检调取检、公证据的，人民检察院、人民法院应当依法及时审查。经审查，认为辩护律师申请调取的证据材料已收集并且与案件事实有联系的，应当及时调取。相关证据材料提交后，人民检察院、人民法院应当及时通知辩护律师查阅、摘抄、复制。经审查决定不予调取的，应当书面说明理由。
(四) 提出意见权	1. 检察院审查批准逮捕，可以听取辩护律师的意见。辩护律师提出要求的，应当听取辩护律师的意见。 2. 对未成年人审查批捕，必须讯问犯罪嫌疑人、听取辩护人意见。 3. 在案件侦查终结前，辩护律师提出要求的，侦查机关应当听取辩护律师的意见，并记录在案。辩护律师提出书面意见的，应当附卷。 4. 检察院审查起诉，应当讯问犯罪嫌疑人，听取辩护人、被害人及其诉讼代理人的意见，并记录在案。辩护人、被害人及其诉讼代理人提出书面意见的，应当附卷。 5. 第二审案件依法不开庭审理的，应当讯问被告人，听取其他当事人、辩护人、诉讼代理人的意见。	规律总结： 审查批捕：可以问，可以听； 审查起诉：应当问，应当听； 二不开庭：应当问，应当听； 死刑复核：应当问，应当听； 未成年人：应当问，应当听； 侦查终前：律师意见可以听； 申请排非：律师意见应当听。

续表

权利	重点内容	其他注意
	6. 最高法院<u>复核</u>死刑案件，辩护律师<u>提出要求</u>的，<u>应当听取辩护律师</u>的意见。 7. 辩护律师申请排除非法证据的，办案机关<u>应当听取辩护律师</u>的意见。	
（五）审判阶段辩护权保障	1. 申请变更开庭日期 人民法院确定案件开庭日期时，应当为律师出庭预留必要的准备时间并书面通知律师。律师因开庭日期冲突等<u>正当理由</u><u>申请变更</u>开庭日期的，人民法院<u>应当</u>在不影响案件审理期限的情况下，予以<u>考虑</u>并调整日期，决定调整日期的，应当及时通知律师。 2. 申请带助理参加庭审 律师可以根据需要，向人民法院<u>申请带律师助理参加</u>庭审。律师助理参加庭审仅能从事相关辅助工作，<u>不得发表辩护、代理意见</u>。 3. 进入法院与检察官同等对待 律师进入人民法院参与诉讼确需安全检查的，<u>应当与出庭履行职务的检察人员同等对待</u>。 4. 保障律师发言权 法庭审理过程中，法官<u>可以</u>对律师的发问、辩论进行<u>引导</u>，除发言过于<u>重复</u>、相关问题<u>已在庭前会议达成一致</u>、与案件无关或者<u>侮辱</u>、诽谤、<u>威胁他人</u>，故意扰乱法庭秩序的情况外，法官<u>不得随意打断</u>或者<u>制止</u>律师按程序进行的发言。 5. 重大情形，律师可与被告人交流 法庭审理过程中，遇有被告人供述发生重大变化、拒绝辩护等<u>重大情形</u>，经<u>审判长许可</u>，辩护律师可以与被告人进行交流。 6. 申请休庭 律师<u>可以</u>向法庭申请休庭的情形： （1）拒绝辩护； （2）准备新证。 7. 可以同时作无罪辩护与罪轻辩护 辩护律师作<u>无罪辩护</u>的，可以<u>当庭</u>就<u>量刑</u>问题发表辩护意见，也可以<u>庭后</u>提交量刑辩护意见。 8. 是否采纳辩护意见说理 人民法院适用<u>普通程序</u>审理案件，<u>应当</u>在裁判文书中<u>写明</u>律师依法提出的辩护、代理<u>意见</u>，以及<u>是否采纳</u>的情况，并<u>说明理由</u>。 9. 申请、异议的驳回与救济 法庭审理过程中，律师就回避，案件管辖，非法证据排除，申请通知证人、鉴定人、有专门知识的人出庭，申请通知新的证人到庭，调取新的证	

续表

	权利	重点内容	其他注意
		据，申请重新鉴定、勘验等问题<u>当庭提出申请</u>，或者对法庭<u>审理程序提出异议</u>的，法庭<u>原则上应当休庭</u>进行审查，依照法定程序作出决定。其他律师有相同异议的，应一并提出，法庭一并休庭审查。法庭决定<u>驳回</u>申请或者异议的，律师可当庭提出<u>复议</u>。经复议后，律师<u>应当尊重法庭</u>的决定，<u>服从法庭</u>的安排。 律师不服法庭决定保留意见的内容应当详细记入<u>法庭笔录</u>，可以：（1）作为<u>上诉</u>理由；（2）向<u>同级或者上一级人民检察院申诉、控告</u>。 10. 准许查阅庭审录音录像 律师申请查阅人民法院录制的<u>庭审过程</u>的<u>录音、录像</u>的，人民法院<u>应当准许</u>。	
（六）	律师维权	1. 被采取强制措施要通知 侦查机关依法对在诉讼活动中涉嫌犯罪的律师采取<u>强制</u>措施后，应当在<u>48 小时以内</u>通知其所在的<u>律师事务所</u>或者所属的<u>律师协会</u>。 2. 对侵权行为投诉 律师认为办案机关及其工作人员明显违反法律规定，阻碍律师依法履行辩护、代理职责，侵犯律师执业权利的，<u>可以向该办案机关</u>或者其<u>上一级</u>机关<u>投诉</u>。 办案机关应当对律师的投诉及时调查，律师<u>要求当面反映情况</u>的，<u>应当当面听取律师</u>的意见。 3. 不告知、不送达、认定错、不接收、不答复、不许可、不听取的申诉、控告。 在刑事诉讼中，律师认为办案机关及其工作人员的下列行为阻碍律师依法行使诉讼权利的，可以向同级或者<u>上一级人民检察院申诉、控告</u>： a. <u>未依法向律师履行告知、转达、通知和送达</u>义务的； b. 办案机关认定律师<u>不得担任辩护人、代理人</u>的情形<u>有误</u>的； c. 对律师依法提出的<u>申请，不接收、不答复</u>的； d. 依法应当许可律师提出的<u>申请未许可</u>的； e. 依法应当听取律师的意见未听取的； f. 其他阻碍律师依法行使诉讼权利的行为。 4. 向司法局、律协维权 律师认为办案机关及其工作人员阻碍其依法行使执业权利的，可以向其所执业<u>律师事务所所在地</u>的<u>市级司法行政机关</u>、所属的<u>律师协会</u>申请维护执业权利。<u>情况紧急</u>的，可以向<u>事发地</u>的<u>司法行政机关</u>、<u>律师协会</u>申请维护执业权利。事发地的司法行政机关、律师协会<u>应当给予协助</u>。	

续表

权利	重点内容	其他注意
（七）人身保障权	1. 辩护人在履行职责时涉嫌犯罪的，应当由办理辩护人所承办案件的侦查机关以外的侦查机关办理。 2. 辩护人是律师的，应当及时通知其所在的律师事务所或者所属的律师协会。	公安机关、人民检察院发现辩护人涉嫌犯罪： 1. 应当按照规定报请办理辩护人所承办案件的侦查机关的上一级侦查机关指定其他侦查机关立案侦查，或者由上一级侦查机关立案侦查。 2. 不得指定办理辩护人所承办案件的侦查机关的下级侦查机关立案侦查。

【经典真题】

2017 年单项选择题第 25 题：[1]

成年人钱甲教唆未成年人小沈实施诈骗犯罪，钱甲委托其在邻市检察院担任检察官助理的哥哥钱乙担任辩护人，小沈由法律援助律师武某担任辩护人。关于本案处理，下列哪一选项是正确的？

A. 钱甲被拘留后，钱乙可为其申请取保候审

B. 本案移送审查起诉时，公安机关应将案件移送情况告知钱乙

C. 检察院讯问小沈时，武某可在场

D. 如检察院对钱甲和小沈分案起诉，法院可并案审理

【本题解析】

本题考查的是辩护人的权利等相关知识点。

律师辩护人和非律师辩护人都有为犯罪嫌疑人、被告人申请取保候审的权利，因此 A 正确。《刑诉法》第 162 条规定："公安机关侦查终结的案件，应当做到犯罪事实清楚，证据确实、充分，并且写出起诉意见书，连同案卷材料、证据一并移送同级人民检察院审查决定；同时将案件移送情况告知犯罪嫌疑人及其辩护律师。"钱乙是非律师辩护人，所以 B 项错误。无论是律师辩护人还是非律师辩护人，讯问犯罪嫌疑人时，辩护律师都没有在场权。《高法解释》第 551 条第 1 款规定："对分案起诉至同一人民法院的未成年人与成年人共同犯罪案件，可以由同一个审判组织审理；不宜由同一个审判组织审理的，可以分别由少年法庭、刑事审判庭审理。"因此，选项 D 错误。

---

[1]　答案：A。

六、辩护人的义务※※

综合重点

	义务	重要内容	要点提示
（一）	不得干扰司法机关诉讼活动	辩护人或者其他任何人，不得帮助犯罪嫌疑人、被告人隐匿、毁灭、伪造证据或者串供，不得威胁、引诱证人作伪证以及进行其他干扰司法机关诉讼活动的行为。	
（二）	及时告知接受委托情况	1. 审判期间，辩护人接受被告人委托的，应当在接受委托之日起3日内，将委托手续提交人民法院。 2. 法律援助机构决定为被告人指派律师提供辩护的，承办律师应当在接受指派之日起3日内，将法律援助手续提交人民法院。	
（三）	法定情形及时告知无罪事由	辩护人收集的有关犯罪嫌疑人不在犯罪现场、未达到刑事责任年龄、属于依法不负刑事责任的精神病人的证据，应当及时告知公安机关、人民检察院。	简单地说就是：不在场，不够大，不正常，应告知。
（四）	法定情形及时告知违法行为	辩护律师在执业活动中知悉委托人或者其他人，准备或者正在实施危害国家安全、公共安全以及严重危害他人人身安全的犯罪的，应当及时告知司法机关。司法机关应当为反映有关情况的辩护律师保密。	1. 一般来说，律师的责任就是辩护，不应当揭发检举。 2. 但底线是不得触犯：（1）危害国家安全犯罪；（2）危害公共安全犯罪；（3）严重危害他人人身安全犯罪。 3. 律师对于上述3类犯罪之外的其他犯罪，没有揭发检举的义务。 4. 上述3类犯罪还需要处于未遂状态，即"准备"或者"正在"实施的状态，对于"曾经"干过的坏事，律师没有揭发检举的义务。
（五）	遵守看守场所规定	会见在押犯罪嫌疑人、被告人时，应当遵守看管场所的规定。	
（六）	遵守法庭规则	参加法庭审判时要遵守法庭规则。	
（七）	依法取证	未经检察院或者法院许可，不得向被害人、被害人的近亲属或被害人提供的证人收集与本案有关的材料。	

续表

	义务	重要内容	要点提示
（八）	不得违规会见、贿赂司法人员	1. 不得违反规定会见法官、检察官及其他有关工作人员； 2. 不得向法官、检察官及其他有关工作人员行贿，介绍贿赂或者指使、诱导当事人行贿； 3. 不得以其他不正当方式影响法官、检察官及其他有关工作人员办理案件。	

【经典真题】

2019 法考客观题回忆版：[1]

张某涉嫌贩卖毒品罪在 A 省 B 市被立案侦查，侦查中聘请该市著名律师吴某为其辩护人，下列说法正确的是？

A. 辩护人吴某在 B 市 D 区帮助张某隐瞒证据毁灭罪证，可以由 B 市公安机关立案侦查

B. 辩护人吴某在 B 市 C 区犯盗窃罪，可以由 B 市下属的 C 区公安局立案侦查

C. 辩护人吴某涉嫌向张某案的侦查人员行贿，可以由 B 市同级的 C 市公安机关立案侦查

D. 辩护人吴某在 B 市 E 区涉嫌强奸罪，应当由 B 市以外的侦查机关立案侦查

【考点】 辩护人的权利和义务

【本题解析】

选项 A 错误。《刑诉法》第 44 条规定："辩护人或者其他任何人，不得帮助犯罪嫌疑人、被告人隐匿、毁灭、伪造证据或者串供，不得威胁、引诱证人作伪证以及进行其他干扰司法机关诉讼活动的行为。违反前款规定的，应当依法追究法律责任，辩护人涉嫌犯罪的，应当由办理辩护人所承办案件的侦查机关以外的侦查机关办理。辩护人是律师的，应当及时通知其所在的律师事务所或者所属的律师协会。"据此，选项 A 明显错误。

选项 B 正确。根据《刑诉法》第 44 条的规定，只有辩护人涉嫌帮助犯罪嫌疑人、被告人隐匿、毁灭、伪造证据或者串供，以及威胁、引诱证人作伪证、进行其他干扰司法机关诉讼活动的行为，构成犯罪的，才应当由办理辩护人所承办案件的侦查机关以外的侦查机关办理。选项 B 所列情形，辩护人吴某在 B 市 C 区犯盗窃罪，不属于上述情形，因此可以由 B 市下属的 C 区公安局立案侦查。选项 B 正确。

选项 C 错误。辩护人吴某涉嫌向张某案的侦查人员行贿，由监察委员会立案侦查，因此，选项 C 明显错误。

选项 D 错误。理由同选项 A。

七、拒绝辩护※

拒绝辩护有两种：一种是辩护律师拒绝为犯罪嫌疑人、被告人辩护；一种是犯罪嫌疑人、被告人拒绝辩护人为其辩护。后者是重点。

（一）辩护律师拒绝为犯罪嫌疑人、被告人辩护

《律师法》第 32 条第 2 款规定："律师接受委托后，无正当理由的，不得拒绝辩护或者

---

[1] 答案：B。

代理。但是，委托事项违法、委托人利用律师提供的服务从事违法活动或者委托人故意隐瞒与案件有关的重要事实的，律师有权拒绝辩护或者代理。"《高法解释》第 312 条规定："法庭审理过程中，辩护人拒绝为被告人辩护的，有正当理由的，应当准许；……"

这是由辩护律师的独立诉讼地位决定的。

（二）被告人拒绝辩护人为其辩护

1. 《高法解释》第 50 条规定："被告人拒绝法律援助机构指派的律师为其辩护，坚持自己行使辩护权的，人民法院应当准许。属于应当提供法律援助的情形，被告人拒绝指派的律师为其辩护的，人民法院应当查明原因。理由正当的，应当准许，但被告人须另行委托辩护人；被告人未另行委托辩护人的，人民法院应当在 3 日内通知法律援助机构另行指派律师为其提供辩护。"

2. 《高法解释》第 311 条规定："被告人在一个审判程序中更换辩护人一般不得超过两次。被告人当庭拒绝辩护人辩护，要求另行委托辩护人或者指派律师的，合议庭应当准许。被告人拒绝辩护人辩护后，没有辩护人的，应当宣布休庭；仍有辩护人的，庭审可以继续进行。有多名被告人的案件，部分被告人拒绝辩护人辩护后，没有辩护人的，根据案件情况，可以对该部分被告人另案处理，对其他被告人的庭审继续进行。重新开庭后，被告人再次当庭拒绝辩护人辩护的，可以准许，但被告人不得再次另行委托辩护人或者要求另行指派律师，由其自行辩护。被告人属于应当提供法律援助的情形，重新开庭后再次当庭拒绝辩护人辩护的，不予准许。"

《高法解释》第 313 条规定："依照前两条规定另行委托辩护人或者通知法律援助机构指派律师的，自案件宣布休庭之日起至第 15 日止，由辩护人准备辩护，但被告人及其辩护人自愿缩短时间的除外。庭审结束后、判决宣告前另行委托辩护人的，可以不重新开庭；辩护人提交书面辩护意见的，应当接受。"

3. 总结：审判阶段两类人两次拒绝辩护

两类人	第一次拒绝辩护	第二次拒绝辩护
应当指定辩护（7 种人）	拒绝委托的辩护人的应当准许；拒绝指定的辩护人的，"有正当理由"应当准许	不予准许
委托辩护和可指定辩护	应当准许	可以准许→自行辩护

上述表格的解读：

（1）应当指定辩护的被告人（法定的 7 种人）拒绝辩护。

第一次，被告人拒绝委托的辩护人的应当准许；被告人拒绝法律援助机构指派的律师为其辩护的，人民法院应当查明原因。理由正当的，应当准许，但被告人须另行委托辩护人；被告人未另行委托辩护人的，人民法院应当在 3 日内书面通知法律援助机构另行指派律师为其提供辩护。

第二次，重新开庭后，被告人再次当庭拒绝辩护人辩护的，不予准许。

（2）非应当指定辩护的被告人拒绝辩护。

第一次拒绝辩护，应当准许，准许后其可以另行委托辩护人或者指派律师或者自行辩护；重新开庭后，被告人再次当庭拒绝辩护人辩护的（第二次），可以准许，但被告人不得再次另行委托辩护人或者要求另行指派律师，由其自行辩护。

被告人拒绝辩护人辩护后，<u>没有辩护人</u>的，应当宣布<u>休庭</u>；仍<u>有辩护人</u>的，庭审<u>可以继</u><u>续</u>进行。

有<u>多名</u>被告人的案件，<u>部分</u>被告人拒绝辩护人辩护后，<u>没有辩护人</u>的，根据案件情况，<u>可以</u>对该被告人<u>另案处理</u>，对<u>其他</u>被告人的庭审<u>继续</u>进行。

另行委托辩护人或者指派律师的，自案件<u>宣布休庭</u>之日起至第 <u>15 日</u>止，由辩护人准备辩护，但被告人及其辩护人自愿缩短时间的除外。

八、辩护词的基本格式与写法

辩护词是辩护人向法庭发表的为维护被告人的合法权益的演讲词，它集中体现了辩护人的辩护思路与观点，是辩护人对所辩护的案件的结论性意见，是辩护人在刑事诉讼中实现其辩护职能的重要手段。

辩护词一般包括首部、正文、结束语三部分。

（一）首部

首部主要包括三部分，即标题、对审判人员的称呼和前言。

前言部分应当说明：

第一，辩护人出庭的合法性，即是受被告人的委托还是受人民法院指定。实践中，还说明是受律师事务所的指派。

第二，辩护人在开庭前进行了哪些工作，如查阅案卷、会见被告人、调查了案情等，以便向法庭表明自己的辩护意见是有根据的。

第三，也可在前言部分开门见山地提出关于本案的基本观点，对法庭调查作简要交代。这样一开始就旗帜鲜明地表明自己的态度，能够给人留下深刻的印象，为进入正文部分做好准备。

（二）正文

正文包括辩护理由和辩护意见，这一部分是辩护词的核心部分。

一般主要包括下列几个方面的内容：起诉书指控被告人的犯罪事实能否成立；被告人是否已经达到刑事责任年龄，有无不负刑事责任的其他不应当追究其刑事责任的情形；起诉书对案件定性和认定的罪名是否准确，适用的法律条文是否恰当；被告人有无法律规定的从轻、减轻或者免除刑罚的情节；有无酌情考虑的从轻或者减轻判处的情节；证据与证据之间，证据与被告人口供之间是否存在矛盾；被告人主观上是故意还是过失，是否属于意外事件；被告人的行为是否属于正当防卫或紧急避险；共同犯罪案件中，对首犯、主犯、从犯、胁从犯的划分是否清楚；诉讼程序是否合法等。也有的案件需要同时从上述几个方面来辩护。

（三）结束语

主要包括两个方面的内容：一是对自己的发言作一小结，提出结论性的意见，以加深法庭对自己辩护观点的印象；二是对被告人如何定罪量刑，适用刑法的什么条款，向法庭提出意见和建议。

此外，撰写辩护词还应当注意：

1. 实事求是。辩护词不得歪曲事实，引用法律条文务必准确无误。

2. 准备充分。辩护人接受委托后，要研究起诉书、查阅案卷材料、会见犯罪嫌疑人、被告人等，以全面、深入、细致分析证据材料。

3. 注意言语分寸。不能把辩护词变成对被告人的控诉书。

4. 行文严谨。辩护词应当做到论点明确、论证充分、结构严谨、用词准确、简洁。

第三节　刑事代理※

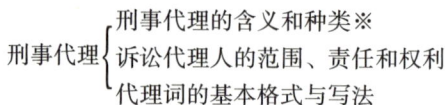

$$刑事代理\begin{cases}刑事代理的含义和种类※\\诉讼代理人的范围、责任和权利\\代理词的基本格式与写法\end{cases}$$

一、刑事代理的含义和种类※

（一）含义

刑事诉讼中的委托代理，是指刑事诉讼代理人接受公诉案件的被害人及其法定代理人或者近亲属、附带民事诉讼的当事人及其法定代理人、自诉案件的自诉人及其法定代理人的委托，以被代理人的名义，在被代理人授权的范围内，为维护其合法权益所进行的诉讼活动。

刑事诉讼中的代理人，是以被代理人的名义参加诉讼的，而不是以自己的名义进行诉讼。代理人必须根据被代理人的意志，为维护其合法权益而进行诉讼。同时，诉讼代理人必须在被代理人的授权范围内进行诉讼，超过授权范围进行诉讼活动所产生的结果，除非得到被代理人的追认，否则被代理人不予承担。

（二）种类

🔍 **图表总结**

刑事代理种类	根据产生方式不同	法定代理			
		委托代理			
	根据委托主体不同	公诉案件被害人代理	主体	被害人、法定代理人、近亲属	
			时间	移送审查起诉之日	
			检察院职责	自收到移送审查起诉的案件材料之日起 3 日内应当告知有权委托诉讼代理人	
		自诉案件自诉人代理	主体	自诉人、法定代理人	
			时间	随时	
			法院职责	自受理自诉案件之日起 3 日以内，应当告知有权委托诉讼代理人	
		附民原、被告人的代理	主体	附带民事诉讼当事人、法定代理人	
			时间	公诉，自案件移送审查起诉之日起；自诉，随时	
			检法职责	检察院	自收到移送审查起诉的案件材料之日起 3 日以内应当告知有权委托诉讼代理人
				法院	自受理自诉案件之日起 3 日以内，应当告知有权委托诉讼代理人
		财产没收程序的代理	主体	（1）犯罪嫌疑人、被告人 （2）犯罪嫌疑人、被告人的近亲属 （3）其他利害关系人	
		精神病强制医疗代理	主体	被申请人、被告人	

要点提示

1. 公诉案件在侦查阶段，被害人不能委托代理人。而犯罪嫌疑人、被告人在<u>侦查阶段</u>可以委托<u>辩护人</u>。

2. 在自诉案件中，被告人有权提起<u>反诉</u>，此时本诉的自诉人又成了反诉中的被告人，本诉中自诉人委托的代理人，也可以接受反诉的被告人的委托作为他的<u>辩护人</u>，即由行使控诉职能转变为<u>兼行控诉</u>与<u>辩护</u>职能。反之，自诉案件的被告人提起反诉，原来承担辩护职能的辩护人也可以成为既承担控诉职能又承担辩护职能的代理人及辩护人。必须办理<u>双重委托手续</u>，明确代理权限。

3. 律师在附带民事诉讼中的代理，实质上是<u>民事诉讼代理</u>。但是，附带民事诉讼的代理人可以身兼数职，比如既担任被告人的<u>辩护人</u>，又担任反诉中反诉人的<u>代理人</u>等。

4. 犯罪嫌疑人、被告人逃匿、死亡案件违法所得没收程序中的代理解决的是<u>民事权利</u>的归属问题，其代理实质上是<u>民事诉讼的代理</u>。

5. 刑事代理还包括一种特殊形式的代理——<u>申诉代理</u>，即法院已对某一案件作出生效裁判，当事人等仍然不服而委托律师或者其他人申诉的情形。特殊之处在于，此时委托代理人不是从"移送审查起诉之日起"，而是"<u>随时</u>"。因为案件已经作出生效裁判，当事人不服可以随时申诉，随时委托诉讼代理人。

6. 辩护人与诉讼代理人的关系

辩护人与诉讼代理人有很多相同之处，譬如，都主要是由律师担任，都要维护委托人的合法权益，都有权申请回避、要求复议，都有权在庭审中向当事人发问，都有权会见各自的委托人，在权利受到侵害时可以申诉、控告，等等。但两者的区别也十分明显，主要包括：（见下表）

综合重点

区别	辩护人	诉讼代理人
地位依据	依据事实和法律提出意见，有独立诉讼地位	帮助被害人时：依据事实和法律提出意见 帮助附带民事诉讼当事人时：听从被代理人意见。不得违背委托人意志，无独立诉讼地位
服务对象	犯罪嫌疑人、被告人	（1）公诉被害人、法定代理人、近亲属 （2）自诉人、法定代理人 （3）附带民事诉讼当事人、法定代理人 （4）犯罪嫌疑人、被告人逃匿、死亡案件违法所得没收程序中犯罪嫌疑人、被告人，犯罪嫌疑人、被告人的近亲属，其他利害关系人 （5）依法不负刑事责任的精神病人的强制医疗程序中被申请人、被告人
产生时间	公诉案件：被第一次讯问或者采取强制措施之日起 自诉案件：随时	公诉案件：审查起诉之日起 自诉案件：随时
诉讼职能	辩护	（帮被害人、附民原告人时）控诉

续表

区别	辩护人	诉讼代理人
诉讼权利	（1）有权会见犯罪嫌疑人、被告人 （2）法律没有规定会见被害人，但规定了可以向被害人调查取证，但需要检、法的许可，还要经过被害人同意	（1）不能会见犯罪嫌疑人、被告人 （2）可以会见被害人

二、诉讼代理人的范围、责任和权利

委托诉讼代理人的范围，与辩护人的范围相同。不能充当辩护人的人，也不能被委托为诉讼代理人。

诉讼代理人的责任：根据事实和法律，维护被害人、自诉人或者附带民事诉讼当事人的合法权益。

诉讼代理人的权利：（1）阅卷权；（2）调查取证权；（3）申诉、控告权。

三、代理词的基本格式与写法

代理词是代理律师在法庭辩论阶段发表的，以维护委托人合法权益为目的的，表明代理人对案件处理意见的诉讼文书。相对于其他诉讼文书，代理词的写法比较灵活，并没有统一的格式。但大体上仍然是由首部、正文和尾部三部分组成，写法与辩护词基本相同。

在撰写代理词时需要注意：

1. 实事求是，剖析准确、详尽、深入。

2. 抓住争执点，从多角度、多侧面展开论证。

3. 应当随着诉讼进程或者法庭上出现的新情况不断修改。

4. 语言应当生动、简练，用词恰当又留有余地。

第七章

刑事证据和证明※※

导学

　　证据法学的内容可以分为两个大的部分，证据论和证明论。证据可以理解为一个静态的概念，一个名词，即能够证明案件事实的一些材料。证明可以理解为一个动态的概念，一个动词，即运用证据还原案件事实的过程。本章内容也分为刑事证据和刑事证明两大块，在学习本章过程中，考生应当在"刑事证据"中重点掌握：证据的概念；证据的属性；证据的种类及运用；证据的分类及运用；证据的原则；证据的规则；审查、判断证据的方法。在"刑事证明"中应当重点掌握：证明对象；证明责任；证明标准。

　　本章在刑诉考试中地位重要，平均每年考查3、4道题，是典型的重点章节。考生复习本章时应注意深入理解和活学活用，比如，证据种类有8种，证据分类有4类，复习时不要求考生将这8种或者4类倒背如流，而是要求考生细细掌握证据的每一个种类及每一个分类的特点，要求做到熟练应用。

　　本章需要重点掌握的理论考点包括：

　　1. 证据的概念

　　2. 证据的属性

　　3. 证据的原则

　　4. 证明责任

知识体系

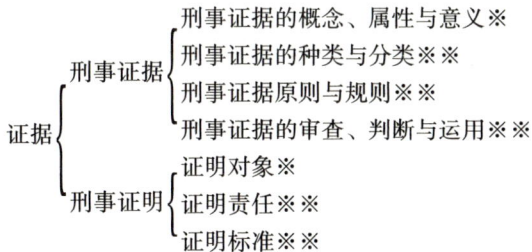

证据 {
　刑事证据 {
　　刑事证据的概念、属性与意义※
　　刑事证据的种类与分类※※
　　刑事证据原则与规则※※
　　刑事证据的审查、判断与运用※※
　}
　刑事证明 {
　　证明对象※
　　证明责任※※
　　证明标准※※
　}
}

本章重点

第一节　刑事证据

$$刑事证据\begin{cases}刑事证据的概念、属性与意义※ \\ 刑事证据的种类与分类※※ \\ 刑事证据原则与规则※※ \\ 刑事证据的收集、审查和运用※※\end{cases}$$

一、刑事证据的概念、属性与意义※

刑事证据的概念与属性是重要的理论考点，相关学说众多。但考生只需要把握下述通说即可。

（一）刑事证据的概念

▪○ **重点解读**

刑事证据，是指以法律规定的形式表现出来的能够证明案件事实情况的材料。

《刑诉法》第 50 条第 1 款规定："可以用于证明案件事实的材料，都是证据。"

《刑诉法》第 50 条第 2 款规定："证据包括：

（一）物证；

（二）书证；

（三）证人证言；

（四）被害人陈述；

（五）犯罪嫌疑人、被告人供述和辩解；

（六）鉴定意见；

（七）勘验、检查、辨认、侦查实验等笔录；

（八）视听资料、电子数据。"

这意味着：

1. 证据是一种客观存在的材料；

2. 证据是证明案件事实的根据和认定案件事实的手段；

3. 刑事证据必须符合法律规定的八种表现形式。

▎**理论释义** ▪

"事实说"与"材料说"：

与 1996 年《刑诉法》相比，现行《刑诉法》肯定了证据概念的"材料说"，否定了"事实说"。

事实说认为，能够证明案件一切真实情况的事实都是证据。材料说认为，可以用于证明案件事实的材料，都是证据。但显然，证据只能是一种材料，而不可能是一种事实。因为，刑事案件一旦发生，案件事实瞬间成了历史，案件事实永远不可能重现。侦查人员只能通过收集证据，以考古方式拼接、还原当时的案件事实。可见，案件事实本身不是证据，是已经发生并不再存在的历史，证据只能是一种材料，案件事实恰恰是侦查人员收集、运用证据进行证明的对象。

（二）刑事证据的基本属性

○ 重点解读

刑事证据具有以下 3 个紧密联系的基本属性：

1. 客观性

证据的客观性，又称真实性、确实性，是指证据所表达的内容或者证据事实是客观存在的，不以办案人员的意志为转移，不是主观想象、臆断或者虚构。客观性是刑事证据的首要属性和最本质的特征。证据的客观性包括 2 个方面的含义：

（1）作为证据的材料本身应该是客观存在的，而不是主观想象、猜测、杜撰、假设、臆断的；

（2）作为证据材料与案件的待证事项之间的联系也是客观的。

在对证据进行查证之前如何知道证据是客观的？一个证据是否具备客观性，我们只要从表面上审查其不是主观想象、猜测、杜撰、假设、臆断、梦境，而是人的耳闻目睹或者是自然存在物，那么我们就可以认为该证据具备客观性，而不问其是否是真实的。

【例1】在侦查一起入室盗窃案时，老张对侦查人员说："我看到一个身高 1.70 米左右的人，撬开了 202 室的门。我估计这个人就是我邻居 302 室的老王。"

【解析】"我看到一个身高 1.70 米左右的人，撬开了 202 室的门"具备证据的客观性。"我估计这个人就是我邻居 302 室的老王"不具备证据的客观性。

【例2】老李的女儿被杀身亡，老李对侦查人员说："我女儿托梦给我，说她是被自己的男朋友杀死的。"

【解析】老李的上述陈述不具备证据的客观性。

2. 关联性

（1）关联性的定义

证据的关联性，又称为相关性，是指作为证据的材料与案件待证事项之间存在着某种客观上的联系，从而使其对案件待证事项具有证明作用。如何理解证据的关联性，这是难点。下面一句话对于理解"关联性"相当重要：关联性，是指有这个证据比没有这个证据更加能够说明某个待证事项的存在或者不存在。

（2）关联性与证明力

关联性是证明力的原因。证明力是指证据对案件事实的证明作用和价值。一般来说，证据与案件事实之间的联系越紧密，证据的证明力就较强，在诉讼中所起的作用也较大。

（3）关联性的情形

对于什么情况下具备关联性，法律无法一一列举。然而，有些表面上看起来具有关联性的证据材料，一旦采用将会使审判人员产生严重的"有罪"的先入为主预断，因而为了保证诉讼公正，法律和证据学理论认为这些证据材料对"定罪"不具备关联性。不具有关联性的主要有：①品格证据；②类似事件；③特定的诉讼行为，如有罪答辩的撤回；④特定的事实行为，事件发生后某人实施补救措施的事实，一般不得作为行为人对该事件负有责任的证据加以采用。我国刑事证据理论一般认为，"品格证据"和"类似事件"对定罪不具备相关性。

【例3】张某被指控于 2014 年 10 月 9 日夜撬开某单位财务室，用铁锤砸坏保险柜盗窃人民币 2 万元。为了证明张某这次盗窃，公诉方出具张某曾于 2001 年采取同样手段盗窃某医院财务室并被法院判处有期徒刑 5 年的证据材料。

【解读】"2001 年采取同样手段盗窃某医院财务室并被法院判处有期徒刑 5 年的证据材料"属于类似事件，对认定张某构成盗窃罪不具备证据的相关性。

【例 4】李某被指控强制猥亵妇女，公诉方准备向法庭提交李某平时道德品质败坏，乱搞两性关系，并且曾经嫖娼的证据材料。

【解读】"李某平时道德品质败坏，乱搞两性关系，并且曾经嫖娼的材料"属于品格证据，对认定李某构成强制猥亵妇女罪不具备证据的相关性。

3. 合法性

证据的合法性，又称证据的法律性，是指证据的形式以及证据收集的主体、方法和程序应当符合法律的规定，并且证据必须经过法定的审查程序。包括：

（1）主体合法，证据必须由法定的人员收集；

（2）形式合法，证据必须具有法定的形式；

（3）程序合法，依照法定的程序收集、审查；

（4）运用合法，要经法庭上查证属实（运用）。

《高法解释》第 71 条规定："证据未经当庭出示、辨认、质证等法庭调查程序查证属实，不得作为定案的根据。"

另外，证据的可采性是指证据必须为法律所容许，可用以证明案件的待证事项。在大陆法系国家，与之对应的概念是证据能力。在我国，并没有可采性这一概念，证据的可采性是被作为证据的法律性或合法性来看待的。某些证据材料是否具有可采性，主要取决于法律上的规定。

（三）刑事证据的意义

🔹○ 重点解读

刑事证据在刑事诉讼中具有重要作用，证据是：

（1）进行刑事诉讼活动的依据。

（2）司法公正的基础。

（3）证明犯罪事实的唯一手段。

（4）促使犯罪嫌疑人、被告人认罪服法、接受改造的有力武器。

（5）无罪的人不受刑事追究的保障。

（6）进行社会主义法制教育的有力工具。

要点提示

1. 证据是<u>材料</u>，不是事实。

2. 证据不是天然地可以作为定案根据，证据需要经过<u>查证属实</u>后才能作为定案的根据。

3. 证据的三性是重点理论知识点，请考生重点掌握。

二、刑事证据的种类与分类※※

刑事证据的种类，是指根据证据材料内容的各种外部形式对证据所作的分类。证据种类实际上是证据在法律上的分类，是证据的<u>法定</u>形式。

刑事证据的分类，也叫刑事证据在<u>学理</u>上的分类，是指对证据进行理论研究中，按照证据本身的不同特点、从不同角度在理论上将证据划分为不同的类别。

证据的分类不同于证据的种类。证据种类由法律明确规定，具有法定的约束力。而证据的分类则是在理论上从不同角度对证据种类所作的划分。种类和分类都需要考生掌握。

（一）刑事证据的种类

○ 重点解读

《刑诉法》第 50 条第 2 款规定了 8 种证据，具体包括：

1. <u>物证</u>（以载体本身所拥有的自然属性证明案件情况）

（1）概念

物证是以自身的外部特征、存在状况、物理、化学、生物属性来证明案件真实情况的一切物品或者痕迹。物证一般表现为一定的物品或者痕迹，并且必须与案件的待证事项有关联性。物证包括一切物质形态。笔迹是物证而不是书证。因为笔迹是物质痕迹，是以书写特征而不是以内容来证明待证事项的。

（2）种类

作为物品的物证通常有：① 犯罪的工具；②犯罪行为侵犯的客体物；③犯罪现场遗留下来的物品；④其他可以用来发现犯罪行为和查获犯罪分子的存在物，如人体的特征、物体的大小、颜色、气味等。

作为痕迹的物证通常表现为犯罪遗留下来的物质痕迹，例如指纹、脚印以及作案工具形成的各种痕迹。

（3）照片、模型

在司法实践中，对某些难以移动或易于消失的物品、痕迹复制的<u>模型</u>或拍摄的<u>照片</u>，是对物证的固定和保全。法官在认定时，作为物证发挥作用的，不是这些照片和模型本身，而是被拍摄的照片、复制的模型所反映的<u>原物和痕迹</u>，因而是物证。

物证是以其外部特征、物品属性、存在状况等来发挥证明作用，物证具有较强的<u>客观性</u>、<u>稳定性</u>。

另外，物证不能一步到位地直接证明案件中的主要事实，通常只能作为<u>间接证据</u>。

2. <u>书证</u>（与载体本身所拥有的自然属性无关）

（1）概念：书证是指以文字、图画、图表、数字等表达的思想内容来证明案件事实的书面文字或者其他物品。

（2）书证具有较强的证明力，特点包括：

①书证必须以一定的物质材料为<u>载体</u>，属于<u>实物证据</u>，<u>客观性强</u>。

②书证必须与待证明的案件事实有<u>关联</u>。

（3）物证和书证的区别

①区别：物证是以其物质属性、外部特征、存在状况等载体所拥有的自然属性与案件待证事项发生联系并证明案件情况的。书证与载体本身所拥有的自然属性无关。书证以<u>内容思想证明案件事实</u>，物证以物质属性、外观特征证明案件事实。

②共性：属于<u>实物证据</u>。

③同体：一个物体同时以内容、思想和物质属性、外部特征发挥证明作用，它就既是<u>书证又是物证</u>。譬如，一起合同诈骗案件中的合同，如果通过阅读合同内容了解了诈骗的详情，合同属于书证。如果通过鉴定合同的手写笔迹锁定犯罪嫌疑人，合同属于物证。

3. 证人证言

证人证言是指证人就其所了解的案件情况向公安司法机关所作的陈述。证人证言一般表现为证言笔录。经办案人员同意，证人也可以亲笔书写证人证言。

证人证言的特点：

（1）证人是<u>犯罪嫌疑人、被告人、被害人以外的人</u>，其陈述受利害关系影响较小。

（2）陈述的是<u>亲身感知</u>的事实。

（3）容易受到其他主观因素和客观条件的<u>影响</u>。

（4）证人证言<u>不可替代</u>。即使共同经历了同一案件的人，也不得互相代替作证。

4. 被害人陈述

被害人陈述，是指刑事被害人就其受害情况和其他与案件有关的情况向公安司法机关所作的陈述。自诉人和附带民事诉讼的原告人如果是被害人，他们的陈述也是被害人陈述。

被害人具有<u>不可替代性</u>。被害人既可以是<u>自然人</u>，也可以是<u>法人</u>。

被害人陈述的特点：

（1）对犯罪有<u>较多了解</u>。

（2）可能是<u>虚假</u>的。

被害人陈述的收集程序参照适用证人证言的收集程序。

5. 犯罪嫌疑人、被告人供述和辩解

犯罪嫌疑人、被告人的供述和辩解是指犯罪嫌疑人、被告人就有关案件的情况向侦查、检察和审判人员所作的陈述，即"口供"。它的内容主要包括犯罪嫌疑人、被告人承认自己有罪的供述和说明自己无罪、罪轻的辩解。犯罪嫌疑人、被告人供述和辩解应当是口头陈述，以笔录的形式加以固定，经犯罪嫌疑人、被告人的请求或办案人员的要求，也可以由犯罪嫌疑人、被告人亲笔书写供词。

攀供，即犯罪嫌疑人、被告人检举、揭发他人的犯罪行为的陈述。对于犯罪嫌疑人、被告人的"攀供"是否属于"犯罪嫌疑人、被告人的供述和辩解"，应具体情况具体分析，共犯相互之间就共同犯罪情况相互揭发，与个人的罪责相关，属于犯罪嫌疑人、被告人供述和辩解；而单个犯罪嫌疑人、被告人对他人犯罪事实的检举，或同案犯罪嫌疑人、被告人对非共同犯罪事实的检举，属于证人证言。此外，只有共犯口供，没有其他证据的，不能据以定罪量刑。

犯罪嫌疑人、被告人供述和辩解的特点包括：

（1）可以<u>全面、具体</u>反映案发事实。

（2）口供<u>虚假</u>的可能性比较大。

（3）经常出现<u>反复</u>。

6. 鉴定意见

鉴定意见是指公安司法机关为了解决案件中某些专门性问题，指派或聘请具有专门知识和技能的人，进行鉴定后所作的书面意见。鉴定意见只能是书面形式的《鉴定书》，由鉴定人<u>本人签名</u>，单位公章只能用于证明鉴定人身份，不能代替个人签名。

鉴定意见的特点包括：

（1）有特定的<u>书面形式</u>。

（2）是对<u>专门性</u>问题提出的专业判断意见。

（3）只解决案件中科学技术问题，<u>不解决法律问题</u>。

（4）受利害关系影响<u>较小</u>。

（5）鉴定人必须经过公安司法机关<u>指派</u>或者<u>聘请</u>。

7. 勘验、检查、辨认、侦查实验等笔录

（1）勘验笔录

勘验笔录，是指办案人员对与犯罪有关的<u>场所</u>、<u>物品</u>、<u>尸体</u>等进行勘查、检验后所作的记录。勘验笔录的形式可以是文字记载、绘制的图样、照片，也可以是复制的模型材料和录像等。

对同一现场先后<u>多次</u>进行勘验时，第一次以后的勘验均应制作<u>补充笔录</u>。

有<u>多处现场</u>时，勘验后应<u>分别制作笔录</u>。

笔录应当由参加勘验的<u>见证人</u>签名或者盖章。

勘验笔录<u>客观性</u>较强。

（2）检查笔录

检查笔录，是指办案人员为确定被害人、犯罪嫌疑人、被告人的某些特征、伤害情况和生理状态，对他们的<u>人身</u>进行检验和观察后所作的客观记载。检查笔录可以是文字或者拍照、录像等形式。

（3）辨认笔录

辨认笔录，是指为了查清案件事实，在侦查人员的主持下，由被害人、证人、犯罪嫌疑人对犯罪嫌疑人、与案件有关的物品、尸体、场所进行识别认定后所作的客观记载。

（4）侦查实验笔录

侦查实验笔录，是指侦查人员为了证实某一事件或事实能否发生或怎样发生，按原有条件将该事件或事实加以重演或进行实验后所作的客观记载。

关于辨认笔录与侦查实验笔录的详细规定，参见第十二章"侦查"。

8. 视听资料、电子数据

两者的共性主要包括：形式多样，直观客观，内容丰富；易于保存，容易灭失；占用空间少，传送和运输方便；可反复重现，易于使用，便于操作；容易被伪造、变造；科技含量高。

（1）视听资料

视听资料，是指以录音、录像、电子计算机或其他高科技设备所存储的信息证明案件真实情况的资料。

在司法实践中，视听资料主要体现为录音录像形式，但并非任何录音录像都是视听资料，录音录像必须能够反映<u>案件的发生过程</u>或者<u>与案件事实相关</u>才能被称为视听资料。譬如，甲为了杀乙购买菜刀被超市监控拍下，随后甲杀乙时被路口监控拍下，甲逃跑半年后被暂住地小区监控拍下行踪，警方据此将甲抓获。其中，超市监控与路口监控拍下的影像皆为视听资料，而小区监控拍下的影像与杀人行为无关，只能算作破案线索，不是视听资料，也不是证据。

（2）电子数据

电子数据，是指借助电子信息系统以<u>电子邮件</u>、<u>电子数据交换</u>、<u>网上聊天记录</u>、<u>博客</u>、<u>微博客</u>、<u>手机短信</u>、<u>电子签名</u>、<u>域名</u>等形式存在的证据。

电子数据需要<u>物质载体</u>，但只要表现为上一段划线形式的证据，就叫电子数据。譬如，侦查人员将电子邮件打印于纸上，将短信内容拍成照片，此时的纸和照片仍然属于电子数

据，而非书证。

> **要点提示**
>
> 1. 8 种证据不需要考生背过，但一定要做到活学活用。譬如，甲与乙一天上午通过 QQ 聊天约定下午抢劫某家银行，下午甲乙对银行实施了抢劫。乙回家后兴奋之余写下日记："今天下午和大哥抢劫了某家银行，我望风，他收钱，真刺激。"侦查机关随后抓获了甲和乙，收集到了乙的日记以及甲与乙的网上聊天记录并打印出来，问：打印出来的甲乙聊天记录属于书证吗？乙的日记属于犯罪嫌疑人供述吗？
>
> 显然，甲乙聊天记录虽然打印于纸上，但是侦查人员通过网络 QQ 聊天记录获取的，属于电子数据。书证形成于案发过程中或者案发前后，而犯罪嫌疑人、被告人供述只能形成于诉讼过程中，因此乙的日记应当属于书证。
>
> 2. 被告人庭前供述<u>一致</u>，<u>庭审中翻供</u>，但被告人不能合理说明翻供理由或者辩解与全案证据相矛盾，而<u>庭前供述与其他证据能够相互印证</u>的，可以<u>采信被告人庭前</u>供述。被告人庭前供述和辩解出现反复，但<u>庭审中供认</u>的，且庭审中的供述与其他证据<u>能够印证</u>的，可以<u>采信庭审中的供述</u>；被告人庭前供述和辩解出现反复，庭审中不供认，且<u>无其他证据与庭前供述印证</u>的，<u>不能采信庭前供述</u>。
>
> 3. 证人保护问题。
>
> 《<u>刑诉法</u>》第 64 条规定："对于<u>危害国家安全犯罪、恐怖活动犯罪、黑社会性质的组织犯罪、毒品犯罪</u>等案件，<u>证人、鉴定人、被害人</u>因在诉讼中作证，本人或者其近亲属的人身安全面临危险的，人民法院、人民检察院和公安机关应当采取以下一项或者多项保护措施：
>
> （一）不公开真实姓名、住址和工作单位等个人信息；
>
> （二）采取不暴露<u>外貌</u>、真实<u>声音</u>等出庭作证措施；
>
> （三）<u>禁止</u>特定的人员接触证人、鉴定人、被害人及其近亲属；
>
> （四）对人身和住宅采取<u>专门性</u>保护措施；
>
> （五）其他必要的保护措施。
>
> 证人、鉴定人、被害人认为因在诉讼中作证，本人或者其近亲属的人身安全面临危险的，<u>可以</u>向人民法院、人民检察院、公安机关<u>请求</u>予以保护。
>
> 人民法院、人民检察院、公安机关依法采取保护措施，有关单位和个人应当配合。"
>
> 第 65 条规定："证人因履行作证义务而支出的交通、住宿、就餐费用，应当给予<u>补助</u>。证人作证的补助列入司法机关业务经费，由同级政府财政予以保障。
>
> 有工作单位的证人作证，所在单位<u>不得克扣</u>或者变相克扣其工资、奖金及其他福利待遇。"
>
> 4. <u>证人</u>与<u>见证人</u>不同。
>
> 最明显的区别是，证人产生于案件发生过程中，而见证人产生于案件发生后的诉讼程序过程中。譬如，张某目睹了一起抢劫案，张某系证人。侦查人员为了弄清案发时间，在抢劫现场进行侦查实验时聘请了李某在场见证，李某就是见证人。此外，证人属于诉讼参与人，而见证人不属于。证人可以与案件有利害关系，而见证人一般不可以。
>
> 《高法解释》第 80 条规定："下列人员不得担任见证人：
>
> （一）生理上、精神上有缺陷或者年幼，不具有相应辨别能力或者不能正确表达的人；

（二）与案件有利害关系，可能影响案件公正处理的人；

（三）行使勘验、检查、搜查、扣押、组织辨认等监察调查、刑事诉讼职权的监察、公安、司法机关的工作人员或者其聘用的人员。

对见证人是否属于前款规定的人员，人民法院可以通过相关笔录载明的见证人的姓名、身份证件种类及号码、联系方式以及常住人口信息登记表等材料进行审查。

由于客观原因无法由符合条件的人员担任见证人的，应当在笔录材料中注明情况，并对相关活动进行全程录音录像。"

5. 要注意肯定性意见和倾向性意见两种鉴定意见的区别。实践中大多数的《鉴定书》都是对鉴定问题提出肯定性结论意见，有时因为材料不充分或鉴定条件不能满足等原因，鉴定人只能提出倾向性意见而不能作出肯定性结论。倾向性意见不是严格意义上的鉴定意见，不能作为定案的根据，只能供办案人员参考。

6. 勘验、检查笔录与鉴定意见的区别。

（1）勘验、检查笔录由办案人员制作，鉴定意见则由办案机关指派或聘请的鉴定人制作；

（2）勘验、检查笔录是对所见情况的客观记载，鉴定意见的主要内容是科学的分析判断意见；

（3）勘验、检查笔录大多是解决一般性问题，鉴定意见则是解决案件中的专门性问题。

7. 从勘验、检查笔录的内容看，记载的多是物证材料，但它并不是物证材料（如血迹、毛发等）本身，而是保全这些证据的方法。

8. 讯问、询问、勘验、检查时所作的录音、录像不是视听资料，而分别是犯罪嫌疑人、被告人供述，证人证言，勘验、检查笔录。因为视听资料必须形成于案发过程中或者案发前后。

9. 除8种法定证据形式外，其他手段如警犬辨认、测谎得出的结论、有专门知识的人针对鉴定人的鉴定意见提出的意见等只能帮助审查、判断证据，而不能作为认定案件事实的证据使用。

【经典真题】

2020 法考客观题回忆版：[1]

刘某约卖淫女高某去酒店，然后刘某假扮成警察，穿着警服拿着电棍威胁高某给钱，不然就将高某移送司法机关处理。关于本案的表述，下列正确的是？

A. 本案中的警服、电棍均为物证

B. 卖淫女高某关于本案案情的陈述属于证人证言

C. 手机上的聊天记录是电子数据

D. 因为高某过去从事色情服务，所以高某陈述的证明力较弱，对刘某可以从宽处理

【考点】证据种类

---

〔1〕 答案：AC。

【本题解析】

选项 A 正确。物证是以自身的外部特征、存在状况、物理、化学、生物属性来证明案件真实情况的一切物品或者痕迹。物证一般表现为一定的物品或者痕迹，并且必须与案件的待证事项有关联性。物证包括一切物质形态。

选项 B 错误。卖淫女高某关于本案案情的陈述属于被害人陈述。

选项 C 正确。电子数据（electronic data），是指以电子形式存在的、用作证据使用的一切材料及其派生物，即指基于计算机应用、通信和现代管理技术等电子化技术手段形成包括文字、图形符号、数字、字母等的客观资料。

选项 D 错误。证明力是指证据对案件事实的证明作用和价值。一般来说，证据与案件事实之间的联系越紧密，证据的证明力就越强。被害人陈述的证明力与被害人的品行没有必然联系。

（二）刑事证据的分类

○ 重点解读

刑事证据的分类不同于刑事证据的种类。证据种类的划分依据是证据的存在及其表现形式，这种划分由法律明确规定，具有法定的约束力。而证据的分类是一种学理分类、理论分类，不是由《刑诉法》明确规定。在考试中，证据分类知识点也很重要。

刑事证据的分类主要有 4 种：

1. 原始证据与传来证据

根据证据材料的来源的不同，可以分为原始证据和传来证据。

原始证据，是指来自原始出处，直接来源于案件事实的证据材料，即第一手材料，如被害人陈述、物证原物等。反之，凡不是直接来源于案件事实，而是从间接的来源获得的证据材料，称为传来证据，如转述的证人证言、物证的照片等。

通常情况下原始证据的证明价值大于传来证据，办案人员应当尽一切可能和力量收集原始证据。但传来证据在司法实践中也起到不可忽视的作用，在无法获得原始证据时，传来证据也可以用来证明案件的次要事实和情节。侦查人员还可以根据传来证据发现原始证据，帮助审查原始证据是否真实，强化原始证据的证明作用。当原始证据灭失或无法获得时，只要传来证据经查证属实也可用以作为定案的根据。

运用传来证据时，应该注意：

（1）来源不明的材料不能作为证据使用；

（2）只有在原始证据不能取得或者确有困难时，才能用传来证据代替；

（3）应采用距离原始证据最近的传来证据，即转述、复制次数最少的传来证据；

（4）如果案件只有传来证据，不得认定有罪。

2. 有罪证据与无罪证据

根据证据内容和证明作用是肯定还是否定犯罪嫌疑人、被告人实施了犯罪行为，可以将证据分为有罪证据和无罪证据。

（1）有罪证据

起着证明犯罪事实存在或者犯罪行为系犯罪嫌疑人、被告人所为证明作用的证据，是有罪证据。有罪证据包括：证明犯罪存在，证明犯罪重，证明犯罪轻。

（2）无罪证据

起着证明否定犯罪事实存在或者犯罪嫌疑人、被告人没有实施犯罪行为作用的证据是无罪证据。无罪证据包括：证明犯罪不存在，证明犯罪嫌疑人、被告人没有实施犯罪，证明危害行为没有达到犯罪程度（轻微伤）。

（3）划分方法

划分有罪证据和无罪证据的一个最简单的方法是：如果有这个证据比没有这个证据更加能够证明犯罪事实存在或者犯罪行为系犯罪嫌疑人、被告人所为，则这个证据就是有罪证据；如果有这个证据比没有这个证据更加能够证明犯罪事实不存在或者犯罪嫌疑人、被告人没有实施犯罪行为，则这个证据就是无罪证据。这里要注意的是，把起着证明罪轻作用的有罪证据和起着证明危害行为没有达到犯罪程度的无罪证据区别开来。

【例1】 在一起盗窃案的侦查过程中，侦查人员张军讯问犯罪嫌疑人小王："小王，你于2014年3月8号晚上潜入凤凰小区盗窃失主老朱家1万元现金，是吗？"犯罪嫌疑人小王答道："2014年3月8号晚上，我确实潜入凤凰小区那家偷钱了，但是我没有偷到1万元现金，只偷到5000元现金。"

本例中，犯罪嫌疑人小王的辩解属于有罪证据，只不过其辩解自己罪轻而已。

【例2】 在一起盗窃案的侦查过程中，侦查人员李军讯问犯罪嫌疑人小孙："小孙，你于2013年5月18号，在人民广场偷了刘某某4000元现金，是吗？"犯罪嫌疑人小孙答道："2013年5月18号，我确实在人民广场偷了一个人的钱，但是我没有偷到4000元，只偷到250元现金，并且不属于我国《刑法修正案八》所规定的入室盗窃、携带凶器进行盗窃、扒窃、多次盗窃。"

本例中，犯罪嫌疑人小孙的辩解属于无罪证据。因为，其辩解其行为的危害程度没有达到盗窃罪数额较大的入罪标准。

3. 言词证据与实物证据

根据证据的表现形式不同，可以将证据分为言词证据和实物证据。

凡是表现为人的陈述，即以言词作为表现形式的证据，是言词证据；凡是以实物作为表现形式的证据，是实物证据。

在证据的法定种类中：

（1）言词证据包括：证人证言、被害人陈述、犯罪嫌疑人、被告人供述和辩解、鉴定意见。辨认笔录、侦查实验笔录，一般认为也属于言词证据。

（2）实物证据包括：物证、书证、勘验、检查笔录。视听资料、电子数据，一般认为属于实物证据。

收集言词证据应当特别注意：严禁采用刑讯逼供、威胁以及其他非法方法收集言词证据。应当尽可能用实物证据来印证言词证据，只有言词证据可以对被告人定罪处刑，但应当特别慎重。

4. 直接证据与间接证据

根据证据与案件主要事实的说明（或者指明）关系的不同，可以将证据划分为直接证据与间接证据。"主要事实"是指犯罪行为是否系犯罪嫌疑人、被告人所实施。"说明关系"是指某一证据是否可以单独、直接地说明案件的主要事实。能够单独、直接说明案件主要事实的证据是直接证据。不能单独直接说明刑事案件主要事实，需要与其他证据相结合才能说明的证据是间接证据。

直接证据主要包括：

（1）被害人指认犯罪嫌疑人、被告人的陈述。

（2）犯罪嫌疑人、被告人的供述和辩解。

（3）现场目击者指认出犯罪嫌疑人、被告人并陈述犯罪过程的证言。

（4）记载犯罪内容的书证。

（5）能够再现犯罪过程的视听资料、电子数据。

在直接证据和间接证据的运用方面，需要注意：

（1）只有一个直接证据，不能定案，即孤证不能定案。

（2）间接证据往往只是说明案件中的一个片段，譬如物证，因此必须与案内的其他证据结合起来，形成一个证据体系，才能共同说明案件的主要事实。

（3）直接证据、间接证据的区分标准是与案件"主要事实"之间的关系，如果是"是否为犯罪嫌疑人、被告人所实施"之外的其他事实，谈不上直接证据或者间接证据的存在。譬如，被告人认罪态度好的证据，这一证据与犯罪行为是否由被告人实施无关，既不是直接证据，也不是间接证据。

（4）直接证据可以分为"肯定性直接证据"和"否定性直接证据"。肯定性直接证据需要能够说明发生了犯罪事实和谁是犯罪人这两个要素；否定性直接证据指的是足以否定"发生了犯罪事实"或者"谁是犯罪人"其中一个要素的证据。否定性直接证据能够说明案件的主要事实不存在，或者不是刑事案件，或者犯罪嫌疑人、被告人没有实施犯罪行为。

（5）直接证据、间接证据都可以是原始证据或传来证据。

（6）仅运用间接证据定罪的规则：

①审查间接证据的三性，即客观性、关联性和合法性。

②间接证据必须形成一个完整的证明体系。

③间接证据与案件事实、间接证据与间接证据之间应当没有矛盾或者排除矛盾。

④间接证据的证明体系必须足以排除其他可能性，结论唯一，确定无疑。

（7）仅运用间接证据定罪的条件：

《高法解释》第140条规定，没有直接证据，但间接证据同时符合下列条件的，可以认定被告人有罪：

①证据已经查证属实；

②证据之间相互印证，不存在无法排除的矛盾和无法解释的疑问；

③全案证据形成完整的证据链；

④根据证据认定案件事实足以排除合理怀疑，结论具有唯一性；

⑤运用证据进行的推理符合逻辑和经验。

> **要点提示**
>
> 1. 直接证据与间接证据的区分是重点。直接证据必须能够记录或说明案件事实发生的全过程，一个证据就能够体现案件全貌，真假在所不论。如，证人甲说："我看见张三用刀捅了李四的肚子，李四就倒下了。"这就是直接证据；而如果证人甲说："我看见张三拿着刀，全身是血，神色慌张地从李四家跑出来。"这是间接证据，因为即便张三全身是血、神色紧张，也不能说明张三杀了李四。此外，至于证人甲所作的证言是否属实，还有待于在法庭上进行质证，不影响对直接证据或间接证据的判断。
>
> 2. 原始证据与传来证据，有罪证据与无罪证据，言词证据与实物证据，直接证据与间接证据这四种证据分类之间是可以相互兼容的。如，犯罪嫌疑人甲的供述，可能既是原始证据、有罪证据，也是言词证据、直接证据。

【经典真题】

2016 年多项选择题第 67 题：[1]

甲驾车将昏迷的乙送往医院，并垫付了医疗费用。随后赶来的乙的家属报警称甲驾车撞倒乙。急救中，乙曾短暂清醒并告诉医生自己系被车辆撞倒。医生将此话告知警察，并称从甲送乙入院时的神态看，甲应该就是肇事者。关于本案证据，下列哪些选项是正确的？

A. 甲垫付医疗费的行为与交通肇事不具有关联性

B. 乙告知医生"自己系被车辆撞倒"属于直接证据

C. 医生基于之前乙的陈述，告知警察乙系被车辆撞倒，属于传来证据

D. 医生认为甲是肇事者的证词属于符合一般生活经验的推断性证言，可作为定案依据

【本题解析】本题考查的是证据的关联性、直接证据、传来证据。证据的关联性，又称为相关性，是指作为证据的材料与案件待证事项之间存在着某种客观上的联系，从而使其对案件待证事项具有证明作用。关联性的含义，是指有这个证据比没有这个证据更加能够说明某个待证事项的存在或者不存在。对于什么情况下具备关联性，法律无法一一列举。然而，有些表面上看来具有关联性的证据材料，一旦采用将会使审判人员产生严重的"有罪"的先入为主，因而为了保证诉讼公正，法律和证据学理论认为这些证据材料对"定罪"不具备关联性。不具有关联性的主要有：1. 品格证据；2. 类似事件；3. 特定的诉讼行为，如有罪答辩的撤回；4. 特定的事实行为，如事件发生后某人实施补救措施的事实，一般不得作为行为人对该事件负有责任的证据加以采用；5. 被害人过去的行为，如在性犯罪案件中，有关被害人过去性行为方面的名声或评价的证据，一律不予采纳。A 项属于事后的救助行为，不具有关联性。因此，A 项当选。

直接证据和间接证据是根据单独一个证据对刑事案件主要事实的说明（指明）作用来划分的。单独一个证据能够说明刑事案件主要事实的是直接证据，单独一个证据不能说明刑事案件主要事实的是间接证据。刑事案件的主要事实是：（1）犯罪事实是否发生；（2）犯罪嫌疑人是谁。因此，直接证据分为肯定性直接证据和否定性直接证据。肯定性直接证据的内容必须具备可以同时说明"发生了犯罪案件"和"谁是犯罪人"这两大要素，只能说明其中之一的不是直接证据，而是间接证据。否定性直接证据则只要否定其中的一个要素，就是直接证据。原始证据和传来证据是根据证据的来源对证据进行的分类。直接来源于案件本身并且未经复制转述的证据是原始证据，也就是通常所说的第一手材料。实物证据要成为原始证据必须为原物。言词证据要成为原始证据必须至少表现为 4 个亲自中的一个亲自：（1）亲身所为；（2）亲身感受；（3）目睹犯罪的过程；（4）亲耳所闻犯罪时的各种声响。经过复制或者转述原始证据而派生出来的证据是传来证据，即通常所说的来源于第二手或者第二手以上的材料【指复制、临摹、道听途说（转述）等】。乙曾短暂清醒并告诉医生自己系被车辆撞倒，但并没有说是谁撞到的，因此仍然属于间接证据。因此，B 项不当选。医生转述他人的陈述，属于传来证据。因此，C 项当选。

意见证据规则，是指证人只能陈述自己亲身感受和经历的事实，而不得陈述对该事实的意见或者结论。但是，符合一般生活经验的推断性证言除外。医生认为甲是肇事者的证词属于猜测，不是符合一般生活经验的推断性证言。因此，不得作为定案的依据。所以，D

---

[1] 答案：AC。

项不当选。

三、刑事证据原则与规则※※

刑事证据原则指的是能够指导证据收集、审查与运用的根本性的准则。刑事证据规则，是指在收集、采用、核实证据和运用证据认定案情时必须遵守的具体准则。

（一）刑事证据原则

图表总结

刑事证据原则	注意
证据裁判原则	（1）认定事实必须依靠证据。 （2）证据要有证据能力。 （3）证据必须查证属实。 （4）在我国已逐步确立。
自由心证原则	（1）仅用于裁判阶段。 （2）含自由判断和内心确信两层含义。 （3）我国一定程度认可。
直接言词原则	（1）分为直接原则与言词原则。 （2）详见第十四章"刑事审判概述"。

（二）刑事证据规则

刑事证据规则是规范证据的收集、审查、评价等诉讼证明活动的准则。大多数刑事证据规则都源于英美法系。

证据规则大体包括两类：

1. 调整证据能力的规则。如传闻证据规则、非法证据排除规则、意见证据规则、最佳证据规则等；

2. 调整证明力的规则，例如关联性规则、补强证据规则等。

> **要点提示**
>
> 证据能力是指一项证据材料作为证据的资格，也称证据资格。证明力是指一项具有证据能力或证据资格的证据能够证明案件事实的程度。有证明力的证据材料一定具有证据能力，没有证据能力的证据材料谈不上证明力问题。

以下就主要的证据规则进行阐释：

1. 关联性规则

重点解读

顾名思义，关联性证据规则是指证据所要证明的内容必须要与案件事实有关联。关联性是证据被采纳的首要条件。没有关联性的证据不具有可采性，但具有关联性的证据未必都具有可采性，仍有可能因其他情形而不得作为定案根据，譬如被非法证据排除规则排除。

考生需要注意以下几项不具有关联性的材料：

（1）品格证据

指的是证明犯罪嫌疑人、被告人品性道德状况的证据。此类证据被认为同其是否及如何实施犯罪行为没有关系。譬如，公诉人指控说："被告人一定是盗窃犯！"法官问："为什么？"公诉人道："因为有证据证明被告人一贯表现恶劣，小学就被开除，没有正常工作，游手好闲。所以这次盗窃犯罪极可能就是他干的。"显然，被告人品质如何与这次盗窃是否系他所干没有关系。

（2）类似行为

指的是证明犯罪嫌疑人、被告人曾经实施过与被指控罪行类似的犯罪行为。此类证据也被认为与其正在被指控的犯罪无关。例如，公诉人指控说："被告人一定是盗窃犯！"法官问："为什么？"公诉人道："因为有证据证明被告人一年前也因盗窃被处理过。所以这次盗窃犯罪极可能就是他干的。"显然，被告人是否曾经干过类似行为与这次盗窃是否系他所干没有关系。

（3）特定的诉讼行为

例如，先作有罪答辩，随后又撤回等，不得作为不利于被告人的证据采纳。

（4）特定的事实行为

例如，关于事件发生后某人实施补救措施的事实等，一般情况下不得作为行为人对该事件负有责任的证据加以采用。

（5）被害人过去的行为

例如，在强奸案件中，受害人过去性行为方面的名声或评价的证据，不予采纳。但是，也存在一些例外的情况。

我国《刑诉法》没有规定关联性规则，有关司法解释体现了关联性规则的精神。譬如，《高法解释》第 261 条规定："对被告人、被害人、附带民事诉讼当事人、证人、鉴定人、有专门知识的人、调查人员、侦查人员或者其他人员的讯问、发问的内容，应当与本案事实有关。"《高法解释》第 262 条规定："控辩双方的讯问、发问方式不当或者内容与本案无关的，对方可以提出异议，申请审判长制止，审判长应当判明情况予以支持或者驳回；对方未提出异议的，审判长也可以根据情况予以制止。"

2. 传闻证据规则

○ 重点解读

传闻证据规则（Hearsay Rule），又称传闻法则、传闻规则、传闻证据排除规则。它是指证人所陈述的非亲身经历的事实，以及证人未出庭作证时向法庭提出的文件中的主张，原则上不能作为认定犯罪事实的根据。

传闻证据规则仅针对证人证言。如果发现一份证言属于传闻证据，要看有没有其他证据予以佐证或者补强，如果没有其他证据予以佐证或者补强，该传闻证据不得作为定案根据。

我国《刑诉法》未规定传闻证据排除规则，只是部分地体现了该规则的精神。

综合重点

传来证据与传闻证据：

传来证据强调不是原物、原件、原始陈述，而是复制品、复印件或者转述，是第二手、第三手、第N手材料。传来证据既可以是言词证据也可以是实物证据。

传闻证据仅针对证人证言，表现形式有二：道听途说和庭外证言。其中，道听途说就是传来证据。但庭外证言，如果是证人亲自感知、亲自陈述，则属于原始证据。

显然，传来证据与传闻证据是一种交叉关系。

【经典真题】

2015 年单项选择题第 26 题：[1]

下列哪一选项属于传闻证据？

A. 甲作为专家辅助人在法庭上就一起伤害案的鉴定意见提出的意见

B. 乙了解案件情况但因重病无法出庭，法官自行前往调查核实的证人证言

C. 丙作为技术人员"就证明讯问过程合法性的同步录音录像是否经过剪辑"在法庭上所作的说明

D. 丁曾路过发生杀人案的院子，其开庭审理时所作的"当时看到一个人从那里走出来，好像喝了许多酒"的证言

【本题解析】

A 项和 C 项，甲是有专门知识的人，丙是技术员，均不是证人，其所作陈述不受传闻证据规则调整，AC 错误。

B 项，乙无法出庭，属于庭外所作证言，该证言属于传闻证据。B 正确。

D 项，丁所作证言属于丁的亲身经历，不属于传闻证据。D 错误。

综上所述，本题应当选 B。

3. 最佳证据规则

○ 重点解读

该规则又称原始证据规则，是指书证的提供者应尽量提供原件，如果提供副本、抄本、复印件等非原始材料，则必须提供充足理由加以说明，否则，该书证不具有可采性。

最佳证据规则强调书证的真实性、可靠性，因为抄件或复制件存在虚假的可能性较高。

我国《刑诉法》未规定最佳证据规则，《高法解释》第 84 条第 1～3 款和《死刑案件证据规定》第 8 条作了类似规定，这些规定都体现了最佳证据规则的精神。

┌─ **要点提示** ─────────────────────────

注意该规则只针对书证。而不针对物证或者其他种类的证据。

└──────────────────────────────────

4. 意见证据规则

○ 重点解读

该规则指的是，证人在作证过程中，只能客观陈述自己的感知，而不能对自己感知的事实提出定性意见。证人的职责只是把事实提供给法院，而不是发表对该事实的意见。

譬如，证人说："我那天上午确实看见被告人进入被害人家里了，他们俩本来关系就不好，被害人肯定是被告人杀害的。"在证言中，"被告人进入被害人家里"和"被告人与被害人关系不好"属于证人的客观陈述，而"被害人肯定是被告人杀害的"则涉及定性，且证人又没有亲眼看到杀害过程，只是一种意见性推测。这种推测受到意见证据规则限制，不能作为证据使用。

─────────────────

[1] 答案：B。

排除意见证据的原因在于：

（1）证人发表意见<u>侵犯</u>了事实<u>裁判者</u>的职权。即对案件发表评论性意见应当是法官的工作而非证人的工作。

（2）证人发表意见有<u>可能误导</u>案件事实的认定。

（3）证人一般<u>缺乏</u>发表意见所需的<u>专门性</u>知识、技能、经验。

（4）普通证人的意见对案件事实的认定<u>没有价值</u>。

英美法系国家将证人分为"专家证人"与"普通证人"，允许专家证人提供意见证据，普通证人一般不可以。在我国，区分鉴定人与证人。鉴定意见是一种独立的证据种类，不适用意见证据规则。

《高法解释》第 88 条第 2 款规定："证人的<u>猜测性</u>、<u>评论性</u>、<u>推断性</u>的证言，<u>不得作为</u>证据使用，但根据一般生活经验判断符合事实的除外。"

> **要点提示**
>
> 注意该规则只针对<u>证人</u>。而不针对鉴定人或者其他人。

5. 补强证据规则

○ 重点解读

该规则是指在运用某些证明力显然薄弱的证据认定案情时，必须有其他证据补充、强化其证明力，才能被法官采信为定案根据。一般来说，需要补强的证据包括犯罪嫌疑人、被告人<u>供述</u>、证人证言、<u>被害人陈述</u>等特定证据。

补强证据需要具备的条件包括：

（1）补强证据具有<u>证据能力</u>。

（2）补强证据具有<u>担保补强对象真实</u>的能力，即具有一定的证明力。

当然，补强证据仅担保特定补强对象的真实性，而对整个待证事实或案件事实不具有补强功能。

（3）补强证据具有<u>独立的</u>来源。

譬如，犯罪嫌疑人第一次供述时说杀人用的刀长 5cm，第二次供述又说杀人用的刀长 5cm。那么，犯罪嫌疑人第二次的供述可以补强第一次的供述吗？<u>显然不行</u>。因为这两次供述属于同一来源，都是犯罪嫌疑人自己说的。

根据《刑诉法》第 55 条规定："只有被告人供述，没有其他证据的，不能认定被告人有罪和处以刑罚；没有被告人供述，证据确实、充分的，可以认定被告人有罪和处以刑罚。"由此可见，<u>立法确立了口供需要补强的法则</u>。

司法解释中也有关于对被告人供述、证人证言和被害人陈述进行补强的规定。《高法解释》第 143 条规定："下列证据应当慎重使用，有其他证据印证的，可以采信：（一）生理上、精神上有缺陷，对案件事实的认知和表达存在一定困难，但<u>尚未丧失正确认知</u>、<u>表达能力</u>的被害人、证人和被告人所作的陈述、证言和供述；（二）与被告人有亲属关系或者其他密切关系的证人所作的<u>有利</u>被告人的证言，或者与被告人有<u>利害冲突</u>的证人所作的<u>不利</u>被告人的证言。"

> **要点提示**
>
> 需要存在补强证据与被补强证据**两个**对象，且两个对象都具有证据能力。譬如，能否用讯问犯罪嫌疑人时进行的录音录像来补强讯问过程的合法性？答案是否定的。因为，"讯问过程"不是证据，"录音录像"是证明讯问过程的证据，即只存在一个证据，谈不上用"录音录像"这一个证据来补强谁。

【经典真题】

2014 年单项选择题第 28 题：[1]

下列哪一选项所列举的证据属于补强证据？

A. 证明讯问过程合法的同步录像材料

B. 证明获取被告人口供过程合法，经侦查人员签名并加盖公章的书面说明材料

C. 根据被告人供述提取到的隐蔽性极强、并能与被告人供述和其他证据相印证的物证

D. 对与被告人有利害冲突的证人所作的不利被告人的证言的真实性进行佐证的书证

【本题解析】

A 项错误。因为不存在单独的两个证据，只有同步录像这一个证据无法进行自我补强。

B 项错误。错误的原因与 A 相同，B 项中只出现了一个证据材料，就是"加盖公章的书面说明材料"，"口供过程合法"并不是一个单独的证据，而是说明材料的内容。所以，不可以证明材料自己补强自己。

C 项错误。根据被告人供述提取到的隐蔽性极强、并能与被告人供述和其他证据相印证的物证，该物证属于被告人供述的派生证据，相当于没有独立的来源，该物证不能补强供述。

D 项正确。D 项中，是由书证补强证人证言，两种证据相互独立，没有派生关系，不属于同一来源，可以进行补强。

综上所述，本题应当选 D。

6. 自白任意性规则

重点解读

自白任意性规则，又称非任意自白排除规则，是指犯罪嫌疑人、被告人所作的任何供述都应当是出于自愿而非被强迫作出的，对于被强迫作出的自白不能作为定案根据的规则。实际上就是我国《刑诉法》第 52 条中确立的"不被强迫自证其罪"。

我国《刑诉法》第 52 条，《高法解释》第 123 条和《高检规则》第 66~68 条均规定了非法言词证据的排除规则，指出严禁刑讯逼供和以威胁、引诱、欺骗以及其他非法方法收集证据，不得强迫任何人证实自己有罪。可见，我国已经基本确立了自白任意性规则。

7. 非法证据排除规则

非法证据排除规则指的是对于通过法定非法手段获取的证据应当排除，不得作为定案根据的规则。这一规则非常重要，请考生认真掌握。

---

[1]　答案：D。

图表总结

非法证据排除规则	内容		注意
（1）非法手段与非法证据	**非法手段**	**非法证据**	"刑讯逼供"是指，①使用肉刑或者变相肉刑，②针对肉体或者精神，③遭受剧烈疼痛或者痛苦。
	①刑讯逼供、暴力、变相肉刑、非法限制人身自由等。②暴力、威胁、非法限制人身自由等。③不符合法定程序，可能严重影响司法公正的，不能补正或者作出合理解释。	①供述（无辩解）、重复性供述。②证人证言、被害人陈述。③物证、书证。	
（2）排除非法证据的诉讼阶段及结果	**排除阶段**	侦查、审查起诉、审判。	注意"起诉意见"是公安机关在侦查终结后向检察院移送审查起诉时制作、提交的文书，与检察院向法院提起公诉时的"起诉书"不同。
	排除结果	不得作为起诉意见、起诉决定和判决的依据。	
（3）监督非法取证行为	检察院接到报案、控告、举报或者发现侦查人员以非法方法收集证据的，应当进行调查核实。对于确有以非法方法收集证据情形的，应当提出纠正意见；构成犯罪的，依法追究刑事责任。		检察院不仅要排除非法证据，还要审查处理非法取证行为。
（4）排除非法证据的程序	**审判机关排除程序：**①启动方式：a. 依职权启动：法庭审理过程中，审判人员认为可能存在以非法方法收集证据情形的，应当对证据收集的合法性进行法庭调查。b. 依申请启动：当事人及其辩护人、诉讼代理人有权申请人民法院对以非法方法收集的证据依法予以排除。申请排除以非法方法收集的证据的，应当提供相关线索或者材料。②申请排除的时间：应当在开庭审理前提出，但在庭审期间才发现相关线索或者材料的除外。③法庭审查与调查：a. 先审查、后调查当事人及其辩护人、诉讼代理人在开庭审理前未申请排除非法证据，在庭审过程中提出申请的，应当说明理由。人民法院经审查，对证据收集的合法性有疑问的，应当进行调查；没有疑问的，驳回申请。驳回排除非法证据的申请后，当事人及其辩护人、诉讼代理人没有新的线索或者材料，以相同理由再次提出申请的，人民法院不再审查。		① 开庭审理前，当事人及其辩护人、诉讼代理人申请人民法院排除非法证据的，人民法院应当在开庭前及时将申请书或者申请笔录及相关线索、材料的复制件送交人民检察院。②开庭审理前，人民法院可以召开庭前会议，就非法证据排除等问题了解情况，听取意见。③在庭前会议中，人民检察院可以撤回有关证据。撤回的证据，没有新的理由，不得在庭审中出示。④当事人及其辩护人、诉讼代理人可以撤回排除非法证据的申请。撤回申请后，没有新的线索或者材料，不得再次对有关证据提出排除申请。⑤公诉人提交的取证过程合法的说明材料，应当经有关调查人员、侦查人员签名，并加盖单位印章。未经签名或者盖章的，不得作为证据使用。上述说明材料不能单独作为证明取证过程合法的根据。

续表

非法证据排除规则	内容	注意
	控辩双方在庭前会议中对证据收集是否合法未达成一致意见，人民法院对证据收集的合法性有疑问的，应当在庭审中进行调查；对证据收集的合法性没有疑问，且无新的线索或者材料表明可能存在非法取证的，可以决定不再进行调查并说明理由。 b. 法庭调查的时间： 庭审期间，法庭决定对证据收集的合法性进行调查的，应当先行当庭调查。但为防止庭审过分迟延，也可以在法庭调查结束前调查。 ④**侦查人员出庭说明情况**： 法庭决定对证据收集的合法性进行调查的，由公诉人通过宣读调查、侦查讯问笔录、出示提讯登记、体检记录、对讯问合法性的核查材料等证据材料，有针对性地播放讯问录音录像，提请法庭通知有关调查人员、侦查人员或者其他人员出庭说明情况等方式，证明证据收集的合法性。 讯问录音录像涉及国家秘密、商业秘密、个人隐私或者其他不宜公开内容的，法庭可以决定对讯问录音录像不公开播放、质证。 控辩双方申请法庭通知调查人员、侦查人员或者其他人员出庭说明情况，法庭认为有必要的，应当通知有关人员出庭。 根据案件情况，法庭可以依职权通知调查人员、侦查人员或者其他人员出庭说明情况。 调查人员、侦查人员或者其他人员出庭的，应当向法庭说明证据收集过程，并就相关情况接受控辩双方和法庭的询问。 ⑤**调查后的处理**： 法院对证据收集的合法性进行调查后，应当将调查结论告知公诉人、当事人和辩护人、诉讼代理人。 ⑥**二审救济**： 具有下列情形之一的，第二审人民法院应当对证据收集的合法性进行审查，并作出处理： a. 第一审人民法院对当事人及其辩护人、诉讼代理人排除非法证据的申请没有审查，且以该证据作为定案根据的； b. 人民检察院或者被告人、自诉人及其法定代理人不服第一审人民法院作出的有关证据收集合法性的调查结论，提出抗诉、上诉的； c. 当事人及其辩护人、诉讼代理人在第一审结束后才发现相关线索或者材料，申请人民法院排除非法证据的。 ⑦**取证合法性的证明责任与证明标准**： 检察院应当对证据收集的合法性加以证明。 对于确认或者不能排除存在以非法方法收集证据情形的，对有关证据应当予以排除。	

【经典真题】

张某涉嫌抢劫罪被甲公安机关立案侦查。在侦查阶段收集到以下证据，其中应当予以排除，不得作为定案依据的证据有哪些？

A. 侦查人员陈某与李某对张某采用强光持续照射眼睛的方式进行讯问获取了张某的供述，之后，二人再次对张某进行合法讯问，张某作出了与第一次供述相同的供述

B. 侦查人员在讯问时威胁张某，称若不如实供述，就将张某逃税漏税的事实向有关机关告发，张某遂作出了承认抢劫的供述

C. 侦查人员在凌晨抓获张某后对其连夜审讯至天亮而获得的张某的供述

D. 侦查人员对张某非法拘禁，张某因害怕而作出的有罪供述

【本题解析】

本题考查的是非法证据排除的范围。

《关于办理刑事案件严格排除非法证据若干问题的规定》第 5 条规定："采用刑讯逼供方法使犯罪嫌疑人、被告人作出供述，之后犯罪嫌疑人、被告人受该刑讯逼供行为影响而作出的与该供述相同的重复性供述，应当一并排除，但下列情形除外：（1）侦查期间，根据控告、举报或者自己发现等，侦查机关确认或者不能排除以非法方法收集证据而更换侦查人员，其他侦查人员再次讯问时告知诉讼权利和认罪的法律后果，犯罪嫌疑人自愿供述的；（2）审查逮捕、审查起诉和审判期间，检察人员、审判人员讯问时告知诉讼权利和认罪的法律后果，犯罪嫌疑人、被告人自愿供述的。"据此，A 选项中张某的两次供述都应当予以排除，A 选项正确。

《关于办理刑事案件严格排除非法证据若干问题的规定》第 3 条规定："采用以暴力或者严重损害本人及其近亲属合法权益等进行威胁的方法，使犯罪嫌疑人、被告人遭受难以忍受的痛苦而违背意愿作出的供述，应当予以排除。"B 选项中虽然采取了威胁的方法，但该威胁未达到难以忍受的痛苦的程度，且向有关机关告发偷税漏税的事实，并不属于"严重损害本人及其近亲属合法权益"的情形，故张某的供述不排除，B 选项不正确。

《关于建立健全防范刑事冤假错案工作机制的意见》第 8 条规定："采用刑讯逼供或者冻、饿、晒、烤、疲劳审讯等非法方法收集的被告人供述，应当排除。除情况紧急必须现场讯问以外，在规定的办案场所外讯问取得的供述，未依法对讯问进行全程录音录像取得的供述，以及不能排除以非法方法取得的供述，应当排除。"据此，疲劳审讯收集的被告人供述应当排除，需要指出的是，连夜审讯至天亮要构成疲劳审讯，必须以该犯罪嫌疑人在白天被抓获的为前提。C 选项中，犯罪嫌疑人是在凌晨被抓获的，立即讯问并审讯至天亮并不属于疲劳审讯，故 C 选项不正确。

《关于办理刑事案件严格排除非法证据若干问题的规定》第 4 条规定："采用非法拘禁等非法限制人身自由的方法收集的犯罪嫌疑人、被告人供述，应当予以排除。"据此，D 选项正确。

综上，本题答案为 AD。

▌理论释义 ▪▪▪

毒树之果理论：

"毒树之果"（fruit of the poisonous tree）理论起源于美国，概念最早由法兰克福特大法

---

[1] 答案：AD。

官于 1939 年审理的 Nardone v. United States 一案中提出。

"毒树"指的是侦查人员违反法定程序通过非法手段收集到的证据，在非法证据排除规则语境下，"毒树"指的就是非法证据；"毒树之果"指的是侦查人员以非法证据为线索和基础，进而"顺藤摸瓜"，依法收集到的派生证据。从产生顺序来看，先有"毒树"，再有"毒树之果"。"毒树"是获取"毒树之果"的先决条件；从取证合法性角度讲，侦查机关在收集"毒树"的过程中存在违反法定程序的非法取证行为；而在收集"毒树之果"的过程中没有进行非法取证行为。

譬如，侦查人员打犯罪嫌疑人甲，要求其说出毒品藏于何地。甲受不了打供称："毒品藏在我家床板中。"侦查人员申请搜查证后依法搜查了甲的家，果然找到了毒品。可见，侦查人员打甲令其供出毒品藏匿地点，这一供述属于非法证据，可称为"毒树"。侦查人员搜查甲的家并找到的毒品就是"毒树之果"。其中，侦查人员打甲肯定是非法的，但侦查人员申请搜查证依法搜查是合法的。因此问题是，"毒树"有毒是肯定的，"毒树之果"有没有毒？能不能用？

世界上主要法治国家对"毒树之果"的处理方式不尽相同，有的国家认为"毒树"有毒，"毒树之果"肯定也是有毒的，应当"既砍树、又弃果"，即不仅应当排除非法方法获取的证据，连通过非法证据进一步获取的其他派生证据也应当排除。有的国家则认为，"毒树"肯定应当排除，但"毒树之果"不应当绝对排除，通过非法证据获取的派生证据应当可以作为定案根据。

我国《刑诉法》中明确规定了"毒树"的排除规则，即非法证据排除规则。但"毒树之果"是否排除立法没有明确规定，司法实践中需要由法官进行自由裁量。

【经典真题】

2017 年单项选择题第 26 题：[1]

下列哪一证据规则属于调整证据证明力的规则？

A. 传闻证据规则　　　　　　　　　B. 非法证据排除规则

C. 关联性规则　　　　　　　　　　D. 意见证据规则

【本题解析】

传闻证据规则，也称传闻证据排除规则，即法律排除传闻证据作为认定犯罪事实的根据的规则。根据这一规则，如无法定理由，任何人在庭审期间以外及庭审准备期间以外陈述，不得作为认定被告人有罪的证据。据此，传闻证据规则是调整证据能力规则，A 项错误。非法证据排除规则是对采用非法方法取得的证据予以排除的统称，也就是说，司法机关不得采纳非法证据，将其作为定案的证据，法律另有规定的除外。因此，非法证据排除规则也是调整证据能力的规则，B 项错误。《高法解释》第 139 条第 2 款规定："对证据的证明力，应当根据具体情况，从证据与关联事实的关联程度、证据之间的联系等方面进行审查判断。"关联性越强，证明力越强，因此，C 项正确。意见证据规则，是指证人只能陈述自己亲身感受和经历的事实，而不得陈述对该事实的意见或者结论。意见证据规则也是调整证据能力的规则，D 项错误。

---

[1]　答案：C。

四、刑事证据的收集、审查和运用※※

（一）刑事证据收集、审查和运用的一般规则

以下一般规则之间没有必然的联系，只是一些概括性或者零碎的知识点，但需要考生认真掌握。

图表总结

	一般规则	注意
1	不得强迫自证其罪	不等于沉默权。沉默权强调沉默，不说话。不得强迫自证其罪强调不被强制供述。
2	行政证据转化为刑事证据	行政机关在行政执法和查办案件过程中收集的物证、书证、视听资料、电子数据等证据材料，经法庭查证属实，且收集程序符合有关法律、行政法规规定的，可以作为定案的根据。
3	根据供述取得的物证、书证认定被告人有罪	根据被告人的供述、指认提取到了隐蔽性很强的物证、书证，认定被告人有罪需要同时具备两个条件： （1）被告人的供述与其他证明犯罪事实发生的证据相互印证； （2）排除串供、逼供、诱供等可能性。
4	需要与其他证据印证方可采信的证据（需要补强的证据）	（1）生理上、精神上有缺陷，对案件事实的认知和表达存在一定困难，但尚未丧失正确认知、表达能力的被害人、证人和被告人所作的陈述、证言和供述； （2）与被告人有亲属关系或者其他密切关系的证人所作的有利于被告人的证言，或者与被告人有利害冲突的证人所作的不利于被告人的证言。
5	法定责任年龄的认定	（1）应当根据户籍证明、出生证明文件、学籍卡、人口普查登记、无利害关系人的证言等证据综合判断。 （2）证明年龄的证据不足，应当作出有利于被告人的认定。

（二）各种证据的收集、审查和运用

图表总结

	种类	不得作为定案根据的情形	是否存在瑕疵状态	注意
1	物证	提取、扣押的物证、书证，（1）未附笔录或者清单，（2）不能证明物证、书证来源的，不得作为定案的根据。	存在	物证、书证的收集程序、方式有瑕疵，经补正或者作出合理解释的，可以采用。当然，不能补正或者作出合理解释的，不得作为定案的根据。
2	书证			
3	证人证言	（1）处于明显醉酒、中毒或者麻醉等状态，不能正常感知或者正确表达的证人所提供的证言，不得作为证据使用。 （2）证人的猜测性、评论性、推断性的证言，不得作为证据使用，但根据一般生活经验判断符合事实的除外。（意见证据规则）	存在	（1）单位不能作证人。 （2）证人作证的两个基本规则：一个是证人的不可替代性规则，另一个是证人作证优先规则。 （3）证人证言必须在法庭上经过公诉人、被害人和被告人、辩护人双方质证并且查实以后，才能作为定案的根据。

续表

	种类	不得作为定案根据的情形	是否存在瑕疵状态	注意
		（3）证人证言具有下列情形之一的，不得作为定案的根据： ①询问证人没有<u>个别</u>进行的； ②书面证言没有经证人<u>核对</u>确认的； ③询问聋、哑人，应当提供通晓聋、哑手势的翻译人员而未提供的； ④询问不通晓当地通用语言、文字的证人，应当提供<u>翻译</u>人员而未提供的。 ⑤采用暴力、威胁以及非法限制人身自由等非法方法收集的证人证言、被害人陈述，应当予以排除。 （4）经人民法院通知，证人没有正当理由拒绝出庭或者出庭后拒绝作证，法庭对其证言的<u>真实性</u>无法确认的，该证人证言不得作为定案的根据。		（4）生理上、精神上有缺陷或者年幼，<u>不能辨别是非</u>、<u>不能正确表达</u>的人，不能作证人。 （5）证人当庭作出的证言与其庭前证言矛盾，证人能够作出合理解释，并有相关证据印证的，<u>应当采信其庭审证言</u>；不能作出合理解释，而其庭前证言有相关证据印证的，可以采信其庭前证言。
4	被害人陈述	同"证人证言"	存在	
5	犯罪嫌疑人、被告人供述和辩解	被告人供述具有下列情形之一的，不得作为定案的根据： （1）讯问笔录没有经被告人核对确认的； （2）讯问聋、哑人，应当提供通晓聋、哑手势的人员而未提供的； （3）讯问不通晓当地通用语言、文字的被告人，应当提供<u>翻译</u>人员而未提供的。 （4）讯问未成年人，其法定代理人或者合适成年人不在场的。 （5）采用刑讯逼供、暴力、威胁等非法方法讯问： ①采取殴打、违法使用戒具等暴力方法或者变相肉刑的恶劣手段，使犯罪嫌疑人、被告人遭受难以忍受的痛苦而违背意愿作出的供述，应当予以排除。 ②采用以暴力或者严重损害本人及其近亲属合法权益等进行威胁的方法，使犯罪嫌疑人、被告人遭受难以忍受的痛苦而违背意愿作出的供述，应当予以排除。 ③采用非法拘禁等非法限制人身自由的方法收集的犯罪嫌疑人、被告人供述，应当予以排除。 ④采用刑讯逼供方法使犯罪嫌疑人、被告人作出供述，之后犯罪嫌疑人、被告人受该刑讯逼供行为影响而作出的与	存在	（1）<u>只有被告人供述</u>，没有其他证据的，<u>不能</u>认定被告人有罪和处以刑罚；没有被告人供述，证据确实、充分的，可以认定被告人有罪和处以刑罚。 （2）被告人庭审中翻供，但不能合理说明翻供原因或者其辩解与全案证据矛盾，而其庭前供述与其他证据相互<u>印证</u>的，可以采信其庭前供述。 　　被告人庭前供述和辩解存在反复，但庭审中供认，且与其他证据相互印证的，可以采信其庭审供述； 　　被告人庭前供述和辩解存在反复，庭审中不供认，且无其他证据与庭前供述<u>印证</u>的，不得采信其庭前供述。

续表

种类	不得作为定案根据的情形	是否存在瑕疵状态	注意
	该供述相同的重复性供述，应当一并排除，但下列情形除外：a.调查、侦查期间，根据控告、举报或者自己发现等，监察机关、侦查机关确认或者不能排除以非法方法收集证据而更换调查、侦查人员，其他调查、侦查人员再次讯问时告知诉讼权利和认罪的法律后果，犯罪嫌疑人自愿供述的；b.审查逮捕、审查起诉和审判期间，检察人员、审判人员讯问时告知诉讼权利和认罪的法律后果，犯罪嫌疑人、被告人自愿供述的。 （6）《最高人民法院关于建立健全防范刑事冤假错案工作机制的意见》（以下简称《防范刑事冤假错案机制的意见》）还规定了两种情况：第一，采用刑讯逼供或者冻、饿、晒、烤、疲劳审讯等非法方法收集的被告人供述，应当排除；第二，除情况紧急必须现场讯问以外，在规定的办案场所外讯问取得的供述，未依法对讯问进行全程录音录像取得的供述，以及不能排除以非法方法取得的供述，应当排除。		
6 **鉴定意见**	（1）鉴定意见具有下列情形之一的，不得作为定案的根据： ①鉴定机构不具备法定资质，或者鉴定事项超出该鉴定机构业务范围、技术条件的； ②鉴定人不具备法定资质，不具有相关专业技术或者职称，或者违反回避规定的； ③送检材料、样本来源不明，或者因污染不具备鉴定条件的； ④鉴定对象与送检材料、样本不一致的； ⑤鉴定程序违反规定的； ⑥鉴定过程和方法不符合相关专业的规范要求的； ⑦鉴定文书缺少签名、盖章的； ⑧鉴定意见与案件待证事实没有关联的； ⑨违反有关规定的其他情形。 （2）经人民法院通知，鉴定人拒不出庭作证的，鉴定意见不得作为定案的根据。	没有	（1）鉴定意见没有瑕疵状态。这是因为，鉴定意见与案件实体结果密切相关，只要存在瑕疵，就会影响鉴定意见的证据能力。这意味着，只要鉴定意见稍微出点问题，如左列中的"①至⑨"，鉴定意见就不得作为定案根据，不允许补正或者进行合理解释。 （2）鉴定人由于不能抗拒的原因或者有其他正当理由无法出庭的，人民法院可以根据情况决定延期审理或者重新鉴定。 （3）因无鉴定机构，或者根据法律、司法解释的规定，指派、聘请有专门知识的人就案件的专门性问题出具的报告，可以作为证据使用。

续表

种类	不得作为定案根据的情形	是否存在**瑕疵**状态	注意
7	勘验、检查、辨认、侦查实验等笔录	（1）勘验、检查笔录存在<u>明显不符合法</u>律、有关规定的情形，<u>不能</u>作出合理<u>解释</u>的，不得作为定案的根据。 （2）辨认笔录具有下列情形之一的，不得作为定案的根据： ①辨认不是在调查人员、侦查人员<u>主持</u>下进行的； ②辨认前使辨认人<u>见到</u>辨认对象的； ③辨认活动没有<u>个别</u>进行的； ④辨认对象没有<u>混杂</u>在具有类似特征的其他对象中，或者供辨认的对象<u>数量</u>不符合规定的； ⑤辨认中给辨认人明显<u>暗示</u>或者明显有指认嫌疑的； ⑥违反规定，不能确定辨认笔录真实性的其他情形。 （3）侦查实验的条件与事件发生时的条件有明显差异，或者存在影响实验结论科学性的其他情形的，侦查实验笔录不得作为定案的根据。	存在	
8	视听资料、电子数据	视听资料、电子数据具有下列情形之一的，不得作为定案的根据： （1）系篡改、伪造或者无法确定真伪的； （2）制作、取得的时间、地点、方式等有疑问，不能提供必要<u>证明</u>或者作出合理<u>解释</u>的。	存在	

要点提示

1. **瑕疵证据**。瑕疵证据指的是收集证据的程序、主体或者证据自身表现形式存在不符合法律规定的错误的证据。这些错误并非实质性错误，而是一些小小的瑕疵，通常可以通过补正或者作出合理解释的方式来弥补。瑕疵证据不同于非法证据，一个证据一旦被定性为非法证据，将会被排除。而一个证据被定性为瑕疵证据，还可以通过补正或者作出合理解释的方式恢复证据能力或者证明力。

2. **作证是义务而非权利**，在我国，任何人都有作证的义务，没有任何豁免。

3. 当庭证言与庭前证言如果出现反复，要看证人能对哪次证言作出合理解释并有其他证据印证，就采纳哪次证言。

供述出现翻供或者反复时也一样，如何采信关键要看有没有其他证据印证。

4. 关于讯问犯罪嫌疑人、被告人，询问证人、被害人：

如果讯问、询问的侦查人员遗漏签名，属于<u>瑕疵证据</u>，允许补正或者作出合理解释。但如果<u>被讯问、被询问</u>的犯罪嫌疑人、被告人、被害人、证人<u>没有签名</u>则属于<u>没有核对</u>，相关证据**不得**作为定案根据，不存在补正和解释的问题。

当然，如果犯罪嫌疑人、被告人拒绝在笔录上签名，侦查人员可以在笔录上注明，该供述仍然是证据，但能否作为定案根据需要经过法官综合审查后进行判断。

【经典真题】

2012 年单项选择题第 42 题：[1]

关于证人证言的收集程序和方式存在瑕疵，经补正或者作出合理解释后，可以作为证据使用的情形，下列哪一选项是正确的？

A. 询问证人时没有个别进行的

B. 询问笔录反映出在同一时间内，同一询问人员询问不同证人的

C. 询问聋哑人时应当提供翻译而未提供的

D. 没有经证人核对确认并签名（盖章）、捺指印的

【本题解析】

《高法解释》第 89 条规定："证人证言具有下列情形之一的，不得作为定案的根据：（一）询问证人没有个别进行的；（二）书面证言没有经证人核对确认的；（三）询问聋、哑人，应当提供通晓聋、哑手势的人员而未提供的；（四）询问不通晓当地通用语言、文字的证人，应当提供翻译人员而未提供的。"

可见，A 项属于该条文"（一）"的情形，C 项属于该条文"（三）"的情形，D 项属于该条文"（二）"的情形，都错误。

B 项，同一询问人员在同一时间询问不同证人，说的是司法实践中存在的"三头六臂分身术"现象。譬如，某公安局警力不足，让侦查人员甲一人询问证人丙并制作了询问笔录，询问笔录上依法应当由 2 名侦查人员签名，甲自己签名后，也将同事乙的名字写上了。可甲没想到，乙在同一时间也在询问另一证人丁，询问完毕，乙在询问丁的笔录上签了名。可见，从询问笔录上看，乙在同一时间同时询问了丙和丁，因为都有乙的名字。鉴于侦查机关警力不足的现实，又鉴于多一人少一人签名不会直接侵害到被询问人的合法权益，B 项的情形属于"瑕疵证据"，允许补正或者作出合理解释。故，B 正确。

综上所述，本题应当选择 B。

第二节　刑事证明

刑事证明 { 证明对象※
证明责任※※
证明标准※※

---

[1] 答案：B。

◎ 重点解读

一、刑事证明

刑事证明，是指国家公诉机关和诉讼当事人在法庭审理中依照法律规定的程序和要求向审判机关提出证据，运用证据阐明系争事实，论证诉讼主张成立的活动。

刑事诉讼中的证明具有以下特征：

（一）刑事证明的主体是国家公诉机关和诉讼当事人。

（二）刑事证明的客体是诉讼中需要运用证据加以证明的事项。

（三）严格意义上的刑事证明只存在于审判阶段。侦查人员、检察人员在审前阶段对证据的收集审查活动属于"查明"，而非"证明"。

（四）刑事证明受证明责任的影响或支配，是刑事证明的中心环节。

（五）刑事证明作为一种具体的诉讼行为，直接受各类诉讼法律的规范和调整。

二、刑事证明对象※

刑事诉讼的证明对象指的是证明主体运用一定的证明方法所要证明的一切法律要件事实。

▽ 关联法条

《高法解释》：

第72条第1款　应当运用证据证明的案件事实包括：

（一）被告人、被害人的身份；

（二）被指控的犯罪是否存在；

（三）被指控的犯罪是否为被告人所实施；

（四）被告人有无刑事责任能力，有无罪过，实施犯罪的动机、目的；

（五）实施犯罪的时间、地点、手段、后果以及案件起因等；

（六）是否系共同犯罪或者犯罪事实存在关联，以及被告人在犯罪中的地位、作用；

（七）被告人有无从重、从轻、减轻、免除处罚情节；

（八）有关涉案财物处理的事实；

（九）有关附带民事诉讼的事实；

（十）有关管辖、回避、延期审理等的程序事实；

（十一）与定罪量刑有关的其他事实。

要点提示

考生无须背过上述十一项，但需要注意：

1. 这十一项证明对象可以被区分为两类：

（1）实体法事实。

①与定罪相关的事实。

②与量刑相关的事实。

（2）程序法事实。

2. 在证明对象理论中，还有一些事实是不需要控辩双方运用证据予以证明而由法院直接确认的，这些事实被称为"免证事实"。

根据《高检规则》第401条的规定，免证事实包括：

（1）为一般人共同知晓的常识性事实。

譬如，纸张可以燃烧，微笑点头表示同意等。

（2）人民法院生效裁判所确认的并且未依审判监督程序重新审理的事实。

（3）法律、法规的内容以及适用等属于审判人员履行职务所应当知晓的事实。

（4）在法庭审理中不存在异议的程序事实。

（5）法律规定的推定事实。

譬如，与不满12周岁的幼女发生性关系，无论该幼女是否看起来成熟，无论该幼女是否同意，直接推定构成强奸罪。

（6）自然规律或者定律。

譬如，太阳东升西落，能量守恒等。

3. 除了《高法解释》第72条第1款中规定的证明对象外，《刑诉法》将"收集证据程序的合法性"也纳入到了需要证明的程序法事实。相当于需要运用证据予以证明程序法事实包括：

（1）有关管辖、回避、延期审理等的程序事实。

（2）收集证据程序的合法性事实。

4. "证据事实"不是证明对象，而是证明手段。"证据事实"指的是证据本身的来源、组成、成分、状态等因素。譬如，强奸案现场收集到的犯罪嫌疑人的精液有无被污染这个事实就叫"证据事实"，却不叫证明对象。因为，强奸案的证明对象是被害人有没有被强奸这个事实。"犯罪嫌疑人的精液有无被污染"这是关于精液这个物证本身状态的问题，而不是被害人有没有被强奸的问题，当然，如果查清楚了精液的状态，即查清楚了"证据事实"，也有利于查清本案的证明对象。简言之，"证据事实"不是证明对象，而是证明手段，查清了"证据事实"更有利于查清证明对象。

【经典真题】

2010年单项选择题第25题：[1]

甲乙两家曾因宅基地纠纷诉至法院，尽管有法院生效裁判，但甲乙两家关于宅基地的争议未得到根本解决。一日，甲、乙因各自车辆谁先过桥引发争执继而扭打，甲拿起车上的柴刀砍中乙颈部，乙当场死亡。对此，下列哪一选项是不需要用证据证明的免证事实？

A. 甲的身份状况

B. 甲用柴刀砍乙颈部的时间、地点、手段、后果

C. 甲用柴刀砍乙颈部时精神失常

D. 法院就甲乙两家宅基地纠纷所作出的裁判事项

【本题解析】

根据《高法解释》第72条第1款的规定，甲的身份状况属于"被告人的身份"，甲用

---

〔1〕　答案：D。

柴刀砍乙颈部的时间、地点、手段、后果属于"实施犯罪的时间、地点、手段、后果"，甲用柴刀砍乙颈部时精神失常属于"被告人有无刑事责任能力"，都需要运用证据予以证明，故，ABC 不属于免证事实。

根据《高检规则》第401条的规定，法院就甲乙两家宅基地纠纷所作出的裁判事项属于"人民法院生效裁判所确认的并且未依审判监督程序重新审理的事实"，即属于免证事实。D 正确。

综上所述，本题应当选 D。

三、刑事证明责任※※

（一）证明责任的概念

证明责任也称举证责任，指检察院或某些当事人应当提供证据证明应予认定的案件事实或有利于自己的主张的责任。如果不能承担证明责任，将承担其主张不能成立的危险。

证明责任所要解决的问题是：（1）应当由谁提供证据加以证明；（2）如果案件事实真伪不明，应当由谁来承担败诉或不利的诉讼后果。

（二）证明责任的特征

1. 与一定的诉讼主张相联系。

譬如，检察院向法院提出的公诉主张，该公诉主张具有拘束法院审判的法律效力。

2. 提供证据责任与说服责任的统一。

提供证据的责任，是指控辩双方在诉讼过程中，应当就其主张的事实或者反驳的事实提供证据加以证明的责任。

说服责任，是指负有证明责任的人应当承担运用证据对案件事实进行说明、论证，使法官形成对案件事实的确信的责任。

这意味着，仅提出证据并不等于履行了证明责任，还必须尽可能地说服裁判者。

3. 与一定的不利诉讼后果相联系。

如果承担证明责任的人不能提出足以说服法官确认自己诉讼主张的证据，将承担败诉或者其他不利后果。

（三）证明责任的分担

▽ 关联法条

《刑诉法》：

第51条　公诉案件中被告人有罪的举证责任由人民检察院承担，自诉案件中被告人有罪的举证责任由自诉人承担。

▣ 重点解读

在我国，证明责任的承担主体首先是检察院和自诉人，这是"谁主张，谁举证"的古老法则在刑事诉讼中的直接体现。

在公诉案件中，公诉人负有证明犯罪嫌疑人、被告人有罪的责任。如果要追诉犯罪嫌疑人、被告人，还要让犯罪嫌疑人、被告人自己证明自己的罪行，这显然是不公平的，也公然地违背了被追诉者"不被强迫自证其罪"的国际准则。

在自诉案件中，自诉案件没有侦查阶段，自诉人相当于原告地位，应当举证。

要点提示

　　根据"否认者不负证明责任"的古老法则和"无罪推定"原则的要求，犯罪嫌疑人、被告人<u>不负</u>证明自己无罪的责任。但是，少数"<u>持有型</u>"案件，如巨额财产来源不明案件、非法持有属于国家绝密、机密文件、资料、物品案件，犯罪嫌疑人、被告人也负有<u>一定的证明责任</u>。

　　譬如，在巨额财产来源不明案件中，被告人需要证明巨额财产的来源，当然，这并非意味着公诉人不承担任何证明责任，公诉人需要首先证明：（1）被告人系国家工作人员身份；（2）财产或者支出明显超过合法收入差额巨大；（3）巨额财产查不清来源。在此基础上，才要求被告人提出证据。

　　此外，证明责任可以被区分为<u>提出证据的责任</u>和<u>说服责任</u>。在少量的非法持有型犯罪中，被告人需要承担一定的证明责任，主要是承担提出证据的责任，不用承担说服责任。

【经典真题】

2017 年多项选择题第 70 题：[1]

关于我国刑事诉讼的证明主体，下列哪些选项是正确的？

A. 故意毁坏财物案中的附带民事诉讼原告人是证明主体

B. 侵占案中提起反诉的被告人是证明主体

C. 妨害公务案中就执行职务时目击的犯罪情况出庭作证的警察是证明主体

D. 证明主体都是刑事诉讼主体

【本题解析】

　　本题考查的是证明责任的分配以及刑事诉讼主体。人民法院审理附带民事诉讼案件，除刑法、刑事诉讼法以及刑事司法解释已有规定的以外，适用民事法律的有关规定。因此，A 项正确。在反诉中，本诉的被告人是反诉的自诉人，因此应该对反诉承担举证责任。因此，B 项正确。证明责任，指检察院或某些当事人应当提供证据证明应予认定的案件事实或有利于自己的主张的责任。举证责任与一定的诉讼主张相联系。因此，证人、法院等没有诉讼主张，因此不承担证明责任。C 项错误。在我国，证明责任的主体是检察院或某些当事人，检察院和当事人都是诉讼主体。因此，D 项正确。

四、刑事证明标准※※

　　刑事诉讼中的证明标准，是指法律规定的，检察机关和当事人运用证据证明案件事实要求达到的程度。我国刑事诉讼有罪的证明标准是：<u>犯罪事实清楚，证据确实、充分</u>。

（一）犯罪事实清楚

犯罪事实清楚，是指与定罪、量刑有关的各种事实情节必须是清楚、真实的。

（二）证据确实、充分

<u>证据确实</u>，是指证据必须经过查证属实，真实、无疑，具有真实性和证明力。证据"确实"是对证据在<u>质量</u>上的要求，据以定案的单个证据必须经查证属实，单个证据与案件事实之间必须存在客观联系。

---

　　[1]　答案：ABD。

证据充分，是指证明对象都有证据证明并排除其他一切可能性。证据"充分"是对证据在数量上的要求，证据的量必须充足且能够组成一个完整的证明体系，所有定罪、量刑事实均有相应证据证明，总体上可以得出排除合理怀疑的、唯一的结论。

关于证据确实、充分的证明标准，我国《刑诉法》第55条规定："对一切案件的判处都要重证据，重调查研究，不轻信口供。只有被告人供述，没有其他证据的，不能认定被告人有罪和处以刑罚；没有被告人供述，证据确实、充分的，可以认定被告人有罪和处以刑罚。

证据确实、充分，应当符合以下条件：

（一）定罪量刑的事实都有证据证明；

（二）据以定案的证据均经法定程序查证属实；

（三）综合全案证据，对所认定事实已排除合理怀疑。"

《死刑案件证据规定》第5条第1~2款规定："办理死刑案件，对被告人犯罪事实的认定，必须达到证据确实、充分。

证据确实、充分是指：

（一）定罪量刑的事实都有证据证明；

（二）每一个定案的证据均已经法定程序查证属实；

（三）证据与证据之间、证据与案件事实之间不存在矛盾或者矛盾得以合理排除；

（四）共同犯罪案件中，被告人的地位、作用均已查清；

（五）根据证据认定案件事实的过程符合逻辑和经验规则，由证据得出的结论为唯一结论。"

需要注意的是，《刑诉法》的效力肯定高于《死刑案件证据规定》。因此，证据确实、充分的含义主要是：有证据且属实、排除合理怀疑。但是，《死刑案件证据规定》并没有被废止，该规定虽然针对死刑案件，但对于其他案件中审查判断证据是否确实充分同样适用。考生可将之作为对《刑诉法》规定的补充，它多出了四点：证据、事实无矛盾、共犯作用已查清、符合逻辑和经验、得出唯一的结论。

此外，需要注意疑罪的处理问题。疑罪案件，即全案证据未达到确实、充分标准的案件。《刑诉法》第12条确立了无罪推定原则的精神。《刑诉法》第175条第4款规定："对于二次补充侦查的案件，人民检察院仍然认为证据不足，不符合起诉条件的，应当作出不起诉决定。"《刑诉法》第200条第3项规定："证据不足，不能认定被告人有罪的，应当作出证据不足、指控的犯罪不能成立的无罪判决"。《防范刑事冤假错案机制的意见》第6条规定："定罪证据不足的案件，应当坚持疑罪从无原则，依法宣告被告人无罪，不得降格作出'留有余地'的判决。定罪证据确实、充分，但影响量刑的证据存疑的，应当在量刑时作出有利于被告人的处理。死刑案件，认定对被告人适用死刑的事实证据不足的，不得判处死刑。"这些规定表明，我国已经明确了"疑罪从无"的处理原则。

要点提示

1. 犯罪事实清楚，证据确实、充分是我国刑事诉讼的证明标准，其中，证据确实、充分标准是重点。

2. 我国各个诉讼阶段的证明标准都是一致的，侦查终结、审查起诉、判决的标准都必须达到证据确实、充分。

3. 我国定罪、量刑的证明标准也都是一致的。根据《刑诉法》第55条的规定，证据确实、充分的，可以认定被告人有罪和处以刑罚。其中，认定"有罪"，即为定罪；处以"刑罚"，即为量刑。

4. 疑罪从无、疑刑从轻。有些案件，既有相当的证据说明犯罪嫌疑人、被告人有犯罪事实，但全案证据又未达到确实、充分的要求，不能确定无疑地作出犯罪嫌疑人、被告人犯罪的结论，此时应当疑罪从无，判决被告人无罪。司法实践中的问题是，一些审判机关在证据没有达到确实、充分时，不是疑罪从无，而是疑罪从轻、疑罪从挂，作出留有余地从轻、减轻判决或者干脆将案件束之高阁不管了。类似做法是应当反对的。

如果能够确定被告人有罪，只是在量刑方面认定被告人罪重的证据没有达到确实、充分的程度，此时不能对被告人从重处罚，应当作出对被告人有利的量刑。

5. 证据确实、充分的具体要求：（1）有证据；（2）属实；（3）排除一切合理怀疑。需要注意，排除一切合理怀疑不等于排除一切怀疑，任何案件的证明标准都不会要求，也无法达到排除一切怀疑的程度。对一个案件证据的认定，能够排除一切合理的疑惑，致使法官产生确信的心证即可。

第八章

强制措施※※

导学

　　立案后，侦查机关、公诉机关或者审判机关即可视情况对犯罪嫌疑人、被告人采取不同的强制措施，以保障诉讼程序顺利进行。

　　强制措施共有5种：拘传、取保候审、监视居住、拘留和逮捕。其中，拘传、取保候审、监视居住是限制人身自由，拘留、逮捕是剥夺人身自由。本章平均每年考查3道题，请考生认真把握。

　　本章涉及法条较多，考生应当从两个方面进行把握：第一，掌握法条题眼并能熟练应用；第二，认真区别相似制度。如取保候审和监视居住，公民扭送和刑事拘留，等等。

知识体系

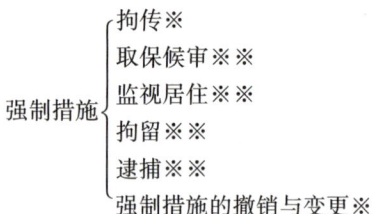

$$
强制措施 \begin{cases} 拘传※ \\ 取保候审※※ \\ 监视居住※※ \\ 拘留※※ \\ 逮捕※※ \\ 强制措施的撤销与变更※ \end{cases}
$$

本章重点

第一节　强制措施概述

○ 重点解读

一、强制措施的概念、特点、种类

　　刑事诉讼中的强制措施，是指公安机关、人民检察院和人民法院为了保证刑事诉讼的顺利进行，依法对刑事案件的犯罪嫌疑人、被告人的人身自由进行限制或者剥夺的各种强制性方法。

　　强制措施的特点如下：

　　1. 主体的特定性。有权适用强制措施的主体只能是公安机关、人民检察院和人民法院，其他侦查机关也有权适用，如国家安全机关、军队保卫部门等。

2. **对象的唯一性**。强制措施的适用对象只能是<u>犯罪嫌疑人、被告人</u>，对于其他诉讼参与人和案外人不得采用强制措施。

3. 剥夺的权利具有<u>人身性</u>，不包括对物的强制处分。

4. 目的具有<u>预防性</u>，强制措施不是惩戒性措施。

5. 适用上具有<u>法定性</u>。

6. 时间上具有<u>临时性</u>。

强制措施有 5 种：按照强制力度轻重的顺序排列依次为<u>拘传、取保候审、监视居住、拘留、逮捕</u>。

> **要点提示**
>
> 强制措施与**强制性措施**：
> 强制措施与强制性措施都是公安司法人员在刑事诉讼活动中经常使用的诉讼手段。强制措施仅有 5 项：拘传、取保候审、监视居住、拘留和逮捕。强制性措施则<u>泛指带有强制性质的措施</u>，它可以包含强制措施，即强制措施属于强制性措施。但强制性措施不仅是强制措施，它还可以是其他带有强制性的措施，如<u>查封、扣押、冻结、搜查、技术侦查</u>，等等。

二、公民的扭送※

扭送是公民将具有法定情形的人立即送交公、检、法机关处理的行为。

> **关联法条**

《**刑诉法**》：

第84条 对于有下列情形的人，任何<u>公民</u>都可以立即扭送公安机关、人民检察院或者人民法院处理：

（一）正在<u>实行犯罪</u>或者在犯罪后即时被发觉的；

（二）<u>通缉在案</u>的；

（三）<u>越狱逃跑</u>的；

（四）<u>正在被追捕</u>的。

> **要点提示**
>
> 1. 公民扭送并不是刑事诉讼法规定的一种强制措施，而只是配合公安司法机关采取强制措施的一种辅助手段。
> 2. 考生要注意扭送与刑事拘留的区别。扭送的情形与拘留相似，但扭送可以由任何公民完成，而拘留只能由公安机关执行。
> 3. 扭送的对象：<u>现行犯和在逃犯</u>。
> 4. 公安机关、人民检察院和人民法院对于公民扭送来的人都应当<u>接受</u>，并立即进行审查，对不属于自己管辖的，应当移送有管辖权的机关；该采取紧急措施的，应先采取紧急措施。

第二节　拘传、取保候审、监视居住※※

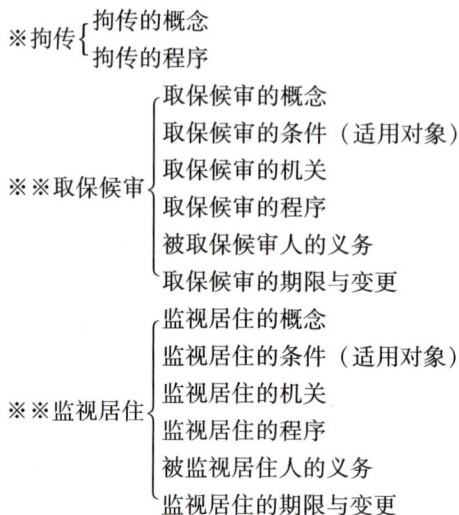

※拘传 { 拘传的概念
　　　　拘传的程序

※※取保候审 { 取保候审的概念
　　　　　　取保候审的条件（适用对象）
　　　　　　取保候审的机关
　　　　　　取保候审的程序
　　　　　　被取保候审人的义务
　　　　　　取保候审的期限与变更

※※监视居住 { 监视居住的概念
　　　　　　监视居住的条件（适用对象）
　　　　　　监视居住的机关
　　　　　　监视居住的程序
　　　　　　被监视居住人的义务
　　　　　　监视居住的期限与变更

一、拘传※

○ 重点解读

（一）拘传的概念

拘传是指公安机关、人民检察院和人民法院对未被羁押的犯罪嫌疑人、被告人，依法强制其到案接受讯问的一种强制措施。拘传是我国刑事诉讼强制措施体系中最轻的一种。

（二）拘传与传唤的区别

传唤是指人民法院、人民检察院和公安机关使用传票的形式通知犯罪嫌疑人、被告人等当事人在指定的时间自行到指定的地点接受讯问、询问，其性质等同于通知，不具有强制性。此外传唤多数情况下需要《传唤通知书》，但对于在现场发现的犯罪嫌疑人，侦查人员经过出示工作证件，可以口头传唤。

拘传仅针对犯罪嫌疑人、被告人，不能针对被害人或者证人等，并且具有强制性。此外，拘传必须出示《拘传证》。

传唤不是拘传的必经程序，人民法院、人民检察院和公安机关根据案件的具体情况，可以不经传唤，直接拘传犯罪嫌疑人、被告人。

（三）拘传的程序

1. 拘传的适用对象：只能适用于犯罪嫌疑人、被告人。

2. 拘传的适用机关：公安机关、检察院和人民法院。其他行使侦查权的机关也有权适用拘传的强制措施，如国家安全机关、军队保卫部门等。

3. 拘传、传唤的适用程序：

（1）对不需要逮捕、拘留的犯罪嫌疑人，可以传唤到犯罪嫌疑人所在市、县内的指定地点或者到他的住处进行讯问，但是应当出示人民检察院或者公安机关的证明文件。对在现场发现的犯罪嫌疑人，经出示<u>工作证件</u>，可以<u>口头传唤</u>，但应当在讯问笔录中注明。

（2）传唤、拘传持续的时间不得超过<u>12</u>小时；案情特别重大、复杂，需要采取拘留、逮捕措施的，传唤、拘传持续的时间不得超过<u>24</u>小时。

（3）不得以<u>连续</u>传唤、拘传的形式变相拘禁犯罪嫌疑人。传唤、拘传犯罪嫌疑人，应当保证犯罪嫌疑人的饮食和必要的休息时间。（《高检规则》中进一步规定，两次拘传间隔的时间一般不得少于<u>12</u>小时）

（4）<u>公、检、法</u>都能<u>决定</u>拘传，也都能<u>执行</u>拘传。执行拘传的公安司法人员不得少于<u>2人</u>。

【经典真题】

2012 年多项选择题第 66 题：[1]

关于拘传，下列哪些说法是正确的？

A. 对在现场发现的犯罪嫌疑人，经出示工作证件可以口头拘传，并在笔录中注明

B. 拘传持续的时间不得超过 12 小时

C. 案情特别重大、复杂，需要采取拘留、逮捕措施的，拘传持续的时间不得超过 24 小时

D. 对于被拘传的犯罪嫌疑人，可以连续讯问 24 小时

【本题解析】

《刑诉法》第 119 条第 1 款规定："对不需要逮捕、拘留的犯罪嫌疑人，可以传唤到犯罪嫌疑人所在市、县内的指定地点或者到他的住处进行讯问，但是应当出示人民检察院或者公安机关的证明文件。对在现场发现的犯罪嫌疑人，经出示工作证件，可以口头传唤，但应当在讯问笔录中注明。"故 A 错误，不是"口头拘传"，应当是"口头传唤"。

《刑诉法》第 119 条第 2 款规定："传唤、拘传持续的时间不得超过 12 小时；案情特别重大、复杂，需要采取拘留、逮捕措施的，传唤、拘传持续的时间不得超过 24 小时。"可见，BC 正确。

《刑诉法》第 119 条第 3 款规定："不得以连续传唤、拘传的形式变相拘禁犯罪嫌疑人。传唤、拘传犯罪嫌疑人，应当保证犯罪嫌疑人的饮食和必要的休息时间。"故，连续讯问 24 小时显然是变相拘禁甚至属于刑讯逼供，D 错误。

综上所述，本题应当选 BC。

二、取保候审※※

取保候审是指在刑事诉讼过程中，公安机关、人民检察院、人民法院责令犯罪嫌疑人、被告人提出<u>保证人</u>或者交纳<u>保证金</u>，保证犯罪嫌疑人、被告人不逃避或妨碍侦查、起诉和审判，并随传随到的一种强制措施。取保候审只<u>限制</u>而<u>不剥夺</u>犯罪嫌疑人、被告人的人身自由。

适用取保候审分为两种情形：一是公、检、法机关根据案件具体情况，<u>直接主动地决定</u>取保候审；二是根据犯罪嫌疑人、被告人及其法定代理人、近亲属或者其所委托的律师的<u>申请</u>，决定取保候审。

---

〔1〕 答案：BC。

图表总结

取保候审	内容	注意
（一）条件（适用对象）	1. 管制、拘役、附加刑； 2. 有期、病、孕无危险； 3. 期限届满未办结。	累主自暴不取保，除非病孕超期限。[1]
（二）机关	决定机关：公、检、法。	
	执行机关：公。	
（三）程序	应当责令犯罪嫌疑人、被告人提出保证人或者交纳保证金。不得同时使用保证人保证与保证金保证。 1. 保证人保证： （1）保证人的人数：1至2名。 （2）适用保证人的条件： ①无力交纳保证金的； ②系未成年人或者已满75周岁的人； ③其他不宜收取保证金的。 （3）保证人条件： ①与本案无牵连； ②有能力履行保证义务； ③享有政治权利，人身自由未受到限制； ④有固定的住处和收入。 （4）保证人应当履行以下义务： ①监督； ②报告。 2. 保证金保证： （1）保证金提交与退还： ①保证金交退找银行。 ②退保证金可先退赔、赔偿、财产刑。 法院可以书面通知公安机关将保证金移交人民法院，用以退赔被害人、履行附带民事赔偿义务或者执行财产刑，剩余部分应当退还被告人。 （2）保证金数额： 检察院：1000元以上，未成年500元以上。 公安机关：1000元以上。 保证金应当以人民币交纳。	1. 保证人的处罚： （1）保证人未履行保证义务的，对保证人处以罚款（1000元以上2万元以下），构成犯罪的，依法追究刑事责任。 （2）对保证人罚款，公安机关决定。 2. 保证人发生变化： 对于犯罪嫌疑人采取保证人保证的，如果保证人在取保候审期间情况发生变化，不愿继续担保或者丧失担保条件，应当责令被取保候审人重新提出保证人或者交纳保证金，或者作出变更强制措施的决定。 3. 保证金暂扣： 被取保候审人在取保候审期间涉嫌重新故意犯罪被立案侦查的，负责执行的公安机关应当暂扣其交纳的保证金，待人民法院判决生效后，根据有关判决作出处理。

---

[1]　对累犯，犯罪集团的主犯，以自伤、自残办法逃避侦查的犯罪嫌疑人，严重暴力犯罪以及其他严重犯罪的犯罪嫌疑人不得取保候审，但犯罪嫌疑人是患有严重疾病、生活不能自理，怀孕或者正在哺乳自己婴儿的妇女，采取取保候审不致发生社会危险性的，或者对犯罪嫌疑人羁押期限届满，案件尚未办结，需要继续侦查的情形的除外。

续表

取保候审	内容	注意
（四）义务	1. 被取保候审的犯罪嫌疑人、被告人应当遵守以下规定： （1）未经执行机关批准，不得离开所居住的市、县； （2）住址、工作单位和联系方式发生变动的，在24小时以内向执行机关报告； （3）在传讯的时候及时到案； （4）不得以任何形式干扰证人作证； （5）不得毁灭、伪造证据或者串供。 2. 人民法院、人民检察院和公安机关可以根据案件情况，责令被取保候审的犯罪嫌疑人、被告人遵守以下一项或者多项规定： （1）不得进入特定的场所； （2）不得与特定的人员会见或者通信； （3）不得从事特定的活动； （4）将护照等出入境证件、驾驶证件交执行机关保存。 （上述各项义务无需背过，这些义务与监视居住需要遵守的义务相似，请掌握区别处。）	对违反取保候审规定，需要予以逮捕的，可以对犯罪嫌疑人、被告人先行拘留。
（五）期限、计算	1. 取保候审最长不得超过12个月。 2. 取保候审期限的计算： （1）累计计算。 依法没收保证金后，责令重新交纳保证金或者提出保证人的，对犯罪嫌疑人继续取保候审的，取保候审的时间应当累计计算。 （2）重新计算。 ①公安机关决定对犯罪嫌疑人取保候审，案件移送检察院审查起诉后，对于需要继续取保候审的，检察院应当依法重新作出取保候审决定，并对犯罪嫌疑人办理取保候审手续。取保候审的期限应当重新计算并告知犯罪嫌疑人。 对继续采取保证金方式取保候审的，被取保候审人没有违反取保候审义务的，不变更保证金数额，不再重新收取保证金。 ②人民检察院、公安机关已经对犯罪嫌疑人取保候审、监视居住，案件起诉至人民法院后，需要继续取保候审、监视居住或者变更强制措施的，人民法院应当在7日以内作出决定，并通知人民检察院、公安机关。 决定继续取保候审、监视居住的，应当重新办理手续，期限重新计算；继续使用保证金保证的，不再收取保证金。	

【经典真题】

2016 年单项选择题第 31 题：[1]
甲与邻居乙发生冲突致乙轻伤，甲被刑事拘留期间，甲的父亲代为与乙达成和解，公

---

[1]　答案：C。

安机关决定对甲取保候审。关于甲在取保候审期间应遵守的义务，下列哪一选项是正确的？

    A. 将驾驶证件交执行机关保存

    B. 不得与乙接触

    C. 工作单位调动的，在24小时内报告执行机关

    D. 未经公安机关批准，不得进入特定的娱乐场所

【本题解析】

    被取保候审的犯罪嫌疑人、被告人应当遵守的规定。《刑诉法》第71条第1~2款规定，被取保候审的犯罪嫌疑人、被告人应当遵守以下规定：（1）未经执行机关批准不得离开所居住的市、县；（2）住址、工作单位和联系方式发生变动的，在24小时以内向执行机关报告；（3）在传讯的时候及时到案；（4）不得以任何形式干扰证人作证；（5）不得毁灭、伪造证据或者串供。人民法院、人民检察院和公安机关可以根据案件情况，责令被取保候审的犯罪嫌疑人、被告人遵守以下一项或者多项规定：（1）不得进入特定的场所；（2）不得与特定的人员会见或者通信；（3）不得从事特定的活动；（4）将护照等出入境证件、驾驶证件交执行机关保存。ABD选项以责令遵守为前提，因此不当选。C项明显正确。

三、监视居住※※

    监视居住是指公安机关、人民检察院、人民法院在刑事诉讼过程中责令犯罪嫌疑人、被告人在一定期限内不得离开指定的住所，并对其活动予以监视和控制的一种强制措施。可以不经适用取保候审而直接适用监视居住。

图表总结

监居	内容	注意
（一）条件 （适用对象）	1. 人民法院、人民检察院和公安机关对符合逮捕条件，有下列情形之一的犯罪嫌疑人、被告人，可以监视居住：（1）疾病；（2）怀孕；（3）生活不能自理人的唯一扶养人；（4）特殊情况；（5）期限届满，案件尚未办结。 2. 对符合取保候审条件，但犯罪嫌疑人、被告人不能提出保证人，也不交纳保证金的，可以监视居住。	1. 对监视居住情形的增补： （1）对人民检察院决定不批准逮捕的犯罪嫌疑人，需要继续侦查，并且符合监视居住条件的，可以监视居住。 （2）对于被取保候审人违反应当遵守的义务的，可以监视居住。
（二）机关	决定机关：公、检、法。	
	执行机关：公。	
（三）程序	1. 监视居住的地点： （1）监视居住应当在犯罪嫌疑人、被告人的住处执行。 （2）其他： ①无固定住处的，可以在指定的居所执行。 ②对于涉嫌危害国家安全犯罪、恐怖活动犯罪在住处执行可能有碍侦查的，经上一级公安机关批准，也可以在指定的居所执行。	1. 指定的居所应当符合下列条件： （1）具备正常的生活、休息条件； （2）便于监视、管理； （3）能够保证办案安全。 2. "有碍侦查"是指： （1）可能毁灭、伪造证据，干扰证人作证或者串供的； （2）可能引起犯罪嫌疑人自残、自杀或者逃跑的；

续表

监居	内容	注意
	（3）但是，不得在羁押场所、专门的办案场所执行。 2. 指定居所监视居住的通知： 指定居所监视居住的，除无法通知的以外，应当在执行监视居住后24小时以内，通知被监视居住人的家属。 3. 监视居住的监督： 检察院进行监督。 4. 监视居住的监控： 执行机关对被监视居住的犯罪嫌疑人、被告人，可以采取电子监控、不定期检查等监视方法对其遵守监视居住规定的情况进行监督；在侦查期间，可以对被监视居住的犯罪嫌疑人的通信进行监控。 5. 监视居住的费用承担： 指定居所监视居住的，不得要求被监视居住人支付费用。	（3）可能引起同案犯逃避、妨碍侦查的； （4）犯罪嫌疑人、被告人在住处执行监视居住有人身危险的； （5）犯罪嫌疑人、被告人的家属或者所在单位人员与犯罪有牵连的。
（四）义务	被监视居住的犯罪嫌疑人、被告人应当遵守以下规定： 1. 未经执行机关批准（决定机关同意）不得离开执行监视居住的处所； 2. 未经执行机关批准不得会见他人或者通信； 3. 在传讯的时候及时到案； 4. 不得以任何形式干扰证人作证； 5. 不得毁灭、伪造证据或者串供； 6. 将护照等出入境证件、身份证件、驾驶证件交执行机关保存。 （无需背过，注意和取保候审的义务进行比较。）	被监视居住的犯罪嫌疑人、被告人违反监视居住的义务，情节严重的，可以予以逮捕；需要予以逮捕的，可以对犯罪嫌疑人、被告人先行拘留。
（五）期限、变更	1. 监视居住最长不得超过6个月。 2. 指定居所监视居住的期限应当折抵刑期。被判处管制的，监视居住1日折抵刑期1日；被判处拘役、有期徒刑的，监视居住2日折抵刑期1日。 3. 对于检察院办理的案件，犯罪嫌疑人及其法定代理人、近亲属或者辩护人认为不再具备指定居所监视居住条件的，有权向检察院申请变更强制措施。	公安机关决定对犯罪嫌疑人监视居住，案件移送人民检察院审查起诉后，对于需要继续监视居住的，人民检察院应当依法重新作出监视居住决定，并对犯罪嫌疑人办理监视居住手续。监视居住的期限应当重新计算并告知犯罪嫌疑人。

【经典真题】

2019 法考客观题回忆版：[1]

关于强制措施的说法，下列说法正确的是？

A. 法院对严重扰乱法庭秩序的人，认为可能构成犯罪的，可以决定先行刑事拘留

B. 李某涉嫌危险驾驶罪，侦查机关在了解其有住所的情况下，对其指定居所监视居住

C. 关某涉嫌毁灭伪造证据罪，侦查机关认为其有碍侦查决定对其指定居所监视居住

D. 法院审理吴某故意伤害案时，可以将关押的吴某变更为取保候审

【考点】 取保候审、监视居住

【本题解析】

选项 A 错误。根据我国刑事诉讼法的规定，刑事拘留只能有公安机关和人民检察院在紧急情形下适用，法院只能对违反法庭秩序并且情节严重的处以罚款和司法拘留。

选项 B、C 错误。《刑诉法》第 75 条第 1 款规定："监视居住应当在犯罪嫌疑人、被告人的住处执行；无固定住处的，可以在指定的居所执行。对于涉嫌危害国家安全犯罪、恐怖活动犯罪，在住处执行可能有碍侦查的，经上一级公安机关批准，也可以在指定的居所执行。但是，不得在羁押场所、专门的办案场所执行。"选项 B、C 所列不属于涉嫌危害国家安全犯罪、恐怖活动犯罪，因此明显错误。

选项 D 正确。根据《高法解释》第 169 条和 170 条的规定，人民法院在审理过程中，根据情况可以将被逮捕的被告人变更为取保候审。

第三节　拘　留※※

$$
刑事拘留
\begin{cases}
刑事拘留的概念 \\
刑事拘留的条件（适用对象）\\
刑事拘留的程序 \\
刑事拘留的期限
\end{cases}
$$

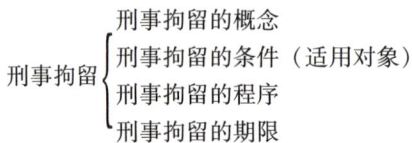

刑事拘留，是指公安机关等侦查机关以及人民检察院对直接受理的案件，在侦查过程中，遇有紧急情况下，依法临时剥夺某些现行犯或者重大嫌疑分子的人身自由的一种强制措施。

特点：

1. 公安机关执行；

2. 紧急情况下适用；

3. 临时剥夺人身自由措施；

4. 针对现行犯或重大嫌疑分子。

---

[1] 答案：D。

图表总结

刑事拘留	内容	注意
一、条件	（一）公安机关拘留条件： 公安机关对于现行犯或者重大嫌疑分子，如果有下列情形之一的，可以先行拘留： 1. 正在预备犯罪、实行犯罪或者在犯罪后即时被发觉的； 2. 被害人或者在场亲眼看见的人指认他犯罪的； 3. 在身边或者住处发现有犯罪证据的； 4. 犯罪后企图自杀、逃跑或者在逃的； 5. 有毁灭、伪造证据或者串供可能的； 6. 不讲真实姓名、住址，身份不明的； 7. 有流窜作案、多次作案、结伙作案重大嫌疑的。 （二）检察机关拘留条件： 检察院对于有下列情形之一的犯罪嫌疑人，可以决定拘留： 1. 犯罪后企图自杀、逃跑或者在逃的； 2. 有毁灭、伪造证据或者串供可能的。	（一）执行拘留时，必须出示拘留证，紧急情况下，对于符合先行拘留情形之一的，应当将犯罪嫌疑人带至公安机关后立即审查，办理法律手续。 （二）"流窜作案"，是指跨市、县管辖范围连续作案，或者在居住地作案后逃跑到外市、县继续作案；"多次作案"，是指3次以上作案；"结伙作案"，是指2人以上共同作案。
二、程序	（一）公安机关在异地执行拘留、逮捕的时候，应当通知被拘留、逮捕人所在地的公安机关，被拘留、逮捕人所在地的公安机关应当予以配合。 （二）拘留人的时候，必须出示拘留证。 （三）拘留后，应当在24小时内： 1. 送看；（送入看守所；异地执行拘留的，应当在到达管辖地后24小时以内将犯罪嫌疑人送看守所羁押） 2. 讯问；（可在送看之前讯问，目的在于审查是否抓对了人） 3. 通知家属。（除无法通知或者涉嫌危害国家安全犯罪、恐怖活动犯罪通知可能有碍侦查的情形以外）	（一）犯罪嫌疑人不讲真实姓名、住址，身份不明的，应当对其身份进行调查。经县级以上公安机关负责人批准，拘留期限自查清其身份之日起计算，但不得停止对其犯罪行为的侦查取证。 对符合逮捕条件的犯罪嫌疑人，也可以按其自报的姓名提请批准逮捕。 （二）人民检察院决定拘留犯罪嫌疑人的，由县级以上公安机关凭人民检察院送达的决定拘留的法律文书制作拘留证并立即执行。必要时，可以请人民检察院协助。拘留后，应当及时通知人民检察院。
三、期限	（一）公安机关的期限： 一般3日，特殊情况，可以延长1日至4日。对流窜作案、多次作案、结伙作案的重大嫌疑分子，提请审查批准逮捕的时间可以延长至30日。检察院应当自接到公安机关提请批准逮捕书后的7日以内，作出批准逮捕或者不批准逮捕的决定。 （二）检察机关的期限： 检察院拘留犯罪嫌疑人的羁押期限为14日，特殊情况下可以延长1日至3日。	（一）检察院不批准逮捕的，公安机关应当在接到通知后立即释放犯罪嫌疑人，并且将执行情况及时通知人民检察院。对于需要继续侦查，并且符合取保候审、监视居住条件的，依法取保候审或者监视居住。 （二）犯罪嫌疑人不讲真实姓名、住址，身份不明的，拘留期限自查清其身份之日起计算，但不得停止对其犯罪行为的侦查取证。对符合逮捕条件的犯罪嫌疑人，也可以按其自报的姓名提请批准逮捕。

要点提示

1. 注意刑事拘留、行政拘留、司法拘留的区别。

我国共有三种拘留：刑事拘留、行政拘留和司法拘留。

行政拘留是治安管理的一种处罚方式，适用于违反《治安管理处罚法》但尚未构成犯罪的一般违法行为人，它实质上是一种行政制裁，具有惩罚性，只能由公安机关决定适用。

司法拘留是指在民事诉讼、刑事诉讼、行政诉讼过程中，对于严重妨碍诉讼程序顺利进行的诉讼参与人以及其他人员采用的一种强制性处分。司法拘留是一种排除性措施，由人民法院决定，人民法院的司法警察执行，然后交公安机关有关场所看管。在我国刑事诉讼活动中，司法拘留有两种：

（1）证人经法院通知无正当理由拒不出庭作证，情节严重的，法院院长可以决定10日以下的司法拘留；

（2）旁听人员违反法庭秩序，情节严重的，法院院长可以决定15日以下的司法拘留。

需要注意，行政拘留与司法拘留虽然看起来较轻，却是地道的惩罚措施，刑事拘留看似重，但没有惩罚性。刑事拘留的目的不是惩罚，而是为了防止犯罪嫌疑人再做出危害社会的行为，为了保证犯罪嫌疑人能够顺利接受起诉和审判，简言之，为了保证诉讼程序的顺利进行。

在刑事诉讼法的真题中，如果选项中仅出现"拘留"二字，一般指的是刑事拘留。

2. 关于拘留各级人大代表的程序，可以举个例子。

在河北省石家庄市桥西区留营乡：

（1）拘留本级人大代表。如果桥西区检察院想要拘留一个桥西区人大代表，桥西区检察院需要向桥西区人民代表大会主席团或者常委会报告或者报请。（人大开会期间报主席团，闭会期间报常委会；拘留现行犯用报告，其他情形用报请）

（2）拘留上级人大代表。如果桥西区检察院想要拘留一个河北省人大代表，桥西区检察院需要报石家庄市检察院，再由石家庄市检察院报河北省检察院，由河北省检察院向河北省人大主席团或者常委会报告或者报请。

（3）拘留下级人大代表。如果河北省检察院想要拘留一个桥西区人大代表，有两种做法：其一，河北省检察院直接找桥西区人大主席团或者常委会报告或者报请；其二，河北省检察院委托桥西区检察院向桥西区人大主席团或者常委会报告或者报请。

（4）拘留乡镇级人大代表。想要拘留留营乡人大代表，无论是河北省检察院决定拘留，还是石家庄市或者桥西区检察院决定拘留，一律由桥西区检察院向留营乡人民代表大会报告。（无需报请）

3. 关于公安机关拘留的最长期限

（1）拘留最长期限的计算方法

拘留的最长时间＝公安机关提请批准逮捕的最长时间＋人民检察院审查（不）批准逮捕的最长时间。

（2）提请人民检察院批准逮捕的时间

①公安机关拘留犯罪嫌疑人，认为需要逮捕的，应当在3日以内提请人民检察院批准逮捕；

②案情重大复杂的，可以延长1至4日；

③流窜作案、多次作案、结伙作案的重大嫌疑分子，提请批准逮捕的时间可以延长到 30 日。检察院必须在 7 日内作出批准逮捕或者不批准逮捕的决定。

上述 3 种情况是说，公安机关在拘留后的第 3 天或者第 7 天或者第 30 天，必须提请人民检察院审查批准逮捕。

（3）犯罪嫌疑人被拘留的情况下人民检察院审查批准逮捕的期限

在犯罪嫌疑人被拘留的情况下人民检察院审查批准逮捕的最长期限是 7 天。

（4）计算

①一般情况下，拘留的最长时间是 10 天（3 + 7）；

②特殊情况下是 14 天（3 + 4 + 7）；

③流窜作案、多次作案、结伙作案的是 37 天（30 + 7）。

4. 需要特别强调的是：人民检察院不适用第三种拘留期限，即检察院以拘留这种强制措施羁押犯罪嫌疑人的，一般是 14 天，最长时间是 17 天。

【经典真题】

2016 年不定项选择题第 93 题：[1]

甲、乙（户籍地均为 M 省 A 市）共同运营一条登记注册于 A 市的远洋渔船。某次在公海捕鱼时，甲乙二人共谋杀害了与他们素有嫌隙的水手丙。该船回国后首泊于 M 省 B 市港口以作休整，然后再航行至 A 市。从 B 市起航后，在途经 M 省 C 市航行至 A 市过程中，甲因害怕乙投案自首一直将乙捆绑拘禁于船舱。该船于 A 市靠岸后案发。关于本案强制措施的适用，下列选项正确的是：

A. 拘留甲后，应在送看守所羁押后 24 小时以内通知甲的家属

B. 如有证据证明甲参与了故意杀害丙，应逮捕甲

C. 拘留乙后，应在 24 小时内进行讯问

D. 如乙因捆绑拘禁时间过长致身体极度虚弱而生活无法自理的，可在拘留后转为监视居住

【本题解析】

本题考查的是拘留的程序、逮捕的情形。《刑诉法》第 85 条第 2 款规定："拘留后，应当立即将被拘留人送看守所羁押，至迟不得超过 24 小时。除无法通知或者涉嫌危害国家安全犯罪、恐怖活动犯罪通知可能有碍侦查的情形以外，应当在拘留后 24 小时以内，通知被拘留人的家属。有碍侦查的情形消失以后，应当立即通知被拘留人的家属。"因此，应当在拘留后 24 小时以内，通知被拘留人的家属；而不是在送看守所羁押后 24 小时以内通知甲的家属。所以，A 项错误，不当选。《刑诉法》第 81 条第 3 款规定："对有证据证明有犯罪事实，可能判处十年有期徒刑以上刑罚的，或者有证据证明有犯罪事实，可能判处徒刑以上刑罚，曾经故意犯罪或者身份不明的，应当予以逮捕。"选项 B 所列情形，可能判处 10 年有期徒刑以上刑罚，因此应当逮捕。B 项当选。《刑诉法》第 86 条规定："公安机关对被拘留的人，应当在拘留后的 24 小时以内进行讯问。在发现不应当拘留的时候，必须立即释放，发给释放证明。"因此，C 项正确。《刑诉法》第 74 条第 1 款规定："人民法院、人民检察院和公安机关对符合逮捕条件，有下列情形之一的犯罪嫌疑人、被告人，可以监视居住：（1）患有严重疾

---

[1] 答案：BCD。

病、生活不能自理的；（2）怀孕或者正在哺乳自己婴儿的妇女；（3）系生活不能自理的人的唯一扶养人；（4）因为案件的特殊情况或者办理案件的需要，采取监视居住措施更为适宜的；（5）羁押期限届满，案件尚未办结，需要采取监视居住措施的。"因此，D项正确。

第四节　逮　捕※※

$$
逮捕
\begin{cases}
逮捕的概念\\
逮捕的机关\\
逮捕或不逮捕的条件\\
逮捕的程序\\
羁押必要性审查
\end{cases}
$$

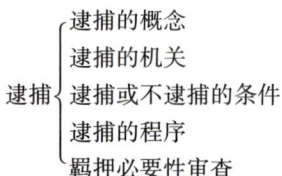

逮捕是指公安机关、人民检察院和人民法院，为了防止犯罪嫌疑人或者被告人实施妨碍刑事诉讼的行为，逃避侦查、起诉、审判或者发生社会危险性，而依法暂时剥夺其人身自由的一种强制措施。

逮捕是刑事诉讼强制措施中最严厉的一种。对无罪而错捕的，要依照国家赔偿法的规定对受害人予以赔偿。

🔵 **图表总结**

逮捕	内容	注意
一、机关	（一）决定机关：检察院、法院； （二）批准机关：检察院； （三）执行机关：公安。	
二、逮捕的条件	逮捕的条件： （一）对有证据证明有犯罪事实，可能判处徒刑以上刑罚的犯罪嫌疑人、被告人，采取取保候审尚不足以防止发生社会危险性的，应当予以逮捕。 （二）对有证据证明有犯罪事实，可能判处十年有期徒刑以上刑罚的，应当予以逮捕。 （三）对有证据证明有犯罪事实，可能判处徒刑以上刑罚，曾经故意犯罪或者身份不明的，应当予以逮捕。 （四）对于被取保候审、监视居住的可能判处徒刑以下刑罚的犯罪嫌疑人、被告人，违反取保候审、监视居住规定，严重影响诉讼活动正常进行的，可以予以逮捕。	批准或者决定逮捕，应当将犯罪嫌疑人、被告人涉嫌犯罪的性质、情节，认罪认罚等情况，作为是否可能发生社会危险性的考虑因素。

续表

逮捕	内容	注意
三、程序	**（一）一般规定** 1. 办理审查逮捕案件，<u>可以</u>讯问犯罪嫌疑人；有下列情形之一的，<u>应当</u>讯问犯罪嫌疑人： （1）对是否符合<u>逮捕条件</u>有疑问的； （2）犯罪嫌疑人要求向检察人员当面陈述的； （3）侦查活动可能有<u>重大违法</u>行为的； （4）案情<u>重大疑难复杂</u>的； （5）犯罪嫌疑人系<u>未成年人</u>的； （6）犯罪嫌疑人<u>认罪认罚</u>的； （7）犯罪嫌疑人是<u>盲、聋、哑</u>人或者是尚未完全丧失辨认或者控制自己行为能力的<u>精神病</u>人的。 2. 人民检察院<u>审查批准逮捕</u>，<u>可以</u>询问证人等诉讼参与人，<u>听取辩护律师</u>的意见；辩护律师<u>提出要求</u>的，<u>应当听取辩护律师</u>的意见。 3. 公安机关对人民检察院不批准逮捕的决定，认为有错误的时候，可以要求<u>复议</u>，但是必须将被拘留的人<u>立即释放</u>。如果意见不被接受，可以向<u>上一级</u>人民检察院提请<u>复核</u>。 4. <u>检察院</u>办理审查逮捕的<u>危害国家安全</u>的案件，应当报<u>上一级</u>人民检察院备案。 5. <u>犯罪嫌疑人</u>及其法定代理人、近亲属、辩护人有权申请检察院释放犯罪嫌疑人或者变更逮捕措施。 **（二）审查批准逮捕** 1. 对公安机关提请批准逮捕的犯罪嫌疑人，<u>已被拘留</u>的，人民检察院应当在接到提请批准逮捕书后的<u>7日</u>以内作出是否批准逮捕的决定；<u>未被拘留</u>的，应当在接到提请批准逮捕书后的15日以内作出是否批准逮捕的决定，<u>重大、复杂</u>的案件，不得超过<u>20日</u>。 2. 人民检察院办理审查逮捕案件，发现遗漏应当逮捕的犯罪嫌疑人的，<u>应当经检察长批准</u>，要求公安机关提请批准逮捕。如果公安机关仍不提请批准逮捕或者不提请批准逮捕的理由不能成立的，人民检察院也可以直接作出逮捕决定，<u>送达公安机关执行</u>。 **（三）逮捕的执行程序** 1. 接到人民检察院批准逮捕决定书后，应当由<u>县级以上公安机关负责人</u>签发<u>逮捕证</u>，立即执行，并将执行回执送达作出批准逮捕决定的人民检察院。公安机关逮捕人的时候，必须出示<u>逮捕证</u>。 2. 逮捕后，应当立即送看。24小时内要： （1）讯问； （2）通知家属。（<u>无法通知</u>除外）（逮捕通知书应当写明<u>逮捕原因</u>和<u>羁押处所</u>）	（一）人民检察院作出不批准逮捕决定的应当说明理由。 （二）人民<u>法院</u>、人民检察院决定逮捕犯罪嫌疑人、被告人的，由<u>县级以上</u>公安机关凭人民法院、人民检察院决定逮捕的法律文书<u>制作逮捕证</u>并立即执行。必要时，可以请人民法院、人民检察院<u>协助</u>执行。执行逮捕后，应当<u>及时通知</u>决定机关。 （三）人民检察院办理审查逮捕的危害国家安全犯罪案件，应当报上一级人民检察院备案。上一级人民检察院经审查发现错误的，应当依法及时纠正。

要点提示

1. 审查批准逮捕、决定逮捕、审查决定逮捕：

审查批准逮捕指的是公安机关侦查案件时，逮捕犯罪嫌疑人需要报请同级检察院审查批准的行为。

决定逮捕有两种情况：其一，检察院在自侦及审查起诉过程中，如果认为没有被逮捕的犯罪嫌疑人符合逮捕条件，可以决定逮捕，由公安机关执行；其二，法院在自诉或者公诉案件的审判阶段对未被采取逮捕措施的被告人决定逮捕并由公安机关执行，如果是公诉案件，还应当通知检察院。

2. 人民法院对于人民检察院提起公诉的案件或者人民法院直接受理的自诉案件，在审判阶段，有权决定逮捕。但法院无权决定刑事拘留。

3. 逮捕的执行权属于公安机关，但公安机关无权自行决定逮捕。

4. 注意逮捕外国人、无国籍人犯罪嫌疑人的程序。

（1）外国人、无国籍人涉嫌危害国家安全犯罪的案件或者涉及国与国之间政治、外交关系的案件以及在适用法律上确有疑难的案件，需要逮捕犯罪嫌疑人的，按照刑事诉讼法关于管辖的规定，分别由基层人民检察院或者设区的市级人民检察院审查并提出意见，层报最高人民检察院审查。最高人民检察院认为需要逮捕的，经征求外交部的意见后，作出批准逮捕的批复；认为不需要逮捕的，作出不批准逮捕的批复。基层人民检察院或者设区的市级人民检察院根据最高人民检察院的批复，依法作出批准或者不批准逮捕的决定。层报过程中，上级人民检察院认为不需要逮捕的，应当作出不批准逮捕的批复。报送的人民检察院根据批复依法作出不批准逮捕的决定。

基层人民检察院或者设区的市级人民检察院认为不需要逮捕的，可以直接依法作出不批准逮捕的决定。

（2）外国人、无国籍人涉嫌上述规定以外的其他犯罪案件，决定批准逮捕的人民检察院应当在作出批准逮捕决定后48小时以内报上一级人民检察院备案，同时向同级人民政府外事部门通报。上一级人民检察院经审查发现批准逮捕决定错误的，应当依法及时纠正。

5. 拘传、取保候审、监视居住、拘留、逮捕的决定机关与执行机关规律总结：

（1）拘传：公检法都能决定，且都能执行；

（2）取保、监居：公检法都能决定，只能公安执行；

（3）刑拘：公检可决定，法不行，公安执行；

（4）逮捕：检法可决定，公不行，公安执行。

【经典真题】

2013 年多项选择题第 67 题：[1]

检察机关审查批准逮捕，下列哪些情形存在时应当讯问犯罪嫌疑人？

A. 犯罪嫌疑人的供述前后反复且与其他证据矛盾

B. 犯罪嫌疑人要求向检察机关当面陈述

C. 侦查机关拘留犯罪嫌疑人 36 小时以后将其送交看守所羁押

D. 犯罪嫌疑人是聋哑人

【本题解析】

本题考查的是审查批捕阶段讯问犯罪嫌疑人的程序。

【解析】

《高检规则》第 280 条第 1 款规定："人民检察院办理审查逮捕案件，可以讯问犯罪嫌

---

〔1〕　答案：ABCD。

疑人；具有下列情形之一的，应当讯问犯罪嫌疑人：（一）对是否符合逮捕条件有疑问的；（二）犯罪嫌疑人要求向检察人员当面陈述的；（三）侦查活动可能有重大违法行为的；（四）案情重大、疑难、复杂的；（五）犯罪嫌疑人认罪认罚的；（六）犯罪嫌疑人系未成年人的；（七）犯罪嫌疑人是盲、聋、哑人或者是尚未完全丧失辨认或者控制自己行为能力的精神病人的。"本题中，A 项中犯罪嫌疑人的供述前后反复且与其他证据矛盾，属于上述第（一）种情形。B 项中犯罪嫌疑人要求向检察机关当面陈述属于上述第（二）种情形。C 项中侦查机关拘留犯罪嫌疑人 36 小时以后将其送交看守所羁押的行为属于上述第（三）种情形，因为，《刑诉法》第 85 条第 2 款规定，拘留后，应当立即将被拘留人送看守所羁押，至迟不得超过 24 小时。D 项中犯罪嫌疑人是聋哑人属于上述第（七）种情形。故本题正确答案为 ABCD 四项。

四、羁押必要性审查

	重点	其他注意
概念	对被<u>逮捕</u>的犯罪嫌疑人、被告人有无继续羁押的必要性进行审查，对不需要继续羁押的，<u>建议办案机关予以释放</u>或者<u>变更强制措施</u>的监督活动。	
办理机关	办案机关对应的<u>同级检察院负责捕诉的检察部门</u>。	
立案	**1. 依申请初审** （1）申请审查的主体 <u>犯罪嫌疑人、被告人及其法定代理人、近亲属、辩护人</u>。（看守所建议） （2）附随义务 ①应当说明不需要继续羁押的<u>理由</u>。 ②有相关证明<u>材料</u>的，应当一并提供。 （3）受理机关 办案机关对应的<u>同级人民检察院负责捕诉的检察部门</u>。 （4）立案初审 经过初审，在 <u>3 个工作日</u>以内提出是否立案审查的意见。	1. 办案机关对应的同级人民检察院负责控告申诉检察的部门或者负责案件管理的部门收到羁押必要性审查申请后，应当在当日移送本院负责捕诉的部门。 2. 其他人民检察院收到羁押必要性审查申请的，应当告知申请人向办案机关对应的同级人民检察院提出申请，或者在两个工作日以内将申请材料移送办案机关对应的同级人民检察院，并告知申请人。 3. 初审启动两种方式： （1）<u>依申请（依看守所建议）</u>； （2）<u>依职权</u>。
	2. 依职权初审 （1）负责捕诉的部门依法对侦查和审判阶段的羁押必要性进行审查。经审查认为不需要继续羁押的，应当建议公安机关或者人民法院释放犯罪嫌疑人、被告人或者变更强制措施。 （2）审查起诉阶段，负责捕诉的部门经审查认为不需要继续羁押的，应当直接释放犯罪嫌疑人或者变更强制措施。 （3）负责刑事执行检察的部门收到有关材料或者发现不需要继续羁押的，应当及时将有关材料和意见移送负责捕诉的部门。	
	3. 初审结果 （1）立案 发现可能具有释放或者变更强制措施情形的，检察官应当制作立案报告书，<u>经检察长或者分管副检察长批准后予以立案</u>。 （2）不立案 对于①<u>无理由</u>或者②<u>理由明显不成立</u>的申	

续表

		重点	其他注意
		请，或者经人民检察院审查后③<u>未提供新的证明材料或者没有新的理由而再次申请的</u>，由检察官决定<u>不予立案</u>，并书面告知申请人。	4. <u>立案，检察长批准</u>；<u>不立案，检察官决定</u>。
审查	1. 审查方式	（1）审查犯罪嫌疑人、被告人不需要继续羁押的理由和证明材料； （2）听取犯罪嫌疑人、被告人及其法定代理人、辩护人的意见； （3）听取被害人及其法定代理人、诉讼代理人的意见，了解是否达成和解协议； （4）听取办案机关的意见； （5）调查核实犯罪嫌疑人、被告人的身体健康状况； （6）需要采取的其他方式。	办理羁押必要性审查案件应当制作羁押必要性审查报告。
	2. 审查形式	必要时<u>可以公开</u>审查。但是，涉及国家秘密、商业秘密、个人隐私的案件除外。	
	3. 应当建议释放、变更	（1）<u>没有犯罪</u>； （2）<u>无需监禁</u>； （3）<u>超过刑期</u>； （4）事实基本查清，证据已固定，<u>符合取监</u>。	
	4. 可以建议释放、变更	（1）预备犯或者中止犯； （2）共同犯罪中的从犯或者胁从犯； （3）过失犯罪的； （4）防卫过当或者避险过当的； （5）主观恶性较小的初犯； （6）系未成年人或者已满75周岁的人； （7）与被害方依法自愿达成和解协议，且已经履行或者提供担保的； （8）认罪认罚的； （9）患有严重疾病、生活不能自理的； （10）怀孕或者正在哺乳自己婴儿的妇女； （11）系生活不能自理的人的唯一扶养人； （12）可能被判处1年以下有期徒刑或者宣告缓刑的； （13）其他不需要继续羁押的情形。	

续表

	重点		其他注意
结案	1. 时间	立案后 10 个工作日以内决定是否提出释放或者变更强制措施的建议。案件复杂的，可以延长 5 个工作日。	1. 认为有继续羁押必要的，由检察官决定结案，无需经过检察长。2. 对于依申请立案审查的案件办结后，应当将结果及时书面告知申请人。
	2. 无继续羁押必要的处理	（1）发出建议，10 日回复。认为无继续羁押必要的，应当报经检察长或者分管副检察长批准，以本院名义向办案机关发出释放或者变更强制措施建议书，并要求办案机关在 10 日以内回复处理情况。（2）跟踪监督，纠正违法。办案机关未在 10 日以内回复处理情况的，可以报经检察长或者分管副检察长批准，以本院名义向其发出纠正违法通知书，要求其及时回复。	
	3. 有继续羁押必要的处理	认为有继续羁押必要的，由检察官决定结案，并通知办案机关。	

第五节　强制措施的撤销与变更※

强制措施的撤销与变更 { 一般规定　申请变更、解除强制措施　强制措施变更

○ 重点解读

一、一般规定

公安机关释放被逮捕的人或者变更逮捕措施的，应当通知原批准的人民检察院。

犯罪嫌疑人、被告人被羁押的案件，不能在法定期限内办结的，对犯罪嫌疑人、被告人应当予以释放；需要继续查证、审理的，对犯罪嫌疑人、被告人可以取保候审或者监视居住。

> **要点提示**
>
> 公安机关无权决定逮捕犯罪嫌疑人，需要检察机关的批准。但是，公安机关有权决定释放被逮捕的人，无需检察机关批准，只需要通知检察机关一声即可。

二、申请变更、解除强制措施

犯罪嫌疑人、被告人及其法定代理人、近亲属或者辩护人有权：

1. 申请变更强制措施。人民法院、人民检察院和公安机关收到申请后，应当在 3 日以内作出决定；不同意变更强制措施的，应当告知申请人，并说明不同意的理由。

2. 强制措施法定期限届满的，有权要求解除强制措施。

三、强制措施变更

（一）变更为逮捕措施

指的是从取保候审措施或者监视居住措施变更为逮捕措施。

1. 对于检察院而言

（1）犯罪嫌疑人有下列违反取保候审规定的行为，人民检察院应当对犯罪嫌疑人予以逮捕：

①故意实施新的犯罪；

②企图自杀、逃跑；

③实施毁灭、伪造证据，串供或者干扰证人作证，足以影响侦查、审查起诉工作正常进行；

④对被害人、证人、鉴定人、举报人、控告人及其他人员实施打击报复。

（2）犯罪嫌疑人有下列违反取保候审规定的行为，人民检察院可以对犯罪嫌疑人予以逮捕：

①未经批准，擅自离开所居住的市、县，造成严重后果，或者两次未经批准，擅自离开所居住的市、县；

②经传讯不到案，造成严重后果，或者经两次传讯不到案；

③住址、工作单位和联系方式发生变动，未在 24 小时以内向公安机关报告，造成严重后果；

④违反规定进入特定场所、与特定人员会见或者通信、从事特定活动，严重妨碍诉讼程序正常进行。

（3）犯罪嫌疑人有下列违反监视居住规定的行为，人民检察院应当对犯罪嫌疑人予以逮捕：

①故意实施新的犯罪行为；

②企图自杀、逃跑；

③实施毁灭、伪造证据或者串供、干扰证人作证行为，足以影响侦查、审查起诉工作正常进行；

④对被害人、证人、鉴定人、举报人、控告人及其他人员实施打击报复。

（4）犯罪嫌疑人有下列违反监视居住规定的行为，人民检察院可以对犯罪嫌疑人予以逮捕：

①未经批准，擅自离开执行监视居住的处所，造成严重后果，或者两次未经批准，擅自离开执行监视居住的处所；

②未经批准，擅自会见他人或者通信，造成严重后果，或者两次未经批准，擅自会见他人或者通信；

③经传讯不到案，造成严重后果，或者经两次传讯不到案。

有（3）（4）所述情形，需要对犯罪嫌疑人予以逮捕的，可以先行拘留。如果是取保候审已交纳保证金的，同时书面通知公安机关没收保证金。

2. 对于法院而言

（1）被取保候审的被告人具有下列情形之一的，人民法院应当决定逮捕：

①故意实施新的犯罪的；

②企图自杀或者逃跑的；

③毁灭、伪造证据，干扰证人作证或者串供的；

④打击报复、恐吓滋扰被害人、证人、鉴定人、举报人、控告人等的；

⑤经传唤，无正当理由不到案，影响审判活动正常进行的；

⑥擅自改变联系方式或者居住地，导致无法传唤，影响审判活动正常进行的；

⑦未经批准，擅自离开所居住的市、县，影响审判活动正常进行，或者两次未经批准，擅自离开所居住的市、县的；

⑧违反规定进入特定场所、与特定人员会见或者通信、从事特定活动，影响审判活动正常进行，或者两次违反有关规定的；

⑨依法应当决定逮捕的其他情形。

（2）被监视居住的被告人具有下列情形之一的，人民法院应当决定逮捕：

①具有前述①至⑤规定情形之一的；

②未经批准，擅自离开执行监视居住的处所，影响审判活动正常进行，或者两次未经批准，擅自离开执行监视居住的处所的；

③未经批准，擅自会见他人或者通信，影响审判活动正常进行，或者两次未经批准，擅自会见他人或者通信的；

④对因患有严重疾病、生活不能自理，或者因怀孕、正在哺乳自己婴儿而未予逮捕的被告人，疾病痊愈或者哺乳期已满的；

⑤依法应当决定逮捕的其他情形。

（3）对可能判处徒刑以下刑罚的被告人，违反取保候审、监视居住规定，严重影响诉讼活动正常进行的，可以决定逮捕。

（二）变更逮捕措施

指的是从逮捕措施变更为取保候审、监视居住措施或者释放。

1. 可以变更逮捕措施

对于法院而言，被逮捕的被告人具有下列情形之一的，人民法院可以变更强制措施：

（1）患有严重疾病、生活不能自理的；

（2）怀孕或者正在哺乳自己婴儿的；

（3）系生活不能自理的人的唯一扶养人。

2. 应当变更逮捕措施

（1）对于公安机关或者检察院而言：

犯罪嫌疑人已被逮捕的，如果发现犯罪嫌疑人没有犯罪事实或者不符合逮捕条件，又或者逮捕已经超过办案期限的，应当释放犯罪嫌疑人或者变更强制措施。

（2）对于法院而言：

被逮捕的被告人具有下列情形之一的，人民法院应当立即释放；必要时，可以依法变更强制措施：

①第一审人民法院判决被告人无罪、不负刑事责任或者免予刑事处罚的；

②第一审人民法院判处管制、宣告缓刑、单独适用附加刑，判决尚未发生法律效力的；

③被告人被羁押的时间已到第一审人民法院对其判处的刑期期限的；

④案件不能在法律规定的期限内审结的。

要点提示

由轻变重或跨越阶段，原强制措施不办解除：

取保候审变更为监视居住的，取保候审、监视居住变更为拘留、逮捕的，对原强制措施不再办理解除法律手续。

案件在取保候审、监视居住期间移送审查起诉后，人民检察院决定继续取保候审、监视居住或者变更强制措施的，对原强制措施不再办理解除法律手续。

【经典真题】

2016 年多项选择题第 70 题：[1]

下列哪些情形，法院应当变更或解除强制措施？

A. 甲涉嫌绑架被逮捕，案件起诉至法院时发现怀有身孕

B. 乙涉嫌非法拘禁被逮捕，被法院判处有期徒刑 2 年，缓期 2 年执行，判决尚未发生法律效力

C. 丙涉嫌妨害公务被逮捕，在审理过程中突发严重疾病

D. 丁涉嫌故意伤害被逮捕，因对被害人伤情有异议而多次进行鉴定，致使该案无法在法律规定的一审期限内审结

【本题解析】

本题考查的是逮捕后的变更。《刑诉法》第 74 条第 1 款规定："人民法院、人民检察院和公安机关对符合逮捕条件，有下列情形之一的犯罪嫌疑人、被告人，可以监视居住：（1）患有严重疾病、生活不能自理的；（2）怀孕或者正在哺乳自己婴儿的妇女；（3）系生活不能自理的人的唯一扶养人；（4）因为案件的特殊情况或者办理案件的需要，采取监视居住措施更为适宜的；（5）羁押期限届满，案件尚未办结，需要采取监视居住措施的。"因此，AC 项是可以变更为监视居住，而不是应当。AC 项不当选。《高法解释》第 170 条规定："被逮捕的被告人具有下列情形之一的，人民法院应当立即释放；必要时，可以依法变更强制措施：（1）第一审人民法院判决被告人无罪、不负刑事责任或者免予刑事处罚的；（2）第一审人民法院判处管制、宣告缓刑、单独适用附加刑，判决尚未发生法律效力的；（3）被告人被羁押的时间已到第一审人民法院对其判处的刑期期限的；（4）案件不能在法律规定的期限内审结的。"因此，BD 项当选。

---

[1]　答案：BD。

第九章

附带民事诉讼 ※

导学

　　刑事案件中的被害人由于遭受了犯罪嫌疑人、被告人的不法侵害，一般都会有物质损失，如误工费、医药费，等等。这些物质损失可以通过附带民事诉讼的方式在解决被告人刑事责任问题的同时一并解决。既然叫附带民事诉讼，该制度即附属于刑事诉讼，刑事诉讼的发生是附带民事诉讼的前提。另外，附带民事诉讼不支持精神损害赔偿请求。因此，附带民事诉讼是不同于普通民事诉讼的一种特殊司法程序。

　　本章内容不多，但年年考题中都会出现，考生应重视。

　　考生应重点掌握附带民事诉讼的成立条件、附带民事诉讼当事人、附带民事诉讼的提起条件、财产保全、附带民事诉讼的相关程序，本章法条知识不少，考生应重点掌握。

知识体系

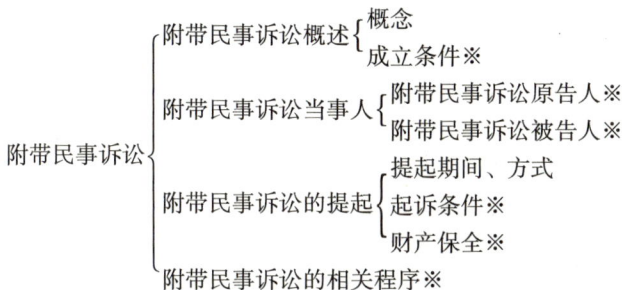

本章重点

第一节　附带民事诉讼概述

重点解读

一、附带民事诉讼的概念

刑事附带民事诉讼，是指公安司法机关在刑事诉讼过程中，在解决被告人刑事责任的同时，附带解决被告人的犯罪行为所造成的物质损失的赔偿问题，而进行的民事诉讼活动。被害人由于被告人的犯罪行为而遭受物质损失的，在刑事诉讼过程中，有权提起附带民事诉讼。被害人死亡或者丧失行为能力的，被害人的法定代理人、近亲属有权提起附带民事诉讼。

如果是国家财产、集体财产遭受损失的，人民检察院在提起公诉的时候，可以提起附带民事诉讼。

国家财产、集体财产遭受损失，受损失的单位未提起附带民事诉讼，人民检察院在提起公诉时提起附带民事诉讼的，人民法院应当受理。

人民检察院提起附带民事诉讼的，应当列为附带民事诉讼原告人。

二、附带民事诉讼的成立条件※

（一）附带民事诉讼成立的前提是刑事诉讼已经成立。

（二）被害人遭受的必须是物质损失，精神损失的赔偿请求，一般不予受理。

（三）被害人的物质损失是因被告人的犯罪行为引起的。

要点提示

1. 正确理解"物质损失"

（1）附带民事诉讼中，精神损害一般不赔。不论是在附带民事诉讼中，还是另行提起单独的民事诉讼，精神损害一般不予支持。当然如果被害人在刑事案件审结以后另行提起物质损害赔偿民事诉讼的，法院可以受理。

（2）物质损失指的是：

①被害人因人身权利受到犯罪侵犯而遭受物质损失。

但是，国家机关工作人员在行使职权时，侵犯他人人身、财产权利构成犯罪，被害人或者其法定代理人、近亲属提起附带民事诉讼的，人民法院不予受理，但应当告知其可以依法申请国家赔偿。

②被害人因财物被犯罪分子毁坏而遭受物质损失。

注意，财物必须是"毁坏"，才有权在刑事诉讼过程中提起附带民事诉讼。如果被告人非法占有、处置被害人财产的，应当依法予以追缴或者责令退赔。被害人提起附带民事诉讼的，人民法院不予受理。追缴、退赔的情况，可以作为量刑情节考虑。

③物质损失是因犯罪行为侵害所造成的直接物质损失。

所谓直接物质损失，指的是因犯罪行为侵害所导致的最直接的损失，不包含因犯罪行为侵害而造成的间接损失。譬如，甲故意伤害乙，乙因伤害而产生的医药费属于直接物质损失。但如果是由于受到伤害，乙不能履行之前与丙签订的合同导致违约，丙要求乙承担违约责任。乙因此而卷入民事诉讼并承担赔偿责任，乙的这个损失不属于甲故意伤害行为造成的直接物质损失。

2. 检察机关的角色

国家财产、集体财产遭受损失，检察院作为公共利益的代表，"可以"而非"应当"提起附带民事诉讼。如果受损失的单位已经提出了赔偿要求，检察院就不必"多管闲事"了。

3. 当然有权启动附带民事诉讼的人只有<u>被害人</u>，被害人的法定代理人或者近亲属提起附带民事诉讼需要以被害人死亡或者丧失行为能力为前提。

具体分工是：被害人<u>死亡</u>的，<u>近亲属</u>可以提附民；被害人<u>丧失行为能力</u>的，<u>法定代理人</u>可以<u>代为</u>提附民。

第二节　附带民事诉讼的提起※

图表总结

	内容	注意
一、附民原告人	1. 因犯罪行为遭受物质损失的<u>公民、企业、事业单位、机关、团体</u>等。 2. 当被害人是未成年人或精神病患者等<u>无行为能力人</u>或者限制行为能力人时，他们的<u>法定代理人</u>可以代为提起附带民事诉讼。 3. 当被害人<u>死亡</u>时，其<u>近亲属</u>可以提起附带民事诉讼。 4. 如果是国家财产、集体财产遭受损失的，人民<u>检察院</u>在提起公诉时，<u>可以</u>提起附带民事诉讼。	
二、附民被告人	对犯罪行为造成的物质损失负有赔偿责任的人包括： 1. 刑事被告人以及未被追究刑事责任的<u>其他共同侵害人</u>； 2. 刑事被告人的<u>监护人</u>； 3. 死刑罪犯的<u>遗产继承人</u>； 4. 共同犯罪案件中，案件审结前死亡的被告人的<u>遗产继承人</u>； 5. 对被害人的物质损失依法应当承担赔偿责任的<u>其他单位</u>和<u>个人</u>。	1. 简单记忆就是：<u>被、共、监、继</u>。"被"是被告人，"共"是共同侵害人，"监"是监护人，"继"是继承人。这些人既可以是单位，也可以是个人。 2. 附带民事诉讼被告人的<u>亲属、朋友</u>自愿代为赔偿的，<u>可以</u>准许。 3. 共同犯罪案件，<u>同案犯在逃的</u>，<u>不应</u>列为附带民事诉讼被告人。逃跑的同案犯到<u>案后</u>，被害人或者其法定代理人、近亲属可以对其提起附带民事诉讼，但已经从其他共同犯罪人处获得足额赔偿的除外。
三、理由	1. <u>人身权利</u>受到犯罪侵犯而遭受物质损失。 2. <u>财物</u>被犯罪分子毁坏而遭受物质损失。	1. <u>只赔偿物质损失</u>。因受到犯罪侵犯，提起附带民事诉讼或者单独提起民事诉讼要求赔偿精神损失的，人民法院一般不予受理。 2. 被告人<u>非法占有</u>、<u>处置</u>被害人财产的，应当依法予以<u>追缴</u>或者责令<u>退赔</u>。被害人提起附带民事诉讼的，人民法院<u>不予受理</u>。

续表

	内容	注意
		3. 国家机关工作人员在行使职权时，侵犯他人人身、财产权利构成犯罪，被害人或者其法定代理人、近亲属提起附带民事诉讼的，人民法院不予受理，但应当告知其可以依法申请国家赔偿。
四、时间	应当在刑事案件立案后及时提起。	
五、起诉条件	附带民事诉讼的起诉条件是： 1. 起诉人符合法定条件； 2. 有明确的被告人； 3. 有请求赔偿的具体要求和事实、理由； 4. 属于人民法院受理附带民事诉讼的范围。	
六、财产保全	1. 诉中财产保全 (1) 人民法院在必要的时候，可以采取保全措施，查封、扣押或者冻结被告人的财产。附带民事诉讼原告人或者人民检察院可以申请人民法院采取保全措施。 (2) 人民法院采取诉中财产保全措施，可以责令申请人提供担保，申请人不提供担保的，裁定驳回申请。 人民法院接受申请后，对情况紧急的，必须在48小时内作出裁定。 裁定采取保全措施的，应当立即开始执行。 2. 诉前财产保全 (1) 有权提起附带民事诉讼的人因情况紧急，不立即申请保全将会使其合法权益受到难以弥补的损害的，可以在提起附带民事诉讼前，向被保全财产所在地、被申请人居住地或者对案件有管辖权的人民法院申请采取保全措施。 申请人在人民法院受理刑事案件后15日内未提起附带民事诉讼的，人民法院应当解除保全措施。 (2) 人民法院采取诉前财产保全措施，申请人应当提供担保，申请人不提供担保的，裁定驳回申请。 人民法院接受申请后，必须在48小时内作出裁定。 裁定采取保全措施的，应当立即开始执行。	人民法院采取保全措施，适用《民事诉讼法》的有关规定。

要点提示

1. 财产保全有<u>两种启动方式</u>：

(1) <u>依职权</u>启动。人民法院在必要的时候，可以采取保全措施。

(2) <u>依申请</u>启动。附带民事诉讼原告人或者人民检察院可以申请人民法院采取保全措施。

2. 财产保全的<u>手段</u>包括：<u>查封、扣押或者冻结被告人的财产</u>。

3. 财产保全通常发生在附带民事诉讼启动后，但如果情况紧急，不立即申请保全将会造成难以弥补的损害的，可以在提起附带民事诉讼前，申请采取保全措施。

4. 财产保全的管辖法院包括：<u>被保全财产所在地法院、被申请人居住地法院</u>或者<u>对案件有管辖权的法院</u>。

5. 注意诉中、诉前财产保全的区别：

诉中财产保全：法院<u>可以</u>责令申请人提供担保。法院接受申请后，对情况<u>紧急</u>的，<u>48小时</u>内作出裁定。

诉前财产保全：申请人<u>应当</u>提供担保。法院接受申请后，<u>必须在48小时内作出裁定</u>。

【经典真题】

2017年单项选择题第28题：[1]

甲系某地交通运输管理所工作人员，在巡查执法时致一辆出租车发生重大交通事故，司机乙重伤，乘客丙当场死亡，出租车严重受损。甲以滥用职权罪被提起公诉。关于本案处理，下列哪一选项是正确的？

A. 乙可成为附带民事诉讼原告人

B. 交通运输管理所可成为附带民事诉讼被告人

C. 丙的妻子提起附带民事诉讼的，法院应裁定不予受理

D. 乙和丙的近亲属可与甲达成刑事和解

【本题解析】

本题考查的是附带民事诉讼的当事人等知识点。《高法解释》第177条规定："国家机关工作人员在行使职权时，侵犯他人人身、财产权利构成犯罪，被害人或者其法定代理人、近亲属提起附带民事诉讼的，人民法院不予受理，但应当告知其可以依法申请国家赔偿。"本案是滥用职权罪。据此，A项、B项明显错误，C项正确。《刑诉法》第288条规定："下列公诉案件，犯罪嫌疑人、被告人真诚悔罪，通过向被害人赔偿损失、赔礼道歉等方式获得被害人谅解，被害人自愿和解的，双方当事人可以和解：（一）因民间纠纷引起，涉嫌刑法分则第四章、第五章规定的犯罪案件，可能判处3年有期徒刑以下刑罚的；（二）除渎职犯罪以外的可能判处7年有期徒刑以下刑罚的过失犯罪案件。犯罪嫌疑人、被告人在5年以内曾经故意犯罪的，不适用本章规定的程序。"滥用职权罪属于渎职类犯罪，不得和解。据此，D项错误。

---

[1] 答案：C。

第三节　附带民事诉讼的相关程序※

图表总结

	内容	注意
一、与刑事审判的关系	附带民事诉讼应当同刑事案件<u>一并审判</u>，只有为了<u>防止刑事案件审判的过分迟延</u>，才可以在刑事案件审判后，由<u>同一</u>审判组织继续审理附带民事诉讼。	同一审判组织的成员确实不能继续参与审判的，可以更换。
二、权利告知	1. 人民法院受理刑事案件后，对符合提起附带民事诉讼条件的，<u>可以</u>告知被害人或者其法定代理人、近亲属有权提起附带民事诉讼。 2. 有权提起附带民事诉讼的人放弃诉讼权利的，<u>应当准许</u>，并记录在案。	
三、受理、立案	被害人或者其法定代理人、近亲属提起附带民事诉讼的，人民法院应当在 <u>7 日</u>内决定是否受理。符合附带民事诉讼条件的，应当受理；不符合的，<u>裁定</u>不予受理。	提起附带民事诉讼应当提交附带民事起诉状。
四、附民当事人不到庭的处理	1. 附带民事诉讼<u>原告人</u>经传唤，无正当理由<u>拒不到庭</u>，或者未经法庭许可<u>中途退庭</u>的，应当按撤诉处理。 2. <u>刑事被告人以外</u>的附带民事诉讼被告人经传唤，无正当理由<u>拒不到庭</u>，或者未经法庭许可<u>中途退庭</u>的，附带民事部分可以<u>缺席判决</u>。 3. 刑事被告人以外的附带民事诉讼被告人下落不明，或者用公告送达以外的其他方式无法送达，可能导致刑事案件审判过分迟延的，可以不将其列为附带民事诉讼被告人，告知附带民事诉讼原告人另行提起民事诉讼。	刑事被告人必须到庭。
五、附带民事诉讼的权利放弃	1. 被害人或者其法定代理人、近亲属仅对<u>部分</u>共同侵害人提起附带民事诉讼的，人民法院<u>应当告知</u>其可以对其他共同侵害人，包括没有被追究刑事责任的共同侵害人，一并提起附带民事诉讼，但共同犯罪案件中<u>同案犯在逃</u>的除外。 2. 被害人或者其法定代理人、近亲属<u>放弃</u>对其他共同侵害人的诉讼权利的，人民法院<u>应当告知</u>其相应法律后果，并在裁判文书中说明其放弃诉讼请求的情况。	
六、检察院提起附带民事诉讼的审理	1. 判令向遭受损失的单位赔偿。 2. 遭受损失的单位已经<u>终止</u>，向<u>继受人</u>赔偿。 3. 没有权利义务继受人的，<u>向检察院交付</u>赔偿款并<u>上缴国库</u>。	
七、举证责任	谁主张、谁举证。	

续表

	内容	注意
八、赔偿数额与调解	（一）赔偿数额 1. 对附带民事诉讼作出判决，应当根据犯罪行为造成的物质损失，结合案件具体情况，确定被告人应当赔偿的数额。 2. 犯罪行为造成被害人人身损害的，应当赔偿医疗费、护理费、交通费等为治疗和康复支付的合理费用，以及因误工减少的收入。造成被害人残疾的，还应当赔偿残疾生活辅助器具费等费用；造成被害人死亡的，还应当赔偿丧葬费等费用。 （二）调解 1. 人民法院审理附带民事诉讼案件，可以根据自愿、合法的原则进行调解。经调解达成协议的，应当制作调解书。调解书经双方当事人签收后，即具有法律效力。 2. 调解达成协议并即时履行完毕的，可以不制作调解书，但应当制作笔录，经双方当事人、审判人员、书记员签名或者盖章后即发生法律效力。 3. 调解未达成协议或者调解书签前当事人反悔的，附带民事诉讼应当同刑事诉讼一并判决。	审前阶段调解，审判阶段再提起附民的处理： 侦查、审查起诉期间，有权提起附带民事诉讼的人提出赔偿要求，经公安机关、人民检察院调解，当事人双方已经达成协议并全部履行，被害人或者其法定代理人、近亲属又提起附带民事诉讼的，人民法院不予受理，但有证据证明调解违反自愿、合法原则的除外。
九、可作为量刑情节考虑的情形	赔偿被害人物质损失的情况可在量刑时考虑。	注意不是定罪情节，不能赔钱了就不定罪了。
十、刑事被告人无罪或者检察院撤诉后对附带民事的处理	1. 人民法院认定公诉案件被告人的行为不构成犯罪，对已经提起的附带民事诉讼，经调解不能达成协议的，可以一并作出刑事附带民事判决，也可以告知附带民事原告人另行提起民事诉讼。 2. 人民法院准许人民检察院撤回起诉的公诉案件，对已经提起的附带民事诉讼，可以进行调解，不宜调解或经调解不能达成协议的，应当裁定驳回起诉，并告知附带民事诉讼原告人可以另行提起民事诉讼。	
十一、二审期间提起附带民事诉讼的处理	1. 第一审期间未提起附带民事诉讼，在第二审期间提起的，第二审人民法院可以依法进行调解； 2. 调解不成的，告知当事人可以在刑事判决、裁定生效后另行提起民事诉讼。	
十二、其他规定	1. 人民法院审理附带民事诉讼案件，不收取诉讼费。 2. 人民法院审理附带民事诉讼案件，除刑法、刑事诉讼法以及刑事司法解释已有规定的以外，适用民事法律的有关规定。 3. 被害人或者其法定代理人、近亲属在刑事诉讼过程中未提起附带民事诉讼，另行提起民事诉讼的，人民法院可以进行调解，或者根据物质损失情况作出判决。 4. 法院在受理刑事附带民事诉讼案件后3个月内无法审结的，经上一级法院批准，可以延长3个月。	

【经典真题】

2014 年单项选择题第 32 题：[1]

韩某和苏某共同殴打他人，致被害人李某死亡、吴某轻伤，韩某还抢走吴某的手机。后韩某被抓获，苏某在逃。关于本案的附带民事诉讼，下列哪一选项是正确的？

A. 李某的父母和祖父母都有权提起附带民事诉讼

B. 韩某和苏某应一并列为附带民事诉讼的被告人

C. 吴某可通过附带民事诉讼要求韩某赔偿手机

D. 吴某在侦查阶段与韩某就民事赔偿达成调解协议并全部履行后又提起附带民事诉讼，法院不予受理

【本题解析】

附带民事诉讼当事人、成立条件及审理。《刑诉法》第 101 条第 1 款规定，被害人由于被告人的犯罪行为而遭受物质损失的，在刑事诉讼过程中，有权提起附带民事诉讼。被害人死亡或者丧失行为能力的，被害人的法定代理人、近亲属有权提起附带民事诉讼。《刑诉法》第 108 条第 6 项规定，"近亲属"是指夫、妻、父、母、子、女、同胞兄弟姊妹。A 项中，被害人李某的父母作为李某的近亲属有权提起附带民事诉讼，李某的祖父母不是李某的近亲属，不能提起附带民事诉讼。故 A 项错误。《高法解释》第 183 条规定，共同犯罪案件，同案犯在逃的，不应列为附带民事诉讼被告人。逃跑的同案犯到案后，被害人或者其法定代理人、近亲属可以对其提起附带民事诉讼，但已经从其他共同犯罪人处获得足额赔偿的除外。本案中，苏某在逃，不应把苏某列为附带民事诉讼被告人。故 B 项错误。《高法解释》第 176 条规定，被告人非法占有、处置被害人财产的，应当依法予以追缴或者责令退赔。被害人提起附带民事诉讼的，人民法院不予受理。追缴、退赔的情况，可以作为量刑情节考虑。故 C 项错误。《高法解释》第 185 条规定，侦查、审查起诉期间，有权提起附带民事诉讼的人提出赔偿要求，经公安机关、人民检察院调解，当事人双方已经达成协议并全部履行，被害人或者其法定代理人、近亲属又提起附带民事诉讼的，人民法院不予受理，但有证据证明调解违反自愿、合法原则的除外。故 D 项正确。本题正确答案为 D 项。

十三、附带民事诉讼法律文书

（一）附带民事起诉状

附带民事起诉状，是指有权提起附带民事诉讼的人在刑事诉讼活动中依法要求被告人或其他责任人员承担民事赔偿责任的法律文书。附带民事起诉状中应当重点写明被告人的犯罪行为给被害人造成物质损失及有关证据。

刑事附带民事起诉状有首部、正文和尾部三部分：

首部包括两项内容。文书名称（刑事附带民事起诉状）和当事人基本信息。譬如，附带民事诉讼原告人、被告人的姓名、性别、出生日期、民族、出生地、文化程度，等等。

正文包括三项：

1. 诉讼请求。写明请求赔偿的项目和数额。

2. 事实与理由。写明实际经济损失的情况及有关法律规定，写明应当由附带民事诉讼

---

[1]　答案：D。

被告人承担民事赔偿责任的原因。

3. 证明损失的证据。应当逐一列明证据的名称、种类、来源。

尾部应当写明：

1. 致送法院的名称。

2. 附带民事起诉状的份数。

3. 附带民事诉讼原告人签名或者盖章以及时间。

（二）刑事附带民事诉讼判决书

刑事附带民事诉讼判决书是法院依法对刑事附带民事案件就被告人的行为是否构成犯罪和需要追究刑事责任以及是否需要承担民事责任作出的书面裁决。

刑事附带民事诉讼的判决由五部分组成：

1. 首部

需要写明：

（1）判决书的名称、案号。

（2）附带民事诉讼当事人的身份。委托诉讼代理人的要列明诉讼代理人。

（3）案件由来、审判组织、审判方式和审判过程。需写明附带民事诉讼原告人向法院提起了附带民事诉讼。

2. 事实部分

简单案件可用 5 个自然段表述：

（1）概述。检察院指控被告人犯罪的事实、证据和适用法律的意见。

（2）简述附带民事诉讼原告人起诉的内容。

（3）写明刑事被告人对指控的供述或辩解、附带民事诉讼原告人的诉讼请求、辩护人提出的辩护意见及有关证据。

（4）写明经法庭审理查明的全部事实。包括认定的犯罪事实与被害人遭受经济损失的事实。

（5）写明并论证据以定案的证据。

3. 理由部分

（1）论证犯罪是否成立。

（2）论证被害人是否遭受经济损失及被告人是否应当赔偿。

（3）论证是否采纳控辩双方意见并说明理由。

4. 判决结果

（1）写明被告人构成了何罪，应处何种刑罚，或者无罪。

（2）写明附带民事诉讼部分如何解决。

5. 尾部

（1）写明告知上诉权、上诉期限和上诉方法。

（2）合议庭组成人员署名。

（3）作出判决的时间。

（4）加盖人民法院印章。

（5）书记员署名。

导学

　　刑事诉讼法中的期间是非常重要的，法律条文中有非常多的 3 日、5 日、7 日、15 日、1 个月等期间规定，考试中百考不厌，考生应当尽量熟悉。本章内容在历年考试中出现不多，学习本章以熟悉为主。

知识体系

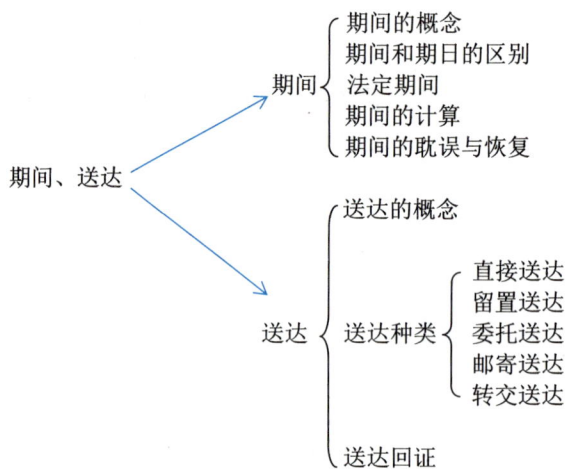

本章重点

第一节　期　间

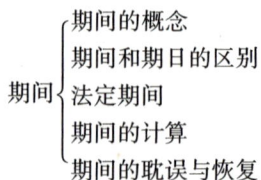

一、期间的概念

○ 重点解读

期间，是指公安司法机关和诉讼参与人完成某项刑事诉讼行为必须遵守的法定期限。

期间分为法定期间和指定期间两种。法定期间，是指由法律明确规定的期间。指定期间，是指由公安司法机关指定的期间。

确定期间需要考虑：

1. 能够查明犯罪事实，正确处理案件。

2. 保证及时惩罚犯罪。

3. 保障公民行使诉讼权利。

4. 督促公安司法机关提高办案效率，保障公民合法权益。

二、期间和期日的区别

○ 重点解读

期日，是指公安司法机关和诉讼参与人共同进行刑事诉讼活动的特定时间。立法对期日没有作出规定，一般由公、检、法根据法律规定和案件情况予以确定。

期间与期日的区别主要包括：

1. 期日是一个特定的时间单位、时间点，期间则是指一定期限内的时间、时间段。

2. 期日是公安司法机关和诉讼参与人共同进行某项刑事诉讼活动的时间。譬如，法院公示4月1日开庭审判，到那一天，法官、控辩双方、各诉讼参与人都要来参加。期间则是指公安司法机关和诉讼参与人各自单独进行某项诉讼活动的时间，即只规制某一方主体的时间。譬如，一审的审限原则上2个月，这2个月主要是规制法官的，而不规制其他人。

3. 期日由公安司法机关指定，遇有特定情形时可以另行指定期日。期间原则上由法律规定，不得任意变更。

4. 期日只规定开始的时间，不规定终止的时间。

5. 期日开始后必须立即实施某项诉讼行为。期间开始后不要求立即实施诉讼行为，只要是在期间内实施都是有效的。譬如，法院公示4月1日开庭审理，那么4月1日就必须开这个庭、审这个案。

三、法定期间

综合重点

各种主要期限	具体内容
第一次讯问或者采取强制措施之日	1. 犯罪嫌疑人被第一次讯问或者采取强制措施之日起，有权委托辩护人。 2. 侦查机关对犯罪嫌疑人第一次讯问或者采取强制措施的时候，应当告知犯罪嫌疑人有权委托辩护人。

续表

各种主要期限	具体内容
随时	1. 被告人有权随时委托辩护人。 2. 自诉案件的自诉人及其法定代理人，附带民事诉讼的当事人及其法定代理人，有权随时委托诉讼代理人。
立即（当庭）	1. 逮捕后，应当立即将被逮捕人送押看守所。 2. 人民法院定期宣判的，应当在宣判后立即送达判决书。 3. 判决被告人无罪、免予刑事处罚的，如果被告人在押，在宣判后应当立即释放。 4. 人民检察院认为暂予监外执行不当并提出书面意见后，决定或者批准暂予监外执行的机关接到人民检察院的书面意见后，应当立即对该决定进行重新核查。 5. 适用速裁程序审理案件，应当当庭宣判。
移送审查起诉之日	公诉案件的被害人及其法定代理人或者近亲属，附带民事诉讼的当事人及其法定代理人，自案件移送审查起诉之日起，有权委托诉讼代理人。
12 小时	传唤、拘传持续的时间不得超过 12 小时。
24 小时	1. 传唤、拘传，案情特别重大、复杂，需要采取拘留、逮捕措施的，传唤、拘传持续的时间不得超过 24 小时。 2. 被取保候审的犯罪嫌疑人、被告人住址、工作单位和联系方式发生变动的，应在 24 小时内向执行机关报告。 3. 指定居所监视居住的，除无法通知的以外，应当在执行监视居住后 24 小时以内，通知被监视居住人的家属。 4. 拘留现行犯、重大嫌疑分子后，应当立即将被拘留人送看守所羁押，至迟不得超过 24 小时。除无法通知或者涉嫌危害国家安全犯罪、恐怖活动犯罪通知可能有碍侦查的情形以外，应当在拘留后 24 小时以内，通知被拘留人的家属。有碍侦查的情形消失以后，应当立即通知被拘留人的家属。办案机关应当在拘留后的 24 小时以内进行讯问。 5. 逮捕后，应当立即将被逮捕人送看守所羁押。除无法通知的以外，应当在逮捕后 24 小时以内，通知被逮捕人的家属。人民法院、人民检察院对于各自决定逮捕的人，公安机关对于经人民检察院批准逮捕的人，都必须在逮捕后的 24 小时以内进行讯问。
48 小时	辩护律师要求会见在押的犯罪嫌疑人、被告人的，看守所应当及时安排会见，至迟不得超过 48 小时。
2 日	死刑复核案件的辩护律师可以向最高人民法院立案庭查询立案信息。最高人民法院立案庭能够立即答复的，应当立即答复，不能立即答复的，应当在 2 个工作日内答复，答复内容为案件是否立案及承办案件的审判庭。
3 日	1. 检察院自收到移送审查起诉的案件材料之日起 3 日以内，应当告知犯罪嫌疑人有权委托辩护人。 2. 法院自受理案件之日起 3 日以内，应当告知被告人有权委托辩护人。 3. 检察院自收到移送审查起诉的案件材料之日起 3 日以内，应当告知被害人及其法定代理人或者其近亲属、附带民事诉讼当事人及其法定代理人有权委托诉讼代理人。 4. 法院自受理自诉案件之日起 3 日以内，应当告知自诉人及其法定代理人、附带民事诉讼的当事人及其法定代理人有权委托诉讼代理人。

续表

各种主要期限	具体内容
	5. 审判期间，辩护人接受被告人委托的，应当在接受委托之日起 3 日以内，将委托手续提交人民法院。法律援助机构决定为被告人指派律师提供辩护的，承办律师应当在接受指派之日起 3 日以内，将法律援助手续提交人民法院。 6. 公安机关对被拘留的人认为需要逮捕的，应当在拘留后 3 日以内提请人民检察院审查批准。 7. 犯罪嫌疑人、被告人及其法定代理人、近亲属或者辩护人申请变更强制措施的，人民法院、人民检察院和公安机关收到申请后，应当在 3 日以内作出决定。 8. 对查封、扣押的财物、文件、邮件、电报或者冻结的存款、汇款、债券、股票、基金份额等财产，经查明确实与案件无关的，应当在 3 日以内解除查封、扣押、冻结，予以退还。 9. 人民法院应当至迟在开庭 3 日以前将传票和通知书送达当事人、辩护人、诉讼代理人、证人、鉴定人和翻译人员。 10. 公开审判的案件，法院应当在开庭 3 日以前先期公布案由、被告人姓名、开庭时间和地点。 11. 通过原审人民法院提出上诉的，原审人民法院应当在上诉期满后 3 日以内将上诉状连同案卷、证据移送上一级人民法院，同时将上诉状副本送交同级人民检察院和对方当事人；直接向第二审人民法院提出上诉的，第二审人民法院应当在收到上诉状后 3 日以内将上诉状交原审人民法院送交同级人民检察院和对方当事人。
5 日	1. 人民法院当庭宣判的，应当在 5 日以内送达判决书。 2. 不服裁定的上诉、抗诉的期限为 5 日。 3. 被害人及其法定代理人不服地方各级人民法院一审判决，有权自收到判决书后 5 日内请求人民检察院提出抗诉。人民检察院应在收到请求后 5 日内作出是否抗诉的决定并且答复请求人。
7 日	1. 公安机关对被拘留的人认为需要逮捕的，应当在拘留后 3 日内提请人民检察院审查批准。特殊情况下，可以将提请审查批准的时间延长 1 日至 4 日。 2. 人民检察院应当在接到公安机关提请批准逮捕书的 7 日以内，作出批准逮捕或者不批准逮捕的决定。 3. 被害人对于人民检察院作出的不起诉决定不服的，可以在收到决定书后 7 日内向上一级人民检察院提出申诉。 4. 被不起诉人对于人民检察院因"犯罪情节轻微，依照刑法规定不需要判处刑罚或者免除刑罚"而作出的不起诉决定不服，可以在接到决定书后 7 日内向人民检察院申诉。 5. 下级人民法院接到最高人民法院执行死刑的命令后，应当在 7 日以内交付执行。
10 日	1. 人民法院应当在开庭 10 日以前将人民检察院的起诉书副本送达被告人及其辩护人。 2. 不服判决的上诉、抗诉的期限为 10 日。 3. 罪犯被交付执行刑罚的时候，应当由交付执行的人民法院在判决生效后 10 日以内将有关的法律文书送达公安机关、监狱或者其他执行机关。 4. 经过法院通知，证人无正当理由拒不到庭，情节严重的，法院院长可以决定对其处以 10 日以下司法拘留。 5. 适用速裁程序审理的案件，人民法院应当在受理后 10 日内审结，对可能判处的有期徒刑超过 1 年的，可以延长至 15 日。

续表

各种主要期限	具体内容
15 日	旁听人员违反法庭秩序，情节严重的，法院院长可以决定对其处以 15 日以下的司法拘留或者 1000 元以下罚款。
20 日	1. 适用简易程序审理案件，人民法院应当在受理后 20 日以内审结。 2. 人民检察院认为人民法院减刑、假释的裁定不当，应当在收到裁定书副本后 20 日以内，向人民法院提出书面纠正意见。
30 日	公安机关对被拘留的人认为需要逮捕的，应当在拘留后 3 日内提请人民检察院审查批准。特殊情况下，可以将提请审查批准的时间延长 1 日至 4 日；对于流窜作案、多次作案、结伙作案的重大嫌疑分子，提请审查批准的时间可以延长至 30 日。
37 日	公安机关对被拘留的人认为需要逮捕的，应当在拘留后 3 日内提请人民检察院审查批准。特殊情况下，可以将提请审查批准的时间延长 1 日至 4 日；对于流窜作案、多次作案、结伙作案的重大嫌疑分子，提请审查批准的时间可以延长至 30 日。人民检察院应当在接到公安机关提请批准逮捕书的 7 日以内，作出批准逮捕或者不批准逮捕的决定。
1 个月	1. 人民检察院对于公安机关移送起诉的案件，应当在 1 个月以内作出决定。 2. 对于退回补充侦查的案件，应当在 1 个月以内补充侦查完毕。 3. 人民检察院提出抗诉的案件或者第二审人民法院开庭审理的公诉案件，第二审人民法院应当在决定开庭审理后及时通知人民检察院查阅案卷。人民检察院应当在 1 个月以内查阅完毕。 4. 检察院再审抗诉的，人民法院按照审判监督程序重新审判的案件，对需要指令下级人民法院再审的，应当自接受抗诉之日起 1 个月以内作出决定。 5. 人民检察院认为暂予监外执行不当的，应当自接到通知之日起 1 个月以内将书面意见送交决定或者批准暂予监外执行的机关。 6. 人民检察院认为人民法院减刑、假释的裁定不当向人民法院提出书面纠正意见，人民法院应当在收到纠正意见后 1 个月以内重新组成合议庭进行审理，作出最终裁定。 7. 人民法院对强制医疗申请进行审理后，对于被申请人或者被告人符合强制医疗条件的，应当在 1 个月以内作出强制医疗的决定。
1 个半月	1. 人民检察院对于公安机关移送起诉的案件，应当在 1 个月以内作出决定，重大、复杂的案件，可以延长半个月。 2. 适用简易程序审理案件，人民法院对可能判处的有期徒刑超过 3 年的，审限可以延长至 1 个半月。
2 个月	1. 对犯罪嫌疑人逮捕后的侦查羁押期限不得超过 2 个月。 2. 对于退回补充侦查的案件，应当在 1 个月以内补充侦查完毕。补充侦查以两次为限。 3. 人民法院审理公诉案件，应当在受理后 2 个月内宣判。 4. 第二审人民法院受理上诉、抗诉案件后，应当在 2 个月以内审结。

续表

各种主要期限	具体内容
3 个月	1. 对犯罪嫌疑人逮捕后的侦查羁押期限不得超过 2 个月。案情复杂、期限届满不能终结的案件，可以经上一级人民检察院批准延长 1 个月。 2. 批准技术侦查的决定自签发之日起 3 个月以内有效。 3. 人民法院审理公诉案件，应当在受理后 2 个月内宣判，至迟不得超过 3 个月。 4. 人民法院按照审判监督程序重新审判的案件，应当在作出提审、再审决定之日起 3 个月以内审结。
4 个月	第二审人民法院受理上诉、抗诉案件后，应当在 2 个月以内审结。对于可能判处死刑的案件、附带民事诉讼的案件、交通十分不便的边远地区的重大复杂案件，重大的犯罪集团案件，流窜作案的重大、复杂案件以及犯罪涉及面广、取证困难的重大复杂案件，经省、自治区、直辖市高级人民法院批准或者决定，可以再延长 2 个月。
5 个月	对犯罪嫌疑人逮捕后的侦查羁押期限不得超过 2 个月。案情复杂、期限届满不能终结的案件，可以经上一级人民检察院批准延长 1 个月。对于交通十分不便的边远地区的重大复杂案件，重大的犯罪集团案件，流窜作案的重大、复杂案件以及犯罪涉及面广、取证困难的重大复杂案件，在上述 3 个月侦查羁押期限内不能办结的，经省、自治区、直辖市人民检察院批准或者决定，可以延长 2 个月。
6 个月	1. 监视居住最长不得超过 6 个月。 2. 人民法院审理公诉案件，应当在受理后 2 个月内宣判，至迟不得超过 3 个月。对于可能判处死刑的案件、附带民事诉讼的案件、交通十分不便的边远地区的重大复杂案件，重大的犯罪集团案件，流窜作案的重大、复杂案件以及犯罪涉及面广、取证困难的重大复杂案件，经上一级人民法院批准，可以延长 3 个月。 3. 人民法院按照审判监督程序重新审判的案件，应当在作出提审、再审决定之日起 3 个月以内审结，需要延长期限的，不得超过 6 个月。 4. 人民法院受理没收违法所得的申请后，应当发出公告，公告期间为 6 个月，人民法院在公告期满后对没收违法所得的申请进行审理。
6 个月至 1 年	对未成年犯罪嫌疑人决定附条件不起诉的考验期限为 6 个月以上 1 年以下，从人民检察院作出附条件不起诉的决定之日起计算。
7 个月	对犯罪嫌疑人逮捕后的侦查羁押期限不得超过 2 个月。案情复杂、期限届满不能终结的案件，可以经上一级人民检察院批准延长 1 个月。对于交通十分不便的边远地区的重大复杂案件，重大的犯罪集团案件，流窜作案的重大、复杂案件以及犯罪涉及面广、取证困难的重大复杂案件，在上述 3 个月侦查羁押期限内不能办结的，经省、自治区、直辖市人民检察院批准或者决定，可以延长 2 个月。对于犯罪嫌疑人可能判处 10 年有期徒刑以上刑罚，在上述 5 个月内仍不能侦查终结的，经省、自治区、直辖市人民检察院批准或决定，可以再延长 2 个月。

续表

各种主要期限	具体内容
12 个月	取保候审最长不得超过 12 个月。
不计入期限	1. 人民检察院提出抗诉的案件或者第二审人民法院开庭审理的公诉案件，第二审人民法院应当在决定开庭审理后及时通知人民检察院查阅案卷。人民检察院应当在 1 个月以内查阅完毕。人民检察院查阅案卷的时间不计入审理期限。 2. 不符合暂予监外执行条件的罪犯通过贿赂等非法手段被暂予监外执行的，在监外执行的期间不计入执行刑期。 3. 罪犯在暂予监外执行期间脱逃的，脱逃的期间不计入执行刑期。 4. 精神病鉴定的期间不计入办案期限。
无限	1. 因为特殊原因，在较长时间内不宜交付审判的特别重大复杂的案件，由最高人民检察院报请全国人民代表大会常务委员会批准延期审理。 2. 批准技术侦查的决定自签发之日起 3 个月以内有效，期限届满仍有必要继续采取技术侦查措施的，经过批准，有效期可以延长，每次不得超过 3 个月，没有次数限制。 3. 人民法院一审公诉案件，6 个月内无法审结，因特殊情况还需要延长的，报请最高人民法院批准。 4. 人民法院二审案件，4 个月内无法审结，因特殊情况还需要延长的，报请最高人民法院批准。 5. 最高人民法院受理的上诉、抗诉案件的审理期限，由最高人民法院决定。

要点提示

以上期间非常重要，基本上历年真题中有关期间的考题都可以从上述表格中找到答案。考生无需将这么多期间一下子背过，也很难背过，它属于跨越章节的【综合重点】知识点。最好的办法是，学到这儿时先把上述期间熟悉两遍，把本页折个角做个标记，接着学后面的知识。等这本书学完后，再返回来重点复习这些期间会更容易掌握一些。

四、期间的计算

图表总结

	内容	注意
期间的计算单位	时、日、月。	没有"年"。
期间的计算方法	1. 以时为计算单位的期间： 从期间开始的下一时起算，期间开始的时不计算在期间以内。	1 个月不等于 30 日。半个月等于 15 日。
	2. 以日为计算单位的期间： 从期间开始的次日起算，期间开始的日不计算在期间以内。	
	3. 以月为计算单位的期间： 自本月某日至下月同日为 1 个月。期限起算日为本月最后一日的，至下月最后一日为 1 个月。下月同日不存在的，自本月某日至下月最后一日为	

续表

内容	注意
1 个月。半个月一律按15 日计算。	
4. 以年计算的刑期，自本年本月某日至次年同月同日的前一日为 1 年；次年同月同日不存在的，自本年本月某日至次年同月最后一日的前一日为 1 年。	

	内容	注意
特殊情形下期间的计算	1. 期间的最后一日问题： 期间的最后一日为节假日的，以节假日后的第一日为期间届满日期。对于犯罪嫌疑人、被告人或者罪犯在押期间，应当至期间届满之日为止，不得因节假日而延长在押期限至节假日后的第一日。	如果节假日在期间的开始或中间则应计算在期间以内。
	2. 交邮日期问题： 上诉状或者其他文件在期满前已经交邮的，不算过期。交邮时间以当地邮局所盖邮戳为准。	
	3. 路途上的时间问题： 法定期间不包括路途上的时间。有关诉讼文书材料在公安司法机关之间传递过程中的时间，也应当在法定期间内予以扣除。	
期间的重新计算	1. 在侦查期间，发现犯罪嫌疑人另有重要罪行的，自发现之日起重新计算侦查羁押期限。	1. 重新计算期间仅适用于公安司法机关的办案期限。 2. 犯罪嫌疑人不讲真实姓名、住址，身份不明的，应当对其身份进行调查，侦查羁押期限自查清其身份之日起计算，但是不得停止对其犯罪行为的侦查取证。 3. 对犯罪嫌疑人作精神病鉴定的期间不计入办案期限。其他鉴定时间都应当计入办案期限。
	2. 公安机关或者人民检察院补充侦查完毕移送人民检察院或者人民法院后，人民检察院或者人民法院重新计算审查起诉或者审理期限。	
	3. 第二审人民法院发回原审人民法院重新审判的案件，原审人民法院从收到发回案件之日起重新计算审理期限。	
	4. 对人民检察院和人民法院改变管辖的公诉案件，从改变后的办案机关收到案件之日起重新计算办案期限。	

五、期间的耽误与恢复

🔷○重点解读

期间的耽误，是指司法机关或诉讼参与人没有在法定期限内完成应当进行的诉讼行为。而期间的恢复是指当事人由于不能抗拒的原因或者有其他正当理由而耽误期限的，在障碍消除后 5 日以内，可以申请继续进行应当在期满以前完成的诉讼活动的一种补救措施。当然，对于申请是否批准，只能由人民法院裁定。

▽▷ **关联法条**

《刑诉法》：

第106条　当事人由于**不能抗拒**的原因或者有其他**正当理由**而**耽误期限**的，在**障碍消除后5日**以内，可以**申请**继续进行应当在期满以前完成的诉讼活动。

前款申请是否准许，由人民**法院裁定**。

可见，期间耽误后，恢复期间需要具备以下条件：

1. 当事人提出恢复期间的申请。

2. 期间的耽误是由于不能抗拒的原因或有其他正当理由。

3. 当事人的申请应当在障碍消除后的5日以内提出。

4. 期间恢复的申请经人民法院裁定批准。

【经典真题】

2017年单项选择题第29题：[1]

卢某妨害公务案于2016年9月21日一审宣判，并当庭送达判决书。卢某于9月30日将上诉书交给看守所监管人员黄某，但黄某因忙于个人事务直至10月8日上班时才寄出，上诉书于10月10日寄到法院。关于一审判决生效，下列哪一选项是正确的？

A. 一审判决于9月30日生效

B. 因黄某耽误上诉期间，卢某将上诉书交予黄某时，上诉期间中止

C. 因黄某过失耽误上诉期间，卢某可申请期间恢复

D. 上诉书寄到法院时一审判决尚未生效

【本题解析】

本题考查的是期间及其计算。根据我国《刑诉法》规定，不服判决的上诉、抗诉的期限为10日。以日为计算单位的期间，从期间开始的次日起算，期间开始的日不计算在期间以内。期间的最后一日为节假日的，以节假日后的第一日为期间届满日期。上诉状或者其他文件在期满前已经交邮的，不算过期。本题中上诉期从2016年9月22日开始计算，到2016年10月1日届满；由于2016年国庆节放假期间是10月1日至10月7日，因此卢某的上诉期届满之日为2016年10月8日。因此，选项D正确。

第二节　送　达

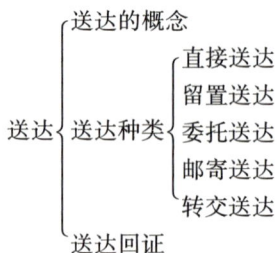

---

[1]　答案：D。

一、送达的概念

◎重点解读

刑事诉讼中的送达，是指人民法院、人民检察院和公安机关依照法定程序和方式，将诉讼文件送交诉讼参与人、有关机关和单位的诉讼活动。

在送达诉讼文件时必须使用送达回证。送达回证是司法机关依法送达诉讼文件的证明文件，是计算期间的根据，是送达程序的必要形式。

二、送达的种类

◎重点解读

根据《刑诉法》及相关司法解释的规定，送达的方式有以下几种：

（一）直接送达。直接送达是指公安司法机关派员将诉讼文件直接交给收件人，收件人本人在送达回证上记明收到日期，并且签名或者盖章。

（二）留置送达。留置送达是指收件人本人或者代收人拒绝接收诉讼文件或者拒绝签名、盖章时，送达人员将诉讼文件放置在收件人或代收人的住处的一种送达方式。诉讼文件的留置送达与交给收件人或代收人具有同样的法律效力。

（三）委托送达。委托送达是指承办案件的司法机关委托收件人所在地的司法机关代为送达的一种方式。委托送达一般是在收件人不住在承办案件的司法机关所在地，而且直接送达有困难的情况下所采用的送达方式。

（四）邮寄送达。邮寄送达是司法机关将诉讼文件挂号邮寄给收件人的一种送达方式。

（五）转交送达。转交送达是指对特殊的收件人由有关部门转交诉讼文件的送达方式。特殊的收件人是指军人、正在服刑的犯人。

要点提示

1. 关于直接送达

（1）直接送达时，如果本人不在，可以交给他的成年家属或者所在单位的负责人员代收。收件人本人或者代收人拒绝接收或者拒绝签名、盖章的时候，送达人可以邀请他的邻居或者其他见证人到场，说明情况，把文件留在他的住处，在送达证上记明拒绝的事由、送达的日期，由送达人签名，即认为已经送达。

（2）直接送达时，收件人或者代收人在送达回证上签收的日期为送达日期。

（3）直接送达时，收件人或者代收人拒绝签收的，送达人可以邀请见证人到场，说明情况，在送达回证上注明拒收的事由和日期，由送达人、见证人签名或者盖章，将诉讼文书留在收件人、代收人的住处或者单位；也可以把诉讼文书留在受送达人的住处，并采用拍照、录像等方式记录送达过程，即视为送达。

2. 关于委托送达

（1）法院直接送达诉讼文书有困难的，可以委托收件人所在地的法院代为送达，或者邮寄送达。

（2）法院委托送达的，应当将委托函、委托送达的诉讼文书及送达回证寄送受托法院。受托法院收到后，应当登记，在10日内送达收件人，并将送达回证寄送委托法院；无法送达的，应当告知委托法院，并将诉讼文书及送达回证退回。

3. 关于邮寄送达

法院邮寄送达的，应当将诉讼文书、送达回证<u>邮寄</u>给收件人。<u>挂号回执</u>上注明的日期为送达日期。

4. 关于转交送达

诉讼文书的收件人是军人的，可以通过其所在部队<u>团级以上单位的政治部门</u>转交。收件人正在服刑的，可以通过<u>执行机关</u>转交。收件人正在接受专门矫治教育的，可以通过<u>相关机构</u>转交。

三、送达回证

送达诉讼文件<u>必须有</u>送达回证。送达回证的内容包括送达诉讼文件的机关，收件人的姓名，送达诉讼文件的名称，送达的时间、地点、方式，送达人、收件人的签名、盖章，签收日期，等等。

直接送达时：公安司法机关送达诉讼文件时应当向收件人出示送达回证，由收件人、代收人在送达回证上记明收到日期，并且签名或者盖章。

留置送达时：遇到拒收或拒绝签名、盖章等，在实施留置送达程序中，送达人应当在送达回证上记明拒绝的事由、送达的日期，并且签名或者盖章。送达程序进行完毕后，将送达回证带回<u>入卷</u>。

委托送达、转交送达时：采用委托送达、转交送达的也必须按照上述程序进行，并将送达回证<u>退回承办案件的公安司法机关</u>。

邮寄送达时：邮寄送达的，应当将送达回证和诉讼文件一起邮寄给收件人，送达回证由收件人退回。在这种情况下，收件人在送达回证上签收的日期可能与回执上注明的日期不一致，公安司法机关应在送达回证上作出说明，并以<u>回执上</u>注明的日期为送达日期。

【经典真题】

2013 年多项选择题第 70 题：[1]

被告人徐某为未成年人，法院书记员到其住处送达起诉书副本，徐某及其父母拒绝签收。关于该书记员处理这一问题的做法，下列哪些选项是正确的？

A. 邀请见证人到场

B. 在起诉书副本上注明拒收的事由和日期，该书记员和见证人签名或盖章

C. 采取拍照、录像等方式记录送达过程

D. 将起诉书副本留在徐某住处

【本题解析】

ACD 项，《高法解释》第 204 条规定："送达诉讼文书，应当由收件人签收。收件人不在的，可以由其成年家属或者所在单位负责收件的人员代收。收件人或者代收人在送达回证上签收的日期为送达日期。收件人或者代收人拒绝签收的，送达人可以邀请见证人到场，说明情况，在送达回证上注明拒收的事由和日期，由送达人、见证人签名或者盖章，将诉讼文书留在收件人、代收人的住处或者单位；也可以把诉讼文书留在受送达人的住处，并

---

〔1〕　答案：ACD。

采用拍照、录像等方式记录送达过程，即视为送达。"

可见，ACD项符合该条文规定，正确。

B项，应当在"送达回证"上注明拒收的事由和日期，而非在"起诉书副本"上注明拒收的事由和日期。B错误。

综上所述，本题选ACD。

第十一章

立案※

导学

　　从本章开始，考生进入刑事诉讼法分论的学习，首先接触到的是刑事诉讼的具体诉讼阶段。立案是启动刑事诉讼程序的标志，对于理解后续侦查、起诉、审判和执行具有开局意义，考生应认真对待。

　　本章属于一般重点章节。考生学习本章需重点掌握立案的概念，立案的材料来源，立案的条件，立案的程序以及立案的监督。

知识体系

立案　┤
- 立案的概念和特征
- 立案的材料来源和条件※
- 立案的程序※
- 立案的监督※

本章重点

第一节　立案的概念和特征

○重点解读

一、立案的概念

　　刑事诉讼中的立案，是指公安机关、人民检察院发现犯罪事实或者犯罪嫌疑人，或者公安机关、人民检察院、人民法院对于报案、控告、举报和自首的材料，以及自诉人起诉的材料，按照各自的管辖范围进行审查后，决定作为刑事案件进行侦查或者审判的一种诉讼活动。

二、立案的特征

　　立案作为一个独立的诉讼阶段，具有以下特征：

（一）立案是刑事诉讼的起始程序。

（二）立案是刑事诉讼的必经程序。

（三）立案是法定机关的专门活动。

第二节　立案的材料来源和条件

重点解读

一、立案的材料来源

（一）公安机关或者人民检察院自行发现的犯罪事实或者获得的犯罪线索

《刑诉法》第 109 条规定："公安机关或者人民检察院发现犯罪事实或者犯罪嫌疑人，应当按照管辖范围，立案侦查。"

（二）单位和个人的报案或者举报

《刑诉法》第 110 条规定："任何单位和个人发现有犯罪事实或者犯罪嫌疑人，有权利也有义务向公安机关、人民检察院或者人民法院报案或者举报。

被害人对侵犯其人身、财产权利的犯罪事实或者犯罪嫌疑人，有权向公安机关、人民检察院或者人民法院报案或者控告。

公安机关、人民检察院或者人民法院对于报案、控告、举报，都应当接受。对于不属于自己管辖的，应当移送主管机关处理，并且通知报案人、控告人、举报人；对于不属于自己管辖而又必须采取紧急措施的，应当先采取紧急措施，然后移送主管机关。

犯罪人向公安机关、人民检察院或者人民法院自首的，适用第 3 款规定。"

（三）被害人的报案或者控告

总结：第一，就自己的被害而不知加害人是谁时叫报案，知道是谁时叫控告；管闲事并知道加害人是谁叫举报，不知加害人的也叫报案；总而言之不管是管自己事还是管闲事，只要不知道加害人是谁的，都叫报案。第二，报案、控告、举报可以用书面或者口头提出，是公民的权利也是公民的义务

要点提示

注意区分报案、举报和控告：

图表总结

	报案	举报	控告
主体	一切单位和个人	被害人以外	只能是被害人
内容	有犯罪事实发生	事实＋人	事实＋人

【经典真题】

2009 年单项选择题第 26 题：[1]

国家机关工作人员李某多次利用职务之便向境外间谍机构提供涉及国家机密的情报，同事赵某发现其行迹后决定写信揭发李某。关于赵某行为的性质，下列哪一选项是正确的？

---

[1] 答案：C。

A. 控告　　　　B. 告诉　　　　C. 举报　　　　D. 报案

【本题解析】

本题中，赵某写信揭发李某的行为属于典型的举报行为。应当选 C。

二、立案的条件※

关联法条

《刑诉法》：

第 112 条　人民法院、人民检察院或者公安机关对于报案、控告、举报和自首的材料，应当按照管辖范围，迅速进行审查，认为有犯罪事实需要追究刑事责任的时候，应当立案；认为没有犯罪事实，或者犯罪事实显著轻微，不需要追究刑事责任的时候，不予立案，并且将不立案的原因通知控告人。控告人如果不服，可以申请复议。

可见，公诉案件立案的条件包括：

1. 有犯罪事实；

2. 需要追究刑事责任；

3. 符合管辖范围。

要点提示

立案需要具备的条件包括：（1）有犯罪事实；（2）需要追究刑事责任；（3）符合管辖范围。其中，一般来说，只要具备（1）和（2），就应当立案。譬如，"只要有犯罪事实发生，需要追究刑事责任的案件，就应当立案"。这句话对不对？答案是肯定的，正确。再判断一句话，"甲跑到 A 区公安局报案称：'自己刚刚在 B 区被人偷了巨额现金，走到 A 区刚刚发现。'如果 A 区公安机关发现甲所言属实，应当立案"。这句话对不对？答案是否定的，错误。虽然"甲所言属实"，意味着有犯罪事实发生，"被人偷了巨额现金"，意味着需要追究刑事责任，但还要审查管辖范围，本案应当由犯罪地，即 B 区公安机关立案才对。

简单总结一下，做真题时，如果选项只是宏观地问立案的条件，只要具备"有犯罪事实"和"需要追究刑事责任"即可。如果选项是一个具体的案例，则需要同时考虑管辖范围问题。

第三节　立案的程序

图表总结

程序	内容	注意
对立案材料的接受	1. 公安机关、人民检察院和人民法院对于报案、控告、举报和自首，都应当接受。 2. 对于不属于自己管辖的，应当移送主管机关处理，并且通知报案人、控告人、举报人。 3. 对于不属于自己管辖而又必须采取紧急措施的，应当先采取紧急措施，然后移送主管机关。 4. 报案、控告和举报可以用书面或口头形式提出。	1. 公安机关、人民检察院或者人民法院对于报案、控告、举报，都应当"接受"，而非都应当"立案"。接受之后，还要进行审查以决定是否立案。

程序	内容	注意
	5. 接受控告、举报的工作人员，应当向控告人、举报人说明诬告应负的法律责任。但是，只要不是捏造事实，伪造证据，即使控告、举报的事实有出入，甚至是错告的，也要和诬告严格加以区别。 6. 公安机关、人民检察院或者人民法院应当保障报案人、控告人、举报人及其近亲属的安全。报案人、控告人、举报人如果不愿公开自己的姓名和报案、控告、举报的行为，应当为他保守秘密。 7. 经过审查如果决定不予立案，应将不立案的原因通知控告人。控告人如果不服，可以申请复议。	2. 对于不属于自己管辖的，"应当移送"主管机关处理。这意味着，公安司法机关应当自己移送，不能将案件推给报案人、控告人、举报人，让其去找其他机关。 3. "紧急措施"是指保护现场、先行拘留嫌疑人、扣押证据等措施。
对立案材料的审查	1. 一般审查 人民法院、人民检察院或者公安机关对于报案、控告、举报和自首的材料，应当按照管辖范围，迅速进行审查。 2. 公安机关初查 对于在审查中发现案件事实或者线索不明的，必要时，经办案部门负责人批准，可以进行调查核实。 调查核实过程中，公安机关可以依照有关法律和规定采取询问、查询、勘验、鉴定和调取证据材料等不限制被调查对象人身、财产权利的措施。 3. 公、检、法对立案材料进行审查时，可以要求报案、控告、举报的单位和个人提供补充材料，或者要求他们作补充说明，也可以进行必要的调查。 4. 经过审查认为应当立案的，并不要求查清全部犯罪事实和查获犯罪嫌疑人。 5. 对于自诉案件，法院在审查过程中，如果认为自诉人提出的证据不充分，可以要求自诉人提出补充证实有关犯罪事实的材料，但在立案前法院不得进行调查。	在立案之前对立案材料接受和审查、调查核实过程中，只能用任意性措施（不限制被查对象人身、财产权利的措施，如勘验、检查、询问等），不能用强制性措施（限制被查对象人身、财产权利的措施，如强制措施、查封、扣押、冻结、技术侦查等）。
对不立案决定的救济	1. 控告人对不立案的救济： 对有控告人的案件，决定不予立案的，公安机关应当制作不予立案通知书，并在3日以内送达控告人。 控告人对不予立案决定不服的，可以在收到不予立案通知书后7日以内向作出决定的公安机关申请复议；公安机关应当在收到复议申请后30日以内作出决定，并将决定书送达控告人。 控告人对不予立案的复议决定不服的，可以在收到复议决定书后7日以内向上一级公安机关申请复核；上一级公安机关应当在收到复核申请后30日以内作出决定。对上级公安机关撤销不予立案决定的，下级公安机关应当执行。 案情重大、复杂的，公安机关可以延长复议、复核时限，但是延长时限不得超过30日，并书面告知申请人。	

续表

程序	内容	注意
	2. 行政执法机关对不立案的救济： 对行政执法机关移送的案件，公安机关应当自接受案件之日起3日以内进行审查，认为有犯罪事实，需要追究刑事责任，依法决定立案的，应当书面通知移送案件的行政执法机关；认为没有犯罪事实，或者犯罪事实显著轻微，不需要追究刑事责任，依法不予立案的，应当说明理由，并将不予立案通知书送达移送案件的行政执法机关，相应退回案件材料。 移送案件的行政执法机关对不予立案决定不服的，可以在收到不予立案通知书后3日以内向作出决定的公安机关申请复议；公安机关应当在收到行政执法机关的复议申请后3日以内作出决定，并书面通知移送案件的行政执法机关。	

第四节　立案监督※

立案监督，是指有监督权的机关和公民依法对立案活动进行监视、督促或者审核的诉讼活动。

🔵 图表总结

立案监督	内容
主体	控告人的监督：被害人及其法定代理人、近亲属、行政执法机关等向检察院提出。 检察机关的监督：检察院发现。
对象	1. 应当立案不立案的（《刑诉法》规定）； 2. 不应立案而立案的（司法解释中规定）。
程序	（一）对于公安机关管辖案件的立案监督 1. 检察机关侦查监督部门发现公安机关应当立案不立案或者不应立案而立案，应当要求公安机关书面说明不立案或者立案的理由。 2. 公安机关应当在7日内说理。 3. 人民检察院应当进行审查，认为公安机关不立案或者立案理由不能成立的，经检察长决定，应当通知公安机关立案或者撤销案件。 4. 公安机关应当在收到通知立案书后15日以内立案，对通知撤销案件书没有异议的应当立即撤销案件，并将立案决定书或者撤销案件决定书及时送达人民检察院。 5. 公安机关在收到通知立案书或者通知撤销案件书后超过15日不予立案或者既不提出复议、复核，也不撤销案件的，人民检察院应当发出纠正违法通知书予以纠正。公安机关仍不纠正的，报上一级人民检察院协商同级公安机关处理。 6. 公安机关认为检察院撤销案件通知有错误可以要求同级人民检察院复议。对复议决定不服，还可以提请上一级人民检察院复核。 （二）对于检察机关自侦案件的立案监督 人民检察院负责捕诉的部门发现本院侦查部门对应当立案侦查的案件不立案侦查或者对不应当立案侦查的案件进行立案侦查的，应当建议侦查部门立案侦查或者撤销案件；建议不被采纳的，应当报请检察长决定。

总结：被害人对不立案的救济程序有三种：

1. 申请复议（公、检、法）；

2. 公诉转自诉（公、检）；

3. 申请立案监督（公）。

【经典真题】

2013 年单项选择题第 34 题：[1]

卢某坠楼身亡，公安机关排除他杀，不予立案。但卢某的父母坚称他杀可能性大，应当立案，请求检察院监督。检察院的下列哪一做法是正确的？

A. 要求公安机关说明不立案理由

B. 拒绝受理并向卢某的父母解释不立案原因

C. 认为符合立案条件的，可以立案并交由公安机关侦查

D. 认为公安机关不立案理由不能成立的，应当建议公安机关立案

【本题解析】

《刑诉法》第 113 条规定："人民检察院认为公安机关对应当立案侦查的案件而不立案侦查的，或者被害人认为公安机关对应当立案侦查的案件而不立案侦查，向人民检察院提出的，人民检察院应当要求公安机关说明不立案的理由。人民检察院认为公安机关不立案理由不能成立的，应当通知公安机关立案，公安机关接到通知后应当立案。"

AB 项，根据上述规定，人民检察院应当要求公安机关说明不立案的理由。故 A 正确，B 错误。

CD 项，人民检察院认为公安机关不立案理由不能成立的，应当通知公安机关立案。故 CD 错误。

综上所述，本题选 A。

---

[1] 答案：A。

第十二章
侦　查※※

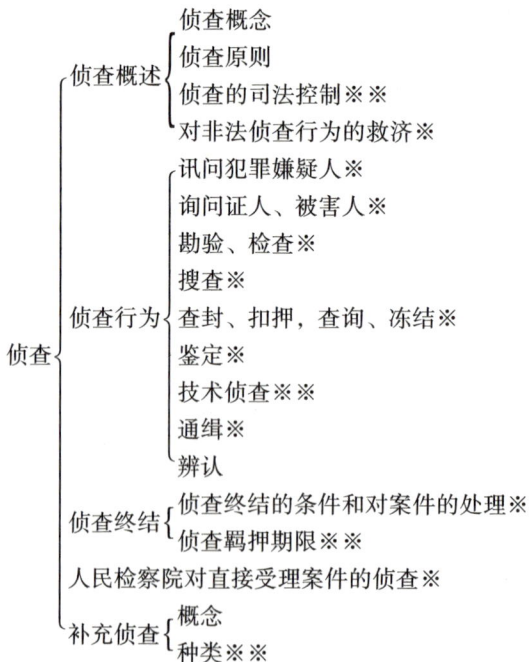

　　刑事案件立案后，如果确有犯罪事实，需要追究刑事责任，案件就会进入到下一步骤——刑事侦查阶段。侦查是刑事诉讼的一个基本的、独立的诉讼阶段，是公诉案件的必经程序。公诉案件只有经过侦查，才能决定是否需要起诉和审判。

　　侦查在刑事诉讼法中地位显著，可以说案件的绝大多数证据都是在这一阶段收集获取的，后面的起诉阶段和审判阶段主要是对侦查阶段获取的证据进行审查和认证。侦查阶段是侦查机关与犯罪嫌疑人斗智斗勇的阶段，同时也是需要人权保障的重点阶段。

　　复习本章时，考生应重点掌握每种侦查行为，侦查终结的条件，侦查羁押期限，补充侦查。

　　本章需要重点掌握的理论考点：侦查的司法控制。

知识体系

侦查
- 侦查概述
  - 侦查概念
  - 侦查原则
  - 侦查的司法控制※※
  - 对非法侦查行为的救济※
- 侦查行为
  - 讯问犯罪嫌疑人※
  - 询问证人、被害人※
  - 勘验、检查※
  - 搜查※
  - 查封、扣押，查询、冻结※
  - 鉴定※
  - 技术侦查※※
  - 通缉※
  - 辨认
- 侦查终结
  - 侦查终结的条件和对案件的处理※
  - 侦查羁押期限※※
- 人民检察院对直接受理案件的侦查※
- 补充侦查
  - 概念
  - 种类※※

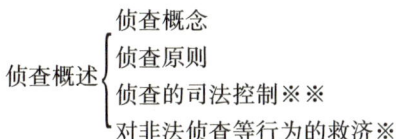

第一节 概 述

$$侦查概述\begin{cases}侦查概念 \\ 侦查原则 \\ 侦查的司法控制※※ \\ 对非法侦查等行为的救济※\end{cases}$$

一、侦查概念

重点解读

"侦查"是指公安机关、人民检察院对于刑事案件，依照法律进行的收集证据、查明案情的工作和有关的强制性措施。

要点提示

> 侦查的主体是公安机关、人民检察院，法院没有侦查权。公安机关是广义概念，包括其他行使公安机关职权的国家专门机关，如军队保卫部门、国家安全机关，等等。在我国刑事诉讼活动中，法院在审判阶段虽然可以依职权调取证据，但不属于侦查。侦查存在于审前阶段，专属于侦查机关。

二、侦查工作的原则

重点解读

侦查工作的原则是指侦查机关在刑事诉讼活动中应当遵守的基本原则，它是一系列的基本行为准则，侦查人员在刑事诉讼活动中必须予以遵守。

（一）迅速及时原则

（二）客观全面原则

（三）深入细致原则

（四）依靠群众原则

（五）程序法制原则

（六）保守秘密原则

（七）比例原则：是指对犯罪嫌疑人采取何种侦查措施需要考虑犯罪嫌疑人所涉犯罪和人身危险性。若涉嫌犯罪较轻、人身危险性较低，应当适用较轻的侦查措施。反之，则可以适用较重的侦查措施。

三、侦查的司法控制※※

重点解读

（一）强制性侦查措施与任意性侦查措施

根据侦查行为是否带有强制性、是否会侵犯犯罪嫌疑人的人身、财产权利，可以将侦查行为区分为强制性侦查措施和任意性侦查措施。强制性侦查措施主要包括：强制措施、搜查、扣押、查封、冻结、技术侦查措施，等等。而任意性侦查措施包括：勘验、检查、鉴定、询问，等等。如果不对强制性侦查措施进行控制和监督，司法实践中可能会出现两种问题：一是侦查手段的滥用；二是违法行为的存在和缺乏制裁。这些问题会导致对人权造成严重侵犯的后果。

（二）我国侦查的司法控制

如何对侦查行为，尤其是强制性侦查行为进行控制和制约？靠侦查机关自觉、自愿、自我控制显然是不够的。因此，就涉及对侦查进行司法控制。侦查的司法控制，顾名思义，就是由司法机关对侦查机关的侦查行为进行管控和制约。譬如在美国，警察将嫌疑人抓获后，必须毫不迟延地将嫌疑人带见于法官面前，由法官对嫌疑人进行初次聆讯，以决定对嫌疑人羁押或者保释。换言之，羁押或者保释不是由警察决定，而是由法官决定。

在我国，现行立法对侦查权缺乏有效的规制。公安机关仅对逮捕没有自行决定权，需要报检察院批准。但对于拘留、搜查、扣押、查封、冻结等强制性侦查措施，公安机关可以自己决定、自己执行，没有任何机关对其进行制约，容易导致侦查权的滥用。

针对此问题，有的学者主张效仿逮捕制度，由检察机关控制侦查机关的侦查行为，比如说公安机关要进行搜查、扣押必须要报请检察机关批准后方可进行。但是这样做可能存在两个问题：（1）公安机关是侦查机关，检察机关是控诉机关，二者都是履行追诉犯罪嫌疑人的职能，让检察机关进行审查不一定能够公正。（2）公安机关的任何侦查行为都由检察机关审查决定，实际上是确立了检察领导、指挥侦查的检警关系，在我国目前的司法现状下无法实现。

是故，有的学者主张由法院来审查侦查机关的侦查行为，设立预审法官。因为由公正的法官进行判断最能令人信服。但这种观点也遭到了质疑：（1）法官秉承公正、中立，不偏不倚，如果法官介入侦查，必然使法官对犯罪嫌疑人产生先入为主的爱憎情绪，不利于保持中立地位。（2）如果在全国四级法院系统设立预审法官，司法成本过高，无法承受。

因此，对于公安机关侦查行为的司法控制仍然维持现状，仅有逮捕措施需要检察机关批准。

（三）事前监督与事后监督

此外，检察机关作为法律监督机关，依法行使法律监督职权。根据监督的时间不同，检察机关对侦查行为的监督可以被区分为事前监督和事后监督。

事前监督指的是，侦查机关无权自行决定适用侦查措施，需要事先报请检察院批准、决定后方可实施的制度。

事后监督指的是，侦查机关有权自行决定适用侦查措施，无需事先报请检察院批准、决定，检察院只在侦查措施实施后根据侦查机关的报备或者当事人的申诉对侦查措施进行审查的制度。

一般认为，对于强制性侦查措施，譬如逮捕，需要接受事前审查。而对于任意性侦查措施，只接受事后审查即可。

四、对非法侦查等行为的救济※

⚡ 关联法条

《刑诉法》：

第117条　当事人和辩护人、诉讼代理人、利害关系人对于司法机关及其工作人员有下列行为之一的，有权向该机关申诉或者控告：

（一）采取强制措施法定期限届满，不予以释放、解除或者变更的；

（二）应当退还取保候审保证金不退还的；

（三）对与案件无关的财物采取查封、扣押、冻结措施的；

（四）应当解除查封、扣押、冻结不解除的；

（五）贪污、挪用、私分、调换、违反规定使用查封、扣押、冻结的财物的。

受理申诉或者控告的机关应当及时处理。对处理不服的，可以向同级人民检察院申诉；人民检察院直接受理的案件，可以向上一级人民检察院申诉。人民检察院对申诉应当及时进行审查，情况属实的，通知有关机关予以纠正。

> **要点提示**
>
> 1. 申诉控告的主体：当事人和辩护人、诉讼代理人、利害关系人。
> 2. 申诉控告的条件：（1）期满不放人。（2）应退不退还。（3）无关查冻扣。（4）应解不解除。（5）违规用财物。
>
> 再简单点总结：不放人、不退钱、乱扣乱用不解除。
>
> 3. 申诉控告的程序：
>
> （1）先向作出行为的机关申诉、控告，不服再向同级检察院申诉。
> （2）对于检察院自侦案件，可以向上一级人民检察院申诉。

第二节　侦查行为

$$
侦查行为
\begin{cases}
讯问犯罪嫌疑人※ \\
询问证人、被害人※ \\
勘验、检查※ \\
搜查※ \\
查封、扣押，查询、冻结※ \\
鉴定※ \\
技术侦查※※ \\
通缉※ \\
辨认
\end{cases}
$$

侦查行为，是指侦查机关在办理案件过程中，依照法律进行的各种专门调查活动。

> **要点提示**
>
> 考生在复习侦查行为这一节时，注意与第三章"国家专门机关和诉讼参与人"中有关犯罪嫌疑人、被告人、证人、鉴定人等知识点以及第七章"证据"中关于犯罪嫌疑人、被告人供述和辩解、被害人陈述、证人证言、鉴定意见等知识点结合学习。

图表总结

侦查行为	内容	注意
（一）讯问犯罪嫌疑人	**1. 讯问人员** 讯问犯罪嫌疑人，<u>必须由侦查人员</u>进行。讯问的时候，侦查人员不得少于2人。 讯问<u>同案</u>的犯罪嫌疑人，<u>应当个别</u>进行。 **2. 讯问地点** 公安机关对于<u>不需要拘留、逮捕</u>的犯罪嫌疑人，经办案部门负责人批准，<u>可以传唤</u>到犯罪嫌疑人所在市、县内的<u>指定地点</u>或者到他的<u>住处</u>进行讯问。 犯罪嫌疑人被送交看守所<u>羁押</u>以后，侦查人员对其进行讯问，<u>应当在看守所内</u>进行。 **3. 讯问内容** 应当首先讯问犯罪嫌疑人是否有犯罪行为。 犯罪嫌疑人<u>请求自行书写供述</u>的，<u>应当准许</u>。必要的时候，侦查人员也可以要求犯罪嫌疑人亲笔书写供词。 犯罪嫌疑人对侦查人员的提问，<u>应当如实回答</u>。但是对与本案无关的问题，有拒绝回答的权利。 侦查人员在讯问犯罪嫌疑人的时候，<u>应当告知</u>犯罪嫌疑人<u>如实供述</u>自己罪行<u>可以从宽</u>处理和认罪认罚的法律规定。 **4. 讯问笔录** 讯问笔录应当交犯罪嫌疑人<u>核对</u>或者向他<u>宣读</u>。如果记录有遗漏或者差错，<u>应当允许</u>犯罪嫌疑人<u>补充或者更正</u>，并<u>捺指印</u>。笔录经犯罪嫌疑人核对无误后，应当由其在笔录上<u>逐页</u>签名、捺指印，并在<u>末页</u>写明"<u>以上笔录我看过（或向我宣读过），和我说的相符</u>"。<u>拒绝</u>签名、捺指印的，侦查人员<u>应当</u>在笔录上<u>注明</u>。 讯问笔录上所列项目，应当按照规定填写齐全。<u>侦查人员、翻译人员</u>应当在讯问笔录上<u>签名</u>。 **5. 讯问时录音录像** 公安机关侦查人员在讯问犯罪嫌疑人的时候，<u>可以</u>对讯问过程进行录音或者录像；对于可能判处<u>无期徒刑、死刑</u>的案件或者其他<u>重大</u>犯罪案件，<u>应当</u>对讯问过程进行录音或者录像。	1. 看守所<u>收押</u>犯罪嫌疑人、被告人和罪犯，<u>应当</u>进行健康和<u>体表检查</u>，并予以记录。 2. 讯问<u>聋、哑</u>的犯罪嫌疑人，<u>应当</u>有通晓聋、哑手势的人参加，并在讯问笔录上注明犯罪嫌疑人的聋、哑情况，以及翻译人员的姓名、工作单位和职业。讯问<u>不通晓当地语言文字</u>的犯罪嫌疑人，<u>应当</u>配备翻译人员。
（二）询问证人、被害人	1. 询问地点：<u>现场、证人所在单位、住处、证人提出的地点、办案机关</u>。 2. 询问证人应当<u>个别</u>进行。 3. 询问前，应当了解证人、被害人的<u>身份</u>，证人、犯罪嫌疑人、被害人之间的<u>关系</u>。询问时，应当告知证人、被害人必须如实地提供证据、证言和有意作伪证或者隐匿罪证应负的法律责任。 4. 侦查人员<u>不得</u>向证人、被害人<u>泄露案情</u>或者<u>表示</u>对案件的<u>看法</u>。	询问被害人适用询问证人的规定。

续表

侦查行为	内容	注意
（三）勘验、检查	1. 必须持证： 侦查人员执行勘验、检查，必须持有检察院或者公安机关的证明文件。 2. 应当邀请无关见证人： 公安机关对案件现场进行勘查的侦查人员不得少于2人。勘查现场时，应当邀请与案件无关的公民作为见证人。 3. 客观记录： 勘查现场，应当拍摄现场照片、绘制现场图，制作笔录，由参加勘查的人和见证人签名。对重大案件的现场，应当录像。 4. 解剖尸体： 对于死因不明的尸体，公安机关有权决定解剖，并且通知死者家属到场。 5. 强制检查： 犯罪嫌疑人如果拒绝检查，侦查人员认为必要的时候，可以强制检查。 6. 检查妇女： 检查妇女的身体，应当由女工作人员或者医师进行。 7. 复验复查： 公安机关进行勘验、检查后，人民检察院要求复验、复查的，公安机关应当进行复验、复查，并可以通知人民检察院派员参加。	1. 勘验的对象是死的，检查的对象是活的。 2. 在必要的时候，可以指派或者聘请具有专门知识的人，在侦查人员的主持下进行勘验、检查。
（四）搜查	1. 进行搜查，必须向被搜查人出示搜查证。 2. 在执行逮捕、拘留的时候，遇有紧急情况，不另用搜查证也可以进行搜查。 3. 在搜查的时候，应当有被搜查人或者他的家属，邻居或者其他见证人在场。 4. 搜查妇女的身体，应当由女工作人员进行。	在执行逮捕、拘留的时候，遇有下列紧急情况之一，不另用搜查证也可以进行搜查： 1. 可能随身携带凶器的； 2. 可能隐藏爆炸、剧毒等危险物品的； 3. 可能隐匿、毁弃、转移犯罪证据的； 4. 可能隐匿其他犯罪嫌疑人的； 5. 其他突然发生的紧急情况。
（五）查封、扣押，查询、冻结	查封、扣押： 1. 查封、扣押的对象： 在侦查活动中发现的可用以证明犯罪嫌疑人有罪或者无罪的各种财物、文件，应当查封、扣押。 2. 对查封、扣押物的解除、退还： 对查封、扣押的财物、文件、邮件、电子邮件、电报，经查明确实与案件无关的，应当在3日以内解除查封、扣押，退还原主或者原邮电部门、网络服务单位。 原主不明确的，应当采取公告方式告知原主认领。在	

侦查行为	内容	注意
	通知原主或者公告后 6 个月以内，无人认领的，按照无主财物处理，登记后上缴国库。 3. 对不易保管物、违禁品的处理： 在侦查期间，对于易损毁、灭失、腐烂、变质而不宜长期保存，或者难以保管的物品，经县级以上公安机关主要负责人批准，可以在拍照或者录音录像后委托有关部门变卖、拍卖，变卖、拍卖的价款暂予保存，待诉讼终结后一并处理。 对违禁品，应当依照国家有关规定处理；对于需要作为证据使用的，应当在诉讼终结后处理。	
	查询、冻结： 1. 不得重复冻结，可以轮候冻结： 犯罪嫌疑人的存款、汇款、债券、股票、基金份额等财产已被冻结的，不得重复冻结，但可以轮候冻结。 2. 冻结时间： 冻结存款、汇款、证券交易结算资金、期货保证金等财产的期限为 6 个月。每次续冻期限最长不得超过 6 个月。 对于重大、复杂案件，经设区的市一级以上公安机关负责人批准，冻结存款、汇款、证券交易结算资金、期货保证金等财产的期限可以为 1 年。每次续冻期限最长不得超过 1 年。 冻结债券、股票、基金份额等证券的期限为 2 年。每次续冻期限最长不得超过 2 年。 冻结股权、保单权益或者投资权益的期限为 6 个月。每次续冻期限最长不得超过 6 个月。 3. 出售、变现被冻结财产： 对冻结的债券、股票、基金份额等财产，应当告知当事人或者其法定代理人、委托代理人有权申请出售。 权利人书面申请出售被冻结的债券、股票、基金份额等财产，不损害国家利益、被害人、其他权利人利益，不影响诉讼正常进行的，以及冻结的汇票、本票、支票的有效期即将届满的，经县级以上公安机关负责人批准，可以依法出售或者变现，所得价款应当继续冻结在其对应的银行账户中；没有对应的银行账户的，所得价款由公安机关在银行指定专门账户保管，并及时告知当事人或者其近亲属。	
（六）鉴定	1. 鉴定人签名： 鉴定人应当按照鉴定规则，运用科学方法独立进行鉴定。鉴定后，应当出具鉴定意见，并在鉴定意见书上签名，同时附上鉴定机构和鉴定人的资质证明或者其他证明文件。 多人参加鉴定，鉴定人有不同意见的，应当注明。 2. 鉴定意见告知： 对鉴定意见，侦查人员应当进行审查。 对经审查作为证据使用的鉴定意见，公安机关应当及时告知犯罪嫌疑人、被害人或者其法定代理人。	

续表

侦查行为	内容	注意
	3. 有意见，可交专家辅助人： 犯罪嫌疑人、被害人对鉴定意见有异议提出申请，以及办案部门或者侦查人员对鉴定意见有疑义的，可以将鉴定意见送交其他有专门知识的人员提出意见。必要时，询问鉴定人并制作笔录附卷。 4. 补充鉴定： 下列情形，经县级以上公安机关负责人批准，应当补充鉴定： （1）鉴定内容有明显遗漏的； （2）发现新的有鉴定意义的证物的； （3）对鉴定证物有新的鉴定要求的； （4）鉴定意见不完整，委托事项无法确定的； （5）其他需要补充鉴定的情形。 经审查，不符合上述情形的，经县级以上公安机关负责人批准，作出不准予补充鉴定的决定，并在作出决定后3日以内书面通知申请人。 5. 重新鉴定： 下列情形，经县级以上公安机关负责人批准，应当重新鉴定： （1）鉴定程序违法或者违反相关专业技术要求的； （2）鉴定机构、鉴定人不具备鉴定资质和条件的； （3）鉴定人故意作虚假鉴定或者违反回避规定的； （4）鉴定意见依据明显不足的； （5）检材虚假或者被损坏的； （6）其他应当重新鉴定的情形。 重新鉴定，应当另行指派或者聘请鉴定人。 经审查，不符合上述情形的，经县级以上公安机关负责人批准，作出不准予重新鉴定的决定，并在作出决定后3日以内书面通知申请人。 6. 精神病鉴定期间不计入办案期限： 犯罪嫌疑人、被告人在押的案件，除对犯罪嫌疑人、被告人的精神病鉴定期间不计入办案期限外，其他鉴定期间都应当计入办案期限。	
（七）技术侦查措施	1. 可以适用技术侦查的案件： （1）公安机关在立案后，对于危害国家安全犯罪、恐怖活动犯罪、黑社会性质的组织犯罪、重大毒品犯罪或者其他严重危害社会的犯罪案件，根据侦查犯罪的需要，经过严格的批准手续，可以采取技术侦查措施。 （2）人民检察院在立案后，对于利用职权实施的严重侵犯公民人身权利的重大犯罪案件，根据侦查犯罪的需要，经过严格的批准手续，可以采取技术侦查措施，按照规定交有关机关执行。 （3）追捕被通缉或者批准、决定逮捕的在逃的犯罪嫌疑人、被告人，经过批准，可以采取追捕所必需的技术侦查措施。 2. 技术侦查的机关： （1）决定技术侦查的机关：人民检察院、公安机关、	1. 对于公安机关采取技侦措施，"其他严重危害社会的犯罪案件"是指： （1）故意杀人、故意伤害致人重伤或者死亡、强奸、抢劫、绑架、放火、爆炸、投放危险物质等严重暴力犯罪案件； （2）集团性、系列性、跨区域性重大犯罪案件；

续表

侦查行为	内容	注意
	国家安全机关。 （2）实施技术侦查的机关：公安机关、国家安全机关。 3. 技术侦查的批准决定： 批准决定应当根据侦查犯罪的需要，确定采取技术侦查措施的种类和适用对象。批准决定自签发之日起3个月以内有效。对于不需要继续采取技术侦查措施的，应当及时解除；对于复杂、疑难案件，期限届满仍有必要继续采取技术侦查措施的，经过批准，有效期可以延长，每次不得超过3个月。 4. 重新办理批准手续： 在有效期限内，需要变更技术侦查措施种类或者适用对象的，应当重新办理批准手续。有效期限届满，负责技术侦查的部门应当立即解除技术侦查措施。 5. 技术侦查的对象： 技术侦查措施的适用对象是犯罪嫌疑人、被告人以及与犯罪活动直接关联的人员。 6. 秘密侦查： 为了查明案情，在必要的时候，经公安机关负责人决定，可以由有关人员隐匿其身份实施侦查。但是，不得诱使他人犯罪，不得采用可能危害公共安全或者发生重大人身危险的方法。对涉及给付毒品等违禁品或者财物的犯罪活动，公安机关根据侦查犯罪的需要，可以依照规定实施控制下交付。 7. 技侦证据的调查与适用： 采取技术侦查措施收集的材料在刑事诉讼中可以作为证据使用。如果使用该证据可能危及有关人员的人身安全，或者可能产生其他严重后果的，应当采取不暴露有关人员身份、技术方法等保护措施，必要的时候，可以由审判人员在庭外对证据进行核实。	（3）利用电信、计算机网络、寄递渠道等实施的重大犯罪案件，以及针对计算机网络实施的重大犯罪案件； （4）其他严重危害社会的犯罪案件，依法可能判处7年以上有期徒刑的。 2. 采取技术侦查措施收集的材料作为证据使用的，批准采取技术侦查措施的法律文书应当附卷，辩护律师可以依法查阅、摘抄、复制，在审判过程中可以向法庭出示。 3. 对采取技术侦查措施获取的与案件无关的材料，必须及时销毁。
（八）通缉	1. 通缉的条件： （1）符合逮捕条件； （2）处于在逃状态。 2. 各级公安机关在自己管辖的地区以内，可以直接发布通缉令；超出自己管辖的地区，应当报请有权决定的上级机关发布。	通缉令发出后，如果发现新的重要情况可以补发通报。通报必须注明原通缉令的编号和日期。
（九）辨认	辨认的数量： 1. 公安机关侦查的案件，在辨认犯罪嫌疑人时，被辨认的人数不得少于7人； 辨认照片时，被辨认的照片不得少于10张。 辨认物品时，被辨认的物品不得少于5件。 对场所、尸体等特定辨认对象进行辨认，或者辨认人能够准确描述物品独有特征的，陪衬物不受数量的限制。 2. 对犯罪嫌疑人的辨认，辨认人不愿公开进行时，可以在不暴露辨认人的情况下进行，并应当为其保守秘密。	

续表

侦查行为	内容	注意
	3. 对于辨认的情况，应当制作笔录，由主持和参加辨认的侦查人员、辨认人、见证人签名或盖章。 公安机关侦查的案件，必要时，应当对辨认过程进行录音录像。	

【经典真题】

2019 法考客观题回忆版：[1]

公安机关接到卧底提供的黄某涉嫌贩毒的线索，随即展开调查，下列初查措施，公安机关不可以采用的有？

A. 公安机关为了便于收集电子数据，可以封存黄某手机

B. 公安机关可以对黄某实施监听

C. 公安机关可以经过批准，对黄某采用技术侦查措施

D. 卧底掌握了黄某出售毒品的信息，为收集证据向其提出购买

【考点】初查

【本题解析】

《公安机关办理刑事案件程序规定》第174条规定："对接受的案件，或者发现的犯罪线索，公安机关应当迅速进行审查。发现案件事实或者线索不明的，必要时，经办案部门负责人批准，可以进行调查核实。调查核实过程中，公安机关可以依照有关法律和规定采取询问、查询、勘验、鉴定和调取证据材料等不限制被调查对象人身、财产权利的措施。但是，不得对被调查对象采取强制措施，不得查封、扣押、冻结被调查对象的财产，不得采取技术侦查措施。"据此，选项ABCD表述明显错误，当选。

第三节　侦查终结

侦查终结，是侦查机关对于自己立案侦查的案件，经过一系列的侦查活动，根据已经查明的事实、证据，依照法律规定，足以对案件作出起诉、不起诉或者撤销案件的结论，决定不再进行侦查，并对犯罪嫌疑人作出处理的一种诉讼活动。

一、两种侦查终结

（一）正常情况侦查终结

1. 条件：

（1）犯罪事实清楚；

（2）证据确实、充分；

（3）法律手续完备。

---

[1] 答案：ABCD。

2. 处理

写出起诉意见书，连同案卷材料、证据一并移送同级人民检察院审查决定；同时将案件移送情况告知犯罪嫌疑人及其辩护律师。

（二）特殊情况侦查终结

1. 条件、处理

条件，不应对犯罪嫌疑人追究刑事责任的；处理结果，应当撤销案件。

2. 不应追究刑事责任的情形包括：

（1）具有《刑诉法》第 16 条规定情形之一的；

（2）没有犯罪事实的，或者依照刑法规定不负刑事责任或者不是犯罪的；

（3）虽有犯罪事实，但不是犯罪嫌疑人所为的。

另外，对于共同犯罪的案件，如有符合本条规定情形的犯罪嫌疑人，应当撤销对该犯罪嫌疑人的立案。

3. 不应当对犯罪嫌疑人追究刑事责任的，应当撤销案件；犯罪嫌疑人已经被逮捕的，应当立即释放，发给释放证明，并且通知原批准的人民检察院。

在案件侦查终结前，辩护律师提出要求的，侦查机关应当听取辩护律师的意见，并记录在案。辩护律师提出书面意见的，应当附卷。

二、侦查的羁押期限※※

侦查中的羁押期限，是指犯罪嫌疑人在侦查中被逮捕以后到侦查终结的期限。

🔹 **重点解读**

（一）侦查羁押的期限

对犯罪嫌疑人逮捕后的侦查羁押期限不得超过 2 个月。案情复杂、期限届满不能终结的案件，可以经上一级人民检察院批准延长 1 个月。

下列案件在 2 个月不能侦查终结的，经省、自治区、直辖市人民检察院批准或者决定，可以延长 2 个月：

1. 交通十分不便的边远地区的重大复杂案件；

2. 重大的犯罪集团案件；

3. 流窜作案的重大复杂案件；

4. 犯罪涉及面广，取证困难的重大复杂案件。

如果同时对犯罪嫌疑人可能判处 10 年有期徒刑以上刑罚，在上述 5 个月仍不能侦查终结的，经省、自治区、直辖市人民检察院批准或者决定，可以再延长 2 个月。

因为特殊原因，在较长时间内不宜交付审判的特别重大复杂的案件，由最高人民检察院报请全国人民代表大会常务委员会批准延期审理。

（二）提请延长羁押期限程序

1. 公安机关需要延长侦查羁押期限的，人民检察院应当要求其在侦查羁押期限届满 7 日前提请批准延长侦查羁押期限。

人民检察院办理直接受理侦查的案件，负责侦查的部门认为需要延长侦查羁押期限的，应当按照上述规定向本院负责捕诉的部门移送延长侦查羁押期限意见书及有关材料。

对于超过法定羁押期限提请延长侦查羁押期限的，不予受理。

2. 人民检察院审查批准或者决定延长侦查羁押期限，由负责捕诉的部门办理。

3. 受理案件的人民检察院对延长侦查羁押期限的意见审查后，应当提出是否同意延长侦查羁押期限的意见，将公安机关延长侦查羁押期限的意见和本院的审查意见层报有决定权的人民检察院审查决定。

4. 犯罪嫌疑人虽然符合逮捕条件，但经审查，公安机关在对犯罪嫌疑人执行逮捕后 2 个月以内未有效开展侦查工作或者侦查取证工作没有实质进展的，人民检察院可以作出不批准延长侦查羁押期限的决定。

犯罪嫌疑人不符合逮捕条件，需要撤销下级人民检察院逮捕决定的，上级人民检察院在作出不批准延长侦查羁押期限决定的同时，应当作出撤销逮捕的决定，或者通知下级人民检察院撤销逮捕决定。

5. 有决定权的人民检察院作出批准延长侦查羁押期限或者不批准延长侦查羁押期限的决定后，应当将决定书交由最初受理案件的人民检察院送达公安机关。

最初受理案件的人民检察院负责捕诉的部门收到批准延长侦查羁押期限决定书或者不批准延长侦查羁押期限决定书，应当书面告知本院负责刑事执行检察的部门。

（三）羁押期限的重新计算

1. 重新计算：

在侦查期间，发现犯罪嫌疑人另有重要罪行的，自发现之日起重新计算侦查羁押期限。

对公安机关重新计算侦查羁押期限的备案，由负责捕诉的部门审查。负责捕诉的部门认为公安机关重新计算侦查羁押期限不当的，应当提出纠正意见。

2. 查清起算：

犯罪嫌疑人不讲真实姓名、住址，身份不明的，应当对其身份进行调查，侦查羁押期限自查清其身份之日起计算，但是不得停止对其犯罪行为的侦查取证。

对于犯罪事实清楚，证据确实、充分，确实无法查明其身份的，也可以按其自报的姓名起诉、审判。

📊 图表总结

	批准或决定机关	情形
2 个月		一般情形。
延长 1 个月 （3 个月）	上一级检察院	案情复杂、不能终结。
延长 2 个月 （5 个月）	省级检察院	案情复杂、不能终结， 交集流广、重大复杂。
延长 2 个月 （7 个月）	省级检察院	案情复杂、不能终结， 交集流广、重大复杂， 10 年以上。
无限延长	最高检报请全国人大常委会	特殊原因。

第四节　人民检察院对直接受理案件的侦查※

人民检察院对直接受理的案件的侦查，是指人民检察院对自己受理的案件，依法进行的收集证据、查明案情的工作和有关的强制性措施。

◇ **重点解读**

一、一般规定

1. 案件范围

人民检察院在对诉讼活动实行法律监督中发现的司法工作人员利用职权实施的非法拘禁、刑讯逼供、非法搜查等侵犯公民权利、损害司法公正的犯罪，可以由人民检察院立案侦查。对于公安机关管辖的国家机关工作人员利用职权实施的重大犯罪案件，需要由人民检察院直接受理的时候，经省级以上人民检察院决定，可以由人民检察院立案侦查。

2. 逮捕、拘留

检察院逮捕、拘留犯罪嫌疑人的，由人民检察院作出决定，由公安机关执行。

检察院对直接受理的案件中被拘留的人，应当在拘留后的 24 小时以内进行讯问。在发现不应当拘留的时候，必须立即释放，发给释放证明。

检察院对直接受理的案件中被拘留的人，认为需要逮捕的，应当在 14 日以内作出决定。在特殊情况下，决定逮捕的时间可以延长 1 日至 3 日。对不需要逮捕的，应当立即释放；对需要继续侦查，并且符合取保候审、监视居住条件的，依法取保候审或者监视居住。

二、侦查措施

1. 技术侦查措施

人民检察院在立案后，对于利用职权实施的严重侵犯公民人身权利的重大犯罪案件，根据侦查犯罪的需要，经过严格的批准手续，可以采取技术侦查措施，按照规定交有关机关执行。

2. 录音、录像

人民检察院侦查中讯问犯罪嫌疑人实行全程同步录音、录像。

三、侦查终结的处理

1. 人民检察院经过侦查，认为犯罪事实清楚，证据确实、充分，依法应当追究刑事责任的，应当写出侦查终结报告，并且制作起诉意见书。

犯罪嫌疑人自愿认罪的，应当记录在案，随案移送，并在起诉意见书中写明有关情况。

2. 对于犯罪情节轻微，依照刑法规定不需要判处刑罚或者免除刑罚的案件，应当写出侦查终结报告，并且制作不起诉意见书。

侦查终结报告和起诉意见书或者不起诉意见书应当报请检察长批准。

3. 人民检察院在侦查过程中或者侦查终结后，发现具有下列情形之一的，负责侦查的部门应当制作拟撤销案件意见书，报请检察长决定：

（1）具有《刑诉法》第 16 条规定情形之一的；

（2）没有犯罪事实的，或者依照刑法规定不负刑事责任或者不是犯罪的；

（3）虽有犯罪事实，但不是犯罪嫌疑人所为的。

对于共同犯罪的案件，如有符合本条规定情形的犯罪嫌疑人，应当撤销对该犯罪嫌疑人的立案。

四、侦查期限

人民检察院直接受理立案侦查的案件，对犯罪嫌疑人没有采取取保候审、监视居住、拘留或者逮捕措施的，侦查部门应当在立案后 2 年以内提出移送起诉、移送不起诉或者撤销案件的意见；对犯罪嫌疑人采取取保候审、监视居住、拘留或者逮捕措施的，侦查部门应当在解除或者撤销强制措施后 1 年以内提出移送起诉、移送不起诉或者撤销案件的意见。

要点提示

《高检规则》第 253 条规定了"侦查期限"。需要注意：

（1）侦查期限与侦查羁押期限不同。侦查期限指的是从立案开始至侦查终结的时间段，而侦查羁押期限指的是从逮捕开始至侦查终结的时间段。侦查期限可以包含侦查羁押期限，一个案件只要进入侦查阶段就一定有侦查期限，但不一定有侦查羁押期限，因为并非每一个案件都会逮捕犯罪嫌疑人。

（2）目前只有检察院自侦案件有侦查期限，公安机关侦查的案件没有侦查期限。

（3）检察院侦查期限分为两种：①没有采取取保候审、监视居住、拘留或者逮捕措施的，应当在立案后 2 年以内侦查终结。②采取取保候审、监视居住、拘留或者逮捕措施的，应当在解除或者撤销强制措施后 1 年以内侦查终结。

第五节　补充侦查※

一、补充侦查的概念

○重点解读

补充侦查，是指公安机关或者人民检察院依照法定程序，在原有侦查工作的基础上进行补充收集证据的一种侦查活动。补充侦查由公安机关或者人民检察院实施。补充侦查，并不是每一个刑事案件都必须经过的诉讼程序，它只适用于没有完成原有侦查任务，部分事实、情节尚未查明的某些刑事案件。

二、不同诉讼阶段的补充侦查

补充侦查可在三个诉讼阶段中存在：审查逮捕时的补充侦查、审查起诉时的补充侦查和法庭审理时的补充侦查。

图表总结

	内容
审查批捕阶段的补充侦查	1. 对于不批准逮捕的，人民检察院应当说明理由，需要补充侦查的，应当制作补充侦查提纲，送交公安机关。 2. 人民检察院办理审查逮捕案件，不另行侦查，不得直接提出采取取保候审措施的意见。
审查起诉阶段的补充侦查	1. 人民检察院审查案件，对于需要补充侦查的，应当制作补充侦查提纲，连同案卷材料一并退回公安机关补充侦查，也可以自行侦查。 2. 对于补充侦查的案件，应当在 <u>1 个月</u> 以内补充侦查完毕。 3. 补充侦查以 <u>2 次</u> 为限。 4. 补充侦查完毕移送人民检察院后，人民检察院重新计算审查起诉期限。
法庭审理阶段的补充侦查	1. 在审判过程中，对于需要补充提供法庭审判所必需的证据或者补充侦查的，人民检察院应当自行收集证据和进行侦查，必要时可以要求监察机关或者公安机关提供协助；也可以书面要求监察机关或者公安机关补充提供证据。 2. 对于补充侦查的案件，应当在 <u>1 个月</u> 以内补充侦查完毕。 3. 补充侦查以 <u>2 次</u> 为限。 4. 补充侦查完毕移送人民法院后，人民法院重新计算审理期限。 5. 《高法解释》第 274 条规定，审判期间，公诉人发现案件需要补充侦查，建议延期审理的，合议庭可以同意，但建议延期审理不得超过两次。 人民检察院将补充收集的证据移送人民法院的，人民法院应当通知辩护人、诉讼代理人查阅、摘抄、复制。 补充侦查期限届满后，人民检察院未将补充的证据材料移送人民法院的，人民法院可以根据在案证据作出判决、裁定。

【经典真题】

2016 年单项选择题第 35 题：[1]

甲、乙共同实施抢劫，该案经两次退回补充侦查后，检察院发现甲在两年前曾实施诈骗犯罪。关于本案，下列哪一选项是正确的？

A. 应将全案退回公安机关依法处理

B. 对新发现的犯罪自行侦查，查清犯罪事实后一并提起公诉

C. 将新发现的犯罪移送公安机关侦查，待公安机关查明事实移送审查起诉后一并提起公诉

D. 将新发现的犯罪移送公安机关立案侦查，对已查清的犯罪事实提起公诉

【本题解析】

本题考查的是审查起诉阶段的补充侦查。《高检规则》第 349 条："人民检察院对已经退回监察机关二次补充调查或者退回公安机关二次补充侦查的案件，在审查起诉中又发现新的犯罪事实，应当将线索移送监察机关或者公安机关。对已经查清的犯罪事实，应当依法提起公诉。"据此，当年考试是 D 答案，但是现在新的《高检规则》出来以后，本题严格来说已经没有答案了。

---

[1] 答案：原答案为 D，现已无答案。

第六节　侦查监督

侦查监督是指人民检察院依法对侦查机关的侦查活动是否合法进行的监督。侦查监督是人民检察院刑事诉讼法律监督的重要组成部分。

◆○ 重点解读

一、侦查监督的内容

人民检察院应当对侦查活动中是否存在以下违法行为进行监督：

（一）采用刑讯逼供以及其他非法方法收集犯罪嫌疑人供述的；

（二）讯问犯罪嫌疑人依法应当录音或者录像而没有录音或者录像，或者未在法定羁押场所讯问犯罪嫌疑人的；

（三）采用暴力、威胁以及非法限制人身自由等非法方法收集证人证言、被害人陈述，或者以暴力、威胁等方法阻止证人作证或者指使他人作伪证的；

（四）伪造、隐匿、销毁、调换、私自涂改证据，或者帮助当事人毁灭、伪造证据的；

（五）违反刑事诉讼法关于决定、执行、变更、撤销强制措施的规定，或者强制措施法定期限届满，不予释放、解除或者变更的；

（六）应当退还取保候审保证金不退还的；

（七）违反刑事诉讼法关于讯问、询问、勘验、检查、搜查、鉴定、采取技术侦查措施等规定的；

（八）对与案件无关的财物采取查封、扣押、冻结措施，或者应当解除查封、扣押、冻结而不解除的；

（九）贪污、挪用、私分、调换、违反规定使用查封、扣押、冻结的财物及其孳息的；

（十）不应当撤案而撤案的；

（十一）侦查人员应当回避而不回避的；

（十二）依法应当告知犯罪嫌疑人诉讼权利而不告知，影响犯罪嫌疑人行使诉讼权利的；

（十三）对犯罪嫌疑人拘留、逮捕、指定居所监视居住后依法应当通知家属而未通知的；

（十四）阻碍当事人、辩护人、诉讼代理人、值班律师依法行使诉讼权利的；

（十五）应当对证据收集的合法性出具说明或者提供证明材料而不出具、不提供的；

（十六）侦查活动中的其他违反法律规定的行为。

二、侦查监督的方式

（一）人民检察院发现刑事诉讼活动中的违法行为，对于情节较轻的，由检察人员以口头方式提出纠正意见；对于情节较重的，经检察长决定，发出纠正违法通知书。对于带有普遍性的违法情形，经检察长决定，向相关机关提出检察建议。构成犯罪的，移送有关机关、部门依法追究刑事责任。

有申诉人、控告人的，调查核实和纠正违法情况应予告知。

（二）人民检察院发出纠正违法通知书的，应当监督落实。被监督单位在纠正违法通知书规定的期限内没有回复纠正情况的，人民检察院应当督促回复。经督促被监督单位仍不回复或者没有正当理由不纠正的，人民检察院应当向上一级人民检察院报告。

（三）被监督单位对纠正意见申请复查的，人民检察院应当在收到被监督单位的书面意见后7日以内进行复查，并将复查结果及时通知申请复查的单位。经过复查，认为纠正意见正确的，应当及时向上一级人民检察院报告；认为纠正意见错误的，应当及时予以撤销。

（四）上一级人民检察院经审查，认为下级人民检察院纠正意见正确的，应当及时通报被监督单位的上级机关或者主管机关，并建议其督促被监督单位予以纠正；认为下级人民检察院纠正意见错误的，应当书面通知下级人民检察院予以撤销，下级人民检察院应当执行，并及时向被监督单位说明情况。

（五）人民检察院发现侦查活动中的违法情形已涉嫌犯罪，属于人民检察院管辖的，依法立案侦查；不属于人民检察院管辖的，依照有关规定移送有管辖权的机关。

（六）人民检察院负责捕诉的部门发现本院负责侦查的部门在侦查活动中有违法情形，应当提出纠正意见。需要追究相关人员违法违纪责任的，应当报告检察长。

上级人民检察院发现下级人民检察院在侦查活动中有违法情形，应当通知其纠正。下级人民检察院应当及时纠正，并将纠正情况报告上级人民检察院。

导学

　　起诉是连接侦查和审判的中介，它既对侦查终结后提出的起诉意见进行审查，又向法院提供审理对象。因此，起诉对于有效地惩罚犯罪和保障人权具有重要意义。起诉是刑事审判的前提，没有起诉，也就没有审判。起诉包含公诉和自诉，公诉中又包含审查起诉、提起公诉和不起诉。

　　本章在刑诉法复习中地位重要，平均每年出2道题。考生应重点把握。

　　在学习本章时，请考生掌握审查起诉的步骤和方法，提起公诉和不起诉，自诉的条件。

　　本章需要重点掌握的理论考点：刑事公诉理论。

知识体系

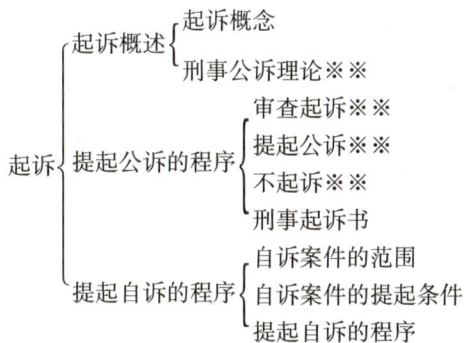

本章重点

第一节　起诉概述

一、起诉的概念

◦重点解读

刑事起诉，是指享有控诉权的国家机关和公民，依法向法院提起诉讼，请求法院对指控的内容进行审判，以确定被告人刑事责任并依法予以刑事制裁的诉讼活动。刑事起诉可分为两种：即公诉和自诉。

二、刑事公诉理论※※

人类社会最早的起诉方式是自诉。随着社会的发展，统治者意识到犯罪行为从根本上危害了国家和社会利益。国家开始设立专门的机构和官员来承担起诉职能，刑事公诉制度逐步形成。

现代公诉主要分为两种类型：一是刑事公诉独占主义，即刑事起诉权被国家垄断，排除被害人自诉；二是刑事公诉兼自诉，即较严重犯罪案件的起诉权由检察机关代表国家行使，少数轻微案件允许公民自诉。

对于符合起诉条件的刑事公诉案件是否必须向法院起诉，也有两种原则：一是起诉法定主义或称起诉合法主义，即只要被告人的行为符合法定起诉条件，公诉机关不享有自由裁量权，必须起诉，而不论具体情节；二是起诉便宜主义或称起诉合理主义，即被告人的行为在具备起诉条件时，是否起诉，由检察官根据被告人及其具体情况以及刑事政策等因素自由裁量。在我国，譬如酌定不起诉、附条件不起诉均是起诉便宜主义的体现。现代刑事诉讼普遍强调起诉法定主义与起诉便宜主义二元并存、相互补充的起诉原则。

我国实行公诉为主，自诉为辅的犯罪追诉机制。在起诉原则上，我国以起诉法定主义为主，兼采起诉便宜主义，检察官的裁量权受到严格限制。

> **要点提示**
>
> 请考生掌握公诉独占主义与公诉兼自诉，起诉法定主义与起诉便宜主义的含义及我国的适用情况。
>
> 简言之：
>
> 公诉独占主义：只有公诉，没有自诉。
> 公诉兼自诉：公诉为主，兼采自诉。
> 我国：公诉兼自诉。
>
> 起诉法定主义：符合公诉条件必须起诉，检察官没有裁量权。
> 起诉便宜主义：符合公诉条件也可不起诉，检察院有一定裁量权。
> 我国：起诉法定主义为主，起诉便宜主义为辅。

【经典真题】

2013 年单项选择题第 36 题：[1]

只要有足够证据证明犯罪嫌疑人构成犯罪，检察机关就必须提起公诉。关于这一制度的法理基础，下列哪一选项是正确的？

A. 起诉便宜主义　　　　　　　　B. 起诉法定主义

C. 公诉垄断主义　　　　　　　　D. 私人诉追主义

-----

[1] 答案：B。

【本题解析】

参见前文"刑事公诉理论"。本题中，只要有足够证据证明犯罪嫌疑人构成犯罪，检察机关就必须提起公诉。这一制度体现的是起诉法定主义。故 B 项当选，A 项不当选。此外，题干中表述无关刑事起诉权的行使主体，而是关于符合条件的刑事案件是否必须向审判机关起诉的问题，故 CD 项的内容与本题无关，不当选。

第二节　提起公诉的程序

$$
提起公诉的程序
\begin{cases}
审查起诉※※ \\
提起公诉※※ \\
不起诉※※ \\
刑事起诉书
\end{cases}
$$

一、审查起诉与提起公诉

图表总结

		内容	注意
审查起诉	1. 案件受理	公诉案件一律由检察院审查起诉。	1. 对侦查终结的案件，应当制作起诉意见书，经县级以上公安机关负责人批准后，连同全部案卷材料、证据，以及辩护律师提出的意见，一并移送同级人民检察院审查决定；同时将案件移送情况告知犯罪嫌疑人及其辩护律师。 2. 对于重大、疑难、复杂的案件，经公安机关商请或者人民检察院认为确有必要时，可以派员适时介入侦查活动，对案件性质、收集证据、适用法律提出意见，监督侦查活动是否合法。 3. 直接听取辩护人、被害人及其诉讼代理人的意见有困难的，可以通过电话视频等方式听取意见并记录在案，或者通知辩护人、被害人及其诉讼代理人提出书面意见，无法通知或者在指定期限内未提出意见的，应当记录在案。 4. 人民检察院对已经退回监察机关二次补充调查或者退回公安机关二次补充侦查的案件，在审查起诉中又发现新的犯罪事实，应当将线索移送监察机关或者公安机关。对已经查清的犯罪事实，应当依法提起公诉。

续表

	内容	注意
2. 审查起诉的内容：（全面审查）	人民检察院审查移送起诉的案件，应当查明： （1）犯罪嫌疑人身份状况是否清楚，包括姓名、性别、国籍、出生年月日、职业和单位等；单位犯罪的，单位的相关情况是否清楚； （2）犯罪事实、情节是否清楚；实施犯罪的时间、地点、手段、危害后果是否明确； （3）认定犯罪性质和罪名的意见是否正确；有无法定的从重、从轻、减轻或者免除处罚情节及酌定从重、从轻情节；共同犯罪案件的犯罪嫌疑人在犯罪活动中的责任认定是否恰当； （4）犯罪嫌疑人是否认罪认罚； （5）证明犯罪事实的证据材料是否随案移送；证明相关财产系违法所得的证据材料是否随案移送；不宜移送的证据的清单、复制件、照片或者其他证明文件是否随案移送； （6）证据是否确实、充分，是否依法收集，有无应当排除非法证据的情形； （7）采取侦查措施包括技术侦查措施的法律手续和诉讼文书是否完备； （8）有无遗漏罪行和其他应当追究刑事责任的人； （9）是否属于不应当追究刑事责任的； （10）有无附带民事诉讼；对于国家财产、集体财产遭受损失的，是否需要由人民检察院提起附带民事诉讼；对于破坏生态环境和资源保护，食品药品安全领域侵害众多消费者合法权益，侵害英雄烈士的姓名、肖像、名誉、荣誉等损害社会公共利益的行为，是否需要由人民检察院提起附带民事公益诉讼； （11）采取的强制措施是否适当，对于已经逮捕的犯罪嫌疑人，有无继续羁押的必要； （12）侦查活动是否合法； （13）涉案财物是否查封、扣押、冻结并妥善保管，清单是否齐备；对被害人合法财产的返还和对违禁品或者不宜长期保存的物品的处理是否妥当，移送的证明文件是否完备。	

续表

	内容	注意
3. 审查起诉的方法	（1）检察院审查案件，应当讯问犯罪嫌疑人，听取辩护人或者值班律师、被害人及其诉讼代理人的意见，并记录在案。辩护人或者值班律师、被害人及其诉讼代理人提出书面意见的，应当附卷。 （2）检察院审查案件，对于需要补充侦查的，可以退回补充侦查，也可以自行侦查。对于补充侦查的案件，应当在1个月以内补充侦查完毕。补充侦查以2次为限。补充侦查完毕移送审查起诉部门后，检察院重新计算审查起诉期限。 （3）人民检察院对于监察机关移送起诉的案件，依照本法和监察法的有关规定进行审查。人民检察院经审查，认为需要补充核实的，应当退回监察机关补充调查，必要时可以自行补充侦查。对于监察机关移送起诉的已采取留置措施的案件，人民检察院应当对犯罪嫌疑人先行拘留，留置措施自动解除。人民检察院应当在拘留后的10日内作出是否逮捕、取保候审或者监视居住的决定。在特殊情况下，决定的时间可以延长1日至4日。人民检察院决定采取强制措施的期间不计入审查起诉期限。 （4）在审查起诉期间改变管辖的案件，改变后的检察院认为需要补充侦查的，可以通过原受理案件的检察院退回原侦查的公安补充侦查，也可以自行侦查。改变管辖前后退回补充侦查的次数总共不得超过2次。	

续表

		内容	注意
	4.审查起诉的期限	(1) 审查期限： 人民检察院对于监察机关、公安机关移送起诉的案件，应当在 1 个月以内作出决定，重大、复杂的案件，可以延长 15 日；犯罪嫌疑人认罪认罚，符合速裁程序适用条件的，应当在 10 日以内作出决定，对可能判处的有期徒刑超过 1 年的，可以延长至 15 日。 (2) 期限重新计算： ①检察院审查起诉的案件，改变管辖的，从改变后的检察院收到案件之日起计算审查起诉期限。 ②补充侦查完毕移送检察院后，检察院重新计算审查起诉期限。	
提起公诉	**1.提起公诉的条件**	(1) 犯罪事实已经查清； (2) 证据确实、充分； (3) 依法应当追究刑事责任。	1. 具有下列情形之一的，可以认为犯罪事实已经查清： (1) 属于单一罪行的案件，查清的事实足以定罪量刑或者与定罪量刑有关的事实已经查清，不影响定罪量刑的事实无法查清的。 (2) 属于数个罪行的案件，部分罪行已经查清并符合起诉条件，其他罪行无法查清的。 (3) 无法查清作案工具、赃物去向，但有其他证据足以对被告人定罪量刑的。 (4) 证人证言、犯罪嫌疑人供述和辩解、被害人陈述的内容中主要情节一致，只有个别情节不一致但不影响定罪的。 2. 检察院在办理公安移送起诉的案件中，发现遗漏罪行或者依法应当移送审查起诉同案犯罪嫌疑人的，应当要求公安机关补充侦查或者补充移送起诉。对于犯罪事实清楚，证据确实、充分的，检察院也可以直接提起公诉。 3. 量刑建议： 犯罪嫌疑人认罪认罚的，人民检察院应当就主刑、附加刑、是否适用缓刑等提出量刑建议。量刑建议一般应当为确定刑。对新类型、不常见犯罪案件，量刑情节复杂的重罪案件等，也可以提出幅度刑量刑建议。
	2.向法院移送的材料	(1) 起诉书。 (2) 案卷材料。 (3) 证据。 (4) 认罪认罚具结书等材料。 包括犯罪嫌疑人、被告人翻供的材料，证人改变证言的材料，以及对犯罪嫌疑人、被告人有利的其他证据材料。	

【经典真题】

2008 年四川单考多项选择题第 70 题：[1]

关于检察院审查起诉的期限，下列哪些说法是正确的？

A. 改变管辖的，从改变后的检察院收到案件之日起计算

B. 改变管辖的，从原审查起诉的检察院移送案件之日起计算

C. 补充侦查的，从补充侦查完毕移送检察院后重新计算

D. 补充侦查的，从补充侦查完毕之日起重新计算

【本题解析】

在审查起诉过程中，期限重新计算有两种情形：

1. 检察院审查起诉的案件，改变管辖的，从改变后的检察院收到案件之日起计算审查起诉期限。

2. 补充侦查完毕移送检察院后，检察院重新计算审查起诉期限。

可见，本题 AC 正确。

二、不起诉※※

```
       ┌ 不起诉的概念
       │
       │                  ┌ 法定不起诉
       │ 不起诉的种类 ┤ 酌定不起诉
       │                  └ 存疑不起诉
不起诉 ┤
       │ 不起诉的程序
       │
       │                        ┌ 公安不服
       └ 对不起诉决定不服的救济 ┤ 被害人不服
                                 └ 被酌定不诉人不服
```

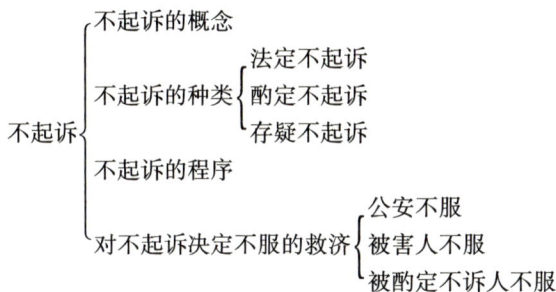

不起诉，是指人民检察院对公安机关侦查终结移送审查起诉的案件或者对自行侦查终结的案件以及监察委员会调查终结移送审查起诉的案件，经过审查后，认为犯罪嫌疑人没有犯罪事实，或者具有《刑诉法》第 16 条规定的不追究刑事责任的情形，或者犯罪嫌疑人犯罪情节轻微依法不需要判处刑罚或免除刑罚，或者证据尚未达到起诉条件，又或者符合一定附加条件而作出的不将案件移送人民法院进行审判的决定。

---

[1]　答案：AC。

图表总结

	内容	注意
不起诉的种类	**法定不起诉**：犯罪嫌疑人<u>没有犯罪事实</u>，或者有<u>《刑诉法》第16条规定</u>的情形之一的，人民检察院<u>应当</u>作出不起诉决定。	1. 没有犯罪事实。 2. 《刑诉法》第16条规定："有下列情形之一的，不追究刑事责任，已经追究的，应当撤销案件，或者不起诉，或者终止审理，或者宣告无罪： （一）情节<u>显著轻微</u>、危害不大，不认为是犯罪的； （二）犯罪已过<u>追诉时效期限</u>的； （三）经<u>特赦令免除刑罚</u>的； （四）依照刑法<u>告诉才处理的</u>犯罪，没有告诉或者撤回告诉的； （五）犯罪嫌疑人、被告人<u>死亡</u>的； （六）其他法律规定免予追究刑事责任的。" 3. <u>应当</u>不起诉。
	酌定不起诉：对于<u>犯罪情节轻微</u>，依照刑法规定<u>不需要判处刑罚</u>或者<u>免除刑罚</u>的，人民检察院<u>可以</u>作出不起诉决定。	1. 前提是检察院认为<u>构成犯罪</u>。 2. "<u>可以</u>"不诉体现酌定、裁量和便宜。
	证据不足不起诉（存疑不诉）： 1. 先天不足：对于二次补充侦查的案件，人民检察院仍然认为证据不足，不符合起诉条件的，经检察长批准，依法作出不起诉的决定。 2. 后天不足：检察院经审查发现存在非法取证行为，对该证据应当予以排除，其他证据不能证明犯罪嫌疑人实施犯罪行为的，应当不批准或者决定逮捕。已经移送起诉的，可以将案件退回监察机关补充调查或者退回公安机关<u>补充侦查</u>或者作出<u>不起诉</u>决定。	1. "先天不足"，是指侦查机关收集并移送给检察院审查起诉的证据本身就是不足的。因此必须进行补充侦查。 补充侦查以2次为限，经过2次补充侦查后，检察院仍然认为证据不足的，依法作出不起诉决定，因为不可能再有第3次补充侦查了。经过1次补充侦查后，检察院如果认为证据不足，可以不起诉，因为还可以第2次补充侦查。 2. "后天不足"，是指侦查机关收集并移送给检察院审查起诉的证据本身是足够的，但因为出现了非法证据，非法证据被检察院排除后才导致证据不足。这种情况下，检察院既可以将案件退回监察机关补充调查或者公安补充侦查，也可以作不起诉决定。换言之，不一定非要进行补充调查或侦查。 3. 存疑不诉后，在发现<u>新</u>的证据，符合起诉条件时，可以提起公诉。

续表

	内容	注意
不起诉的程序	1. 法定不诉、酌定不诉、存疑不诉，由检察长决定。 2. 不起诉决定书自公开宣布之日起生效。 3. 不起诉决定书应当送达： （1）被害人或者其近亲属及其诉讼代理人； （2）被不起诉人及其辩护人以及被不起诉人的所在单位； （3）如果是监委或公安移送的，应送监委或送达公安机关。 4. 被不起诉人在押的，应当立即释放；被采取其他强制措施的，应当通知执行机关解除。 5. 人民检察院决定不起诉的案件，可以根据案件的不同情况，对被不起诉人予以训诫或者责令具结悔过、赔礼道歉、赔偿损失。 对被不起诉人需要给予行政处罚、政务处分或者其他处分的，经检察长批准，人民检察院应当提出检察意见，连同不起诉决定书一并移送有关主管机关处理，并要求有关主管机关及时通报处理情况。 人民检察院决定不起诉的案件，应当同时书面通知作出查封、扣押、冻结决定的机关或者执行查封、扣押、冻结决定的机关解除查封、扣押、冻结。 人民检察院决定不起诉的案件，需要没收违法所得的，经检察长批准，应当提出检察意见，移送有关主管机关处理，并要求有关主管机关及时通报处理情况。	1. 对于犯罪事实并非犯罪嫌疑人所为，需要重新调查或者侦查的，应当在作出不起诉决定后书面说明理由，将案卷材料退回监察机关或者公安机关并建议公安机关重新调查或者侦查。 2. 公诉部门对于本院侦查部门移送审查起诉的案件，发现具有法定不诉情形的，应当退回本院侦查部门，建议作出撤销案件的处理。也就是说，自侦案件只有酌定不起诉和存疑不起诉。 3. 人民检察院办理直接受理立案侦查的案件，拟作不起诉决定的，应当报请上一级人民检察院批准。 4. 对监察委员会移送审查起诉的案件拟作出不起诉的，应当报请上一级人民检察院批准。
不起诉的救济	公安机关不服： 1. 复议，向同级检察院； 2. 复核，向上一级检察院。	1. 只能先复议而后复核，复议向同级，复核向上一级。 2. 公安机关复议的，捕诉部门应当另行指派检察官或者检察官办案组进行审查，经检察长批准作出复议决定。人民检察院应当在收到要求复议意见书后的30日以内作出复议决定，通知公安机关。
	监察委不服	人民检察院对于有《刑诉法》规定的不起诉的情形的，经上一级人民检察院批准，依法作出不起诉的决定。监察机关认为不起诉的决定有错误的，可以向上一级人民检察院提请复议。
	被害人不服：可以自收到决定书后7日以内向上一级人民检察院申诉。对人民检察院维持不起诉决定的，被害人可以向人民法院起诉。	被害人可以不经申诉，直接向人民法院起诉。

239

续表

内容	注意
被酌定不诉人不服：可以自收到决定书后 7 日以内向**作出不起诉决定**的人民检察院申诉。	被法定不诉与存疑不诉的人不存在不服的情况，被酌定不诉人不服的原因是：该不起诉虽然不发生定罪效果，但却是以"犯罪情节"存在为前提，对被不起诉人来说"名声不好听"，带有<u>否定评价</u>。

【经典真题】

2015 年单项选择题第 33 题：[1]

甲、乙、丙、丁四人涉嫌多次结伙盗窃，公安机关侦查终结移送审查起诉后，甲突然死亡。检察院审查后发现，甲和乙共同盗窃 1 次，数额未达刑事立案标准；乙和丙共同盗窃 1 次，数额刚达刑事立案标准；甲、丙、丁三人共同盗窃 1 次，数额巨大，但经两次退回公安机关补充侦查后仍证据不足；乙对其参与的 2 起盗窃有自首情节。关于本案，下列哪一选项是正确的？

A. 对甲可作出酌定不起诉决定

B. 对乙可作出法定不起诉决定

C. 对丙应作出证据不足不起诉决定

D. 对丁应作出证据不足不起诉决定

【本题解析】

本题考查的是不起诉的决定。不起诉，是指人民检察院对公安机关侦查终结移送起诉的案件和自行侦查终结的案件经过审查后，在认为对犯罪嫌疑人不应追究、没有必要追究或者是无法追究其刑事责任时依据法律规定不将犯罪嫌疑人提交人民法院进行审判的一种诉讼处理决定。因此，不起诉的种类有三类，即法定不起诉、酌定不起诉和证据不足不起诉。但无论是哪一种不起诉决定都将导致刑事诉讼程序的终结，其法律效果都是对犯罪嫌疑人的无罪认定。《刑诉法》第 175 条第 4 款规定："对于二次补充侦查的案件，人民检察院仍然认为证据不足，不符合起诉条件的，应当作出不起诉的决定。"《刑诉法》第 177 条第 1 款、第 2 款规定："犯罪嫌疑人没有犯罪事实，或者有本法第 16 条规定的情形之一的，人民检察院应当作出不起诉决定。对于犯罪情节轻微，依照刑法规定不需要判处刑罚或者免除刑罚的，人民检察院可以作出不起诉决定。"《高检规则》第 367 条规定："人民检察院对于二次退回补充调查或者补充侦查的案件，仍然认为证据不足，不符合起诉条件的，经检察长批准，依法作出不起诉决定。人民检察院对于经过一次退回补充调查或者补充侦查的案件，认为证据不足，不符合起诉条件，且没有再次退回补充调查或者补充侦查必要的，经检察长批准，可以作出不起诉决定。"对甲应当作出法定不起诉，因此选项 A 错误。对乙可以酌定不起诉，因此选项 B 错误。对丙应当作出起诉决定，因此选项 C 错误。选项 D 符合规定，正确。

---

〔1〕答案：D。

三、刑事起诉书的写作

刑事起诉书的主体一般包括六个部分：抬头，被告人的基本情况，辩护人的基本情况，案由和案件来源，案件事实，起诉的根据和理由。

（一）抬头。一般居中写"某某人民检察院起诉书"，右下角写明文号"某检刑诉〔20 ~ ~〕 ~ ~号"。

（二）被告人的基本情况。这一部分包括被告人的姓名、性别、年龄、出生年月日、出生地、身份证号码、民族、文化程度、职业、工作单位、职务、住址等信息。还包括是否受过刑事处罚，拘留、逮捕的时间，羁押处所等信息。如果是单位犯罪，还应当写明犯罪单位的名称、所在地址、法定代表人的姓名、性别、职务等信息。如果还有应当负刑事责任的直接负责的主管人员或其他直接责任人员，应当按照被告人基本情况的写法列明。

（三）辩护人的基本情况。应当写明辩护人的姓名、单位、通信地址。

（四）案由和案件来源。对于公安机关侦查终结的案件，应当写明姓名、案由、案件来源。譬如"被告人某某抢劫一案，由某某公安局侦查终结向本院移送审查起诉"。对于检察院侦查终结的自侦案件，应当写明姓名、案由、案件来源。譬如"被告人某某刑讯逼供一案，由本院依法侦查终结"。如果是上级检察院移交起诉的或者因审判管辖的变更而由同级法院移送审查起诉的，应当写明姓名、案由、案件来源。譬如"被告人某某绑架一案，由某某公安局侦查终结，经某某人民检察院交由本院审查起诉"。又如"被告人某某诈骗一案，由某某公安局侦查终结，某某人民检察院提起公诉，某某人民法院经某某人民法院转至本院审查起诉"。

（五）案件事实。这一部分是起诉书的核心部分，目的是展示被告人的犯罪全过程，应当包括犯罪时间、地点、经过、手段、目的、动机、危害后果等与定罪量刑有关的事实。如果被告人犯有数罪或多次犯罪，应当一一列举各项犯罪事实。对于共同犯罪的案件要一一写明各被告人在共同犯罪中的地位和作用。在写作形式方面，应当在案件事实之前写"经本院审查表明……"。在案件事实最后写"上述犯罪事实清楚，证据确实、充分，足以认定"。

（六）起诉的根据和理由。这一部分是起诉书的总结部分，需要列明法律根据。包括被告人触犯的刑法条款，犯罪性质、从轻、减轻或者从重处罚的情节，各被告在共同犯罪中应负的罪责等。譬如：

"本院认为，'概括被告人行为的危害程度、性质、轻重'，被告人某某的行为触犯了《中华人民共和国刑法》第 ~ 条关于某某罪的规定，依法应当从重（轻）处罚。根据《中华人民共和国刑事诉讼法》第 ~ 条的规定，提起公诉，请依法惩处。"

此致

_____人民法院

检察员

年月日

（院印）

附注：包括被告人现在处所，所附证据目录、证人名单、主要证据复印件或照片的清单。

第三节　提起自诉的程序

$$提起自诉的程序\begin{cases}自诉案件的范围\\自诉案件的提起条件\\提起自诉的方式\end{cases}$$

一、自诉案件的范围

○ 重点解读

1. 告诉才处理的案件。

2. 被害人有证据证明的轻微刑事案件。

3. 被害人有证据证明对被告人侵犯自己人身、财产权利的行为应当依法追究刑事责任，而公安机关或者人民检察院不予追究被告人刑事责任的案件。（公诉转自诉）

考生注意复习"第四章：管辖"中人民法院立案的案件范围。

二、自诉案件的提起条件

○ 重点解读

自诉案件提起诉讼的条件有：

（一）有适格的自诉人

在法律规定的自诉案件范围内，遭受犯罪行为直接侵害的<u>被害人</u>有权向人民法院提起自诉。被害人死亡、丧失行为能力或者因受强制威吓等原因<u>无法告诉</u>，或者是限制行为能力以及由于年老、患病、盲、聋、哑等原因<u>不能亲自告诉</u>的，被害人的<u>法定代理人</u>、<u>近亲属</u>有权向人民法院起诉。

（二）有明确的被告人和具体的诉讼请求

（三）属于自诉案件范围

（四）被害人有证据证明

（五）属于受诉人民法院管辖

三、提起自诉的方式

自诉人应当向人民法院提交<u>刑事自诉状</u>。提起附带民事诉讼的，还应当提交刑事附带民事自诉状。

刑事审判概述 ※※

本章是考生学习一审、二审、死刑复核和审判监督程序的前奏，侧重于理论分析和基础制度介绍，本章几乎每年都会出一道题，考生应认真把握。对审判原理的把握是本章复习重点。

需要考生重点把握的理论知识：

1. 刑事审判模式（也称诉讼构造、诉讼模式、诉讼结构）
2. 参审制与陪审制

📖 知识体系

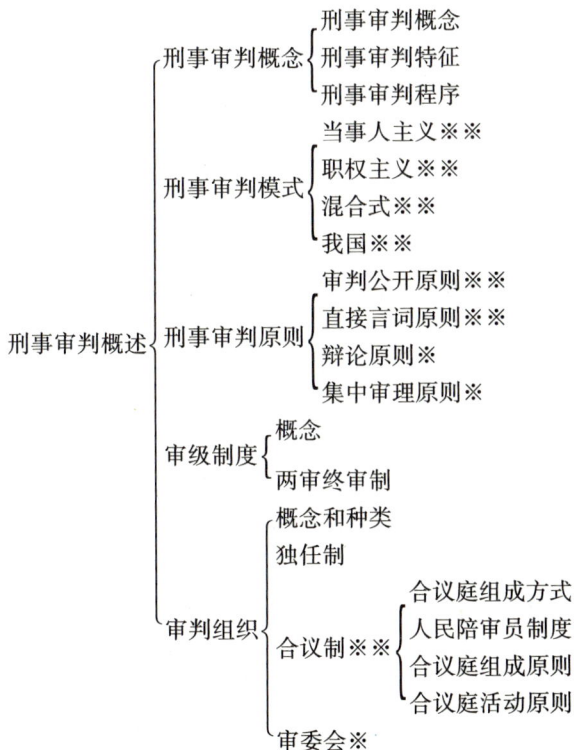

```
                      ┌ 刑事审判概念
         刑事审判概念 ┤ 刑事审判特征
                      └ 刑事审判程序

                      ┌ 当事人主义※※
         刑事审判模式 ┤ 职权主义※※
                      │ 混合式※※
                      └ 我国※※

                      ┌ 审判公开原则※※
刑事审判概述 刑事审判原则 ┤ 直接言词原则※※
                      │ 辩论原则※
                      └ 集中审理原则※

                      ┌ 概念
         审级制度     ┤
                      └ 两审终审制

                      ┌ 概念和种类
                      │ 独任制
                      │              ┌ 合议庭组成方式
         审判组织     ┤ 合议制※※     │ 人民陪审员制度
                      │              ┤ 合议组成原则
                      │              └ 合议庭活动原则
                      └ 审委会※
```

本章重点

第一节　刑事审判的概念

$$
刑事审判概念
\begin{cases}
刑事审判概念\\
刑事审判特征\\
刑事审判程序
\end{cases}
$$

重点解读

一、刑事审判的概念

刑事审判是指人民法院在控辩双方和其他诉讼参与人的参加下，依照法定的程序对于被提交审判的刑事案件进行审理并作出裁判的活动。刑事审判活动由审理和裁判两部分活动所组成。

二、刑事审判的特征

（一）被动性

即不告不理，没有起诉就没有审判。

我国法官可以在审判程序中依职权调查取证，这与被动性不冲突。被动性主要指审判程序的启动方式被动，不是指调查取证被动。

（二）独立性

指法官依法独立行使审判权，法官也具有独立性，可以在评议时独立、平等地发表意见。在我国，审判独立是指每个法院独立。

（三）中立性

法官持中立立场，对控辩双方不偏不倚。

（四）职权性

案件一旦诉至法院，就产生了诉讼系属的法律效力，法院必须依法进行审判。

（五）程序性

审判活动严格遵守法定程序进行。

（六）亲历性

案件的裁判者必须一直参与审理，审查证据，对案件判决必须充分听取控辩双方的意见。需要注意的是，亲历性的核心不在于是否开庭审理，亲历性注重"裁判者及裁判程序的稳定"、"控辩审三方的参与"和"听取控辩双方的意见"。亲历性包含了直接言词原则和集中审理原则的要求。

（七）公开性

审判应当公开进行，法律另有规定的除外。不公开审理的案件，宣告判决也应当公开。

（八）公正性

审判的程序应当公正，进而最大限度地实现实体上的公正。审判的公正也源于裁判者的独立性与中立性。

（九）终局性

法院生效裁判对于案件的解决具有最终决定意义，审判是现代法治国家解决社会争端的最后一道机制。

三、刑事审判程序

我国刑事诉讼法规定了以下几种基本的审判程序：

1. 第一审程序。

2. 第二审程序。指人民法院对上诉、抗诉案件进行审判的程序。

3. 特殊案件的复核程序。有两种：（1）死刑复核程序；（2）在法定刑以下判处刑罚的案件的复核程序。

4. 审判监督程序。这是对已经发生法律效力的判决、裁定，在发现确有错误时，进行重新审判的程序。

【经典真题】

2014 年单项选择题第 36 题：[1]

刑事审判具有亲历性特征。下列哪一选项不符合亲历性要求？

A. 证人因路途遥远无法出庭，采用远程作证方式在庭审过程中作证

B. 首次开庭并对出庭证人的证言质证后，某合议庭成员因病无法参与审理，由另一人民陪审员担任合议庭成员继续审理并作出判决

C. 某案件独任审判员在公诉人和辩护人共同参与下对部分证据进行庭外调查核实

D. 第二审法院对决定不开庭审理的案件，通过讯问被告人，听取被害人、辩护人和诉讼代理人的意见进行审理

【本题解析】

A，证人如果不出庭作证，会违背言词原则的要求，而通过网络远程作证，证人虽然人不用真正出庭，但相当于证人是出现在法庭上的，这样可以保障证人接受诉讼各方的询问，符合亲历性要求。A 正确。

B，某合议庭成员因病无法参与审理，这属于不可避免的客观情况。但由另一人民陪审员担任合议庭成员来替补生病的合议庭成员，需要庭审重新开始，因为该人民陪审员是半路介入，对之前的审理不具有亲历性，违背了集中审理原则。B 错误。

C，虽然法官是庭外调查，但是在公诉人和辩护人共同参与下进行的，符合亲历性要求。C 正确。

D，虽然法官不开庭审理，但法官仍然讯问被告人，听取被害人、辩护人和诉讼代理人的意见，符合亲历性的要求。D 正确。

综上所述，本题应当选 B。

---

[1] 答案：B。

第二节　刑事审判的模式※※

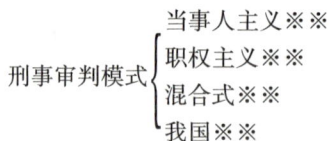

$$刑事审判模式\begin{cases}当事人主义※※\\职权主义※※\\混合式※※\\我国※※\end{cases}$$

▣ 重点解读

所谓刑事审判模式，也可以称为诉讼构造、诉讼模式、诉讼结构。是指控诉、辩护、审判三方在刑事审判程序中的诉讼地位和相互关系，以及与之相适应的审判程序组合方式。

诉讼史上最初出现的刑事审判模式为**弹劾式**审判模式，实行于奴隶制社会。随着封建集权专制的形成，又出现了**纠问式**审判模式。

现代刑事审判模式大体上分为**当事人主义和职权主义**两种，前者主要实行于英美法系国家，后者主要实行于大陆法系国家。此外，还出现了兼采当事人主义和职权主义审判模式优点的**混合式**审判模式。

第二次世界大战后，各国在审判模式方面出现了互相借鉴吸收的改革趋势。英美法系国家一定程度上开始强化法官对审判程序的控制作用，不再完全放任控辩双方对审判程序的主导；大陆法系国家则通过立法加强了诉讼程序中被告人的人权保障，允许庭审中控辩双方的交叉询问等。如今，纯粹的当事人主义审判模式或纯粹的职权主义审判模式已经不复存在。

各种审判模式都有一定的优缺点，不好说谁更优越，要看放在什么时代、什么地区、什么司法生态下了。我国需要借鉴国外先进经验，但更要立足于本土实际情况，取其精华，去其糟粕。学界一般称我国刑事审判模式为"控辩式"。现行《刑诉法》在刑事审判模式上的改革体现有二：其一，继续吸收英美法系当事人主义的对抗因素，譬如引入了非法证据排除规则；其二，对域外法制并非全盘吸收，而是进行了本土化改造，更加适合我国的司法生态。虽然没有从全局上改变我国类似于职权主义庭审模式的特点，但的确是"更上一层楼"了。

本知识点在"第一章：刑事诉讼法概述"中的"刑事诉讼构造"知识点中有详尽阐述，请注意回顾。

▣ 理论释义 ▪▫

审判中心主义

党的十八届四中全会通过的《中共中央关于全面推进依法治国若干重大问题的决定》中明确提出了"推进以审判为中心的诉讼制度改革"，对我国司法改革和刑事诉讼制度的完善具有重要的指导意义。

审判中心主义是指，整个刑事诉讼活动都应当紧紧围绕审判活动而建构和展开，侦查和公诉都是为审判进行的准备活动，执行是落实审判结果的活动，审判才是刑事诉讼活动的中心。

构建审判中心主义的价值主要包括：

第一，有利于人权保障。在以审判为中心的诉讼活动中，举证、质证都在法庭上完成。

被告人的主体地位能够得到切实尊重，其质证权和辩护权得到充分行使。同时，辩护人的辩护权也被尊重和重视。

第二，有利于防范冤错案件的产生。在以审判为中心的诉讼活动中，法庭上的举证、质证将会非常充分，控辩双方积极对抗，有利于法官查明案件事实，从而避免发生冤错。

第三，有利于程序公正。审判中心主义是被世界主要法治国家普遍接受的理念，我国也应当构建并完善以审判为中心的诉讼构造，一个详尽、公开、对抗性强的庭审，才能充分体现出程序的正当性和独立价值，才能通过程序"让人民群众在每一个司法案件中都感受到公平正义"。

第四，有利于实现中国特色的"司法独立"。庭审中心主义要求法官遵循直接言词原则，需要法官明确自己的主体责任并独立作出裁判，防止案外因素的干扰。这些都是我国审判"司法独立"应有之义。

我国之所以提出"推进以审判为中心的诉讼制度改革"，是因为在司法实践中，我国仍存在构建审判中心主义的障碍：

首先，侦查中心主义。指的是侦查机关及侦查活动在刑事诉讼中居主导地位。在我国，公安机关侦查终结的案件，基本上都被检察院提起了公诉，又基本上都被法院判决有罪。有学者称："公安是做饭的，检察院是端饭的，法院是吃饭的。"在这种流水线式的诉讼过程中，案件的基本证据材料在侦查阶段已经固定，起诉和审判阶段的审查基本上流于形式。

其次，卷宗中心主义。指的是在审判活动中，除了被告人出庭受审外，基本没有证人、鉴定人、侦查人员出庭作证、接受质证，庭审只是各方按照顺序发言，流于形式，法官对案件的理解和判断不在庭审之中形成，而是在庭审后通过对各种案卷材料进行审阅形成。但问题是，对于这些案卷或者证据材料基本没有进行过充分的质证。

显然，侦查中心主义不利于法院有效地审查证据，属于对案件"先定后审"。卷宗中心主义使庭审流于形式，不利于法庭对抗，不利于查明案件事实。因此，我国应当摒弃这两种错误的主义，构建以审判为中心的诉讼制度。这需要我们在以下五个方面进行努力：

第一，公安司法人员应当从思想上正确认识审判中心主义的价值。要以审判中心主义的要求来对待公、检、法三机关之间的互相配合、分工、制约关系，侦查、起诉要按照审判的要求和标准进行，服务于审判活动。

第二，推进以审判为中心首先应当确立以庭审为中心。庭审中心主义是审判中心主义的基础，流于形式的庭审程序是无法确立审判中心主义的诉讼地位的。

第三，切实履行直接言词原则。直接言词原则要求法官直接审查证据，诉讼各方积极参加庭审，在法官指挥下发言和进行辩论。如果证人、被害人、鉴定人、侦查人员应当出庭而不出庭，直接言词原则将无法落实，审判中心主义自然无法实现。

第四，保障被告人获得律师辩护的权利，完善法律援助制度。审判中心主义要求控辩双方积极对抗，但是在我国的司法实践中，辩护率较低，有学者称不足30%。而被告人又多不精通法律，这在庭审中无法形成有效的对抗，也就不利于实现审判中心主义。可以考虑进一步扩大法律援助的适用范围，通过保障被告人获得律师帮助的权利来推动审判中心主义的形成。

第五，审判机关认真贯彻"依法独立行使审判权"原则的要求，要敢于坚持疑罪从无。审判中心主义不仅是一项程序性要求，也应当是一项实体性要求，简言之，不仅庭审不能流于形式，法官判决也应当公正。这需要法院、法官抵制各种不当压力，坚持独立判案、疑罪从无。立法上应当尽快出台关于法官职业保障的各项措施。

【经典真题】

2015 年卷四论述题：

谈谈对《中共中央关于全面推进依法治国若干重大问题的决定》中关于"推进以审判为中心的诉讼制度改革，确保侦查、审查起诉的案件事实证据经得起法律的检验"这一部署的认识。

【本题解析】

见上述【理论释义】：审判中心主义。

第三节　刑事审判的原则※

　　　　　　　　　　　　审判公开原则※※
刑事审判原则 ⎰ 直接言词原则※※
　　　　　　　　　　　　辩论原则※
　　　　　　　　　　　　集中审理原则※

一、审判公开原则※※

●重点解读

审判公开原则是指人民法院审理案件和宣告判决，都公开进行，允许公民到法庭旁听，允许新闻记者采访和报道，即把法庭审判的全部过程，除休庭评议案件外，都公之于众。《刑诉法》第 11 条规定："人民法院审判案件，除本法另有规定的以外，一律公开进行。"

我国实行审判公开为原则，审判不公开为例外。

▽ 关联法条

《刑诉法》：

第 188 条　人民法院审判第一审案件应当公开进行。但是有关国家秘密或者个人隐私的案件，不公开审理；涉及商业秘密的案件，当事人申请不公开审理的，可以不公开审理。

不公开审理的案件，应当当庭宣布不公开审理的理由。

第 285 条　审判的时候被告人不满十八周岁的案件，不公开审理。但是，经未成年被告人及其法定代理人同意，未成年被告人所在学校和未成年人保护组织可以派代表到场。

二、直接言词原则※※

●重点解读

直接言词原则包括 直接原则 和 言词原则 两项原则，理论上合称为直接言词原则。

直接原则，是指法官必须与诉讼当事人和诉讼参与人直接接触，直接审查案件事实材料和证据。

直接原则可以被区分为：

1. 直接审理原则。庭审中，法官、公诉人、诉讼参与人应当在场，除法律另有规定，这些人不在场的审判无效。

2. 直接采证原则。法官必须亲自、当庭调查证据，不得以书面审查方式采信证据。

言词原则，是指法庭审理须以<u>口头陈述</u>的方式进行。除非法律有特别规定，凡是未经口头调查之证据，不得作为定案的依据。

我国《刑诉法》没有明确规定直接言词原则，但第一审程序和第二审程序中关于证人、鉴定人出庭的规定，关于控辩双方和被害人当庭质证的规定，关于被告人有权进行最后陈述的规定等，都体现了审理的直接性和言词性原则。

三、辩论原则※

◎ 重点解读

辩论原则是指在法庭审理中，控辩双方应以口头的方式进行辩论，法院裁判的作出应以充分的辩论为必经程序的原则。

四、集中审理原则※

◎ 重点解读

集中审理原则是指，法院开庭审理案件，应在不更换审判人员的条件下连续进行，不得中断审理的诉讼原则。集中审理原则的内容主要包括：

1. 一个案件组成一个审判庭进行审理。（不换庭）
2. 法庭成员不可更换。（不换人）
3. 集中证据调查与法庭辩论。
4. 庭审不中断并迅速作出裁判。$\Big\}$（不中断）

要点提示

不换庭、不换人、不中断不能做绝对理解。如果合议庭组成人员确实有人因回避或者其他特殊情况无法参加庭审，也可以换庭、换人、中断，只不过换人后需要重新进行审理。

【经典真题】

2010 年多项选择题第 73 题：[1]

下列哪些选项体现了集中审理原则的要求？

A. 案件一旦开始审理即不得更换法官

B. 法庭审理应不中断地进行

C. 更换法官或者庭审中断时间较长的，应当重新进行审理

D. 法庭审理应当公开进行

【本题解析】

简单来说，集中审理原则要求"不换庭""不换人""不中断"。

---

[1] 答案：ABC。

A，"案件一旦开始审理即不得更换法官"符合"不换人"要求。A正确。

B，"法庭审理应不中断地进行"符合"不中断"要求。B正确。

C，"不中断"，指的是不能随意中断，如果合议庭组成人员确实有人因回避或者其他特殊情况无法参加庭审，也可以中断，只不过换人后需要重新进行审理。因此，"更换法官或者庭审中断时间较长的，应当重新进行审理"符合"不中断"要求。C正确。

D，"法庭审理应当公开进行"属于审判公开原则，与集中审理原则无关。D错误。

综上所述，本题应当选ABC。

第四节　审级制度

审级制度 { 概念
两审终审制 }

一、审级制度的概念

重点解读

审级制度是指法律规定案件起诉后最多经过几级法院审判必须终结的诉讼制度。

我国人民法院分为四级，即最高人民法院、高级人民法院、中级人民法院和基层人民法院。我国实行两审终审制的审级制度。即四级两审。

二、两审终审制

重点解读

两审终审制，是指一个案件至多经过两级人民法院审判即告终结的制度，对于第二审人民法院作出的终审判决、裁定，当事人等不得再提出上诉，人民检察院不得按照上诉审程序提出抗诉。《刑诉法》第10条规定："人民法院审判案件，实行两审终审制。"

在我国，除了基层法院外，其他各级法院都可能成为二审法院。但是，二审终审不等于两次审判。例如，某区法院作出一审判决，被告人不服上诉，某市中级法院经过审理认为事实不清、证据不足，遂裁定发回某区法院重审，某区法院进行重审后，被告人仍然不服又上诉至某市中级法院，某市中级法院依法改判。这实际上是在两级法院间的四次庭审。

但我国的两审终审制有以下三种例外：

1. 最高人民法院审理的第一审案件为一审终审。

2. 判处死刑的案件，必须依法经过死刑复核程序核准，判决、裁定才能发生法律效力并交付执行。

3. 地方各级人民法院根据刑法规定在法定刑以下判处刑罚的案件，必须经最高人民法院的核准，判决、裁定才能发生法律效力并交付执行。

【经典真题】

2017 年单项选择题第 33 题：[1]

下列哪一选项属于两审终审制的例外？

A. 自诉案件的刑事调解书经双方当事人签收后，即具有法律效力，不得上诉

B. 地方各级法院的第一审判决，法定期限内没有上诉、抗诉，期满即发生法律效力

C. 在法定刑以下判处刑罚的判决，报请最高法院核准后生效

D. 法院可通过再审，撤销或者改变已生效的二审判决

【本题解析】

本题考查的是审级制度。两审终审制是指一个案件最多经过两级法院审判即告终结的制度，对于第二审法院作出的终审判决、裁定，当事人等不得再提出上诉，人民检察院不得按照上诉审程序提出抗诉。特殊情况，是指经过两审仍然不能生效，必须经过复核。因此，C 项正确，A、B 项错误。审判监督程序，也称为再审程序，是指对已生效裁判进行再次审理的特殊审判程序。因此，D 项错误。

第五节　审判组织※※

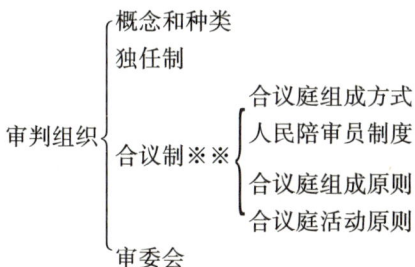

$$
审判组织
\begin{cases}
概念和种类 \\
独任制 \\
合议制※※
\begin{cases}
合议庭组成方式 \\
人民陪审员制度 \\
合议庭组成原则 \\
合议庭活动原则
\end{cases} \\
审委会
\end{cases}
$$

审判组织的概念和种类

◇○ 重点解读

审判组织是指人民法院审判案件的组织形式。

人民法院审判刑事案件的组织形式有三种，即独任制、合议制和审判委员会。

---

[1]　答案：C。

图表总结

审判组织	内容	注意
独任制	基层人民法院适用简易程序审理案件，对可能判处三年有期徒刑以下刑罚的，可以组成合议庭进行审判，也可以由审判员一人独任审判。 基层人民法院适用速裁程序审理的案件，由审判员一人独任审判。	审判员依法独任审判时，行使与合议庭的审判长同样的职权。
合议制	**（一）组成方式：** 1. 基层人民法院、中级人民法院审判第一审案件，应当由审判员三人或者由审判员和人民陪审员共三人或者七人组成合议庭进行，但是基层人民法院适用简易程序、速裁程序的案件可以由审判员一人独任审判。 2. 高级人民法院审判第一审案件，应当由审判员三人至七人或者由审判员和人民陪审员共三人或者七人组成合议庭进行。 3. 最高人民法院审判第一审案件，应当由审判员三人至七人组成合议庭进行。 4. 人民陪审员和法官组成合议庭审判案件，由法官担任审判长，可以组成三人合议庭，也可以由法官三人与人民陪审员四人组成七人合议庭。 5. 人民法院审判上诉和抗诉案件，由审判员三人或者五人组成合议庭进行。 （1）基层人民法院、中级人民法院、高级人民法院审判下列第一审刑事案件，由审判员和人民陪审员组成合议庭进行：①涉及群体利益、公共利益的；②人民群众广泛关注或者其他社会影响较大的；③案情复杂或者有其他情形，需要由人民陪审员参加审判的。 （2）基层人民法院、中级人民法院、高级人民法院审判下列第一审刑事案件，由审判员和人民陪审员组成七人合议庭进行：①可能判处十年以上有期徒刑、无期徒刑、死刑，且社会影响重大的；②涉及征地拆迁、生态环境保护、食品药品安全，且社会影响重大的；③其他社会影响重大的。 6. 最高人民法院复核死刑案件，高级人民法院复核死刑缓期执行的案件，应当由审判员三人组成合议庭进行。	1. 评议情况应当保密，审判委员会的讨论也应当保密。因此，合议庭评议笔录与审委会讨论记录虽然与案件有关，但不允许律师查阅。 2. 人民陪审员在人民法院执行职务，其中：（1）人民陪审员参加三人合议庭审判案件，对事实认定、法律适用，独立发表意见，行使表决权；（2）人民陪审员参加七人合议庭审判案件，对事实认定，独立发表意见，并与法官共同表决；对法律适用，可以发表意见，但不参加表决。 3. 合议庭的成员人数应当是单数。 4. 合议庭评议案件时，实行少数服从多数的原则（过半）。
	（二）人民陪审员制度 1. 陪审员与陪审团的区别： （1）制度不同； （2）分工不同； （3）作用不同； （4）地位不同； （5）遴选机制不同； （6）适用案件不同。 2. 陪审员的具体程序： （1）陪审的案件范围： ①涉及群体利益、公共利益的； ②第一审刑事案件被告人申请由人民陪审员参加合议庭审判的； ③人民群众广泛关注或者其他社会影响较大的； ④案情复杂或者有其他情形，需要由人民陪审员参加审判的。 （2）人民陪审员的条件： ①拥护中华人民共和国宪法； ②年满28周岁； ③遵纪守法、品行良好、公道正派； ④具有正常履行职责的身体条件； ⑤一般应当具有高中以上文化程度。	

续表

审判组织	内容	注意
	（3）不得担任人民陪审员的情形： ①人大常委会组成人员； ②监察委员会、法院、检察院、公安、国家安全机关、司法行政机关的工作人员； ③律师、公证员、仲裁员、基层法律服务工作者； ④其他因职务原因不适宜担任人民陪审员的人员。 另外，有下列情形之一的，不得担任人民陪审员： ①受过刑事处罚的； ②被开除公职的； ③被吊销律师、公证员执业证书的； ④被纳入失信被执行人名单的； ⑤因受惩戒被免除人民陪审员职务的； ⑥其他有严重违法违纪行为，可能影响司法公信的。 （4）人民陪审员的产生与任期： ①产生： 人民陪审员的名额，由基层人民法院根据审判案件的需要，提请同级人民代表大会常务委员会确定。 人民陪审员的名额数不低于本院法官数的3倍； ②任期： 人民陪审员的任期为5年，一般不得连任。 （5）人民陪审员在合议庭中的比例： 人民陪审员和法官组成合议庭审判案件，由法官担任审判长，可以组成三人合议庭，也可以由法官三人与人民陪审员四人组成七人合议庭。 （6）人民陪审员的权利： ①人民陪审员除特别情形外同法官有同等权利； ②人民陪审员参加三人合议庭审判案件，对事实认定、法律适用，独立发表意见，行使表决权。人民陪审员参加七人合议庭审判案件，对事实认定，独立发表意见，并与法官共同表决；对法律适用，可以发表意见，但不参加表决； ③人民陪审员同合议庭其他组成人员意见分歧的，应当将其意见写入笔录； ④必要时，人民陪审员可以要求合议庭将案件提请院长决定是否提交审判委员会讨论决定。 （7）人民陪审员的抽选： ①基层法院审判案件，应当在人民陪审员名单中随机抽取确定； ②中级法院、高级法院审判案件，在其所在城市的基层人民法院的人民陪审员名单中随机抽取确定。	
	（三）合议庭的组成原则： 1. 成员人数应当是单数。 2. 由审判员1人担任审判长，院长或者庭长参加审判案件的时候，自己担任审判长。 3. 不得随意更换合议庭成员。更换合议庭成员，应当报请院长或者庭长决定。	

续表

审判组织	内容	注意
	（四）合议庭的活动原则： 1. 合议庭成员地位与权责平等原则。 2. 审判长最后发表评议意见原则。 3. 少数服从多数原则。 4. 评议后作出判决原则。	
审委会	（一）应当上审委会： 1. 死刑案件。 2. 抗诉案件。 3. 再审案件。 （二）可以上审委会： 1. 重大分歧的案件。 2. 新类型案件。 3. 社会影响重大的案件。 4. 疑难、复杂、重大的案件。 5. 独任的案件，审判员认为有必要的。	1. 对于需要上审委会的案件，院长认为不必要的，可以建议合议庭复议一次。 2. 审委会的决定，合议庭、独任审判员应当执行。有不同意见的，可以建议院长提交审判委员会复议。

要点提示

1. 合议庭组成

审判程序	法院级别	人数	陪审员
一审	基层、中级	审3；审加陪共3或7（简可1、速1）	√
一审	高级	审3至7；审加陪共3或7	√
一审	最高	审3至7	×
二审	中级、高级、最高	审3或5	×
死刑复核	高级、最高	审3	×

2. 我国人民陪审员与西方陪审团

从诉讼理论的角度分析，我国的陪审员与英美法系国家法庭中陪审团的成员是不一样的。

第一，制度不同。我国虽然称为陪审员，但实际属于"参审制度"，即由陪审员参加法庭审理，与法官共同裁决案件的制度。而在英美法系国家，尤其是在美国，法庭中的陪审团属于"陪审制度"。

第二，分工不同。陪审团中的陪审员虽然叫"陪审"，但具有实质的裁判权力，可以对被告人是否有罪进行裁决。法官虽然在法庭中央正襟危坐，但他实际上没有对被告人定罪的权力，只能在陪审团确定被告人罪名成立后对其进行量刑。即陪审团中的陪审员负责定罪，法官负责量刑。而我国的陪审员：人民陪审员参加三人合议庭审判案件，对事实认定、法律适用，独立发表意见，行使表决权。人民陪审员参加七人合议庭审判案件，对事实认定，独立发表意见，并与法官共同表决；对法律适用，可以发表意见，但不参加表决。

第三，作用不同。设置陪审团中的陪审员的目的在于制约法官权力，剥夺法官滥用定罪权的可能性，将定罪权牢牢掌握在人民手中。而我国设置陪审员的目的在于与法官一同合作解决被告人的刑事责任问题，即属于"准法官"。

第四，地位不同。陪审团中的陪审员虽然可以对被告人定罪，但在具体的法律适用和程序控制方面，陪审团需要听从法官的指挥。我国的陪审员不能担任审判长，但与法官的诉讼地位平等，无需听从法官的指挥。

第五，遴选机制不同。我国的陪审员需要满足年满28周岁、品性正派等条件。而陪审团中的陪审员的条件在英美法系国家各有不同，多从年龄、经验、专业、生活背景等方面进行限制。

第六，适用案件不同。在美国，90%以上的刑事案件是通过辩诉交易制度终结的，只有10%不到的案件进入正式审判程序，在进入正式审判程序的案件中也并非全都由陪审团审理。在我国，陪审员可以参加基层、中级、高级法院第一审刑事案件的审理，但具体个案审理中是否需要陪审员还需要考虑案件影响等诸多因素。

3. 陪审员都是基层法院的，中级法院、高级法院没有自己的陪审员，如果需要，只能到所在城市的基层法院中抽取。

【经典真题】

2020 法考客观题回忆版：[1]

关于审判组织，下列表述不正确的是？

A. 最高人民法院审理一审案件可以由一名审判员和两名人民陪审员组成合议庭

B. 某国企高管贪污 1 亿元，社会影响重大，市检察院向市中级人民法院提起公诉，本案可以由 1 名审判员和 2 名陪审员组成合议庭审理

C. 某基层法院审理精神病人的强制医疗程序应当由 3 名审判员组成合议庭审理

D. 某基层法院适用简易程序审理某侵占案，应当由审判员 1 人独任审判

【考点】审判组织

【本题解析】

选项 A 错误。《刑事诉讼法》第 183 条规定："基层人民法院、中级人民法院审判第一审案件，应当由审判员三人或者由审判员和人民陪审员共三人或者七人组成合议庭进行，但是基层人民法院适用简易程序、速裁程序的案件可以由审判员一人独任审判。高级人民法院审判第一审案件，应当由审判员三人至七人或者由审判员和人民陪审员共三人或者七人组成合议庭进行。最高人民法院审判第一审案件，应当由审判员三人至七人组成合议庭进行。人民法院审判上诉和抗诉案件，由审判员三人或者五人组成合议庭进行。合议庭的成员人数应当是单数。"据此，选项 A 错误。因为，最高人民法院审判第一审案件，只能审判员组成合议庭。

选项 B 错误。《人民陪审员法》第 16 条规定："人民法院审判下列第一审案件，由人民陪审员和法官组成七人合议庭进行：（一）可能判处十年以上有期徒刑、无期徒刑、死刑，社会影响重大的刑事案件；（二）根据民事诉讼法、行政诉讼法提起的公益诉讼案件；（三）涉

---

[1] 答案：ABCD。

及征地拆迁、生态环境保护、食品药品安全，社会影响重大的案件；（四）其他社会影响重大的案件。"据此，B选项所列情况，应由人民陪审员和法官组成七人合议庭进行审理。因此，选项B错误。

选项C错误。《刑事诉讼法》第304条第1款规定："人民法院受理强制医疗的申请后，应当组成合议庭进行审理。"因此，审理强制医疗案件，既可以由审判员组成合议庭，也可以由审判员和人民陪审员共同组成合议庭。选项C错误。

选项D错误。《刑事诉讼法》第216条第1款规定："适用简易程序审理案件，对可能判处三年有期徒刑以下刑罚的，可以组成合议庭进行审判，也可以由审判员一人独任审判；对可能判处的有期徒刑超过三年的，应当组成合议庭进行审判。"据此，选项D明显错误。

第十五章

第一审程序※※

导学

　　人民检察院向同级人民法院提起公诉后，法院经过审查符合开庭审理条件的，即对刑事案件进行初次审理。第一审程序是证据最集中，当事人及其他诉讼参与人都要出庭，控辩双方对抗最为激烈的诉讼阶段。第一审程序判决作出后，如果被告人不上诉，检察院不抗诉，除一审判处死刑或在法定刑以下量刑的案件，第一审判决即为生效判决；如果被告人上诉或者检察院抗诉，则会引起第二审程序。

　　本章平均每年要考6至7道题，是刑诉法中的绝对重点章节，请考生认真掌握。

　　本章是刑事诉讼法所有章节中最大的一章，知识点繁多，请考生务必把握以下考点：公诉案件庭前审查，法庭审判程序，简易程序，速裁程序，法庭秩序，延期审理、中止审理与休庭，第一审程序的审限，自诉案件第一审程序，判决、裁定和决定。

📖 知识体系

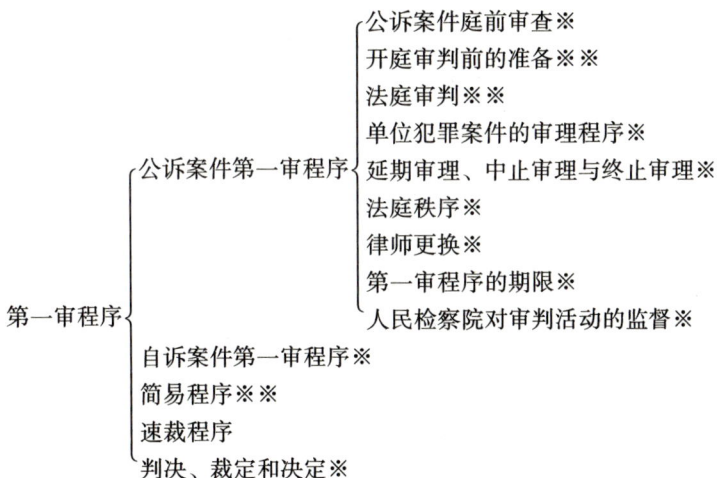

```
                                         公诉案件庭前审查※
                                         开庭审判前的准备※※
                                         法庭审判※※
                                         单位犯罪案件的审理程序※
                     公诉案件第一审程序   延期审理、中止审理与终止审理※
                                         法庭秩序※
                                         律师更换※
                                         第一审程序的期限※
  第一审程序                              人民检察院对审判活动的监督※
                     自诉案件第一审程序※
                     简易程序※※
                     速裁程序
                     判决、裁定和决定※
```

本章重点

　　第一审程序，是指人民法院对人民检察院提起公诉、自诉人提起自诉的案件进行初次审判时应当遵循的步骤和方式、方法。可见第一审程序可以被区分为公诉案件第一审程序和自诉案件第一审程序。此外，无论是公诉一审还是自诉一审，第一审程序可以采用普通程序审理，有的案件也可以采用简易程序和速裁程序审理。因此，本章在体系上的重点主要分为四大块：公诉案件第一审程序，自诉案件第一审程序，简易程序，速裁程序。

第一节　公诉案件第一审程序※※

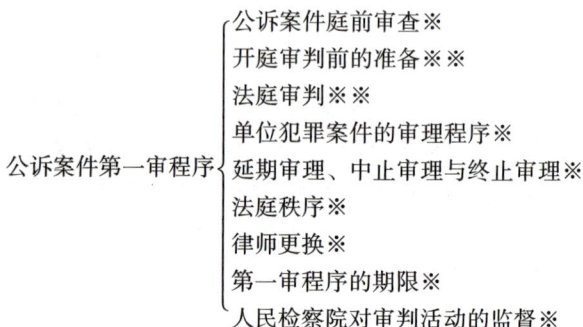

公诉案件第一审程序 {
- 公诉案件庭前审查※
- 开庭审判前的准备※※
- 法庭审判※※
- 单位犯罪案件的审理程序※
- 延期审理、中止审理与终止审理※
- 法庭秩序※
- 律师更换※
- 第一审程序的期限※
- 人民检察院对审判活动的监督※
}

公诉案件第一审程序，是指人民法院对人民检察院提起公诉的案件进行初次审判时应遵循的步骤和方式、方法。

一、公诉案件庭前审查※

◎ 重点解读

《刑诉法》第186条规定："人民法院对提起公诉的案件进行审查后，对于起诉书中有<u>明确的指控犯罪事实的</u>，<u>应当决定开庭审判</u>。"

> **要点提示**
>
> 我国庭前审查是一种<u>形式审查</u>而非实质审查，即仅审查起诉书中有明确的指控犯罪事实即可，不对案卷材料和证据的具体内容进行审查。

（一）审查的内容和方法（熟悉）

关联法条

《高法解释》：

第218条　对提起公诉的案件，人民法院应当在收到起诉书（一式八份，每增加一名被告人，增加起诉书五份）和案卷、证据后，审查以下内容：

（一）是否属于本院管辖；

（二）起诉书是否写明被告人的身份，是否受过或者正在接受刑事处罚、行政处罚、处分，被采取留置措施的情况，被采取强制措施的时间、种类、羁押地点，犯罪的时间、地点、手段、后果以及其他可能影响定罪量刑的情节；有多起犯罪事实的，是否在起诉书中将事实分别列明；

（三）是否移送证明指控犯罪事实及影响量刑的证据材料，包括采取技术调查、侦查措施的法律文书和所收集的证据材料；

（四）是否查封、扣押、冻结被告人的违法所得或者其他涉案财物，查封、扣押、冻结是否逾期；是否随案移送涉案财物、附涉案财物清单；是否列明涉案财物权属情况；是否就涉案财物处理提供相关证据材料；

（五）是否列明被害人的姓名、住址、联系方式；是否附有证人、鉴定人名单；是否申请法庭通知证人、鉴定人、有专门知识的人出庭，并列明有关人员的姓名、性别、年龄、职业、住址、联系方式；是否附有需要保护的证人、鉴定人、被害人名单；

（六）当事人已委托辩护人、诉讼代理人或者已接受法律援助的，是否列明辩护人、诉讼代理人的姓名、住址、联系方式；

（七）是否提起附带民事诉讼；提起附带民事诉讼的，是否列明附带民事诉讼当事人的姓名、住址、联系方式等，是否附有相关证据材料；

（八）监察调查、侦查、审查起诉程序的各种法律手续和诉讼文书是否齐全；

（九）被告人认罪认罚的，是否提出量刑建议、移送认罪认罚具结书等材料；

（十）有无刑事诉讼法第十六条第二项至第六项规定的不追究刑事责任的情形。

（二）审查后的处理

🔻 关联法条

《高法解释》：

第 219 条　人民法院对提起公诉的案件审查后，应当按照下列情形分别处理：

（一）不属于本院管辖的，应当退回人民检察院；

（二）属于刑事诉讼法第十六条第二项至第六项规定情形的，应当退回人民检察院；属于告诉才处理的案件，应当同时告知被害人有权提起自诉；

（三）被告人不在案的，应当退回人民检察院；但是，对人民检察院按照缺席审判程序提起公诉的，应当依照本解释第二十四章的规定作出处理；

（四）不符合前条第二项至第九项规定之一，需要补充材料的，应当通知人民检察院在三日以内补送；

（五）依照刑事诉讼法第二百条第三项规定宣告被告人无罪后，人民检察院根据新的事实、证据重新起诉的，应当依法受理；

（六）依照本解释第二百九十六条规定裁定准许撤诉的案件，没有新的影响定罪量刑的事实、证据，重新起诉的，应当退回人民检察院；

（七）被告人真实身份不明，但符合刑事诉讼法第一百六十条第二款规定的，应当依法受理。

对公诉案件是否受理，应当在七日以内审查完毕。

《六机关规定》：

第 25 条　刑事诉讼法第一百八十一条（现第一百八十六条）规定：'人民法院对提起公诉的案件进行审查后，对于起诉书中有明确的指控犯罪事实的，应当决定开庭审判。'对于人民检察院提起公诉的案件，人民法院都应当受理。人民法院对提起公诉的案件进行审查后，对于起诉书中有明确的指控犯罪事实并且附有案卷材料、证据的，应当决定开庭审判，不得以上述材料不充足为由而不开庭审判。如果人民检察院移送的材料中缺少上述材料的，人民法院可以通知人民检察院补充材料，人民检察院应当自收到通知之日起三日内补送。

人民法院对提起公诉的案件进行审查的期限计入人民法院的审理期限。

要点提示

1. 注意《高法解释》与《六机关规定》的矛盾：

《高法解释》第219条第2款规定："对公诉案件是否受理，应当在七日内审查完毕。"这意味着，7日后，法院对公诉案件既可能受理，也可能不受理。

《六机关规定》第25条中规定："对于人民检察院提起公诉的案件，人民法院都应当受理。"这意味着，法院对公诉案件都应当受理。

这就产生了矛盾，到底是应当受理还是可以不受理？

《高法解释》是最高人民法院对适用《刑诉法》进行的细化解释，适用于我国的法院系统。

《六机关规定》是全国人大常委会法工委、最高法、最高检、公安部、国家安全部、司法部共同出台的协调公、检、法在侦查、起诉和审判工作中适用《刑诉法》的法律文件。各机关在各自的适用《刑诉法》的司法解释或者部门规定中，不可避免地会仅考虑本机关利益，造成"自说自话"，各机关、各诉讼阶段在工作衔接上不协调的情况。《六机关规定》的目的就是解决这些不协调。

因此，如果真题中说："对于人民检察院提起公诉的案件，人民法院都应当受理。"这句话是对的。应以《六机关规定》为准。但如果真题中说："根据《高法解释》的规定，对公诉案件是否受理，应当在七日内审查完毕。"这句话也是对的，毕竟《高法解释》仍然生效。

2. 法院受理起诉后审查是否开庭的时间计入人民法院的审理期限。这个审查期限没有要求，不是7天。

3. 受理后要进行审查，以决定是否开庭审理。审查的内容：

（1）起诉书中有明确的指控犯罪事实；

（2）附有案卷材料、证据的。

4. 经过审查应当<u>退回检察院</u>的情形：

（1）不属于本院管辖的；

（2）属于刑事诉讼法第16条第2项至第6项规定情形的；

（3）被告人不在案的，应当退回人民检察院；但是，对人民检察院按照缺席审判程序提起公诉的，应当依照本解释第二十四章的规定作出处理；

（4）裁定准许撤诉的案件，没有新的影响定罪量刑的事实、证据，重新起诉的。

5. 我国奉行实事求是、有错必纠、一追到底的精神，虽然因证据不足宣告被告人无罪，检察院随后根据新的事实、证据重新起诉的，法院应当受理。

6. 被告人真实身份不明，但如果认为犯罪事实清楚，证据确实、充分，可以<u>按其自报的姓名起诉</u>，法院应当依法受理。

7. 分案、并案

（1）对一案起诉的共同犯罪或者关联犯罪案件，被告人人数众多、案情复杂，人民法院经审查认为，分案审理更有利于保障庭审质量和效率的，可以分案审理。分案审理不得影响当事人质证权等诉讼权利的行使。

（2）对分案起诉的共同犯罪或者关联犯罪案件，人民法院经审查认为，合并审理更有利于查明案件事实、保障诉讼权利、准确定罪量刑的，可以并案审理。

二、开庭审判前的准备※※

▽ **关联法条**

《刑诉法》:

第187条 人民法院决定开庭审判后，应当确定合议庭的组成人员，将人民检察院的起诉书副本至迟在开庭十日以前送达被告人及其辩护人。

在开庭以前，审判人员可以召集公诉人、当事人和辩护人、诉讼代理人，对回避、出庭证人名单、非法证据排除等与审判相关的问题，了解情况，听取意见。

人民法院确定开庭日期后，应当将开庭的时间、地点通知人民检察院，传唤当事人，通知辩护人、诉讼代理人、证人、鉴定人和翻译人员，传票和通知书至迟在开庭三日以前送达。公开审判的案件，应当在开庭三日以前先期公布案由、被告人姓名、开庭时间和地点。

上述活动情形应当写入笔录，由审判人员和书记员签名。

《高法解释》:

第226条 案件具有下列情形之一的，人民法院可以决定召开庭前会议:

（一）证据材料较多、案情重大复杂的;

（二）控辩双方对事实、证据存在较大争议的;

（三）社会影响重大的;

（四）需要召开庭前会议的其他情形。

第228条 庭前会议可以就下列事项向控辩双方了解情况，听取意见:

（一）是否对案件管辖有异议;

（二）是否申请有关人员回避;

（三）是否申请不公开审理;

（四）是否申请排除非法证据;

（五）是否提供新的证据材料;

（六）是否申请重新鉴定或者勘验;

（七）是否申请收集、调取证明被告人无罪或者罪轻的证据材料;

（八）是否申请证人、鉴定人、有专门知识的人、调查人员、侦查人员或者其他人员出庭，是否对出庭人员名单有异议;

（九）是否对涉案财物的权属情况和人民检察院的处理建议有异议;

（十）与审判相关的其他问题。

庭前会议中，人民法院可以开展附带民事调解。

对第一款规定中可能导致庭审中断的程序性事项，人民法院可以在庭前会议后依法作出处理，并在庭审中说明处理决定和理由。控辩双方没有新的理由，在庭审中再次提出有关申请或者异议的，法庭可以在说明庭前会议情况和处理决定理由后，依法予以驳回。

庭前会议情况应当制作笔录，由参会人员核对后签名。

第230条 庭前会议由审判长主持，合议庭其他审判员也可以主持庭前会议。

召开庭前会议应当通知公诉人、辩护人到场。

庭前会议准备就非法证据排除了解情况、听取意见，或者准备询问控辩双方对证据材料的意见的，应当通知被告人到场。有多名被告人的案件，可以根据情况确定参加庭前会议的被告人。

请考生重点掌握庭前会议：

现行《刑诉法》确立了庭前会议制度，庭前会议的功能是使法官在正式的第一审程序之前能对控辩双方的证据材料及案件的程序性事项有一个预判，为后续第一审程序做好准备，以提高诉讼效率。

需要注意：庭前会议不是正式庭审，只是了解情况、听取意见，即仅能处理一些程序性事项，不能对案件的具体事实和证据进行审查，审查事实和证据应当是后续第一审程序的工作。

1. 人民法院在庭前会议中听取控辩双方对案件事实、证据材料的意见后，对明显事实不清、证据不足的案件，可以建议人民检察院补充材料或者撤回起诉。建议撤回起诉的案件，人民检察院不同意的，开庭审理后，没有新的事实和理由，一般不准许撤回起诉。

2. 对召开庭前会议的案件，可以在开庭时告知庭前会议情况。对庭前会议中达成一致意见的事项，法庭在向控辩双方核实后，可以当庭予以确认；未达成一致意见的事项，法庭可以归纳控辩双方争议焦点，听取控辩双方意见，依法作出处理。

3. 控辩双方在庭前会议中就有关事项达成一致意见，在庭审中反悔的，除有正当理由外，法庭一般不再进行处理。

【经典真题】

2014 年多项选择题第 71 题：[1]

关于庭前会议，下列哪些选项是正确的？

A. 被告人有参加庭前会议的权利

B. 被害人提起附带民事诉讼的，审判人员可在庭前会议中进行调解

C. 辩护人申请排除非法证据的，可在庭前会议中就是否排除作出决定

D. 控辩双方可在庭前会议中就出庭作证的证人名单进行讨论

【本题解析】

A，《高法解释》第 230 条第 3 款规定："庭前会议准备就非法证据排除了解情况、听取意见，或者准备询问控辩双方对证据材料的意见的，应当通知被告人到场。有多名被告人的案件，可以根据情况确定参加庭前会议的被告人。"据此，在特定条件下，选项 A 是正确的。然而，本题题干意思不明确。因此，选项 A 是不当选。

B，正确，可以调解。

C，召开庭前会议时，审判人员只能就是否申请排除非法证据向控辩双方了解情况，听取意见，不能对非法证据进行实体处理。C 错误。

D，正确，可以讨论证人名单。

综上所述，本题应当选 BD。

[1]　答案：BD。

三、法庭审判※※

法庭审判由合议庭的审判长主持。法庭调查、辩论等活动，都由审判长负责指挥。

根据《刑诉法》及相关司法解释的规定，法庭审判程序可分为开庭、法庭调查、法庭辩论、被告人最后陈述、评议和宣判五个阶段。

	内容	注意
开庭	1. 书记员应当进行的工作： （1）受审判长委托，查明公诉人、当事人、辩护人、诉讼代理人、证人及其他诉讼参与人是否到庭； （2）核实旁听人员中是否有证人、鉴定人、有专门知识的人； （3）请公诉人、辩护人、诉讼代理人及其他诉讼参与人入庭； （4）宣读法庭规则； （5）请审判长、审判员、人民陪审员入庭； （6）审判人员就座后，向审判长报告开庭前的准备工作已经就绪。 2. 审判长要做的事情包括： （1）传被告人到庭； （2）查明被告人情况； （3）宣布案由； （4）宣布合议庭的组成人员及诉讼参与人的名单； （5）告知权利； （6）询问、处理回避申请； （7）被告人认罪认罚的，审判长应当告知被告人享有的诉讼权利和认罪认罚的法律规定，审查认罪认罚的自愿性和认罪认罚具结书的真实性、合法性。	1. 精神病人、醉酒的人、未经人民法院批准的未成年人以及其他不宜旁听的人不得旁听案件审理。 2. 被害人、诉讼代理人经传唤或者通知未到庭，不影响开庭审理的，人民法院可以开庭审理。辩护人经通知未到庭，被告人同意的，人民法院可以开庭审理，但被告人属于应当提供法律援助情形的除外。 3. 不公开审理的，应当当庭宣布理由。
法庭调查	1. 审判长宣布法庭调查开始。	
	2. 公诉人宣读起诉书；附带民事诉讼原告人宣读附带民事起诉状。	起诉书指控的被告人的犯罪事实为两起以上的，法庭调查一般应当分别进行。
	3. 被告人陈述；被害人陈述。	
	4. 控辩双方问被告人。	1. 讯问被告人： （1）在审判长主持下，公诉人可以就起诉书指控的犯罪事实讯问被告人； （2）讯问同案审理的被告人，应当分别进行。审理过程中，法庭认为有必要的，可以传唤同案被告

内容	注意
	告人、分案审理的共同犯罪或者关联犯罪案件的被告人到庭对质。 2. 发问被告人： （1）经审判长准许，<u>被害人及其法定代理人、诉讼代理人</u>可以就公诉人讯问的犯罪事实补充发问； （2）<u>附带民事诉讼原告人及其法定代理人、诉讼代理人</u>可以就附带民事部分的事实向被告人发问； （3）<u>被告人的法定代理人、辩护人，附带民事诉讼被告人及其法定代理人、诉讼代理人</u>可以在控诉一方就某一问题讯问完毕后向被告人发问。
5. 控辩双方询问被害人、附民原告。	
6. 审判人员问被告人；被害人；附民当事人。	
7. 控辩双方举证： （1）控方先举证： 在控诉一方举证后，被告人及其法定代理人、辩护人可以提请审判长通知证人、鉴定人出庭作证，或者出示证据。 （2）申请出示证据： 已经移送人民法院的证据，控辩双方需要出示的，可以向法庭提出申请。法庭同意的，应当指令值庭法警出示、播放；需要宣读的，由值庭法警交由申请人宣读。 （3）证人出庭条件： 公诉人、当事人或者辩护人、诉讼代理人对<u>证人证言有异议</u>，且该证人证言对定罪量刑有<u>重大影响</u>，或者对<u>鉴定意见有异议</u>，申请法庭通知证人、鉴定人出庭作证，人民法院认为<u>有必要</u>的，<u>应当通知证人、鉴定人出庭</u>；无法通知或者证人、鉴定人拒绝出庭的，应当及时告知申请人。 （4）鉴定人拒不出庭的后果： 鉴定人拒不出庭作证的，鉴定意见<u>不得作为定案的根据</u>。但鉴定人由于<u>不能抗拒</u>的原因或者有其他<u>正当理由</u>无法出庭的，人民法院<u>可以</u>根据案件审理情况决定<u>延期审理</u>。 （5）证人拒不到庭的后果： 经人民法院通知，证人<u>没有正当理由</u>不出庭作证的，人民法院<u>可以强制</u>其到庭，但是<u>被告人的配偶、父母、子女</u>除外。 证人没有正当理由<u>拒绝出庭</u>或者出庭后<u>拒绝作证</u>的，予以训诫，情节<u>严重</u>的，经<u>院长</u>批准，处以	

续表

	内容	注意
	十日以下的<u>拘留</u>。被处罚人对拘留决定<u>不服</u>的，可以向<u>上一级</u>人民法院申请复议。复议期间<u>不停止</u>执行。 （6）询问证人的规则： ①发问的内容应当与本案事实有关； ②不得以诱导方式发问； ③不得威胁证人； ④不得损害证人的人格尊严。 （7）证人、鉴定人、有专门知识的人不得旁听： 向证人、鉴定人、有专门知识的人发问应当分别进行。证人、鉴定人、有专门知识的人不得旁听对本案的审理。 （8）有专门知识的人出庭： 公诉人、当事人和辩护人、诉讼代理人可以<u>申请</u>法庭通知有专门知识的人出庭，<u>就鉴定人作出的</u><u>鉴定意见提出意见</u>。法庭对于上述申请，应当作出是否同意的决定。申请有专门知识的人出庭，不得超过<u>2人</u>。有<u>多种</u>鉴定意见的，可以<u>相应增</u><u>加人数</u>。 （9）当事人申请调取新证据： 法庭审理过程中，当事人和辩护人、诉讼代理人有权申请通知新的证人到庭，调取新的物证，申请重新鉴定或者勘验。 （10）控辩双方"证据偷袭"： 公诉人申请出示<u>开庭前未移送人民法院的证据</u>，辩护方提出<u>异议</u>的，审判长应当要求公诉人<u>说明</u><u>理由</u>；理由<u>成立</u>并确有出示必要的，<u>应当准许</u>。辩护方提出需要对新的证据作辩护准备的，法庭<u>可以宣布休庭</u>，并确定准备辩护的时间。辩护方申请出示开庭前未提交的证据，同样适用。	1. 证人可以不出庭的情形：证人具有下列情形之一，无法出庭作证的，人民法院<u>可以</u>准许其<u>不</u><u>出庭</u>： （1）在庭审期间身患严重疾病或者行动极为不便的； （2）居所<u>远离</u>开庭地点且交通极为不便的； （3）身处国外短期无法回国的； （4）有其他客观原因，确实无法出庭的。 上述情形，证人可以通过<u>视频</u>等方式作证。 2. 关于证人出庭作证： （1）强制证人出庭的，应当由<u>院</u><u>长签发强制证人出庭令</u>； （2）被告人的配偶、父母、子女<u>不</u>被强制到庭，<u>不等于</u>免除了他们的<u>作证义务</u>。
8. 质证。		对于可能影响定罪量刑的关键证据和控辩双方存在争议的证据，一般应当单独举证、质证，充分听取质证意见。 对于控辩双方无异议的非关键性证据，举证方可以仅就证据的名称及其证明的事项作出说明，对方可以发表质证意见。 召开庭前会议的案件，举证、质证可以按照庭前会议确定的方式进行。根据案件审理需要，法庭可以对控辩双方的举证、质证方式进行必要的提示。

续表

	内容	注意
	9. 法庭庭外调查证据： （1）法庭对证据有疑问的，可以告知公诉人、当事人及其法定代理人、辩护人、诉讼代理人补充证据或者作出说明；必要时，可以宣布休庭，对证据进行调查核实。 （2）自案件移送审查起诉之日起，人民检察院可以根据辩护人的申请，向公安机关调取未提交的证明犯罪嫌疑人、被告人无罪或者罪轻的证据材料。在法庭审理过程中，人民法院可以根据辩护人的申请，向人民检察院调取未提交的证明被告人无罪或者罪轻的证据材料，也可以向人民检察院调取需要调查核实的证据材料。公安机关、人民检察院应当自收到要求调取证据材料决定书后三日内移交。	1. 法院<u>不可以搜查</u>。 2. 对公诉人、当事人及其法定代理人、辩护人、诉讼代理人补充的和审判人员庭外调查核实取得的证据，<u>应当经过当庭质证才能作为定案的根据</u>。但是，对不影响定罪量刑的非关键证据、有利于被告人的量刑证据以及认定被告人有犯罪前科的裁判文书等证据，经庭外征求意见，控辩双方没有异议的除外。
	10. 调查量刑证据： 对被告人<u>认罪</u>的案件，在确认被告人了解起诉书指控的犯罪事实和罪名，自愿认罪且知悉认罪的法律后果后，法庭调查可以主要围绕<u>量刑</u>和其他有争议的问题进行。 对被告人<u>不认罪</u>或者辩护人作<u>无罪辩护</u>的案件，法庭调查应当在查明定罪事实的基础上，查明有关量刑事实。	1. 人民法院除应当审查被告人是否具有法定量刑情节外，还应当根据案件情况审查以下影响量刑的情节： （1）案件起因； （2）被害人有无过错及过错程度，是否对矛盾激化负有责任及责任大小； （3）被告人的近亲属是否协助抓获被告人； （4）被告人平时表现，有无悔罪态度； （5）退赃、退赔及赔偿情况； （6）被告人是否取得被害人或者其近亲属谅解； （7）影响量刑的其他情节。 2. 审判期间，合议庭发现被告人可能有自首、坦白、立功等<u>法定量刑情节</u>，而人民检察院移送的案卷中<u>没有相关证据材料的，应当通知人民检察院在指定时间内移送</u>。 3. 审判期间，被告人提出<u>新的立功线索</u>的，人民法院<u>可以建议人民检察院补充侦查</u>。
	11. 补充侦查： 审判期间，公诉人发现案件需要<u>补充侦查</u>，<u>建议延期审理</u>的，合议庭<u>可以</u>同意，但建议延期审理不得超过<u>两次</u>。 补充侦查期限届满后，人民检察院未将补充的证据材料移送人民法院的，人民法院可以根据在案证据作出判决、裁定。	法庭审理过程中，被告人揭发他人犯罪行为或者提供重要线索，人民检察院认为需要进行查证的，可以建议补充侦查。

续表

	内容	注意
法庭辩论	1. 合议庭认为案件事实已经调查清楚的，应当由审判长宣布法庭调查结束，开始就定罪、量刑、涉案财物处理的事实、证据和适用法律等问题进行法庭辩论。 2. 对被告人认罪的案件，法庭辩论时，应当指引控辩双方主要围绕量刑和其他有争议的问题进行。对被告人不认罪或者辩护人作无罪辩护的案件，法庭辩论时，可以指引控辩双方先辩论定罪问题，后辩论量刑和其他问题。	1. 法庭辩论的顺序： （1）公诉人发言； （2）被害人及其诉讼代理人发言； （3）被告人自行辩护； （4）辩护人辩护； （5）控辩双方进行辩论。 2. 量刑建议： 人民检察院可以提出量刑建议并说明理由；建议判处管制、宣告缓刑的，一般应当附有调查评估报告，或者附有委托调查函。当事人及其辩护人、诉讼代理人可以对量刑提出意见并说明理由。 3. 程序具有可回调性： 法庭辩论过程中，合议庭发现与定罪、量刑有关的新的事实，有必要调查的，审判长可以宣布恢复法庭调查，在对新的事实调查后，继续法庭辩论。 公诉人当庭发表与起诉书不同的意见，属于变更、追加、补充或者撤回起诉的，人民法院应当要求人民检察院在指定时间内以书面方式提出；必要时，可以宣布休庭。人民检察院在指定时间内未提出的，人民法院应当根据法庭审理情况，就起诉书指控的犯罪事实依法作出判决、裁定。 人民检察院变更、追加、补充起诉的，人民法院应当给予被告人及其辩护人必要的准备时间。
被告人最后陈述	审判长在宣布辩论终结后，被告人有最后陈述的权利。	被告人在最后陈述中<u>多次重复</u>自己的意见的，法庭<u>可以</u>制止。陈述内容<u>蔑视法庭、公诉人、损害他人及社会公共利益，或者与本案无关的，应当</u>制止。在公开审理的案件中，被告人最后陈述的内容涉及<u>国家秘密、个人隐私或者商业秘密的，应当</u>制止。
评议	被告人最后陈述后，审判长应当宣布休庭，由合议庭进行评议。	

续表

内容	注意
宣判 对第一审公诉案件，人民法院审理后，应当按照下列情形分别作出判决、裁定： 1. 起诉指控的事实清楚，证据确实、充分，依据法律认定指控被告人的罪名成立的，应当作出有罪判决； 2. 起诉指控的事实清楚，证据确实、充分，但指控的罪名不当的，应当依据法律和审理认定的事实作出有罪判决； 3. 案件事实清楚，证据确实、充分，依据法律认定被告人无罪的，应当判决宣告被告人无罪； 4. 证据不足，不能认定被告人有罪的，应当以证据不足、指控的犯罪不能成立，判决宣告被告人无罪； 5. 案件部分事实清楚，证据确实、充分的，应当作出有罪或者无罪的判决；对事实不清、证据不足部分，不予认定； 6. 被告人因未达到刑事责任年龄，不予刑事处罚的，应当判决宣告被告人不负刑事责任； 7. 被告人是精神病人，在不能辨认或者不能控制自己行为时造成危害结果，不予刑事处罚的，应当判决宣告被告人不负刑事责任；被告人符合强制医疗条件的，应当依照本解释第二十六章的规定进行审理并作出判决； 8. 犯罪已过追诉时效期限且不是必须追诉，或者经特赦令免除刑罚的，应当裁定终止审理； 9. 属于告诉才处理的案件，应当裁定终止审理，并告知被害人有权提起自诉； 10. 被告人死亡的，应当裁定终止审理；但有证据证明被告人无罪，经缺席审理确认无罪的，应当判决宣告被告人无罪。 对涉案财物，人民法院应当根据审理查明的情况，依照本解释第十八章的规定作出处理。 具有第2项规定情形的，人民法院应当在判决前听取控辩双方的意见，保障被告人、辩护人充分行使辩护权。必要时，可以再次开庭，组织控辩双方围绕被告人的行为构成何罪及如何量刑进行辩论。	1. 在开庭后、宣告判决前，人民检察院要求撤回起诉的，人民法院应当审查撤回起诉的理由，作出是否准许的裁定。 2. 法院宣告判决前，检察院： （1）发现被告人身份、事实、罪名、法律与起诉书不符的，可以变更起诉； （2）发现遗漏人或者罪，可以追加、补充起诉。 3. 审判期间，人民法院发现新的事实，可能影响定罪量刑的，或者需要补查补证的，应当通知人民检察院，由其决定是否补充、变更、追加起诉或者补充侦查。 人民检察院不同意或者在指定时间内未回复书面意见的，人民法院应当就起诉指控的事实，依照本解释第295条的规定作出判决、裁定。 4. 因证据不足宣告被告人无罪后，人民检察院根据新的事实、证据重新起诉，人民法院受理的，应当在判决中写明被告人曾被人民检察院提起公诉，因证据不足，指控的犯罪不能成立，被人民法院依法判决宣告无罪的情况；前案作出的判决不予撤销。 5. 判决书应当送达人民检察院、当事人、法定代理人、辩护人、诉讼代理人，并可以送达被告人的近亲属。被害人死亡，其近亲属申请领取判决书的，人民法院应当及时提供。 判决生效后，还应当送达被告人的所在单位或者户籍地的公安派出所，或者被告单位的注册登记机关。被告人系外国人，且在境内有居住地的，应当送达居住地的公安派出所。 6. 公诉人、辩护人、诉讼代理人、被害人、自诉人或者附带民事诉讼原告人未到庭的，不影响宣判的进行。 7. 庭审结束后、评议前，部分合议庭成员不能继续履行审判职责的，人民法院应当依法更换合议庭组成人员，重新开庭审理。 评议后、宣判前，部分合议庭成员因调动、退休等正常原因不能参加宣判，在不改变原评议结论的情况下，可以由审判本案的其他审判员宣判，裁判文书上仍署审判本案的合议庭成员的姓名。

1. 注意区分两个法条

图表总结

注意《高法解释》第 297 条与《高法解释》第 277 条[1]的区别：

审判期间	出现情况	处理方式
第 277 条	发现被告人可能有自首、坦白、立功等法定量刑情节，而检察院未移送相关证据	应当通知检察院移送
	被告人提出新的立功线索	可以建议检察院补充侦查
第 297 条	发现新的事实，可能影响定罪，或者需要补查补证的	可以建议检察院补充或者变更起诉

2. 注意在文书上签字的主体

图表总结

在合议笔录、庭审笔录和判决书上签字的主体：

笔录名称	签名（署名）主体
合议笔录	合议庭成员
庭审笔录	审判长、书记员；当事人、法定代理人、辩护人、诉讼代理人；出庭证人、鉴定人、有专门知识的人
判决书	合议庭成员、法官助理、书记员

【经典真题】

2015 年单项选择题第 23 题：[2]

关于证人证言与鉴定意见，下列哪一选项是正确的？

A. 证人证言只能由自然人提供，鉴定意见可由单位出具

B. 生理上、精神上有缺陷的人有时可以提供证人证言，但不能出具鉴定意见

C. 如控辩双方对证人证言和鉴定意见有异议的，相应证人和鉴定人均应出庭

D. 证人应出庭而不出庭的，其庭前证言仍可能作为证据；鉴定人应出庭而不出庭的，鉴定意见不得作为定案根据

---

[1]《高法解释》第 297 条规定："审判期间，人民法院发现新的事实，可能影响定罪量刑的，或者需要补查补证的，应当通知人民检察院，由其决定是否补充、变更、追加起诉或者补充侦查。人民检察院不同意或者在指定时间内未回复书面意见的，人民法院应当就起诉指控的事实，依照本解释第二百九十五条的规定作出判决、裁定。"《高法解释》第 277 条规定："审判期间，合议庭发现被告人可能有自首、坦白、立功等法定量刑情节，而人民检察院移送的案卷中没有相关证据材料的，应当通知人民检察院在指定时间内移送。审判期间，被告人提出新的立功线索的，人民法院可以建议人民检察院补充侦查。"

[2] 答案：D。

【本题解析】

在刑事诉讼法中，证人与鉴定人都必须是自然人，鉴定意见只能由鉴定人出具。A错误。

生理上、精神上有缺陷，同时不能辨别是非、不能正确表达的才不能作为证人，否则，确实有可能成为证人。此外，精神上有缺陷的人确实不能成为鉴定人，但生理上有缺陷的人，还是有可能成为鉴定人的。譬如，张三一只耳朵失聪，但不妨碍其对足迹进行鉴定。故 B 错误。

公诉人、当事人或者辩护人、诉讼代理人对证人证言有异议，且该证人证言对定罪量刑有重大影响，或者对鉴定意见有异议，申请法庭通知证人、鉴定人出庭作证，人民法院认为有必要的，应当通知证人、鉴定人出庭。可见，对证人证言有异议或者对鉴定意见有异议，还需要向法庭提出要求证人、鉴定人出庭的申请，并且法院认为确有出庭必要的，证人、鉴定人才应当出庭。C错误。

《高法解释》第 91 条第 3 款规定："经人民法院通知，证人没有正当理由拒绝出庭或者出庭后拒绝作证，法庭对其证言的真实性无法确认的，该证人证言不得作为定案的根据。"可见，需要"法庭对其证言的真实性无法确认的"，该证人证言才不得作为定案的根据。《高法解释》第 99 条第 1、2 款规定："经人民法院通知，鉴定人拒不出庭作证的，鉴定意见不得作为定案的根据。鉴定人由于不能抗拒的原因或者有其他正当理由无法出庭的，人民法院可以根据情况决定延期审理或者重新鉴定。"可见，鉴定人应当出庭而不出庭，鉴定意见不得作为定案根据。鉴定人即使是由于不可抗拒或者正当理由无法出庭，法院可以延期审理或者重新鉴定，但是，延期审理的目的仍然是等待鉴定人出庭，重新鉴定意味着原来的鉴定意见不得作为定案根据了。总之，鉴定人应出庭而不出庭的，鉴定意见不得作为定案根据。D 正确。

综上所述，本题应当选 D。

四、单位犯罪案件的审理※

◇ 关联法条

《高法解释》：

第 336 条　被告单位的诉讼代表人，应当是法定代表人、实际控制人或者主要负责人；法定代表人、实际控制人或者主要负责人被指控为单位犯罪直接责任人员或者因客观原因无法出庭的，应当由被告单位委托其他负责人或者职工作为诉讼代表人。但是，有关人员被指控为单位犯罪直接责任人员或者知道案件情况、负有作证义务的除外。

依据前款规定难以确定诉讼代表人的，可以由被告单位委托律师等单位以外的人员作为诉讼代表人。

诉讼代表人不得同时担任被告单位或者被指控为单位犯罪直接责任人员的有关人员的辩护人。

第 337 条　开庭审理单位犯罪案件，应当通知被告单位的诉讼代表人出庭；诉讼代表人不符合前条规定的，应当要求人民检察院另行确定。

被告单位的诉讼代表人不出庭的，应当按照下列情形分别处理：

（一）诉讼代表人系被告单位的法定代表人、实际控制人或者主要负责人，无正当理由拒不出庭的，可以拘传其到庭；因客观原因无法出庭，或者下落不明的，应当要求人民检察院另行确定诉讼代表人；

（二）诉讼代表人系其他人员的，应当要求人民检察院另行确定诉讼代表人。

第338条　被告单位的诉讼代表人享有刑事诉讼法规定的有关被告人的诉讼权利。开庭时，诉讼代表人席位置于审判台前左侧，与辩护人席并列。

第339条　被告单位委托辩护人的，参照适用本解释的有关规定。

第340条　对应当认定为单位犯罪的案件，人民检察院只作为自然人犯罪起诉的，人民法院应当建议人民检察院对犯罪单位追加起诉。人民检察院仍以自然人犯罪起诉的，人民法院应当依法审理，按照单位犯罪直接负责的主管人员或者其他直接责任人员追究刑事责任，并援引刑法分则关于追究单位犯罪中直接负责的主管人员和其他直接责任人员刑事责任的条款。

第341条　被告单位的违法所得及其他涉案财物，尚未被依法追缴或者查封、扣押、冻结的，人民法院应当决定追缴或者查封、扣押、冻结。

第342条　为保证判决的执行，人民法院可以先行查封、扣押、冻结被告单位的财产，或者由被告单位提出担保。

第343条　采取查封、扣押、冻结等措施，应当严格依照法定程序进行，最大限度降低对被告单位正常生产经营活动的影响。

第344条　审判期间，被告单位被吊销营业执照、宣告破产但尚未完成清算、注销登记的，应当继续审理；被告单位被撤销、注销的，对单位犯罪直接负责的主管人员和其他直接责任人员应当继续审理。

第345条　审判期间，被告单位合并、分立的，应当将原单位列为被告单位，并注明合并、分立情况。对被告单位所判处的罚金以其在新单位的财产及收益为限。

> ┄ **要点提示** ┄
>
> 　　结合"第三章：刑事诉讼中的专门机关和诉讼参与人"中的"单位当事人"学习。

五、延期审理、中止审理与终止审理※

◦ 重点解读

（一）延期审理

延期审理是指在法庭审判过程中，遇有足以影响审判进行的情形时，法庭决定延期审理，待影响审判进行的原因消失后，再行开庭审理。

延期审理的开庭日期，可以当庭确定，也可以另行确定。当庭确定的，应公开宣布下次开庭的时间；当庭不能确定的，可以另行确定并通知公诉人、当事人和其他诉讼参与人。

（二）中止审理

中止审理是指人民法院在审判案件过程中，因发生某种情况影响了审判的正常进行，而决定暂停审理，待其消失后，再行开庭审理。

中止审理的期间<u>不计入</u>审理期限。

▽ **关联法条**

《刑诉法》：

第 204 条　在法庭审判过程中，遇有下列情形之一，影响审判进行的，可以延期审理：

（一）需要通知新的证人到庭，调取新的物证，重新鉴定或者勘验的；

（二）检察人员发现提起公诉的案件需要补充侦查，提出建议的；

（三）由于申请回避而不能进行审判的。

第 205 条　依照本法第二百零四条第二项的规定延期审理的案件，人民检察院应当在一个月以内补充侦查完毕。

第 206 条　在审判过程中，有下列情形之一，致使案件在较长时间内无法继续审理的，可以<u>中止审理</u>：

（一）被告人患有严重<u>疾病</u>，无法出庭的；

（二）被告人<u>脱逃</u>的；

（三）自诉人患有严重<u>疾病</u>，无法出庭，<u>未委托诉讼代理人出庭</u>的；

（四）由于<u>不能抗拒</u>的原因。

中止审理的原因消失后，应当恢复审理。中止审理的期间<u>不计入</u>审理期限。

《高法解释》：

第 314 条　有多名被告人的案件，部分被告人具有刑事诉讼法第二百零六条第一款规定情形的，人民法院<u>可以对全案中止</u>审理；根据案件情况，也可以对该部分被告人<u>中止审理</u>，对其他被告人继续审理。对中止审理的部分被告人，可以根据案件情况另案处理。

📋 **要点提示**

1. 中止审理的原因：<u>疾病、脱逃、不能抗拒</u>。

2. 中止审理的期间不计入审限。延期审理的期间是否计入审限立法没有统一规定，但多数情况不计入审限。

3. 延期审理用"<u>决定</u>"，中止审理用"<u>裁定</u>"。

4. 可能延期审理的情形非常多：譬如，法庭审判过程中遇有下列情形之一的，公诉人可以建议法庭延期审理：（1）发现事实不清、证据不足，或者遗漏罪行、遗漏同案犯罪嫌疑人，需要补充侦查或者补充提供证据的；（2）被告人揭发他人犯罪行为或者提供重要线索，需要补充侦查进行查证的；（3）发现遗漏罪行或者遗漏同案犯罪嫌疑人，虽不需要补充侦查和补充提供证据，但需要补充、追加或者变更起诉的；（4）申请人民法院通知证人、鉴定人出庭作证或者有专门知识的人出庭提出意见的；（5）需要调取新的证据，重新鉴定或者勘验的；（6）补充、变更起诉，需要给予被告人、辩护人必要时间进行辩护准备的；（7）被告人、辩护人向法庭出示公诉人不掌握的与定罪量刑有关的证据，需要调查核实的；（8）公诉人对证据收集的合法性进行证明，需要调查核实的。

又如，对于简易程序转为普通程序审理的案件，公诉人需要为出席法庭进行准备的，可以建议人民法院延期审理；

再如，人民检察院在接到第二审人民法院决定开庭、查阅案卷通知后，可以查阅或者调阅案卷材料，查阅或者调阅案卷材料应当在接到人民法院的通知之日起 1 个月以内完成。在 1 个月以内无法完成的，可以商请人民法院延期审理。

这些情形太多，不容易背过，请考生背过中止审理的情形，剩下的绝大部分即为延期审理的情形。

5. 一般而言，中止审理与延期审理主要有三个区别：

（1）时间不同。延期审理仅适用于法庭审理过程中，而中止审理适用于人民法院受理案件后至作出判决前。

（2）原因不同。导致延期审理的原因是诉讼自身出现了障碍，其消失依赖于某种诉讼活动的完成，因此，延期审理不能停止法庭审理以外的诉讼活动，而导致中止审理的原因是出现了不能抗拒的情况，其消除与诉讼本身无关，因此，中止审理将暂停一切诉讼活动。

（3）再行开庭的可预见性不同。延期审理的案件，再行开庭的时间可以预见，甚至当庭即可决定，但中止审理的案件，再行开庭的时间往往无法预见。

（三）终止审理

○ 重点解读

终止审理的法定情形是指《刑诉法》第16条第2至5项所规定的内容[1]。

1. 犯罪已过追诉时效期限且不是必须追诉，或者经特赦令免除刑罚的，应当裁定终止审理；

2. 属于告诉才处理的案件，应当裁定终止审理，并告知被害人有权提起自诉；

3. 被告人死亡的，应当裁定终止审理；但有证据证明被告人无罪，经缺席审理确认无罪的，应当判决宣告被告人无罪。

终止审理与中止审理不同。二者的主要区别是：

1. 原因不同。终止审理是因为审理中出现不应当或者不需要继续进行的情形，而中止审理则是因为出现了使得案件无法继续审理的不可抗拒的情况。

2. 法律后果不同。终止审理后，诉讼即告终结，不再恢复，而中止审理只是暂停诉讼活动，一旦中止原因消失，即应恢复审理。

要点提示

前面我们学到了延期审理、中止审理和终止审理的情形，不如趁热打铁，将休庭的情况也一起学习。

1. 应当休庭

（1）当事人及其法定代理人申请出庭的检察人员回避的，人民法院应当决定休庭，并

---

[1]《刑诉法》第16条规定："有下列情形之一的，不追究刑事责任，已经追究的，应当撤销案件，或者不起诉，或者终止审理，或者宣告无罪：

（一）情节显著轻微、危害不大，不认为是犯罪的；

（二）犯罪已过追诉时效期限的；

（三）经特赦令免除刑罚的；

（四）依照刑法告诉才处理的犯罪，没有告诉或者撤回告诉的；

（五）犯罪嫌疑人、被告人死亡的；

（六）其他法律规定免予追究刑事责任的。"

通知人民检察院。

（2）在被告人最后陈述后，审判长应当宣布休庭，合议庭进行评议。

（3）辩护人严重扰乱法庭秩序，被强行带出法庭或者被处以罚款、拘留，被告人自行辩护的，庭审继续进行；被告人要求另行委托辩护人，或者被告人属于应当提供法律援助情形的，应当宣布休庭。

（4）被告人当庭拒绝辩护人辩护，要求另行委托辩护人或者指派律师的，合议庭应当准许。被告人拒绝辩护人辩护后，没有辩护人的，应当宣布休庭；仍有辩护人的，庭审可以继续进行。

2. 可以休庭

（1）法庭对证据有疑问的，必要时，可以宣布休庭，对证据进行调查核实。

（2）控方证据偷袭，辩护方提出需要对新的证据作辩护准备的，法庭可以宣布休庭，并确定准备辩护的时间。

此外需要注意，与延期审理相比，休庭的时间一般比较短，可能是几分钟，也可能是几个小时甚至好几天。休庭的时间计入审限。

【经典真题】

2012 年单项选择题第 31 题：[1]

下列哪一选项属于刑事诉讼中适用中止审理的情形？

A. 由于申请回避而不能进行审判的

B. 需要重新鉴定的

C. 被告人患有严重疾病，长时间无法出庭的

D. 检察人员发现提起公诉的案件需要补充侦查，提出建议的

【本题解析】

本题考查的是中止审理、延期审理。《刑诉法》第 206 条第 1 款规定："在审判过程中，有下列情形之一，致使案件在较长时间内无法继续审理的，可以中止审理：（一）被告人患有严重疾病，无法出庭的；（二）被告人脱逃的；（三）自诉人患有严重疾病，无法出庭，未委托诉讼代理人出庭的；（四）由于不能抗拒的原因。"故 C 项属于中止审理的情形，当选。《刑诉法》第 204 条规定："在法庭审判过程中，遇有下列情形之一，影响审判进行的，可以延期审理：（一）需要通知新的证人到庭，调取新的物证，重新鉴定或者勘验的；（二）检察人员发现提起公诉的案件需要补充侦查，提出建议的；（三）由于申请回避而不能进行审判的。"可见，A、B、D 项都属于延期审理的情形，不当选。

六、法庭秩序 ※

法庭秩序，是指为保证法庭审理的正常进行，诉讼参与人、旁听人员应当遵守的纪律和规定。

---

[1]　答案：C。

图表总结

违法情形	处理	注意
情节较轻	应当<u>警告</u>制止，也可以进行训诫。	
不听制止	<u>审判长</u>可以指令<u>法警强行带出</u>法庭。	
情节严重	报经<u>院长</u>批准后，可以对行为人处<u>1000</u>元以下的罚款或者<u>15日以下</u>的<u>拘留</u>。	1. 对罚款、拘留的决定<u>不服</u>的，可以<u>直接向上一级</u>人民法院申请<u>复议</u>，也可以<u>通过决定罚款、拘留的人民法院向上一级</u>人民法院申请<u>复议</u>。通过决定罚款、拘留的人民法院申请复议的，该人民法院应当自收到复议申请之日起3日内，将复议申请、罚款或者拘留决定书和有关事实、证据材料一并报上一级人民法院复议。复议期间，<u>不停止</u>决定的执行。 2. 担任辩护人、诉讼代理人的<u>律师</u>严重扰乱法庭秩序，被强行带出法庭或者被处以罚款、拘留的，人民法院应当<u>通报</u>司法行政机关，并可以<u>建议</u>依法给予相应处罚。
构成犯罪	应当依法追究<u>刑事责任</u>。	
未经许可传播庭审情况	可以<u>暂扣</u>存储介质及相关设备，删除相关内容。	

【经典真题】

2012年多项选择题第70题：[1]

关于对法庭审理中违反法庭秩序的人员可采取的措施，下列哪些选项是正确的？

A. 警告制止
B. 强行带出法庭
C. 只能在1000元以下处以罚款
D. 只能在10日以下处以拘留

【本题解析】

本题考查的是违反法庭秩序的处理方式。《刑诉法》第199条规定："在法庭审判过程中，如果诉讼参与人或者旁听人员违反法庭秩序，审判长应当警告制止。对不听制止的，可以强行带出法庭；情节严重的，处以一千元以下的罚款或者十五日以下的拘留。罚款、拘留必须经院长批准。被处罚人对罚款、拘留的决定不服的，可以向上一级人民法院申请复议。复议期间不停止执行。对聚众哄闹、冲击法庭或者侮辱、诽谤、威胁、殴打司法工作人员或者诉讼参与人，严重扰乱法庭秩序，构成犯罪的，依法追究刑事责任。"可知，对于违反法庭秩序的处罚措施包括：警告制止、强行带出法庭、罚款、拘留、追究刑事责任。

[1] 答案：ABC。

直接适用此法条，可知 A、B、C 三项正确。D 项的错误在于，不是只能在"10 日"以下处以拘留，而是只能在"15 日"以下处以拘留。

七、律师更换※

▽ 关联法条

《高法解释》：

第 310 条 辩护人严重扰乱法庭秩序，被责令退出法庭、强行带出法庭或者被处以罚款、拘留，被告人自行辩护的，庭审继续进行；被告人要求另行委托辩护人，或者被告人属于应当提供法律援助情形的，应当宣布休庭。

辩护人、诉讼代理人被责令退出法庭、强行带出法庭或者被处以罚款后，具结保证书，保证服从法庭指挥、不再扰乱法庭秩序的，经法庭许可，可以继续担任辩护人、诉讼代理人。

辩护人、诉讼代理人具有下列情形之一的，不得继续担任同一案件的辩护人、诉讼代理人：

（一）擅自退庭的；

（二）无正当理由不出庭或者不按时出庭，严重影响审判顺利进行的；

（三）被拘留或者具结保证书后再次被责令退出法庭、强行带出法庭的。

第 311 条 被告人在一个审判程序中更换辩护人一般不得超过两次。

被告人当庭拒绝辩护人辩护，要求另行委托辩护人或者指派律师的，合议庭应当准许。被告人拒绝辩护人辩护后，没有辩护人的，应当宣布休庭；仍有辩护人的，庭审可以继续进行。

有多名被告人的案件，部分被告人拒绝辩护人辩护后，没有辩护人的，根据案件情况，可以对该部分被告人另案处理，对其他被告人的庭审继续进行。

重新开庭后，被告人再次当庭拒绝辩护人辩护的，可以准许，但被告人不得再次另行委托辩护人或者要求另行指派律师，由其自行辩护。

被告人属于应当提供法律援助的情形，重新开庭后再次当庭拒绝辩护人辩护的，不予准许。

第 312 条 法庭审理过程中，辩护人拒绝为被告人辩护，有正当理由的，应当准许；是否继续庭审，参照适用前条规定。

第 313 条 依照前两条规定另行委托辩护人或者通知法律援助机构指派律师的，自案件宣布休庭之日起至第十五日止，由辩护人准备辩护，但被告人及其辩护人自愿缩短时间的除外。

庭审结束后、判决宣告前另行委托辩护人的，可以不重新开庭；辩护人提交书面辩护意见的，应当接受。

八、第一审程序的期限※

▽ 关联法条

《刑诉法》：

第 208 条 人民法院审理公诉案件，应当在受理后二个月以内宣判，至迟不得超过三个月。对于可能判处死刑的案件或者附带民事诉讼的案件，以及有本法第一百五十八条〔1〕规定情形之一的，经上一级人民法院批准，可以延长三个月；因特殊情况还需要延长的，报请最高人民法院批准。

人民法院改变管辖的案件，从改变后的人民法院收到案件之日起计算审理期限。

人民检察院补充侦查的案件，补充侦查完毕移送人民法院后，人民法院重新计算审理期限。

《高法解释》：

第210条　对可能判处死刑的案件或者附带民事诉讼的案件，以及有刑事诉讼法第一百五十八条规定情形之一的案件，上一级人民法院可以批准延长审理期限一次，期限为三个月。因特殊情况还需要延长的，应当报请最高人民法院批准。

申请批准延长审理期限的，应当在期限届满十五日以前层报。有权决定的人民法院不同意的，应当在审理期限届满五日以前作出决定。

因特殊情况报请最高人民法院批准延长审理期限，最高人民法院经审查，予以批准的，可以延长审理期限一至三个月。期限届满案件仍然不能审结的，可以再次提出申请。

九、人民检察院出席第一审法庭及对审判活动的监督

人民检察院同时履行诉讼职能与监督职能，请考生熟悉以下法条。

关联法条

《高检规则》：

第571条　人民检察院检察长或者检察长委托的副检察长，可以列席同级人民法院审判委员会会议，依法履行法律监督职责。

第572条　人民检察院在审判活动监督中，发现人民法院或者审判人员审理案件违反法律规定的诉讼程序，应当向人民法院提出纠正意见。

人民检察院对违反程序的庭审活动提出纠正意见，应当由人民检察院在庭审后提出。出席法庭的检察人员发现法庭审判违反法律规定的诉讼程序，应当在休庭后及时向检察长报告。

《高法解释》：

第315条　人民检察院认为人民法院审理案件违反法定程序，在庭审后提出书面纠正意见，人民法院认为正确的，应当采纳。

---

〔1〕《刑诉法》第158条规定："下列案件在本法第一百五十六条规定的期限届满不能侦查终结的，经省、自治区、直辖市人民检察院批准或者决定，可以延长二个月：

（一）交通十分不便的边远地区的重大复杂案件；

（二）重大的犯罪集团案件；

（三）流窜作案的重大复杂案件；

（四）犯罪涉及面广，取证困难的重大复杂案件。"

第二节　自诉案件第一审程序※

$$自诉案件第一审程序\begin{cases}自诉案件的范围\\自诉案件的受理、审理※※\\刑事第一审判决书的写作\end{cases}$$

一、自诉案件的范围

关联法条

《刑诉法》：

第 210 条　自诉案件包括下列案件：

（一）告诉才处理的案件；

（二）被害人有证据证明的轻微刑事案件；

（三）被害人有证据证明对被告人侵犯自己人身、财产权利的行为应当依法追究刑事责任，而公安机关或者人民检察院不予追究被告人刑事责任的案件。

二、自诉案件的受理、审理※※

图表总结

	内容	注意
受理条件	人民法院受理自诉案件必须符合下列条件： 1. 符合自诉案件的范围； 2. 属于本院管辖； 3. 被害人告诉； 4. 有明确的被告人、具体的诉讼请求和证明被告人犯罪事实的证据。	
审查处理	1. 如果被害人死亡、丧失行为能力或者因受强制、威吓等<u>无法告诉</u>，或者是限制行为能力人以及因年老、患病、盲、聋、哑等<u>不能亲自告诉</u>，其<u>法定代理人、近亲属告诉或者代为告诉</u>的，人民法院<u>应当依法受理</u>。但应当提供与被害人关系的证明和被害人不能亲自告诉的原因的证明。 2. 提起自诉，应当提交刑事自诉状；同时提起附带民事诉讼的，应当提交附带民事自诉状。 3. 对自诉案件，人民法院应当在<u>15 日内</u>审查完毕。 4. 人民法院对于自诉案件进行审查后，按照下列情形分别处理： 经审查，符合受理条件的，应当决定立案，并书面通知自诉人或者代为告诉人。	1. <u>部分</u>自诉人撤诉或者被裁定按撤诉处理的，<u>不影响案件的继续审理</u>。 2. 对已经立案，经审查缺乏罪证的自诉案件，自诉人提不出补充证据的，人民法院应当说服其撤回起诉或者裁定驳回起诉；自诉人撤回起诉或者被驳回起诉后，又提出了新的足以证明被告人有罪的证据，再次提起自诉的，人民法院应当受理。 3. 自诉人<u>明知有其他共同侵害人</u>，但只对<u>部分侵害人提起自诉的，人民法院应当受理</u>，并告知其放弃告诉的法律后果；自诉人放弃告诉，判决<u>宣告后</u>又对其他共同侵害人就同一事实提起自诉的，人民法院<u>不予受理</u>。

续表

内容	注意
具有下列情形之一的，应当说服自诉人撤回起诉；自诉人不撤回起诉的，裁定不予受理： （1）不属于本解释第一条规定的案件的； （2）缺乏罪证的； （3）犯罪已过追诉时效期限的； （4）被告人死亡的； （5）被告人下落不明的； （6）除因证据不足而撤诉的以外，自诉人撤诉后，就同一事实又告诉的； （7）经人民法院调解结案后，自诉人反悔，就同一事实再行告诉的； （8）属于本解释第1条第2项规定的案件，公安机关正在立案侦查或者人民检察院正在审查起诉的； （9）不服人民检察院对未成年犯罪嫌疑人作出的附条件不起诉决定或者附条件不起诉考验期满后作出的不起诉决定，向人民法院起诉的。 5. 自诉人经两次依法传唤，<u>无正当理由拒不到庭</u>的，或者<u>未经法庭许可中途退庭</u>的，按<u>撤诉</u>处理。 6. 判决宣告前，自诉案件的当事人可以自行和解，自诉人可以撤回自诉。人民法院经审查，认为和解、撤回自诉确属<u>自愿</u>的，<u>应当裁定准许</u>；认为系被强迫、威吓等，并非出于自愿的，不予准许。	共同被害人中只有<u>部分人告诉</u>的，人民法院<u>应当通知其他被害人</u>参加诉讼，并告知其不参加诉讼的法律后果。被通知人接到通知后表示<u>不参加诉讼</u>或者<u>不出庭</u>的，视为<u>放弃</u>告诉。第一审<u>宣判后</u>，被通知人就同一事实又提起自诉的，人民法院<u>不予受理</u>。但是，当事人有权<u>另行提起民事诉讼</u>的，不受本解释限制。
程序 1. 被告人实施两个以上犯罪行为，分别属于<u>公诉案件</u>和<u>自诉案件</u>，人民法院<u>可以一并审理</u>。 2. 自诉案件当事人因客观原因不能取得的证据，申请人民法院调取的，应当说明理由，并提供相关线索或者材料。人民法院认为有必要的，应当及时调取。 对通过信息网络实施的侮辱、诽谤行为，被害人向人民法院告诉，但提供证据确有困难的，人民法院可以要求公安机关提供协助。 3. 审限：人民法院审理自诉案件的期限，被告人<u>被羁押</u>的，适用公诉案件第一审程序的<u>审限</u>；<u>未被羁押</u>的，应当在<u>受理后六个月</u>以内宣判。	1. 反诉必须符合下列条件： （1）反诉的对象必须是本案自诉人； （2）反诉的内容必须是与本案有关的行为； （3）反诉的案件必须是第一类或者第二类自诉案件。 2. 反诉案件适用自诉案件的规定，应当与自诉案件<u>一并审理</u>。自诉人撤诉的，<u>不影响反诉</u>案件的继续审理。

续表

	内容	注意
特点	自诉案件可以： 1. 调解； 2. 和解； 3. 撤回自诉； 4. 反诉； 5. 简易程序。	第三类自诉案件，即公诉转自诉的案件，不可以： 1. 调解； 2. 反诉。

【经典真题】

2014 年单项选择题第 37 道：[1]

关于自诉案件的程序，下列哪一选项是正确的？

A. 不论被告人是否羁押，自诉案件与普通公诉案件的审理期限都相同

B. 不论在第一审程序还是第二审程序中，在宣告判决前，当事人都可和解

C. 不论当事人在第一审还是第二审审理中提出反诉的，法院都应当受理

D. 在第二审程序中调解结案的，应当裁定撤销第一审裁判

【本题解析】

本题考查的是自诉案件审理程序。《刑诉法》第 212 条第 2 款规定："人民法院审理自诉案件的期限，被告人被羁押的，适用本法第二百零八条第一款、第二款的规定（即公诉案件的审理期限）；未被羁押的，应当在受理后六个月以内宣判。"故 A 项不正确。《刑诉法》第 212 条第 1 款规定："人民法院对自诉案件，可以进行调解；自诉人在宣告判决前，可以同被告人自行和解或者撤回自诉。本法第二百一十条第三项规定的案件不适用调解。"《高法解释》第 411 条规定："对第二审自诉案件，必要时可以调解，当事人也可以自行和解。调解结案的，应当制作调解书，第一审判决、裁定视为自动撤销。当事人自行和解的，依照本解释第三百二十九条的规定处理；裁定准许撤回自诉的，应当撤销第一审判决、裁定。"故 B 项正确，D 项不正确。《高法解释》第 412 条规定："第二审期间，自诉案件的当事人提出反诉的，应当告知其另行起诉。"故 C 项不正确。本题符合题意的选项是 B 项。

三、刑事第一审判决书的写作

第一审刑事判决书是指人民法院对第一审公诉案件或自诉案件，根据已经查明的事实和证据以及有关法律的规定，确认被告人的行为是否有罪、刑罚轻重的司法文书。除了最高人民法院一审终审外，第一审刑事判决书作出后不会立即生效。

第一审刑事判决书可以按不同的标准进行分类。按照判决结果是否有罪，可以分为第一审刑事有罪判决书和第一审刑事无罪判决书；根据是否对被告人判处刑罚，可以分为第一审处刑判决书和第一审免予刑事处罚判决书；根据适用的诉讼程序不同，可以分为第一审普通程序判决书、第一审简易程序判决书和第一审速裁程序判决书；根据提起诉讼的主体不同，可以分为第一审公诉案件判决书和第一审自诉案件判决书；按是否在刑诉中提起

---

[1] 答案：B。

附带民事诉讼，可以分为第一审刑事判决书和第一审刑事附带民事诉讼判决书。这些判决书在格式、制作要求与制作规律方面基本相似。

第一审刑事判决书由首部、正文和尾部三部分组成。

（一）首部

首部包括标题、字号、公诉机关和诉讼参与人、案由四部分。

1. 标题。由发文机关名称和文种名称组成，分两行排列。发文机关名称要写全称，基层法院要冠以省、自治区、直辖市的名称，即"××省××市（县）人民法院"；判处涉外案件时，还应冠以"中华人民共和国"字样。

2. 字号。位于标题的右下方，由机关代字、文种类型字、年份及年度发文序号组成。其中，刑事案件性质代字为"刑"；审判程序代字为"初"，因此本文书的文种类型字为"刑初"字。如"××刑初字（20××）第××号"。

3. 公诉机关（或自诉人）和各主要诉讼参与人。

（1）公诉机关（自诉案件不写该项）写提起诉讼的人民检察院名称。

（2）自诉人基本情况（公诉案件不写该项），包括姓名、性别、出生年月日、民族、出生地、文化程度、职业、工作单位、职务、现住址等；有多个自诉人的，依次列写。自诉人如果委托代理人的，代理人的基本情况应在其被代理人的次行书写。

（3）被告人（或被告单位）基本情况。被告人是自然人的，与自诉人基本情况包括的项目基本相同，还应介绍其曾用名、别名、化名等与犯罪有关的名字；另外还应介绍本案对被告人所采取的强制措施情况，前科情况。自诉案件的被告人如果依法反诉的，在当事人称谓之后用"反诉自诉人"加以标明。一案若有多个被告人的，按首犯、主犯、从犯、胁从犯、教唆犯的顺序列明基本情况。如果是附带民事诉讼案件的，还应写出附带民事诉讼被告人的基本情况。

被告人是单位的，并且实行双罚的，称谓为"被告单位"，后写单位名称、所在地址，另起一行写其诉讼代表人的姓名、职务。

（4）辩护人基本情况。辩护人是律师的，写明其姓名、工作单位、职务、地址等。辩护人是被告人的法定代理人或近亲属的，除了应写明其姓名、性别、年龄、职业、单位和住址外，还应写明与被告人的关系。辩护人是被告人所在单位或人民团体推荐的公民，应写明其姓名、性别、年龄、职业、单位、职务和住址等。如果该案有两个以上的被告人，其辩护人应写在该被告人的下一行。

4. 案由。

（1）案件的来源。公诉案件还是自诉案件，以及何时受理。

（2）开庭审判的情况。写明适用合议庭还是独任审判，公开审理还是不公开审理。

（3）到庭的人员。写明公诉人、被害人及其法定代理人和诉讼代理人、被告人及其法定代理人、辩护人、证人、鉴定人和翻译人员等是否出庭，有无缺席或中途退席等情况。

（二）正文

1. 事实及证据。

首先，写明控、辩双方对事实和证据的陈述。先写检察院或自诉人指控被告人的犯罪事实、证据、适用法律的意见或诉讼请求。然后是被告人的供述、证据、辩解和辩护人的辩护要点。

其次，写明法庭认定的事实及证据。开头第一句写"经审理查明：……"，然后写明经法庭查明的事实。其次写经举证、质证定案的证据及其来源。最后写对控、辩双方有异议的事实、证据进行分析、认定。

2. 理由。理由部分需要阐述控方的指控是否成立，被告人的行为是否构成犯罪，以及对被告人应处何种处罚。理由是判决书的核心部分。如何正确运用法律分析事实及证据，认定被告人的行为，是写这一部分的重点。

这部分由"本院认为：……"开头，具体包括下列内容：

（1）是否构成犯罪，如何处罚。

（2）是否采纳控辩双方的意见。在对控、辩双方的意见进行分析的基础上，作出是否予以采纳的明确结论。

3. 判决结果。

不同案件、不同判决结果的表述方式不同。

（1）有罪判决书。

①定罪判刑：

"被告人××犯××罪，判处××（写明主刑、附加刑）；刑期从判决之日起计算。判决执行以前先行羁押的，羁押一日折抵刑期一日，即自××年××月××日起至××年××月××日止。"

②定罪免刑：

"被告人××犯××罪，免予刑事处罚（如有追缴、退赔或者没收财物的，续写第二项）。"

③单位犯罪定罪判刑：

"被告单位××犯××罪，判处罚金××元（大写）……（写明缴纳期限）。"对主要负责人科处刑罚的，其写法与①项写法相同。

④单位犯罪定罪免刑：

"一、被告单位××犯××罪，免予刑事处罚；二、被告人××犯××罪，免予刑事处罚。"

（2）无罪判决书。

"被告人××无罪。"

（3）书写注意：有期徒刑的刑罚应当写明刑种、刑期及主刑对羁押时间折抵办法和起止日期。追缴、退赔和没收财物，一般应在判决结果中写明名称和数额。数罪并罚的，应当先分别定罪量刑，然后根据刑法总则关于数罪并罚的规定，决定执行的刑罚。共同犯罪的，应以罪责大小和判处刑罚的重轻为序，分别定罪判处，并与首部被告人排列顺序相照应。

（三）尾部

1. 说明上诉权。写明"如不服本判决，可在接到判决书的第二日起十日内，通过本院或者直接向××人民法院提出上诉。书面上诉的，应当提交上诉状正本一份，副本××份。"

2. 署名，列于正文的右下方。参加审判的合议庭组成人员分别署名或独任审判员署名。助理审判员署名为"代理审判员"。

3. 注明发文日期，盖压法院印章。

4. 说明"本件与原本核对无异"。

5. 书记员署名。

第三节　简易程序※※

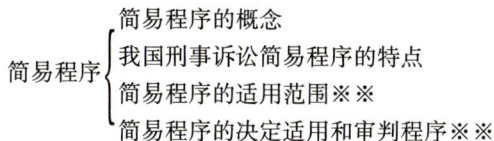

简易程序 {
简易程序的概念
我国刑事诉讼简易程序的特点
简易程序的适用范围※※
简易程序的决定适用和审判程序※※
}

一、简易程序的概念

🔷**重点解读**

简易程序是指基层人民法院审理某些事实清楚、情节简单的刑事案件所适用的比普通程序相对简化的审判程序。

简易程序的重要意义在于：

1. 提高审判效率。

2. 节约诉讼成本。

3. 利于保障人权。

4. 维护司法公正。

二、我国刑事诉讼简易程序的特点

🔷**重点解读**

1. 只适用于第一审程序。

2. 只适用于基层法院。

3. 简易程序的具体内容是对第一审普通程序的相对简化。

三、简易程序的适用范围※※

🔷**图表总结**

适用条件	不适用条件
可以适用简易程序审判需同时符合以下条件： 1. 基层法院管辖； 2. 事实清楚、证据充分； 3. 被告人承认自己所犯罪行，对指控的犯罪事实没有异议的； 4. 被告人对适用简易程序没有异议的。	具有下列情形之一的，不适用简易程序： 1. 被告人是盲、聋、哑人； 2. 被告人是尚未完全丧失辨认或者控制自己行为能力的精神病人； 3. 有重大社会影响的； 4. 共同犯罪案件中部分被告人不认罪或者对适用简易程序有异议的； 5. 辩护人作无罪辩护的； 6. 被告人认罪但经审查认为可能不构成犯罪的； 7. 不宜适用简易程序的其他情形。

【经典真题】

2017 年单项选择题第 34 题：[1]
下列哪一案件可适用简易程序审理？
A. 甲为境外非法提供国家秘密案，情节较轻，可能判处 3 年以下有期徒刑
B. 乙抢劫案，可能判处 10 年以上有期徒刑，检察院未建议适用简易程序
C. 丙传播淫秽物品案，经审查认为，情节显著轻微，可能不构成犯罪
D. 丁暴力取证案，可能被判处拘役，丁的辩护人作无罪辩护

【本题解析】

简易程序的适用范围。《高法解释》第 359 条第 1 款规定："基层人民法院受理公诉案件后，经审查认为案件事实清楚、证据充分的，在将起诉书副本送达被告人时，应当询问被告人对指控的犯罪事实的意见，告知其适用简易程序的法律规定。被告人对指控的犯罪事实没有异议并同意适用简易程序的，可以决定适用简易程序，并在开庭前通知人民检察院和辩护人。"第 360 条规定："具有下列情形之一的，不适用简易程序：（一）被告人是盲、聋、哑人的；（二）被告人是尚未完全丧失辨认或者控制自己行为能力的精神病人的；（三）案件有重大社会影响的；（四）共同犯罪案件中部分被告人不认罪或者对适用简易程序有异议的；（五）辩护人作无罪辩护的；（六）被告人认罪但经审查认为可能不构成犯罪的；（七）不宜适用简易程序审理的其他情形。"A 项所列是危害国家安全犯罪，第一审由中级人民法院管辖，所以不适用简易程序。CD 项明显错误。B 项正确。

四、简易程序的决定适用和审判程序※※

图表总结

	内容	注意
决定适用程序	1. 检察院在提起公诉的时候，可以建议法院适用简易程序；被告人及其辩护人也可以申请适用简易程序；法院可以决定适用简易程序。2. 适用简易程序审理案件，审判长或者独任审判员应当当庭询问被告人对指控的犯罪事实的意见，告知被告人适用简易程序审理的法律规定，确认被告人是否同意适用简易程序。	
审理程序	**1. 审判组织：**适用简易程序审理案件，对可能判处 3 年有期徒刑以下刑罚的，可以组成合议庭进行审判，也可以由审判员一人独任审判；对可能判处的有期徒刑超过 3 年的，应当组成合议庭进行审判。**2. 公诉人出庭：**适用简易程序审理的公诉案件，人民检察院应当派员出席法庭。	1. 适用简易程序审理案件，可以对庭审作如下简化：（1）公诉人可以摘要宣读起诉书；（2）公诉人、辩护人、审判人员对被告人的讯问、发问可以简化或者省略；（3）对控辩双方无异议的证据，可以仅就证据的名称及所证明的事项作出

续表

内容	注意
3. 通知辩护人出庭： 适用简易程序审理案件，被告人有辩护人的，应当通知其出庭。 **4. 虽然简化、也可辩论：** 适用简易程序审理案件，经审判人员许可，被告人及其辩护人可以同公诉人、自诉人及其诉讼代理人互相辩论。 **5. 简易转普通：** 适用简易程序审理案件，在法庭审理过程中，有下列情形之一的，应当转为普通程序审理：（1）被告人的行为可能不构成犯罪的；（2）被告人可能不负刑事责任的；（3）被告人当庭对起诉指控的犯罪事实予以否认的；（4）案件事实不清、证据不足的。 转为普通程序审理的案件，审理期限应当从作出决定之日起计算。 **6. 宣判与审限：** 适用简易程序审理案件，一般应当当庭宣判。 适用简易程序审理案件，人民法院应当在受理后20日以内审结；对可能判处的有期徒刑超过3年的，可以延长至1个半月。	说明：对控辩双方有异议，或者法庭认为有必要调查核实的证据，应当出示，并进行质证；（4）控辩双方对与定罪量刑有关的事实、证据没有异议的，法庭审理可以直接围绕罪名确定和量刑问题进行。 2. 适用简易程序审理案件，判决宣告前应当听取被告人的最后陈述。

【经典真题】

2014年多项选择题第73题：[1]

关于简易程序，下列哪些选项是正确的？

A. 甲涉嫌持枪抢劫，法院决定适用简易程序，并由两名审判员和一名人民陪审员组成合议庭进行审理

B. 乙涉嫌盗窃，未满16周岁，法院只有在征得乙的法定代理人和辩护人同意后，才能适用简易程序

C. 丙涉嫌诈骗并对罪行供认不讳，但辩护人为其做无罪辩护，法院决定适用简易程序

D. 丁涉嫌故意伤害，经审理认为可能不构成犯罪，遂转为普通程序审理

【本题解析】

A，根据《刑法》263条的规定，持枪抢劫会被判处十年以上有期徒刑、无期徒刑或者死刑，并处罚金或者没收财产。

《刑诉法》第216条规定："适用简易程序审理案件，对可能判处三年有期徒刑以下刑罚的，可以组成合议庭进行审判，也可以由审判员一人独任审判；对可能判处的有期徒刑超过三年的，应当组成合议庭进行审判。

适用简易程序审理公诉案件，人民检察院应当派员出席法庭。"

---

〔1〕 答案：ABD。

可见，本案甲可能被判处十年有期徒刑以上刑罚，应当组成合议庭进行审理。又因为《刑诉法》183 条第 1 款规定："基层人民法院、中级人民法院审判第一审案件，应当由审判员三人或者由审判员和人民陪审员共三人或者七人组成合议庭进行，但是基层人民法院适用简易程序、速裁程序的案件可以由审判员一人独任审判。"所以 A 正确。

B，《高法解释》第 566 条规定："对未成年人刑事案件，人民法院决定适用简易程序审理的，应当征求未成年被告人及其法定代理人、辩护人的意见。上述人员提出异议的，不适用简易程序。"可见，需要经过乙的法定代理人和辩护人同意，B 正确。

C，《高法解释》第 360 条规定："具有下列情形之一的，不适用简易程序：（一）被告人是盲、聋、哑人的；（二）被告人是尚未完全丧失辨认或者控制自己行为能力的精神病人的；（三）案件有重大社会影响的；（四）共同犯罪案件中部分被告人不认罪或者对适用简易程序有异议的；（五）辩护人作无罪辩护的；（六）被告人认罪但经审查认为可能不构成犯罪的；（七）不宜适用简易程序审理的其他情形。"

根据该条（五），C 错误。法院不能适用简易程序。

D，《高法解释》第 368 条规定："适用简易程序审理案件，在法庭审理过程中，具有下列情形之一的，应当转为普通程序审理：（一）被告人的行为可能不构成犯罪的；（二）被告人可能不负刑事责任的；（三）被告人当庭对起诉指控的犯罪事实予以否认的；（四）案件事实不清、证据不足的；（五）不应当或者不宜适用简易程序的其他情形。决定转为普通程序审理的案件，审理期限应当从作出决定之日起计算。"

根据该条第 1 款（一），D 正确。

综上所述，本题应当选 ABD。

第四节　刑事速裁程序

> **导学**　2018 年 10 月 26 日，全国人民代表大会常务委员会关于修改《中华人民共和国刑事诉讼法》的决定，将第三编第二章增加一节，作为第四节：速裁程序。因此，考生应重点掌握本节知识点。

一、刑事速裁程序的概念

刑事速裁程序，是指基层人民法院在案件事实清楚，证据确实、充分，被告人认罪认罚并同意适用的情况下，审理对其管辖的可能判处三年有期徒刑以下刑罚的轻罪案件的诉讼程序。

二、刑事速裁程序的意义

1. 刑事速裁简化了刑事审判程序，兼顾了实体公正与程序公正，有利于从根源上解决"案多人少"的矛盾。

2. 刑事速裁程序降低了取证难度，极大地提高了诉讼效率。

3. 刑事速裁程序，充分利用认罪认罚从宽制度，在程序上对犯罪嫌疑人、被告人从简，对确实没有社会危险性的犯罪嫌疑人、被告人取保候审，有利于减少审前羁押。

4. 刑事速裁程序，充分利用认罪认罚从宽制度，在实体上对被告人相对从宽，有利于增加非监禁刑的适用。

5. 刑事速裁程序凸显了公诉的分流过滤作用，大大缩短了办案期限，有利于保障犯罪嫌疑人、被告人的迅速审判权，从而实现刑事诉讼法保障人权的目的。

三、刑事速裁程序的适用条件、特点

● 图表总结 ●

目次	内容	注意
启动	1. 人民检察院在提起公诉的时候，可以建议人民法院适用速裁程序。 2. 基层人民法院管辖的可能判处 3 年有期徒刑以下刑罚的案件，案件事实清楚，证据确实、充分，被告人认罪认罚并同意适用速裁程序的，可以适用速裁程序。	1. 对符合速裁程序适用条件的案件，法院可以决定适用，检察院可以建议适用。 2. 对人民检察院在提起公诉时建议适用速裁程序的案件，基层人民法院经审查认为案件事实清楚，证据确实、充分，可能判处 3 年有期徒刑以下刑罚的，在将起诉书副本送达被告人时，应当告知被告人适用速裁程序的法律规定，询问其是否同意适用速裁程序。被告人同意适用速裁程序的，可以决定适用速裁程序，并在开庭前通知人民检察院和辩护人。 对人民检察院未建议适用速裁程序的案件，人民法院经审查认为符合速裁程序适用条件的，可以决定适用速裁程序，并在开庭前通知人民检察院和辩护人。 被告人及其辩护人可以向人民法院提出适用速裁程序的申请。
条件	适用刑事速裁程序，必须同时满足下列条件： 1. 管辖法院必须是基层人民法院； 2. 适用刑罚：可能判处 3 年有期徒刑以下刑罚； 3. 被告人方面：被告人认罪认罚并同意适用。	具有下列情形之一的，不适用速裁程序： 1. 被告人是盲、聋、哑人的； 2. 被告人是尚未完全丧失辨认或者控制自己行为能力的精神病人的； 3. 被告人是未成年人的； 4. 案件有重大社会影响的； 5. 共同犯罪案件中部分被告人对指控的犯罪事实、罪名、量刑建议或者适用速裁程序有异议的； 6. 被告人与被害人或者其法定代理人没有就附带民事诉讼赔偿等事项达成调解、和解协议的； 7. 辩护人作无罪辩护的； 8. 其他不宜适用速裁程序的情形。

续表

目次	内容	注意
特点	1. 由审判员一人独任审判。 2. 不受刑事诉讼法规定的送达期限的限制，一般不进行法庭调查、法庭辩论，但在判决宣告前应当听取辩护人的意见和被告人的最后陈述意见。 3. 适用速裁程序审理案件，应当当庭宣判。 4. 适用速裁程序审理案件，人民法院应当在受理后10日以内审结；对可能判处的有期徒刑超过一年的，可以延长至15日。 5. 裁判文书可以简化。	1. 适用速裁程序审理案件，在法庭审理过程中，具有下列情形之一的，应当转为普通程序或者简易程序审理： （1）被告人的行为可能不构成犯罪或者不应当追究刑事责任的； （2）被告人违背意愿认罪认罚的； （3）被告人否认指控的犯罪事实的； （4）案件疑难、复杂或者对适用法律有重大争议的； （5）其他不宜适用速裁程序的情形。 2. 决定转为普通程序或者简易程序审理的案件，审理期限应当从作出决定之日起计算。 3. 适用速裁程序审理的案件，第二审人民法院依照刑事诉讼法第236条第1款第3项的规定发回原审人民法院重新审判的，原审人民法院应当适用第一审普通程序重新审判。

【经典真题】

2021 法考客观题回忆版：[1]

薛某对付某寻衅滋事一案，检察院批准对薛某进行逮捕，薛某在侦查阶段拒不认罪认罚，在审查起诉阶段薛某认罪认罚，但是在赔偿方面未与付某达成一致，检察院拟建议量刑4年，关于认罪认罚，检察院该怎么处理？

A. 检察院可以建议法院适用速裁程序审理

B. 可积极促成薛某与付某进行刑事和解

C. 应及时对薛某进行羁押必要性审查

D. 检察院对薛某提起量刑建议之后，可以自行开始社会调查

【考点】速裁程序

【本题解析】

A错误，《刑事诉讼法》第222条规定："基层人民法院管辖的可能判处三年有期徒刑以下刑罚的案件，案件事实清楚，证据确实、充分，被告人认罪认罚并同意适用速裁程序的，可以适用速裁程序，由审判员一人独任审判。人民检察院在提起公诉的时候，可以建议人民法院适用速裁程序。"但是本案，检察院拟建议量刑4年，因此不符合速裁程序的条件，不能建议适用速裁程序。

B项错误，《刑事诉讼法》第288条规定："下列公诉案件，犯罪嫌疑人、被告人真诚悔罪，通过向被害人赔偿损失、赔礼道歉等方式获得被害人谅解，被害人自愿和解的，双

---

[1]　答案：C。

方当事人可以和解：（一）因民间纠纷引起，涉嫌刑法分则第四章、第五章规定的犯罪案件，可能判处三年有期徒刑以下刑罚的；（二）除渎职犯罪以外的可能判处七年有期徒刑以下刑罚的过失犯罪案件。犯罪嫌疑人、被告人在五年以内曾经故意犯罪的，不适用本章规定的程序。"涉及寻衅滋事罪属于刑法分则第六章规定的"妨害社会管理秩序罪"，不能和解。

C 项正确，《高检规则》第 270 条第 2 款规定："已经逮捕的犯罪嫌疑人认罪认罚的，人民检察院应当及时对羁押必要性进行审查。经审查，认为没有继续羁押必要的，应当予以释放或者变更强制措施。"可见 C 项正确。

D 项错误，《高检规则》第 277 条规定："犯罪嫌疑人认罪认罚，人民检察院拟提出适用缓刑或者判处管制的量刑建议，可以委托犯罪嫌疑人居住地的社区矫正机构进行调查评估，也可以自行调查评估。"本题中，检察院拟建议量刑 4 年，因此不需要进行社会调查。

第五节　判决、裁定和决定※

判决、裁定和决定，是人民法院在审理案件过程中或者审理结束后，根据事实和法律，解决案件实体问题和诉讼程序问题，对当事人及其他诉讼参与人所作的具有拘束力的处理决定。判决、裁定和决定的区分是重点。

图表总结

	判决	裁定	决定
适用主体	审判机关	审判机关	侦查机关、检察机关、审判机关
适用诉讼阶段	审判阶段	审判阶段、执行阶段	刑事诉讼各阶段
适用对象	实体问题	程序问题，少量实体问题（减刑、假释）	程序问题（精神病强制医疗决定属于解决实体问题，但该程序属于特别程序，不属于普通刑诉程序。考生可先按"决定仅解决刑事案件程序问题"记忆）
一案中数量	可有多个，但生效判决只能有一个	可有多个	可有多个
适用方式	书面	书面或口头	书面或口头
生效方式	一般不会立即生效（最高法院一审终审除外）	一般不会立即生效（裁定终止审理、终审裁定等除外）	一般一经作出，立即生效（不起诉决定一经宣布立即生效）
救济方式	一般可以上诉、抗诉，期限为 10 天	一般可以上诉、抗诉，期限为 5 天	申请复议、复核或者申诉

【经典真题】

2017 年单项选择题第 35 题：[1]

在一审法院审理中出现下列哪一特殊情形时，应以判决的形式作出裁判？

A. 经审理发现犯罪已过追诉时效且不是必须追诉的

B. 自诉人未经法庭准许中途退庭的

C. 经审理发现被告人系精神病人，在不能控制自己行为时造成危害结果的

D. 被告人在审理过程中死亡，根据已查明的案件事实和认定的证据，尚不能确认其无罪的

【本题解析】

本题考查的是判决、裁定的适用范围。A 项裁定终止审理；B 项裁定按照自诉人撤诉处理；C 项判决不负刑事责任；D 项裁定终止审理。

---

[1] 答案：C。

第二审程序 ※※

第十六章

导学

　　案件经过刑事第一审程序后，如果被告人或其法定代理人不服提出上诉，或者人民检察院认为判决确有错误提出二审抗诉，案件将会由作出一审判决的上级法院进行二审。刑事二审是较一审更高审级的审理，不是简单地对案件进行二次重复审判。二审对于纠正一审裁判错误，审查下级法院工作，统一国家法律适用，保障被告人合法权益都具有重大意义。

　　考生学习本章时应熟练掌握：第二审程序的提起，第二审程序的审判原则，第二审程序的审理方式，第二审程序的审理结果。

📘 知识体系

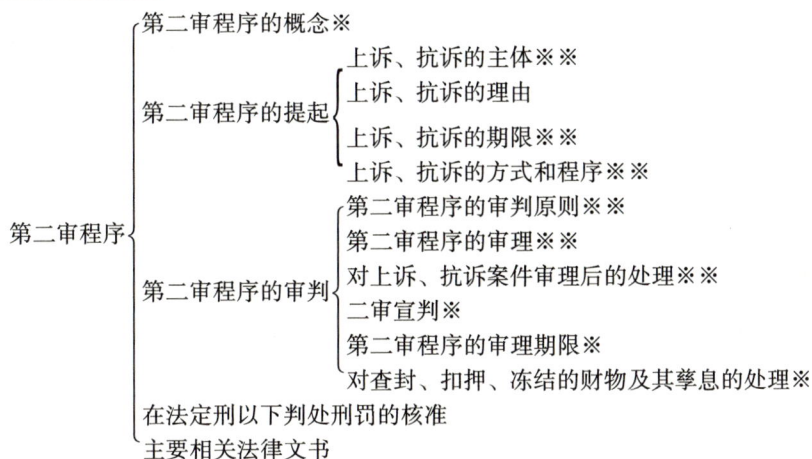

本章重点

第一节　第二审程序的概念

第二审程序的概念

🔷 重点解读

　　第二审程序，是指第一审人民法院的上一级人民法院，对不服第一审人民法院尚未发生法律效力的判决或裁定而提出上诉或者抗诉的案件进行审理时所适用的诉讼程序。

（一）第二审程序的特点

1. 第二审程序不是审理刑事案件的必经程序。

2. 不能将第二审程序简单等同于对同一案件进行第二次审理的程序。

3. 除了基层人民法院以外，其他各级人民法院都可以成为上级人民法院。

（二）二审终审制

关联法条

《刑诉法》：

第244条 第二审的判决、裁定和最高人民法院的判决、裁定，都是终审的判决、裁定。

要点提示

1. 生效裁判有哪些？

（1）已过法定期限没有上诉、抗诉的判决和裁定；

（2）终审的判决和裁定；

（3）高级人民法院核准的死刑缓期二年执行的判决、裁定；

（4）最高人民法院核准的死刑和法定刑以下处刑的判决和裁定以及最高人民法院核准的因特殊情况不受执行刑期限制的假释的裁定。

2. 二审终审的例外有哪些？

（1）最高人民法院审理的第一审案件为一审终审；

（2）判处死刑的案件，必须依法经过死刑复核程序核准后，判处死刑的裁判才能生效并交付执行；

（3）地方各级人民法院依照刑法规定在法定刑以下判处刑罚的案件，必须经过最高人民法院核准，判决、裁定才能生效。

3. 终审的裁判何时生效？

终审的判决和裁定自宣告之日起发生法律效力。

第二节 第二审程序的提起※※

第二审程序的提起 { 上诉、抗诉的主体※※
上诉、抗诉的理由
上诉、抗诉的期限※※
上诉、抗诉的方式和程序※※

图表总结

	上诉	抗诉
主体	1. 被告人、自诉人和他们的法定代理人有权上诉。 2. 被告人的辩护人和近亲属，经被告人同意，可以提出上诉。 3. 附带民事诉讼当事人及法定代理人可以对附带民事诉讼部分上诉。	1. 检察院。 2. 注意：公诉案件的被害人及其法定代理人没有抗诉权，只能自收到判决书 5 日内请求检察机关抗诉。
方式	1. 口头或者书面。 2. 被告人、自诉人、附带民事诉讼当事人及其法定代理人是否提出上诉，以其在上诉期满前最后一次的意思表示为准。	书面。
理由	无需特定理由。	人民法院第一审的判决、裁定确有错误。
期限	不服判决的上诉期限为 10 日，不服裁定的上诉期限为 5 日，从接到判决书、裁定书的第 2 日起算。	不服判决的抗诉期限为 10 日，不服裁定的抗诉期限为 5 日，从接到判决书、裁定书的第 2 日起算。
程序	1. 上诉人通过第一审人民法院提出上诉的，第一审人民法院应当审查。上诉符合法律规定的，应当在上诉期满后 3 日内将上诉状连同案卷、证据移送上一级人民法院，并将上诉状副本送交同级人民检察院和对方当事人。 2. 上诉人直接向第二审人民法院提出上诉的，第二审人民法院应当在收到上诉状后 3 日内将上诉状交第一审人民法院。第一审人民法院应当审查上诉是否符合法律规定。符合法律规定的，应当在接到上诉状后 3 日内将上诉状连同案卷、证据移送上一级人民法院，并将上诉状副本送交同级人民检察院和对方当事人。	1. 地方各级人民检察院认为本级人民法院第一审的判决、裁定确有错误的时候，应当向上一级人民法院提出抗诉。 2. 地方各级人民检察院对同级人民法院第一审判决、裁定的抗诉，应当通过原审人民法院提出抗诉书，并且将抗诉书副本连同案卷材料报送上一级人民检察院。 3. 上一级人民检察院对下级人民检察院按照第二审程序提出抗诉的案件，认为抗诉正确的，应当支持抗诉。 上一级人民检察院认为抗诉不当的，应当听取下级人民检察院的意见。听取意见后，仍然认为抗诉不当的，应当向同级人民法院撤回抗诉，并且通知下级人民检察院。 上一级人民检察院在上诉、抗诉期限内，发现下级人民检察院应当提出抗诉而没有提出抗诉的案件，可以指令下级人民检察院依法提出抗诉。 上一级人民检察院支持或者部分支持抗诉意见的，可以变更、补充抗诉理由，及时制作支持抗诉意见书，并通知提出抗诉的人民检察院。
申请撤回	1. 上诉人在上诉期限内要求撤回上诉的，人民法院应当准许。 2. 上诉人在上诉期满后要求撤回上诉的，第二审人民法院经审查，认为原判认定事实和适用法律正确，量刑适当的，应当裁定准许；认为原判确有错误的，应当不予准许，继续按上诉案件审理。 3. 被判处死刑立即执行的被告人提出上诉，在第二审开庭后宣告裁判前申请撤回上诉的，应当不予准许，继续按照上诉案件审理。	1. 人民检察院在抗诉期限内要求撤回抗诉的，人民法院应当准许。 2. 人民检察院在抗诉期满后要求撤回抗诉的，第二审人民法院可以裁定准许，但是认为原判存在将无罪判为有罪、轻罪重判等情形的，应当不予准许，继续审理。 3. 上级人民检察院认为下级人民检察院抗诉不当，向第二审人民法院要求撤回抗诉的，适用前两款规定。

要点提示

1. 拥有上诉权的主体有哪些？

（1）自诉人及其法定代理人；

（2）被告人及其法定代理人；

（3）经被告人同意的辩护人和近亲属；

（4）附带民事诉讼的当事人和他们的法定代理人。

2. 人民法院有告知上诉人享有上诉权的义务。

3. 上诉以其在上诉期满前最后一次的意思表示为准。

4. 被告人的辩护人、近亲属上诉的，应当取得被告人的同意，并且应当以被告人作为上诉人。

5. 如何理解抗诉？

抗诉分为两种：

一是上诉审程序的抗诉，即对一审未生效裁判的抗诉；

二是再审程序的抗诉，即对生效裁判的抗诉。

6. 有权对一审未生效判决、裁定抗诉的机关是一审人民法院的同级检察院。

7. 公诉案件被害人及其法定代理人没有上诉权，但是有请求抗诉权，请求抗诉权不必然引起二审程序。

8. 对一审附带民事判决、裁定的上诉、抗诉期限，适用刑事部分的上诉、抗诉期限规定。

9. 上诉必须写出上诉状吗？

上诉可以用书状和口头两种形式提出。口头上诉应当制作笔录。

10. 可以向哪级法院上诉？

上诉可以通过一审人民法院提出，也可以直接向上一级人民法院提出。只不过，直接向第二审法院上诉，二审法院还是会将上诉状交一审法院处理。

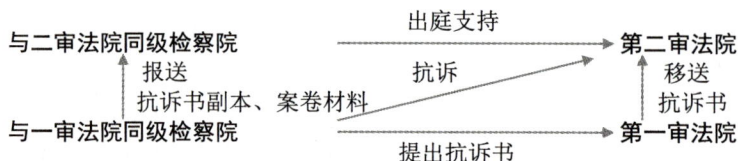

11. 抗诉程序是重点。

二审抗诉的程序：

```
                            出庭支持
与二审法院同级检察院 ─────────────────────→ 第二审法院
        ↑          抗诉                        │ 移送
        │ 报送                                 │ 抗诉书
        │ 抗诉书副本、案卷材料                   ↓
与一审法院同级检察院 ─────────────────────→ 第一审法院
                          提出抗诉书
```

譬如，深圳市福田区法院一审判处张三盗窃罪，福田区检察院认为判轻了，应当向深圳市中级法院抗诉。但福田区检察院与深圳中级法院不是一个级别，根据法检系统移送案件材料应当遵循同级对同级的"一对一"原理，福田区检察院应当将抗诉书交给福田区法院，再由福田区法院将抗诉书移送给深圳市中级法院。此时，深圳市中级法院应当开庭二审，根据"一对一"的同级对同级理论，应当由深圳市检察院出庭支持二审抗诉。因此，福田区检察院应当将抗诉书副本连同案卷材料报送深圳市检察院，由深圳市检察院代表福田区检察院出席深圳市中级法院支持二审抗诉。

12. 上下级检察院之间是领导与被领导的上命下从关系。上级检察机关有权：

（1）认为下级抗诉正确，支持抗诉；

（2）认为抗诉不当，向同级法院撤回抗诉；

（3）发现下级检察院应当提出抗诉而没有提出抗诉，指令下级依法提出抗诉。

13. 在上诉、抗诉期满前撤回上诉、抗诉的，第一审判决、裁定在上诉、抗诉期满之日起生效。在上诉、抗诉期满后要求撤回上诉、抗诉，第二审人民法院裁定准许的，第一审判决、裁定应当自第二审裁定书送达上诉人或者抗诉机关之日起生效。

【经典真题】

2011 年单项选择题第 22 题：[1]

关于法定代理人对法院一审判决、裁定的上诉权，下列哪一说法是错误的？

A. 自诉人高某的法定代理人有独立上诉权

B. 被告人李某的法定代理人有独立上诉权

C. 被害人方某的法定代理人有独立上诉权

D. 附带民事诉讼当事人吴某的法定代理人对附带民事部分有独立上诉权

【本题解析】

本题考查的是上诉的主体。《刑诉法》第 227 条第 1 款规定："被告人、自诉人和他们的法定代理人，不服地方各级人民法院第一审的判决、裁定，有权用书状或者口头向上一级人民法院上诉。被告人的辩护人和近亲属，经被告人同意，可以提出上诉。"可见被告人、自诉人和他们的法定代理人有独立上诉权，故 A、B 项正确，不当选。《刑诉法》第 227 条第 2 款规定："附带民事诉讼的当事人和他们的法定代理人，可以对地方各级人民法院第一审的判决、裁定中的附带民事诉讼部分，提出上诉。"可见附带民事诉讼当事人的法定代理人对附带民事部分有独立上诉权，故 D 项正确，不当选。《刑诉法》第 229 条规定："被害人及其法定代理人不服地方各级人民法院第一审的判决的，自收到判决书后五日以内，有权请求人民检察院提出抗诉。人民检察院自收到被害人及其法定代理人的请求后五日以内，应当作出是否抗诉的决定并且答复请求人。"可见，被害人及其法定代理人没有独立的上诉权，只有请求检察院抗诉权，并且这种抗诉权只能针对判决。故 C 项错误，当选。

第三节　第二审程序的审判※※

$$第二审程序的审判\begin{cases}第二审程序的审判原则※※ \\ 第二审程序的审理※※ \\ 对上诉、抗诉案件审理后的处理※※ \\ 二审宣判※ \\ 第二审程序的审理期限※ \\ 对查封、扣押、冻结的财物及其孳息的处理※\end{cases}$$

---

[1]　答案：C。

一、第二审程序的审判原则※※

○ 重点解读

（一）全面审查原则

第二审人民法院应当就第一审判决认定的事实和适用法律进行全面审查，不受上诉或者抗诉范围的限制。共同犯罪的案件只有部分被告人上诉的应当对全案进行审查，一并处理。

> **要点提示**
>
> 1. 由于我国奉行实事求是、有错必纠的司法理念，全面审查原则并非二审特有的原则，我国对于死刑复核程序也适用全面审查原则。
>
> 2. 对于"共同犯罪"和"刑事附带民事诉讼"二审案件的全面审查问题。
>
> （1）共同犯罪案件，只有部分被告人提出上诉，或者自诉人只对部分被告人的判决提出上诉，或者人民检察院只对部分被告人的判决提出抗诉的，第二审人民法院应当对全案进行审查，一并处理。
>
> （2）共同犯罪案件，上诉的被告人死亡，其他被告人未上诉的，第二审人民法院应当对死亡的被告人终止审理；但有证据证明被告人无罪，经缺席审理确认无罪的，应当判决宣告被告人无罪。
>
> 具有上述情形，第二审人民法院仍应对全案进行审查，对其他同案被告人作出判决、裁定。
>
> （3）第二审人民法院审理对刑事部分提出上诉、抗诉，附带民事部分已经发生法律效力的案件，发现第一审判决、裁定中的附带民事部分确有错误的，应当依照审判监督程序对附带民事部分予以纠正。
>
> （4）刑事附带民事诉讼案件，只有附带民事诉讼当事人及其法定代理人上诉的，第一审刑事部分的判决在上诉期满后即发生法律效力。
>
> 应当送监执行的第一审刑事被告人是第二审附带民事诉讼被告人的，在第二审附带民事诉讼案件审结前，可以暂缓送监执行。
>
> （5）第二审人民法院审理对附带民事部分提出上诉，刑事部分已经发生法律效力的案件，应当对全案进行审查，并按照下列情形分别处理：
>
> ①第一审判决的刑事部分并无不当的，只需就附带民事部分作出处理；
>
> ②第一审判决的刑事部分确有错误的，依照审判监督程序对刑事部分进行再审，并将附带民事部分与刑事部分一并审理。

（二）上诉不加刑原则

上诉不加刑，是指第二审人民法院审判仅有被告人一方提出上诉的案件时，不得改判重于原判刑罚的原则。

▽ 关联法条

《刑诉法》：

第237条　第二审人民法院审理被告人或者他的法定代理人、辩护人、近亲属上诉的案件，不得加重被告人的刑罚。第二审人民法院发回原审人民法院重新审判的案件，除有新的犯罪事实，人民检察院补充起诉的以外，原审人民法院也不得加重被告人的刑罚。

人民检察院提出抗诉或者自诉人提出上诉的，不受前款规定的限制。

要点提示

1. 仅有被告人一方上诉，二审法院不得加重被告人的刑罚，这是上诉不加刑原则的要求，没有例外。

2. 有可能发生加刑的情形有三：

（1）第二审人民法院发回原审人民法院重新审判的案件，有新的犯罪事实，人民检察院补充起诉的；

（2）人民检察院提出抗诉；

（3）自诉人提出上诉。

其中，第一种是原审法院加重的情形，第二、三种情形是二审法院加重的情形。

3. 审理被告人或者其法定代理人、辩护人、近亲属提出上诉的案件，不得对被告人的刑罚作出实质不利的改判，并应当执行下列规定：

（1）同案审理的案件，只有部分被告人上诉的，既不得加重上诉人的刑罚，也不得加重其他同案被告人的刑罚；

（2）原判认定的罪名不当的，可以改变罪名，但不得加重刑罚或者对刑罚执行产生不利影响；

（3）原判认定的罪数不当的，可以改变罪数，并调整刑罚，但不得加重决定执行的刑罚或者对刑罚执行产生不利影响；

（4）原判对被告人宣告缓刑的，不得撤销缓刑或者延长缓刑考验期；

（5）原判没有宣告职业禁止、禁止令的，不得增加宣告；原判宣告职业禁止、禁止令的，不得增加内容、延长期限；

（6）原判对被告人判处死刑缓期执行没有限制减刑、决定终身监禁的，不得限制减刑、决定终身监禁；

（7）原判判处的刑罚不当、应当适用附加刑而没有适用的，不得直接加重刑罚、适用附加刑。原判判处的刑罚畸轻，必须依法改判的，应当在第二审判决、裁定生效后，依照审判监督程序重新审判；

（8）人民检察院抗诉或者自诉人上诉的案件，不受上述限制。但是，人民检察院只对部分被告人的判决提出抗诉，或者自诉人只对部分被告人的判决提出上诉的，第二审人民法院不得对其他同案被告人加重刑罚；

（9）被告人或者其法定代理人、辩护人、近亲属提出上诉，人民检察院未提出抗诉的案件，第二审人民法院发回重新审判后，除有新的犯罪事实且人民检察院补充起诉的以外，原审人民法院不得加重被告人的刑罚。

对上述案件，原审人民法院对上诉发回重新审判的案件依法作出判决后，人民检察院抗诉的，第二审人民法院不得改判为重于原审人民法院第一次判处的刑罚。

【经典真题】

2010 年多项选择题第 77 题：[1]

朱某自诉陈某犯诽谤罪，法院审理后，陈某反诉朱某侮辱罪。法院审查认为，符合反诉条件，合并审理此案，判处陈某有期徒刑一年，判处朱某有期徒刑一年。两人不服，均以对对方量刑过轻、己方量刑过重为由提出上诉。关于二审法院的判决，下列哪些选项是正确的？

---

[1] 答案：AB。

A. 如认为对两人量刑均过轻，可同时加重朱某和陈某的刑罚

B. 如认为对某一人的量刑过轻，可加重该人的刑罚

C. 即使认为对两人量刑均过轻，也不得同时加重朱某和陈某的刑罚

D. 如认为一审量刑过轻，只能通过审判监督程序纠正

【本题解析】

自诉人上诉的，二审可以加重被告人的刑罚。本题中，朱某自诉陈某，陈某反诉朱某，二人既是自诉人，又是被告人。两人对一审判决不服均上诉，第二审法院可以对二人加重刑罚。本题应当选 AB。

二、第二审案件的审理 ※※

🌐 图表总结

	内容	注意
审理方式	1. 分为开庭审理与不开庭审理两种方式。 2. 应当开庭审理： 下列案件，根据刑事诉讼法第 234 条的规定，应当开庭审理： （1）被告人、自诉人及其法定代理人对第一审认定的事实、证据提出异议，可能影响定罪量刑的上诉案件； （2）被告人被判处死刑的上诉案件； （3）人民检察院抗诉的案件； （4）应当开庭审理的其他案件。 被判处死刑的被告人没有上诉，同案的其他被告人上诉的案件，第二审人民法院应当开庭审理。 3. 可以不开庭审理 对上诉、抗诉案件，第二审人民法院经审查，认为原判事实不清、证据不足，或者具有刑事诉讼法第 238 条规定的违反法定诉讼程序情形，需要发回重新审判的，可以不开庭审理。	第二审人民法院决定不开庭审理的，应当讯问被告人，听取其他当事人、辩护人、诉讼代理人的意见。
审理地点	第二审人民法院开庭审理上诉、抗诉案件，可以到案件发生地或者原审人民法院所在地进行。	

续表

	内容	注意
审理程序	1. 原则上按一审程序进行。 2. 人民检察院提出抗诉的案件或者第二审人民法院开庭审理的公诉案件，<u>同级</u>人民检察院都<u>应当派员</u>出席法庭。第二审人民法院应当在决定开庭审理后及时通知人民检察院查阅案卷。人民检察院应当在<u>1个月</u>以内查阅完毕。人民检察院查阅案卷的时间<u>不计入</u>审理期限。 3. 抗诉案件，人民检察院接到开庭通知后<u>不派员</u>出庭，且<u>未说明</u>原因的，人民法院可以裁定按人民检察院<u>撤回抗诉</u>处理。	1. 存在特殊之处： 开庭审理上诉、抗诉案件，在法庭调查阶段，审判人员宣读第一审判决书、裁定书后，上诉案件由上诉人或者辩护人先宣读上诉状或者陈述上诉理由，抗诉案件由检察员先宣读抗诉书；既有上诉又有抗诉的案件，先由检察员宣读抗诉书，再由上诉人或者辩护人宣读上诉状或者陈述上诉理由。 2. 同案审理的案件，未提出上诉、人民检察院也未对其判决提出抗诉的被告人要求出庭的，<u>应当准许</u>。出庭的被告人<u>可以</u>参加法庭<u>调查</u>和<u>辩论</u>。
委托辩护	1. 第二审期间，被告人除自行辩护外，还可以继续委托第一审辩护人或者另行委托辩护人辩护。 2. 共同犯罪案件，只有部分被告人提出上诉，或者自诉人只对部分被告人的判决提出上诉，或者人民检察院只对部分被告人的判决提出抗诉的，其他同案被告人也可以委托辩护人辩护。	
第二审自诉	**1.** 第二审<u>自诉</u>案件，必要时<u>可以</u>调解，当事人也<u>可以</u>自行<u>和解</u>。 **2.** 调解结案的，<u>应当</u>制作<u>调解书</u>，第一审判决、裁定视为<u>自动撤销</u>； **3.** 当事人<u>自行</u>和解的，应当<u>裁定准许</u>撤回自诉，并撤销第一审判决、裁定。	**1.** 自诉人对第一审法院不予受理或者驳回起诉的裁定不服的，可以提起上诉。 **2.** <u>第二审</u>期间，<u>自诉</u>案件的当事人提出<u>反诉</u>的，<u>应当告知其另行起诉</u>。

续表

	内容	注意
审理后的处理	第二审人民法院对不服第一审判决的上诉、抗诉案件，经过审理后，应当按照下列情形分别处理： **1.** 原判决认定事实和适用法律正确、量刑适当的，应当裁定驳回上诉或者抗诉，维持原判； **2.** 原判决认定事实没有错误，但适用法律有错误，或者量刑不当的，应当改判； **3.** 第一人民法院的审理有违反法律规定的诉讼程序的情形的，应当裁定撤销原判，发回原审人民法院重新审判； **4.** 原判决事实不清楚或者证据不足的，可以在查清事实后改判；也可以裁定撤销原判，发回原审人民法院重新审判。 有多名被告人的案件，部分被告人的犯罪事实不清、证据不足或者有新的犯罪事实需要追诉，且有关犯罪与其他同案被告人没有关联的，第二审人民法院根据案件情况，可以对该部分被告人分案处理，将该部分被告人发回原审人民法院重新审判。原审人民法院重新作出判决后，被告人上诉或者人民检察院抗诉，其他被告人的案件尚未作出第二审判决、裁定的，第二审人民法院可以并案审理。 原判事实不清、证据不足，第二审人民法院发回重新审判的案件，原审人民法院重新作出判决后，被告人上诉或者人民检察院抗诉的，第二审人民法院应当依法作出判决、裁定，不得再发回重新审判。但是，第二审人民法院发现原审人民法院在重新审判过程中，有违反《刑诉法》第238条规定的情形之一，或者违反第239条规定的，应当裁定撤销原判，发回重新审判。	左侧图表中的违反法律规定的诉讼程序的情形包括： **1.** 违反本法有关公开审判的规定的； **2.** 违反回避制度的； **3.** 剥夺或者限制了当事人的法定诉讼权利，可能影响公正审判的； **4.** 审判组织的组成不合法的； **5.** 其他违反法律规定的诉讼程序，可能影响公正审判的。
代为宣判、送达	第二审人民法院可以委托第一审人民法院代为宣判，并向当事人送达第二审判决书、裁定书。 委托宣判的，第二审人民法院应当直接向同级人民检察院送达第二审判决书、裁定书。	第一审法院可以代为宣判和代为送达，但是，代为送达只针对当事人，对同级检察院应当由二审法院直接送达。
审限	**1.** 第二审人民法院受理上诉、抗诉案件，应当在**2个月**以内审结。 **2.** 对于可能判处死刑的案件或者附带民事诉讼的案件，以及有《刑诉法》第158条规定情形之一的（交集流广、重大复杂），经省、自治区、直辖市高级人民法院批准或者决定，可以延长**2个月**。 **3.** 因特殊情况还需要延长的，报请最高人民法院批准。 **4.** 最高人民法院受理上诉、抗诉案件的审理期限，由最高人民法院决定。	

要点提示

1. 什么样的案件二审必须开庭审理？

有异议（影响定罪、量刑）；死刑；检抗诉。

2. 只要是牵涉死刑的上诉案件，二审应当开庭审理。

3. 不开庭审理的处理：应当讯问、听取、阅卷。

4. 刑事附带民事诉讼二审程序：

（1）只对附带民事部分上诉，且刑事部分正确，二审法院只处理民事部分。

关联法条

《高法解释》：

第409条 第二审人民法院审理对附带民事部分提出上诉，刑事部分已经发生法律效力的案件，应当对全案进行审查，并按照下列情形分别处理：（一）第一审判决的刑事部分并无不当的，只需就附带民事部分作出处理；（二）第一审判决的刑事部分确有错误的，依照审判监督程序对刑事部分进行再审，并将附带民事部分与刑事部分一并审理。

（2）只对附带民事部分上诉，刑事部分在上诉期满后生效。反之亦然，只对刑事部分上诉，附带民事部分在上诉期满后生效。

对于只针对附带民事部分上诉而刑事部分已经生效的案件，如果一审刑事被告还需要在二审附民审理时出庭当被告，可暂缓将其押送监狱。

关联法条

《高法解释》：

第408条 刑事附带民事诉讼案件，只有附带民事诉讼当事人及其法定代理人上诉的，第一审刑事部分的判决在上诉期满后即发生法律效力。

应当送监执行的第一审刑事被告人是第二审附带民事诉讼被告人的，在第二审附带民事诉讼案件审结前，可以暂缓送监执行。

（3）对刑事部分上诉、抗诉，民事部分生效，但发现民事部分错误，对民事部分进行再审。

关联法条

《高法解释》：

第407条 第二审人民法院审理对刑事部分提出上诉、抗诉，附带民事部分已经发生法律效力的案件，发现第一审判决、裁定中的附带民事部分确有错误的，应当依照审判监督程序对附带民事部分予以纠正。

（4）对民事部分上诉、抗诉，刑事部分生效，但发现刑事部分错误，对刑事部分进行再审，并将民事部分与刑事部分一并审理。

关联法条

《高法解释》：

第409条 第二审人民法院审理对附带民事部分提出上诉，刑事部分已经发生法律效力的案件，应当对全案进行审查，并按照下列情形分别处理：

（一）第一审判决的刑事部分并无不当的，只需就附带民事部分作出处理；

（二）第一审判决的刑事部分确有错误的，依照审判监督程序对刑事部分进行再审，并将附带民事部分与刑事部分一并审理。

（5）原告增加诉讼请求或者被告提出反诉，可以调解，调解不成，另行起诉。

▽ **关联法条**

《高法解释》：

第410条　第二审期间，第一审附带民事诉讼原告人增加独立的诉讼请求或者第一审附带民事诉讼被告人提出反诉的，第二审人民法院可以根据自愿、合法的原则进行调解；调解不成的，告知当事人另行起诉。

5. 二审法院审理后如何处理？

📊 **图表总结**

维持原判	改判	发回重审
一审正确。	（1）法律、量刑有误； （2）事实不清、证据不足，查清事实后。	（1）违反法定程序； （2）事实不清、证据不足。

6. 发回重审的次数限制与意义。

原审人民法院对于因"事实不清、证据不足"发回重新审判的案件作出判决后，被告人提出上诉或者人民检察院提出抗诉的，第二审人民法院应当依法作出判决或者裁定，不得再发回原审人民法院重新审判。换言之，二审法院以事实不清、证据不足为由发回重审最多一次，如果案件又来到二审法院，二审法院仍然认为事实不清、证据不足，只能依法改判。

这样做有利于防止案件在上下级法院之间反复发回、上诉，有利于保障被告人的合法权利，有利于提高诉讼效率，增强司法权威。

另外需要注意，限制发回次数仅限于"认为一审事实不清、证据不足"这一个理由，如果是其他理由，譬如认为一审违反法定程序，二审法院发回重审的次数没有限制。

7. 注意二审审限原则上最长为四个月。与公诉案件第一审程序的审限相比，有两个区别：

（1）时间不同。公诉案件一审审限原则上最长6个月（2＋1＋3），二审审限原则上最长4个月（2＋2）。

（2）批准延长机关不同。公诉案件第一审审限从3个月延长至6个月需要上一级法院批准决定，二审审限从2个月延长至4个月需要省级高院批准决定。

【经典真题】

2016年单项选择题第38题：[1]

龚某因生产不符合安全标准的食品罪被一审法院判处有期徒刑5年，并被禁止在刑罚执行完毕之日起3年内从事食品加工行业。龚某以量刑畸重为由上诉，检察院未抗诉。关于本案二审，下列哪一选项是正确的？

A. 应开庭审理

B. 可维持有期徒刑5年的判决，并将职业禁止的期限变更为4年

C. 如认为原判认定罪名不当，二审法院可在维持原判刑罚不变的情况下改判为生产有害食品罪

---

[1]　答案：C。

D. 发回重审后，如检察院变更起诉罪名为生产有害食品罪，一审法院可改判并加重龚某的刑罚

【本题解析】

本题考查的是二审的审理方式和上诉不加刑原则。《高法解释》第393条规定："下列案件，根据刑事诉讼法第二百三十四条的规定，应当开庭审理：（1）被告人、自诉人及其法定代理人对第一审认定的事实、证据提出异议，可能影响定罪量刑的上诉案件；（2）被告人被判处死刑的上诉案件；（3）人民检察院抗诉的案件；（4）应当开庭审理的其他案件。被判处死刑的被告人没有上诉，同案的其他被告人上诉的案件，第二审人民法院应当开庭审理。"本题中，龚某以量刑畸重为由上诉，不属于上述规定的情况，因此A项错误。

《高法解释》第401条规定："审理被告人或者其法定代理人、辩护人、近亲属提出上诉的案件，不得对被告人的刑罚作出实质不利的改判，并应当执行下列规定：（1）同案审理的案件，只有部分被告人上诉的，既不得加重上诉人的刑罚，也不得加重其他同案被告人的刑罚；（2）原判认定的罪名不当的，可以改变罪名，但不得加重刑罚或者对刑罚执行产生不利影响；（3）原判认定的罪数不当的，可以改变罪数，并调整刑罚，但不得加重决定执行的刑罚或者对刑罚执行产生不利影响；（4）原判对被告人宣告缓刑的，不得撤销缓刑或者延长缓刑考验期；（5）原判没有宣告职业禁止、禁止令的，不得增加宣告；原判宣告职业禁止、禁止令的，不得增加内容、延长期限；（6）原判对被告人判处死刑缓期执行没有限制减刑、决定终身监禁的，不得限制减刑、决定终身监禁；（7）原判判处的刑罚不当、应当适用附加刑而没有适用的，不得直接加重刑罚、适用附加刑。原判判处的刑罚畸轻，必须依法改判的，应当在第二审判决、裁定生效后，依照审判监督程序重新审判。人民检察院抗诉或者自诉人上诉的案件，不受前款规定的限制。"B项延长了禁止令的期限，所以错误。C项在不加重原判刑罚的基础上，改变罪名，因此正确。

《刑诉法》第237条第1款规定："第二审人民法院审理被告人或者他的法定代理人、辩护人、近亲属上诉的案件，不得加重被告人的刑罚。第二审人民法院发回原审人民法院重新审判的案件，除有新的犯罪事实，人民检察院补充起诉的以外，原审人民法院也不得加重被告人的刑罚。"发回重审可以加重刑罚的只有一种情况：有新的犯罪事实，人民检察院补充起诉。因此，D项明显错误。

三、对查封、扣押、冻结的财物及其孳息的处理※

▷ 关联法条

《刑诉法》：

第245条 公安机关、人民检察院和人民法院对查封、扣押、冻结的犯罪嫌疑人、被告人的财物及其孳息，应当<u>妥善保管</u>，以供核查，并制作清单，<u>随案移送</u>。任何单位和个人<u>不得挪用或者自行处理</u>。对被害人的合法财产，应当<u>及时返还</u>。对违禁品或者不宜长期保存的物品，应当依照国家有关规定处理。

对作为证据使用的实物应当<u>随案移送</u>，对不宜移送的，应当将其清单、照片或者其他证明文件随案移送。

人民法院作出的判决，应当对查封、扣押、冻结的财物及其孳息作出处理。

人民法院作出的判决<u>生效以后</u>，有关机关应当根据判决对查封、扣押、冻结的财物及其孳息进行处理。对查封、扣押、冻结的赃款赃物及其孳息，除依法返还被害人的以外，

一律上缴国库。

司法工作人员贪污、挪用或者私自处理查封、扣押、冻结的财物及其孳息的，依法追究刑事责任；不构成犯罪的，给予处分。

第四节　在法定刑以下判处刑罚和不受执行刑期限制的假释案件的核准

关联法条

《高法解释》：

第414条　报请最高人民法院核准在法定刑以下判处刑罚的案件，应当按照下列情形分别处理：

（一）被告人未上诉、人民检察院未抗诉的，在上诉、抗诉期满后三日以内报请上一级人民法院复核。上级人民法院同意原判的，应当书面层报最高人民法院核准；不同意的，应当裁定发回重新审判，或者按照第二审程序提审；

（二）被告人上诉或者人民检察院抗诉的，上一级人民法院维持原判，或者改判后仍在法定刑以下判处刑罚的，应当依照前项规定层报最高人民法院核准。

第415条　对符合刑法第六十三条第二款规定的案件，第一审人民法院未在法定刑以下判处刑罚的，第二审人民法院可以在法定刑以下判处刑罚，并层报最高人民法院核准。

第416条　报请最高人民法院核准在法定刑以下判处刑罚的案件，应当报送判决书、报请核准的报告各五份，以及全部案卷、证据。

第417条　对在法定刑以下判处刑罚的案件，最高人民法院予以核准的，应当作出核准裁定书；不予核准的，应当作出不核准裁定书，并撤销原判决、裁定，发回原审人民法院重新审判或者指定其他下级人民法院重新审判。

第418条　依照本解释第四百一十四条、第四百一十七条规定发回第二审人民法院重新审判的案件，第二审人民法院可以直接改判；必须通过开庭查清事实、核实证据或者纠正原审程序违法的，应当开庭审理。

第419条　最高人民法院和上级人民法院复核在法定刑以下判处刑罚案件的审理期限，参照适用刑事诉讼法第二百四十三条的规定。

第420条　报请最高人民法院核准因罪犯具有特殊情况，不受执行刑期限制的假释案件，应当按照下列情形分别处理：

（一）中级人民法院依法作出假释裁定后，应当报请高级人民法院复核。高级人民法院同意的，应当书面报请最高人民法院核准；不同意的，应当裁定撤销中级人民法院的假释裁定；

（二）高级人民法院依法作出假释裁定的，应当报请最高人民法院核准。

第421条　报请最高人民法院核准因罪犯具有特殊情况，不受执行刑期限制的假释案件，应当报送报请核准的报告、罪犯具有特殊情况的报告、假释裁定书各五份，以及全部案卷。

第422条　对因罪犯具有特殊情况，不受执行刑期限制的假释案件，最高人民法院予以核准的，应当作出核准裁定书；不予核准的，应当作出不核准裁定书，并撤销原裁定。

第五节 主要相关法律文书

一、上诉状

上诉状由三个部分组成：

（一）首部

1. 标题："刑事上诉状"。

2. 上诉人栏。写明上诉人的姓名、性别、年龄、民族、籍贯、职业、住址。

3. 被上诉人栏。写明被上诉人的姓名、性别、年龄、民族、籍贯、职业、住址。被上诉人适用于自诉案件，公诉案件被告人提出上诉的不列被上诉人。

4. 案由。写明不服原审判决（或裁定）的事由。譬如：上诉人因××一案，于××年××月××日收到××人民法院××年××月××日（××）××第××号刑事××，现因不服该××提出上诉。

（二）上诉请求和理由

上诉请求：写明上诉人不服原审裁判，要求二审法院撤销、变更原审裁判或者请求重新审理。

上诉理由：驳论原审不当，阐述上诉根据。

下面写："为此，特向你院上诉，请求依法撤销原判决（或裁定）予以改判（或重新审判）。

此致××人民法院"。

（三）附项及尾部

附项：写明本上诉状副本×份。

尾部：在右下角由上诉人签名、盖章，注明具状年月日。

二、抗诉书

××人民检察院
刑事抗诉书

×检×抗字［年度］第××号

原审被告人……（依次写明姓名，性别，年龄，出生年月日，民族，籍贯，职业、单位及职务，住址，被采取强制措施或服刑情况。有数名被告人的，依从重至轻顺序分别列出）。

原审被告人××……一案（写明姓名、案由），由××公安局侦查终结移送本院审查起诉，本院××年××月××日提起公诉（对自侦案件，相应改写为"本院侦查终结并提起公诉"；对自诉案件，相应改写为"自诉人××年××月××日向××人民法院提起诉讼"）。××人民法院以××号刑事判决书（裁定书）作出判决（裁定）：……（判决、裁定结果）。经依法审查（如果是被害人及其法定代理人不服地方各级法院第一审的判决而请求人民检察院提出抗诉的，应当写明这一程序。如果是按审判监督程序提出抗诉的，应当写明生效的一审判决或二审判决情况、有关人民检察院提请抗诉的程序。然后再写"经依法审查，本案的事实如下"）：

概括叙写检察机关认定的事实、情节。应当根据具体案件事实、证据情况，围绕刑法规定该罪构成要件，特别是争议问题，简明扼要叙写案件事实、情节。一般应当具备时间、地点、动机、目的、关键行为、情节、数额、危害结果、作案后表现等有关定罪量刑的事实、情节要素。一案有数罪、各罪有数次作案的，应依由重至轻或时间顺序叙写。但是，文字应当简明扼要。

原审被告人上述犯罪事实清楚，证据确实、充分，足以认定。

本院认为，……［以下写明，对判决（裁定）的审查意见和抗诉理由。层次是：（1）"本院认为"之后，先概括指出被告人行为危害程度、情节轻重程度，依法应当如何判决；（2）再明确指出判决（裁定）错误的核心之处，明确写明抗诉焦点，如"认定事实有误""适用法律不当""量刑畸轻"等；（3）集中阐述抗诉理由，具体分析原审判决、裁定错误所在，论证检察机关的正确意见。］

理由写完之后，另起一段，写明适用提起抗诉的法律依据，依法提出予以抗诉、请求改判的请求。其写作格式如下：综上所述，为严肃国法，准确惩治犯罪（或保障公民的合法权益），依照刑事诉讼法第××条的规定，特提出抗诉，请依法改判。

尾部部分，首先写明致送单位名称："此致""××人民法院"。接下来是检察人员署名。最后写明制作该文书的时间，并在其上加盖检察机关的印章。

附项部分应写明以下几点：（1）被告人现在何处；（2）证据目录；（3）证人名单。证据目录、证人名单与一审无异，可注明"证据目录、证人名单与一审无异"，不必另行移送。

第十七章
死刑复核程序 ※

导学

　　对于被判处死刑的被告人来说，死刑复核程序成了其生命的最后一道诉讼保障线。为了最大限度地保障死刑被告人的合法权益，死刑判决必须要层报最高人民法院核准。此外，不像二审程序的启动需要依赖于上诉人的上诉或检察院的抗诉，死刑复核程序的启动具有自动性。死刑复核程序可以分为死刑立即执行案件的复核程序和死刑缓期二年执行的复核程序。

　　本章每年约考一道题，随着死刑核准权收归最高人民法院及公众对死刑案件和生命价值关注度的提高，死刑复核程序在刑诉考试中的地位会越来越重要。

　　考生需要重点掌握：判处死刑立即执行案件的复核程序。

知识体系

死刑复核程序 {
死刑复核程序的概念、特点
判处死刑立即执行案件的复核程序※※
判处死刑缓期二年执行案件的复核程序※
死刑复核的法律监督※
}

本章重点

第一节　死刑复核程序的概念、特点

重点解读

一、死刑复核程序的概念

死刑复核程序是指有核准权的人民法院对已经判处死刑的案件进行复查核准应遵循的一种特别审判程序。

二、死刑复核程序的特点

死刑复核程序具有以下特点：

1. 审理对象特定。死刑复核程序只适用于判处死刑的案件，包括判处死刑立即执行和判处死刑缓期二年执行的案件。

2. 死刑复核程序是死刑案件的终审程序。

3. 所处的诉讼阶段特殊。死刑复核程序的进行一般是在死刑判决作出之后，发生法律效力并交付执行之前。

4. 核准权具有专属性。依据刑事诉讼法的规定，有权进行死刑复核的机关只有最高人民法院和高级人民法院。

5. 程序启动上具有自动性，不依赖于上诉、抗诉。

6. 报请复核方式特殊。应当逐级上报，不得越级报核。

关联法条

《刑诉法》：

第 249 条 最高人民法院复核死刑案件，高级人民法院复核死刑缓期执行的案件，应当由审判员三人组成合议庭进行。

《高法解释》：

第 427 条 复核死刑、死刑缓期执行案件，应当全面审查以下内容：

（一）被告人的年龄，被告人有无刑事责任能力、是否系怀孕的妇女；

（二）原判认定的事实是否清楚，证据是否确实、充分；

（三）犯罪情节、后果及危害程度；

（四）原判适用法律是否正确，是否必须判处死刑，是否必须立即执行；

（五）有无法定、酌定从重、从轻或者减轻处罚情节；

（六）诉讼程序是否合法；

（七）应当审查的其他情况。

复核死刑、死刑缓期执行案件，应当重视审查被告人及其辩护人的辩解、辩护意见。

要点提示

全面审查在我国不仅仅是第二审程序的审判原则，死刑复核程序也要求全面审查。

第二节　判处死刑立即执行案件的复核程序※※

一、死刑案件核准权※

重点解读

2006 年 10 月 31 日，第十届全国人民代表大会常务委员会第二十四次会议讨论通过了《关于修改〈中华人民共和国人民法院组织法〉的决定》（以下简称《决定》），《决定》将《人民法院组织法》第 13 条规定的"杀人、强奸、抢劫、爆炸以及其他严重危害公共安全和社会治安判处死刑的案件的核准权，最高人民法院在必要的时候，得授权省、自治区、直辖市的高级人民法院行使"修改为："死刑除依法由最高人民法院判决的以外，应当报请最高人民法院核准。"由于《决定》自 2007 年 1 月 1 日起施行，因而这意味着自 2007 年 1 月 1 日，死刑立即执行案件的核准权由最高人民法院统一行使。为了贯彻《决定》的要求，最高人民法院于 2006 年 12 月 13 日发布了《关于统一行使死刑案件核准权有关问题的决定》，规定：

1. 自 2007 年 1 月 1 日起，最高人民法院根据全国人民代表大会常务委员会有关决定和人民法院组织法原第 13 条的规定发布的关于授权高级人民法院和解放军军事法院核准部分死刑案件的通知，一律予以废止。

2. 自 2007 年 1 月 1 日起，死刑除依法由最高人民法院判决的以外，各高级人民法院和解放军军事法院依法判处和裁定的，应当报请最高人民法院核准。

3. 2006 年 12 月 31 日以前，各高级人民法院和解放军军事法院已经核准的死刑立即执行的判决、裁定，依法仍由各高级人民法院、解放军军事法院院长签发执行死刑的命令。

二、判处死刑立即执行案件的报请复核※※

▽ 关联法条

《刑诉法》：

第 246 条 死刑由最高人民法院核准。

第 247 条 中级人民法院判处死刑的第一审案件，被告人不上诉的，应当由高级人民法院复核后，报请最高人民法院核准。高级人民法院不同意判处死刑的，可以提审或者发回重新审判。

高级人民法院判处死刑的第一审案件被告人不上诉的，和判处死刑的第二审案件，都应当报请最高人民法院核准。

第 248 条 中级人民法院判处死刑缓期二年执行的案件，由高级人民法院核准。

┌─ **要点提示** ─

1. 死刑立即执行由最高人民法院核准。死刑缓期执行由高级人民法院核准。

2. 对于中级人民法院报核的案件，高级人民法院不同意判处死刑的，可以（1）提审或者（2）发回。

三、判处死刑立即执行案件的复核程序※※

▽ 关联法条

《刑诉法》：

第 249 条 最高人民法院复核死刑案件，高级人民法院复核死刑缓期执行的案件，应当由审判员三人组成合议庭进行。

第 251 条 最高人民法院复核死刑案件，应当讯问被告人，辩护律师提出要求的，应当听取辩护律师的意见。

在复核死刑案件过程中，最高人民检察院可以向最高人民法院提出意见。最高人民法院应当将死刑复核结果通报最高人民检察院。

《高法解释》：

第 423 条第 2 款 高级人民法院复核死刑案件，应当讯问被告人。

要点提示

1. 死刑复核程序<u>不开庭</u>审理，<u>没有陪审员</u>，但<u>有合议庭</u>。

2. 二审程序与复核程序竞合：如果二审法院恰好是复核死刑的法院，二审程序即为死刑复核程序，不用在二审程序之外再单独进行死刑复核程序，也惯称为"二审带复核"。譬如，某市中院一审判处甲死刑缓期二年执行，甲不服上诉，某省高院进行二审。此时，某省高院二审若维持一审死缓判决，无需再专门进行死刑复核程序。

3. 关于死刑复核程序中听取辩护律师意见，请注意：

《最高人民法院关于办理死刑
复核案件听取辩护律师意见的办法》

第一条 死刑复核案件的辩护律师可以向最高人民法院立案庭<u>查询立案信息</u>。辩护律师查询时，应当提供本人姓名、律师事务所名称、被告人姓名、案由，以及报请复核的高级人民法院的名称及案号。

最高人民法院立案庭<u>能够立即</u>答复的，应当<u>立即</u>答复，<u>不能立即</u>答复的，应当在<u>2 个工作日内</u>答复，答复内容为案件是否立案及承办案件的审判庭。

【解析】

死刑复核程序关乎被告人的生死走向，至关重要，辩护人在此阶段保障被告人合法权益的重大意义不言自明。但是，死刑复核程序具有一定的封闭性，不采取开庭审理方式，而是以阅卷加讯问的方式进行不开庭审理。因此，不存在律师在庭审中与检察院进行对抗、辩论的情况，这就需要通过其他途径来保障辩护人在死刑复核程序中的辩护权。

本条规定了死刑复核案件中辩护人的知情权。

需要注意，律师需要查询立案信息的，最高人民法院立案庭原则上应当立即答复，无法立即答复，2 个工作日内答复。

第二条 律师接受被告人、被告人近亲属的委托或者法律援助机构的指派，担任死刑复核案件辩护律师的，<u>应当</u>在接受委托或者指派之日起<u>3 个工作日</u>内向最高人民法院相关审判庭提交有关手续。

辩护律师<u>应当</u>在接受委托或者指派之日起<u>1 个半月</u>内提交辩护意见。

【解析】

律师在接受委托或者指派后应当在 3 日内提交手续，这是向最高人民法院通知自己的辩护人身份，为后续在最高人民法院开展辩护工作做好铺垫。

辩护律师在接受委托或者指派之后，可以阅卷或者会见被告人，一个半月的时间应当足以形成辩护思路，写出并提交辩护意见。

第三条 辩护律师提交委托手续、法律援助手续及辩护意见、证据等书面材料的，可以经高级人民法院同意后代收并随案<u>移送</u>，也可以寄送至最高人民法院承办案件的审判庭或者在当面反映意见时<u>提交</u>；对尚未立案的案件，辩护律师可以<u>寄送</u>至最高人民法院<u>立案庭</u>，由立案庭在立案后随案移送。

【解析】

本条规定了辩护律师提交书面材料的途径：

1. 高院代收移送；（需同意）

2. 直寄最高法院；（立案后，寄审判庭；立案前，寄立案庭）

3. 当面反映提交。

第四条 辩护律师可以到最高人民法院办公场所查阅、摘抄、复制案卷材料。但依法不公开的材料不得查阅、摘抄、复制。

【解析】

本条保障了死刑复核程序中辩护律师的阅卷权，但原审的合议庭评议笔录、审判委员会讨论记录等材料不供查阅。

第五条 辩护律师要求当面反映意见的，案件承办法官应当及时安排。

一般由案件承办法官与书记员当面听取辩护律师意见，也可以由合议庭其他成员或者全体成员与书记员当面听取。

【解析】

1. 如何听？

听取辩护律师意见应当"当面"听取，不能是打电话等方式。

2. 谁来听？

（1）案件承办法官与书记员；

（2）合议庭其他成员与书记员；

（3）合议庭全体成员与书记员。（书记员负责制作笔录）

第六条 当面听取辩护律师意见，应当在最高人民法院或者地方人民法院办公场所进行。辩护律师可以携律师助理参加。当面听取意见的人员应当核实辩护律师和律师助理的身份。

【解析】

1. 在哪听？

（1）最高法院办公场所；

（2）地方法院办公场所。（最高法院死刑复核法官可能赴地方法院办案）

2. 法官可以带书记员，律师也可以带助理。

第七条 当面听取辩护律师意见时，应当制作笔录，由辩护律师签名后附卷。辩护律师提交相关材料的，应当接收并开列收取清单一式二份，一份交给辩护律师，另一份附卷。

【解析】

当面听取辩护律师意见，必须制作笔录，笔录需要附卷。

第八条 当面听取辩护律师意见时，具备条件的人民法院应当指派工作人员全程录音、录像。其他在场人员不得自行录音、录像、拍照。

【解析】

1. 应当录音、录像，没条件的除外。（不能只是拍照）

2. 律师或者其他人员不能私自拍录。

第九条 复核终结后，<u>受委托</u>进行宣判的人民法院应当在<u>宣判后五个工作日内</u>将最高人民法院裁判文书<u>送达辩护律师</u>。

【解析】

1. "受委托"进行宣判的人民法院：最高人民法院复核后，一般会委托地方法院（原审法院）进行宣判。

2. 宣判后五个工作日内送达律师复核的裁定书或者判决书。

第十条 本办法自 2015 年 2 月 1 日起实施。

【经典真题】

2012 年单项选择题第 33 题：[1]

关于死刑复核程序，下列哪一选项是正确的？

A. 最高法院复核死刑案件，可以不讯问被告人

B. 最高法院复核死刑案件，应当听取辩护律师的意见

C. 在复核死刑案件过程中，最高检察院应当向最高法院提出意见

D. 最高法院应当将死刑复核结果通报最高检察院

【本题解析】

《刑诉法》第 251 条第 1 款规定："最高人民法院复核死刑案件，应当讯问被告人，辩护律师提出要求的，应当听取辩护律师的意见。"故 AB 两项错误。

《刑诉法》第 251 条第 2 款规定："在复核死刑案件过程中，最高人民检察院可以向最高人民法院提出意见。最高人民法院应当将死刑复核结果通报最高人民检察院。"C 项错误在于，最高检察院不是"应当"向最高法院提出意见，而是"可以"向最高法院提出意见。D 项表述正确。

综上所述本题应当选 D。

四、判处死刑立即执行案件复核后的处理※※

▽ **关联法条**

《刑诉法》：

第 250 条 最高人民法院复核死刑案件，应当作出<u>核准</u>或者<u>不核准</u>死刑的<u>裁定</u>。对于<u>不核准死刑</u>的，最高人民法院可以<u>发回重新审判</u>或者<u>予以改判</u>。

《高法解释》：

第 429 条 最高人民法院复核死刑案件，应当按照下列情形分别处理：

（一）原判认定事实和适用法律正确、量刑适当、诉讼程序合法的，应当裁定核准；

（二）原判认定的某一具体事实或者引用的法律条款等存在瑕疵，但判处被告人死刑并无不当的，可以在纠正后作出核准的判决、裁定；

（三）原判事实不清、证据不足的，应当裁定不予核准，并撤销原判，发回重新审判；

（四）复核期间出现新的影响定罪量刑的事实、证据的，应当裁定不予核准，并撤销原判，发回重新审判；

---

[1] 答案：D。

（五）原判认定事实正确、证据充分，但依法不应当判处死刑的，应当裁定不予核准，并撤销原判，发回重新审判；根据案件情况，必要时，也可以依法改判；

（六）原审违反法定诉讼程序，可能影响公正审判的，应当裁定不予核准，并撤销原判，发回重新审判。

第430条　最高人民法院裁定不予核准死刑的，根据案件情况，可以发回第二审人民法院或者第一审人民法院重新审判。

对最高人民法院发回第二审人民法院重新审判的案件，第二审人民法院一般不得发回第一审人民法院重新审判。

第一审人民法院重新审判的，应当开庭审理。第二审人民法院重新审判的，可以直接改判；必须通过开庭查清事实、核实证据或者纠正原审程序违法的，应当开庭审理。

第431条　高级人民法院依照复核程序审理后报请最高人民法院核准死刑，最高人民法院裁定不予核准，发回高级人民法院重新审判的，高级人民法院可以依照第二审程序提审或者发回重新审判。

第432条　最高人民法院裁定不予核准死刑，发回重新审判的案件，原审人民法院应当另行组成合议庭审理，但本解释第429条第4项、第5项规定的案件除外。

第433条　依照本解释第430条、第431条发回重新审判的案件，第一审人民法院判处死刑、死刑缓期执行的，上一级人民法院依照第二审程序或者复核程序审理后，应当依法作出判决或者裁定，不得再发回重新审判。但是，第一审人民法院有刑事诉讼法第238条规定的情形或者违反刑事诉讼法第239条规定的除外。

要点提示

1. 核准或者不核准死刑用"裁定"。如果不核准，最高人民法院可以（1）发回，或者（2）改判。注意，如果改判，需要用"判决"。

2. 注意最高人民法院复核后的"四个发回，一个改判，一个纠正"。

图表总结

四个发回（用裁定）	一个改判，一个纠正
1. 事实不清、证据不足，发回。	左侧"3"必要时也可以改判。
2. 出现新证据，发回。	
3. 事实正确、证据充分，不应判死，发回。	
4. 违反程序，影响公正，发回。	纠正瑕疵后作出核准的判决、裁定。

3. 虽然最高人民法院裁定不予核准死刑的，根据案件情况，可以发回第二审人民法院或者第一审人民法院重新审判，但根据最新的司法解释规定：对于最高人民法院裁定不予核准死刑，发回第二审人民法院重新审判的案件，无论此前第二审人民法院是否曾以原判决事实不清楚或者证据不足为由发回重新审判，原则上不得再发回第一审人民法院重新审判；有特殊情况确需发回第一审人民法院重新审判的，需报请最高人民法院批准。

对于最高人民法院裁定不予核准死刑，发回第二审人民法院重新审判的案件，第二审人民法院根据案件特殊情况，又发回第一审人民法院重新审判的，第一审人民法院作出判决后，被告人提出上诉或者人民检察院提出抗诉的，第二审人民法院应当依法作出判决或者裁定，<u>不得再发回重新审判</u>。

4. 对于发回重审的案件，原审法院应当另行组成合议庭。但是有两个例外情形，原审法院无需另行组成合议庭：

（1）因复核期间出现新的影响定罪量刑的事实、证据而发回重新审判的；

（2）因原判认定事实正确，但依法不应当判处死刑而发回重新审判的。

第三节　判处死刑缓期二年执行案件的复核程序※

○ 重点解读

请注意以下基本程序：

1. 中级人民法院判处死刑缓期执行的第一审案件，被告人未上诉、人民检察院未抗诉的，应当报请高级人民法院核准。

2. 高级人民法院复核死刑缓期执行案件，<u>应当讯问被告人</u>。

3. 高级人民法院复核死刑缓期执行案件，<u>不得加重</u>被告人的刑罚。

4. 高级人民法院复核死刑缓期执行案件，应当按照下列情形分别处理：

（1）原判认定事实和适用法律正确、量刑适当、诉讼程序合法的，应当裁定核准；

（2）原判认定的某一具体事实或者引用的法律条款等存在瑕疵，但判处被告人死刑缓期执行并无不当的，可以在纠正后作出核准的判决、裁定；

（3）原判认定事实正确，但适用法律有错误，或者量刑过重的，应当<u>改判</u>；

（4）原判事实不清、证据不足的，可以裁定不予核准，并撤销原判，发回重新审判，或者依法<u>改判</u>；

（5）复核期间出现新的影响定罪量刑的事实、证据的，可以裁定不予核准，并撤销原判，发回重新审判，或者审理后依法<u>改判</u>；

（6）原审违反法定诉讼程序，可能影响公正审判的，应当裁定不予核准，并撤销原判，发回重新审判。

要点提示

1. 高级人民法院复核死缓案件时应当讯问被告人。

2. 高级人民法院复核死缓案件时不得加重刑罚。

3. 与最高人民法院复核死刑立即执行案件不同，高级人民法院在复核死刑缓期执行案件时对于（1）原判认定事实正确，但适用法律有错误，（2）原判事实不清、证据不足，（3）复核期间出现新的影响定罪量刑的事实、证据这三种情形，应当或者可以依法<u>改判</u>，并非必须要裁定撤销原判、发回重审。

第四节　死刑复核的法律监督※

▽ **关联法条**

《刑诉法》：

第 251 条第 2 款　在复核死刑案件过程中，<u>最高人民检察院可以向最高人民法院提出意见</u>。最高人民法院应当将死刑复核结果<u>通报最高人民检察院</u>。

《高法解释》：

第 435 条　死刑复核期间，最高人民检察院提出意见的，最高人民法院<u>应当审查</u>，并将采纳情况及理由<u>反馈</u>最高人民检察院。

第 436 条　最高人民法院应当根据有关规定向最高人民检察院通报死刑案件复核结果。

《高检规则》：

第 609 条　对死刑复核监督案件的审查可以采取下列方式：

（一）审查人民法院移送的材料、下级人民检察院报送的相关案卷材料、当事人及其近亲属或者受委托的律师提交的材料；

（二）向下级人民检察院调取案件审查报告、公诉意见书、出庭意见书等，了解案件相关情况；

（三）向人民法院调阅或者查阅案卷材料；

（四）核实或者委托核实主要证据；

（五）讯问被告人、听取受委托的律师的意见；

（六）就有关技术性问题向专门机构或者有专门知识的人咨询，或者委托进行证据审查；

（七）需要采取的其他方式。

第 610 条　审查死刑复核监督案件，具有下列情形之一的，应当听取下级人民检察院的意见：

（一）对案件主要事实、证据有疑问的；

（二）对适用死刑存在较大争议的；

（三）可能引起司法办案重大风险的；

（四）其他应当听取意见的情形。

第 611 条　最高人民检察院经审查发现死刑复核案件具有下列情形之一的，应当经检察长决定，依法向最高人民法院提出检察意见：

（一）认为适用死刑不当，或者案件事实不清、证据不足，依法不应当核准死刑的；

（二）认为不予核准死刑的理由不成立，依法应当核准死刑的；

（三）发现新的事实和证据，可能影响被告人定罪量刑的；

（四）严重违反法律规定的诉讼程序，可能影响公正审判的；

（五）司法工作人员在办理案件时，有贪污受贿，徇私舞弊，枉法裁判等行为的；

（六）其他需要提出检察意见的情形。

同意最高人民法院核准或者不核准意见的，应当经检察长批准，书面回复最高人民法院。

对于省级人民检察院提请监督、报告重大情况的案件，最高人民检察院认为具有影响死刑适用情形的，应当及时将有关材料转送最高人民法院。

> **★特别注意**

死刑复核程序不会开庭审理，检察人员谈不上出庭监督，而只能通过书面审查、提出意见的方式进行监督。

第十八章
审判监督程序※※

导学

　　审判监督程序,也称为再审程序,是指对已生效裁判进行再次审理的特殊审判程序。我国的审判监督程序体现了实事求是、有错必纠的刑事司法指导思想。审判监督程序一方面可以通过纠正先前有罪判无罪,重罪判轻罪的判决而起到惩罚犯罪的作用,另一方面也可以改判先前无罪判有罪,轻罪判重罪的案件来最大限度地保障人权。

　　本章每年约出题一道,请考生认真掌握。

　　考生应熟练掌握:审判监督程序的材料来源,申诉制度,提起审判监督程序的主体,提起审判监督程序的理由和方式,再审程序。

知识体系

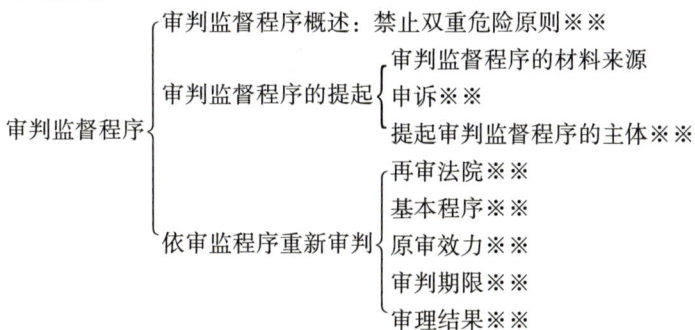

本章重点

第一节　审判监督程序概述※※

　　审判监督程序,又称再审程序,是指人民法院、人民检察院对于已经发生法律效力的判决和裁定,发现在认定事实或者适用法律上确有错误,予以提出并由人民法院对该案重新审判所应遵循的步骤和方式、方法。

理论释义

禁止双重危险原则：

禁止双重危险原则的渊源可以追溯到古罗马，是英美法系国家的一项重要审判原则，指法院对被告人的行为或者罪名作出的判决发生法律效力后，除法律另有规定外，不得对行为人就同一行为或者罪名再次追诉和审判。即一个人不能因同一行为或同一罪名受到两次或多次审判或处罚。在大陆法系国家，禁止双重危险原则通常被称为一事不再理原则。

禁止双重危险原则的理论基础有二：

首先，防范公权、保障私权。具言之，国家不允许通过运用公共资源和权力对一个公民的同一行为或者犯罪实施反复多次的刑事追诉，从而达到对公民定罪的结果。如果国家可以突破这一限制，被告人就会被置于焦虑和不安全的状态，无罪的被告人被定罪的可能性大大增加。可见，该原则的主要功能就是防止国家滥用追诉权、审判权，从而保障公民合法权益。

其次，维护司法的稳定性与权威。法院作出的判决一旦生效，就必须具备确定性和稳定性。如果可以随意推翻生效裁判，对行为人的同一行为或者犯罪反复追诉，司法就无法给人以稳定性、确定性和可预测性的感觉，人们会逐渐丧失对司法的信任，司法权威必将折损殆尽。禁止双重危险原则可以有效地保障生效裁判的稳定性，有利于提升司法权威。

禁止双重危险原则的核心理念在于不允许使行为人因同一行为而两次陷于被追诉的危险之中。如果重复追诉或者审判不会使行为人再次陷于危险之中，则可以重复启动追诉或者审判。譬如，世界主要法治国家都在诉讼理论上将再审区分为有利于被告人的再审和不利于被告人的再审。对于有利于被告人的再审，不受禁止双重危险原则限制，可以随时、多次启动。而对于不利于被告人的再审，应当严格受到禁止双重危险原则的限制，一般不允许启动。

我国现行《刑诉法》中没有确立禁止双重危险或者一事不再理原则。我国刑事司法中的指导思想是实事求是、有错必纠、一追到底。在司法实践中，我国对于启动再审的条件就是生效裁判"确有错误"，不区分有利于被告人的再审和不利于被告人的再审。一方面，我国的做法有利于查明案件事实、维护司法公正。但另一方面，我国的做法也会损害生效裁判的稳定性。

学界针对我国目前再审启动的现状提出了三种观点：

肯定禁止双重危险原则说。认为我国应当引进并确立禁止双重危险原则，为了维护司法的稳定与权威，坚决不允许对行为人的同一行为启动不利于被告人的再审。对有利于被告人的再审可以多次启动。

否定禁止双重危险原则说。认为我国目前对打击犯罪的需要仍然非常迫切，实事求是地查明案件事实应当是刑事司法的第一追求。有错就应当改正，不论再审对被告人有利还是不利。

折中说。认为我国应当引进并确立禁止双重危险原则，鼓励启动对被告人有利的再审，一般情况下不允许启动对被告人不利的再审。但考虑到我国目前打击犯罪与保障被害人合法权益的需要，对被告人不利的再审不是说绝对不能启动，但应当设定严格的条件，譬如只能对危害国家安全、危害公共安全等案件启动不利于被告人的再审。

值得注意的是，虽然我国立法中没有确立禁止双重危险原则，但在司法解释中已经体现出了这一原则的精神，《高法解释》第469条规定："除人民检察院抗诉的以外，再审一般不得加重原审被告人的刑罚。再审决定书或者抗诉书只针对部分原审被告人的，不得加重其他同案原审被告人的刑罚。"

【经典真题】

2016 年试卷二多项选择题第 74 题：[1]

《最高人民法院关于适用〈中华人民共和国刑事诉讼法〉的解释》第 469 条规定，除检察院抗诉的以外，再审一般不得加重原审被告人的刑罚。关于这一规定的理解，下列哪些选项是正确的？

A. 体现了刑事诉讼惩罚犯罪和保障人权基本理念的平衡

B. 体现了刑事诉讼具有追求实体真实与维护正当程序两方面的目的

C. 再审不加刑有例外，上诉不加刑也有例外

D. 审判监督程序的纠错功能决定了再审不加刑存在例外情形

【本题解析】

A 项，启动再审是为了纠正原审错误，但再审却不能被轻易、频繁启动。因为，再审如果能够被轻易启动，尤其是为了加重被告人刑罚而启动，将会使我国的生效裁判的既判力降低，稳定性下降，有损司法权威。因此，一方面，我国应当秉持实事求是、有错必纠的精神，对于错误的案件坚决启动再审，打击犯罪。但另一方面，再审的启动不可随意，如果启动再审将会对被告人不利，应当尽可能贯彻"禁止双重危险"原则的要求，不启动审判监督程序，维护裁判的既判力，保障原审被告人合法诉讼权利，实现惩罚犯罪与保障人权的平衡。A 正确。

B 项，启动再审，目的是纠正原裁判错误，体现了对实体真实的保障。而为了保护原审被告人的人权，不轻易启动再审，目的则是为了保障原审裁判的既判力，肯定原审的程序正当，从而体现了司法对于实体真实与正当程序的共同追求。B 正确。

C 项，根据《高法解释》第 469 条规定，除检察院抗诉的以外，再审一般不得加重原审被告人的刑罚。所以说，再审不加刑可以有例外。但二审程序中，除了检察院抗诉或者自诉人上诉以外，对于仅有被告人一方上诉的案件，二审绝对不得加重被告人刑罚，从这个角度来看，上诉不加刑是没有例外的。C 错误。

D 项，虽然要考虑正当程序，虽然要考虑人权保障，但缺失了惩罚犯罪和对实体真实的追求，一味保障的司法系统注定是无法实现公平正义的。应当明确的是，审判监督程序的终极目的是纠错，在此基础上，再考虑是否需要平衡人权保障与程序正当。因此，再审不加刑虽然重要，但存在的例外恰好是对再审纠错目的的回归。D 正确。

综上所述，本题应当选 ABD。

第二节 审判监督程序的提起※※

一、提起审判监督程序的材料来源

重点解读

1. 当事人及其法定代理人、近亲属的申诉；

---

[1] 答案：ABD。

2. 人民法院、人民检察院在办案过程中和检查工作时发现的错误裁判；

3. 各级人民代表大会代表提出的纠正错案的议案；

4. 机关、团体、企事业单位、新闻媒介、人民群众等对生效判决、裁定提出的质疑、意见和情况反映等。

上述材料来源并不必然引起审判监督程序。是否提起审判监督程序，取决于是否具有法定的理由。

二、申诉※※

在上述提起审判监督程序的材料来源中，当事人及其法定代理人、近亲属的申诉是一种最主要的形式。

● 图表总结 ●

	内容	注意
主体	<u>当事人</u>、<u>法定代理人</u>、<u>近亲属</u>、（利害关系）<u>案外人</u>、（委托）<u>律师</u>（代为）	案外人和受托律师是 2021《高法解释》新增的两个主体。 1. 案外人认为已经发生法律效力的判决、裁定侵害其合法权益，提出申诉的，人民法院应当审查处理。 2. 申诉可以委托律师代为进行。
对象	生效裁判	
接受机关	法、检	
效力	不能停止判决、裁定的执行	
法定理由	申诉符合下列情形之一的，人民法院应当重新审判： 1. 有新的证据证明原判决、裁定认定的<u>事实</u>确有错误，可能影响定罪量刑的； 2. 据以定罪量刑的<u>证据</u>不确实、不充分、依法应当排除的； 3. 证明案件事实的<u>主要证据</u>之间存在<u>矛盾</u>的； 4. 主要<u>事实</u>依据被依法<u>变更</u>或者<u>撤销</u>的； 5. 认定<u>罪名</u>错误的； 6. <u>量刑</u>明显不当的； 7. 对违法所得或者其他涉案财物的处理确有明显错误的； 8. 违反法律关于<u>溯及力</u>规定的； 9. 违反法律规定的诉讼<u>程序</u>，可能影响公正裁判的； 10. 审判人员在审理该案件时有<u>贪污受贿</u>、<u>徇私舞弊</u>、<u>枉法裁判</u>行为的。	1. 具有下列情形之一，可能改变原判决、裁定据以定罪量刑的事实的证据，应当认定为刑事诉讼法第 253 条第 1 项规定的"新的证据"： （1）原判决、裁定生效后新发现的证据； （2）原判决、裁定生效前已经发现，但未予收集的证据； （3）原判决、裁定生效前已经收集，但未经质证的证据； （4）原判决、裁定所依据的鉴定意见，勘验、检查等笔录被变更或者否定的； （5）原判决、裁定所依据的被告人供述、证人证言等证据发生变化，影响定罪量刑，且有合理理由的。 2. <u>左列"5、6、8、9"属于"适用法律"</u>确有错误。

续表

	内容	注意
程序	1. 申诉由终审人民法院审查处理。但是，第二审人民法院裁定准许撤回上诉的案件，申诉人对第一审判决提出申诉的，可以由第一审人民法院审查处理。 2. 上一级人民法院对未经终审人民法院审查处理的申诉，可以告知申诉人向终审人民法院提出申诉，或者直接交终审人民法院审查处理，并告知申诉人；案件疑难、复杂、重大的，也可以直接审查处理。 3. 对未经终审人民法院及其上一级人民法院审查处理，直接向上级人民法院申诉的，上级人民法院应当告知申诉人向下级人民法院提出。 4. 对死刑案件的申诉，可以由原核准的人民法院直接审查处理，也可以交由原审人民法院审查。	申诉的受理与不予受理： 1. 人民法院对刑事案件的申诉人在刑罚执行完毕后 2 年内提出的申诉，应当受理；超过两年提出申诉，具有下列情形之一的，应当受理： (1) 可能对原审被告人宣告无罪的；(2) 原审被告人在申诉期限内向人民法院提出申诉，人民法院未受理的；(3) 属于疑难、复杂、重大案件的。 不符合前述规定的，人民法院不予受理。 2. 此外，以下情形下亦不予受理： (1) 人民法院对不符合法定主体资格的申诉，不予受理。 (2) 上级人民法院对经终审法院的上一级人民法院依照审判监督程序审理后维持原判或者经两级人民法院依照审判监督程序复查均驳回的申诉案件，一般不予受理。但申诉人提出新的理由，且符合法定申诉条件的，以及刑事案件的原审被告人可能被宣告无罪的除外。 (3) 最高人民法院再审裁判或者复查驳回的案件，申诉人仍不服提出申诉的，不予受理。
审查期限	对立案审查的申诉案件，应当在 3 个月内作出决定，至迟不得超过 6 个月。	
处理	申诉不具有上述法定理由的，应当说服申诉人撤回申诉；对仍然坚持申诉的，应当书面通知驳回。	申诉人对驳回申诉不服的，可以向上一级人民法院申诉。上一级人民法院经审查认为申诉不符合法定理由的，应当说服申诉人撤回申诉；对仍然坚持申诉的，应当驳回或者通知不予重新审判。

要点提示

申诉是指当事人及其法定代理人、近亲属认为人民法院已经发生法律效力的判决、裁定有错误，要求人民法院或者人民检察院进行审查处理的一种请求。

注意申诉与上诉的区别：

（1）对象不同。申诉的对象是已经发生法律效力的判决、裁定，而上诉的对象是尚未发生法律效力的一审判决、裁定。

（2）主体范围不同。申诉的主体是当事人及其法定代理人、近亲属；上诉的主体是被告人、自诉人、附带民事诉公当事人及其法定代理人、经被告人同意的被告人的辩护人及近亲属。

（3）受理的机关不同。受理申诉的机关既包括原审人民法院及其上级人民法院，也包括与上述各级人民法院对应的人民检察院；而受理上诉的机关只能是原审人民法院及其上一级人民法院。

（4）期限不同。对于申诉，一般为刑罚执行完毕后2年内；而对于上诉，法律规定了期限，即对判决、裁定提起上诉的期限分别是10日和5日。

（5）后果不同。申诉不能停止生效判决、裁定的执行；而上诉必然引起第二审程序，导致一审判决、裁定不能生效。

【经典真题】

2014年试卷二多项选择题第75题：[1]

关于审判监督程序，下列哪些选项是正确的？

A. 只有当事人及其法定代理人、近亲属才能对已经发生法律效力的裁判提出申诉

B. 原审法院依照审判监督程序重新审判的案件，应当另行组成合议庭

C. 对于依照审判监督程序重新审判后可能改判无罪的案件，可中止原判决、裁定的执行

D. 上级法院指令下级法院再审的，一般应当指令原审法院以外的下级法院审理

【本题解析】

本题考查的是申诉的主体和再审的审理程序。《高法解释》第451条规定："当事人及其法定代理人、近亲属对已经发生法律效力的判决、裁定提出申诉的，人民法院应当审查处理。案外人认为已经发生法律效力的判决、裁定侵害其合法权益，提出申诉的，人民法院应当审查处理。申诉可以委托律师代为进行。"故A项错误。

《高法解释》第466条第1款规定："原审人民法院审理依照审判监督程序重新审判的案件，应当另行组成合议庭。"故B项正确。

《高法解释》第464条规定："对决定依照审判监督程序重新审判的案件，人民法院应当制作再审决定书。再审期间不停止原判决、裁定的执行，但被告人可能经再审改判无罪，或者可能经再审减轻原判刑罚而致刑期届满的，可以决定中止原判决、裁定的执行，必要时，可以对被告人采取取保候审、监视居住措施。"故C项正确。

《高法解释》第461条第2款规定："上级人民法院指令下级人民法院再审的，一般应当指令原审人民法院以外的下级人民法院审理；由原审人民法院审理更有利于查明案件事实、纠正裁判错误的，可以指令原审人民法院审理。"故D项正确。本题的正确答案为BCD三项。

三、提起审判监督程序的主体※※

提起审判监督程序的主体也被称为启动再审的主体，在我国只有两家：法院或者检察院。

◇○ 重点解读

启动审判监督程序的主体包括：

---

[1] 答案：BCD。

（一）作出生效裁判法院的院长和审判委员会

《刑诉法》第254条第1款规定："各级人民法院院长对**本院**已经发生法律效力的判决和裁定，如果发现在认定事实上或者在适用法律上确有错误，必须提交审判委员会处理。"

（二）最高人民法院和上级人民法院

《刑诉法》第254条第2款规定："**最高人民法院**对**各级人民法院**已经发生法律效力的判决和裁定，**上级人民法院**对**下级人民法院**已经发生法律效力的判决和裁定，如果发现确有错误，有权提审或者指令下级人民法院再审。"

（三）最高人民检察院和上级人民检察院

《刑诉法》第254条第3款规定："**最高人民检察院**对**各级人民法院**已经发生法律效力的判决、裁定，**上级人民检察院**对**下级人民法院**已经发生法律效力的判决、裁定，如果发现确有错误，有权按照审判监督程序向**同级人民法院**提出抗诉。"

图表总结

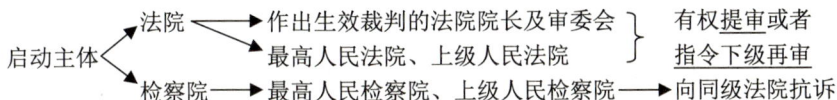

要点提示

注意再审抗诉与二审抗诉的区别：

1. 抗诉的**对象**不同。二审抗诉的对象是地方各级人民法院尚未发生法律效力的一审判决、裁定；而再审抗诉的对象是已经发生法律效力的判决和裁定。

2. 抗诉的**权限**不同。除最高人民检察院外，任何一级人民检察院都有权对同级人民法院的一审判决、裁定提出二审抗诉。而除最高人民检察院有权对同级的最高人民法院发生法律效力的判决、裁定提出再审抗诉外，其他各级人民检察院只能对其下级人民法院发生法律效力的判决、裁定提出再审抗诉。

可见，基层人民检察院只能提出二审抗诉，无权提出再审抗诉；而最高人民检察院只能提出再审抗诉，无权提出二审抗诉。

3. 接受抗诉的**审判机关**不同。接受二审抗诉的是提出抗诉的人民检察院的上一级人民法院；而接受再审抗诉的是提出抗诉的人民检察院的同级人民法院。

4. 抗诉的**期限**不同。二审抗诉必须在法定期限内提出，而法律对再审抗诉的提起没有规定期限。

5. 抗诉的**效力**不同。二审抗诉将阻止第一审判决、裁定发生法律效力；而再审抗诉并不导致原判决、裁定在人民法院按照审判监督程序重新审判期间执行的停止。

【经典真题】

2017年试卷二多项选择题第75题：[1]

王某因间谍罪被甲省乙市中级法院一审判处死刑，缓期2年执行。王某没有上诉，检察院没有抗诉。判决生效后，发现有新的证据证明原判决认定的事实确有错误。下列哪些机关有权对本案提起审判监督程序？

A. 乙市中级法院　　B. 甲省高级法院　　C. 甲省检察院　　D. 最高检察院

———————

[1] 答案：BD。

【本题解析】

《刑诉法》第 254 条规定："各级人民法院院长对本院已经发生法律效力的判决和裁定，如果发现在认定事实上或者在适用法律上确有错误，必须提交审判委员会处理。最高人民法院对各级人民法院已经发生法律效力的判决和裁定，上级人民法院对下级人民法院已经发生法律效力的判决和裁定，如果发现确有错误，有权提审或者指令下级人民法院再审。最高人民检察院对各级人民法院已经发生法律效力的判决和裁定，上级人民检察院对下级人民法院已经发生法律效力的判决和裁定，如果发现确有错误，有权按照审判监督程序向同级人民法院提出抗诉。"王某因间谍罪被甲省乙市中级法院一审判处死刑，缓期 2 年执行。王某没有上诉，检察院没有抗诉。但是，该案判决必须经过甲省高级人民法院复核后，才能生效。因此，B、D 项正确。

第三节　依照审判监督程序对案件的重新审判※※

依审监程序重新审判 {
　再审法院※※
　基本程序※※
　原审效力※※
　审判期限※※
　审理结果※※
}

图表总结

	内容	注意
再审法院	上级人民法院发现下级人民法院已经发生法律效力的判决、裁定确有错误的，可以指令下级人民法院再审；原判决、裁定认定事实正确但适用法律错误，或者案件疑难、复杂、重大，或者有不宜由原审人民法院审理情形的，也可以提审。	上级人民法院指令下级人民法院再审的，应当指令原审人民法院以外的下级人民法院审理。由原审人民法院审理更为适宜的，也可以指令原审人民法院审理。
基本程序	1. 人民法院按照审判监督程序重新审判的案件，由原审人民法院审理的，应当另行组成合议庭进行。 2. 原则上不进行全面审查，重点针对申诉、抗诉和决定再审的理由进行审理。 3. 如果原来是第一审案件，应当依照第一审程序进行审判，所作的判决、裁定，可以上诉、抗诉； 4. 如果原来是第二审案件，或者是上级人民法院提审的案件，应当依照第二审程序进行审判，所作的判决、裁定，是终审的判决、裁定。	1. 对人民检察院依照审判监督程序提出抗诉的案件，人民法院应当在收到抗诉书后 1 个月内立案。但是，有下列情形之一的，应当区别情况予以处理： （1）不属于本院管辖的，应当将案件退回人民检察院； （2）按照抗诉书提供的住址无法向被抗诉的原审被告人送达抗诉书的，应当通知人民检察院在 3 日以内重新提供原审被告人的住址；逾期未提供的，将案件退回人民检察院； （3）以有新的证据为由提出抗诉，但未附相关证据材料或者有关证据不是指向原起诉事实的，应当通知人民检察院在 3 日以内补送相关材料；逾期未补送的，将案件退回人民检察院。

续表

	内容	注意
	5. 同级人民检察院<u>应当派员</u>出席法庭。 6. 对决定依照审判监督程序重新审判的案件，人民法院应当<u>制作再审决定书</u>。 7. 开庭审理的再审案件，系人民法院决定再审的，由合议庭组成人员宣读再审决定书；系人民检察院抗诉的，由检察员宣读抗诉书；系申诉人申诉的，由申诉人或者其辩护人、诉讼代理人陈述申诉理由。	决定退回的抗诉案件，人民检察院经补充相关材料后再次抗诉，经审查符合受理条件的，人民法院应当受理。 2. 人民<u>法院决定</u>再审的案件，需要对被告人采取<u>强制措施</u>的，由人民<u>法院</u>依法<u>决定</u>； 人民<u>检察院</u>提出<u>抗诉</u>的再审案件，需要对被告人采取<u>强制措施</u>的，由人民<u>检察院</u>依法<u>决定</u>。 3. 开庭审理的再审案件，再审决定书或者抗诉书只针对部分原审被告人，<u>其他同案原审被告人</u>不出庭不影响审理的，<u>可以不出庭</u>参加诉讼。 4. 再审决定书或者抗诉书只针对<u>部分</u>原审被告人的，<u>不得加重其他</u>同案原审被告人的刑罚。 5. 人民法院审理人民检察院抗诉的再审案件，人民检察院在<u>开庭审理前撤回抗诉</u>的，<u>应当裁定准许</u>；人民检察院接到出庭通知后<u>不派员</u>出庭，<u>且未</u>说明原因的，<u>可以</u>裁定按撤回抗诉处理，并通知诉讼参与人。 人民法院审理申诉人申诉的再审案件，申诉人在再审期间撤回申诉的，可以裁定准许；但认为原判确有错误的，应当不予准许，继续按照再审案件审理。申诉人经依法通知无正当理由拒不到庭，或者未经法庭许可中途退庭的，可以裁定按撤回申诉处理，但申诉人不是原审当事人的除外。
原审效力	1. 再审期间<u>不停止</u>原判决、裁定的执行。 2. 但被告人（1）可能经再审<u>改判无罪</u>，或者（2）可能经再审减轻原判刑罚而致<u>刑期届满</u>的，<u>可以决定中止</u>原判决、裁定的执行。 3. 必要时，可以对被告人采取取保候审、监视居住措施。	
审判期限	人民法院按照审判监督程序重新审判的案件，应当在作出提审、再审决定之日起 <u>3 个月</u>以内审结，需要延长期限的，不得超过 <u>6 个月</u>。	人民检察院抗诉，人民法院对<u>需要指令下级</u>人民法院再审的，应当自接受抗诉之日起 <u>1 个月以内</u>作出决定，下级人民法院审理案件的期限适用左侧表格期限。

续表

	内容	注意
审理结果	1. 原判决、裁定认定事实和适用法律正确、量刑适当的，应当裁定驳回申诉或者抗诉，维持原判决、裁定； 2. 原判决、裁定定罪准确、量刑适当，但在认定事实、适用法律等方面有瑕疵的，应当裁定纠正并维持原判决、裁定； 3. 原判决、裁定认定事实没有错误，但适用法律错误，或者量刑不当的，应当撤销原判决、裁定，依法改判； 4. 依照第二审程序审理的案件，原判决、裁定事实不清或者证据不足的，可以在查清事实后改判，也可以裁定撤销原判，发回原审人民法院重新审判； 5. 原判决、裁定事实不清或者证据不足，经审理事实已经查清的，应当根据查清的事实依法裁判；事实仍无法查清，证据不足，不能认定被告人有罪的，应当撤销原判决、裁定，判决宣告被告人无罪。	

要点提示

1. 请考生注意一种特殊的，不同于再审的处理方式。

《高法解释》第473条规定："原判决、裁定认定被告人姓名等身份信息有误，但认定事实和适用法律正确、量刑适当的，作出生效判决、裁定的人民法院可以通过裁定对有关信息予以更正。"

可见，只是身份信息有误，其他方面没有问题的，作出生效裁判的法院只是通过裁定更正一下即可。

2. 《最高人民法院关于建立健全防范刑事冤假错案工作机制的意见》，请考生熟悉以下重点法条中的划线部分及注意部分。

《最高人民法院关于建立健全防范刑事冤假错案工作机制的意见》

6. 定罪证据不足的案件，应当坚持疑罪从无原则，依法宣告被告人无罪，不得降格作出"留有余地"的判决。

定罪证据确实、充分，但影响量刑的证据存疑的，应当在量刑时作出有利于被告人的处理。

死刑案件，认定对被告人适用死刑的事实证据不足的，不得判处死刑。

（注意：定罪存疑，无罪；量刑存疑，从宽。）

7. 重证据，重调查研究，切实改变"口供至上"的观念和做法，注重实物证据的审查和运用。只有被告人供述，没有其他证据的，不能认定被告人有罪。

8. 采用刑讯逼供或者冻、饿、晒、烤、疲劳审讯等非法方法收集的被告人供述，应当排除。

除情况紧急必须现场讯问以外，在规定的办案场所外讯问取得的供述，未依法对讯问进行全程录音录像取得的供述，以及不能排除以非法方法取得的供述，应当排除。

10. 庭前会议应当归纳事实、证据争点。控辩双方有异议的证据，庭审时重点调查；没有异议的，庭审时举证、质证适当简化。

（注意：庭前会议的功能是了解情况、听取意见，主要处理程序性事项。）

11. 审判案件应当以庭审为中心。事实证据调查在法庭，定罪量刑辩论在法庭，裁判结果形成于法庭。

12. 证据未经当庭出示、辨认、质证等法庭调查程序查证属实，不得作为定案的根据。

采取技术侦查措施收集的证据，除可能危及有关人员的人身安全，或者可能产生其他严重后果，由人民法院依职权庭外调查核实的外，未经法庭调查程序查证属实，不得作为定案的根据。

13. 依法应当出庭作证的证人没有正当理由拒绝出庭或者出庭后拒绝作证，其庭前证言真实性无法确认的，不得作为定案的根据。

（注意：证人不出庭不一定证言就作废，关键看证人不出庭是否会影响到证言的真实性。如果证人不出庭导致证言真实性无法确认，该证言即应当排除。）

15. 定罪证据存疑的，应当书面建议人民检察院补充调查。人民检察院在2个月内未提交书面材料的，应当根据在案证据依法作出裁判。

16. 合议庭成员共同对案件事实负责。承办法官为案件质量第一责任人。

合议庭成员通过庭审或者阅卷等方式审查事实和证据，独立发表评议意见并说明理由。死刑案件，由经验丰富的法官承办。

17. 审判委员会讨论案件，委员依次独立发表意见并说明理由，主持人最后发表意见。

18. 原判事实不清、证据不足，第二审人民法院查清事实的，不得发回重新审判。以事实不清、证据不足为由发回重新审判的案件，上诉、抗诉后，不得再次发回重新审判。

（注意：二审法院以事实不清、证据不足为由最多发回重审一次，但如果二审法院能够查清事实的，一次也不得发回，应当直接作出判决。）

19. 不得通过降低案件管辖级别规避上级人民法院的监督。不得就事实和证据问题请示上级人民法院。

23. 严格依照法定程序和职责审判案件，不得参与公安机关、人民检察院联合办案。

24. 切实保障辩护人会见、阅卷、调查取证等辩护权利。辩护人申请调取可能证明被告人无罪、罪轻的证据，应当准许。

25. 重大、疑难、复杂案件，可以邀请人大代表、政协委员、基层群众代表等旁听观审。

【经典真题】

2020法考客观题回忆版：[1]

王某涉嫌故意伤害罪和非法持有毒品罪，甲省乙市丙区法院一审认定二罪均成立，判处王某有期徒刑15年。丙区检察院不服，提出抗诉。乙市中级法院二审裁定维持原判。下列关于该案的表述正确的是？

---

[1] 答案：AB。

A. 乙市中级法院二审，判决生效后罪犯的哥哥可以委托律师向市检察院和中级法院申诉

B. 如果乙市中级法院审查认为一审中有证据证明罪犯系正当防卫的证人证言，当时没有予以质证，可以据此启动再审

C. 对非法持有毒品罪，王某提出其持有的药品不属于国家规定为毒品的物质，公诉人可申请有专门知识的人出庭对该事实发表意见

D. 乙市检察院在开庭审理前申请撤回抗诉的，乙市中级法院应该裁定按撤诉处理

【考点】申诉的受理等

【本题解析】

选项 A 正确。《刑事诉讼法》第 252 条规定："当事人及其法定代理人、近亲属，对已经发生法律效力的判决、裁定，可以向人民法院或者人民检察院提出申诉，但是不能停止判决、裁定的执行。"《刑诉解释》第 451 条第 1 款规定："当事人及其法定代理人、近亲属对已经发生法律效力的判决、裁定提出申诉的，人民法院应当审查处理。"《刑诉解释》第 453 条第 1 款规定："申诉由终审人民法院审查处理。但是，第二审人民法院裁定准许撤回上诉的案件，申诉人对第一审判决提出申诉的，可以由第一审人民法院审查处理。"《高检规则》第 593 条第 1 款规定："当事人及其法定代理人、近亲属认为人民法院已经发生法律效力的判决、裁定确有错误，向人民检察院申诉的，由作出生效判决、裁定的人民法院的同级人民检察院依法办理。"据此，A 选项正确。

选项 B 正确。《刑事诉讼法》第 253 条规定："当事人及其法定代理人、近亲属的申诉符合下列情形之一的，人民法院应当重新审判：（一）有新的证据证明原判决、裁定认定的事实确有错误，可能影响定罪量刑的；（二）据以定罪量刑的证据不确实、不充分、依法应当予以排除，或者证明案件事实的主要证据之间存在矛盾的；（三）原判决、裁定适用法律确有错误的；（四）违反法律规定的诉讼程序，可能影响公正审判的；（五）审判人员在审理该案件的时候，有贪污受贿，徇私舞弊，枉法裁判行为的。"选项 B 所列属于（一）的情形，因此正确。

选项 C 错误。《刑事诉讼法》第 197 条第 2 款规定："公诉人、当事人和辩护人、诉讼代理人可以申请法庭通知有专门知识的人出庭，就鉴定人作出的鉴定意见提出意见。"据此，只有对鉴定人作出的鉴定意见有意见，才能可以可以申请法庭通知有专门知识的人出庭。因此，选项 C 错误。

选项 D 错误。《刑诉解释》第 385 条第 2 款规定："人民检察院在抗诉期满后要求撤回抗诉的，第二审人民法院可以裁定准许，但是认为原判存在将无罪判为有罪、轻罪重判等情形的，应当不予准许，继续审理。"据此，选项 D 明显错误。

第十九章

执 行※※

导学

　　执行程序是刑事诉讼最后一个诉讼阶段，执行程序包括两方面的内容：一是将已经发生法律效力的判决、裁定所确定的内容付诸实施的程序；二是处理执行过程中刑罚变更等问题的程序。

　　本章每年约出两道题，值得考生重点关注。

　　本章需要考生重点掌握：执行的依据，各种判决、裁定的执行程序，执行的变更程序，死刑执行变更，暂予监外执行。

📖 知识体系

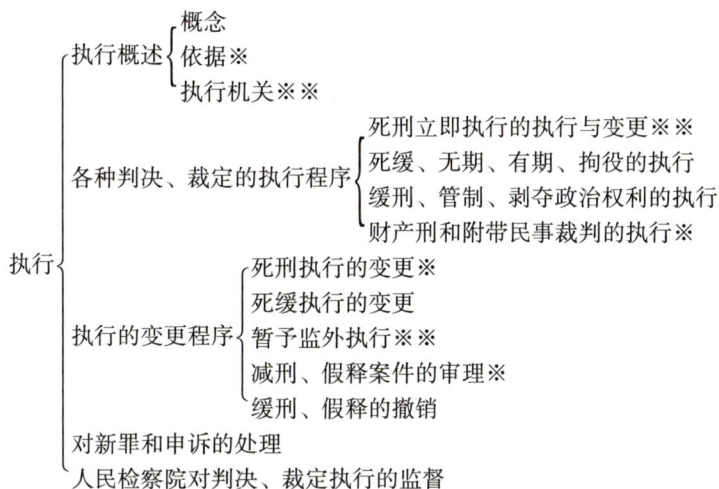

本章重点

第一节　执行概述※※

一、执行的概念

🔷 重点解读

　　执行，是指把人民法院已经发生法律效力的判决、裁定付诸实施的活动。执行程序是指将已经发生法律效力的判决、裁定所确定的内容付诸实施以及在此过程中处理与之有关的减刑、假释等刑罚执行变更问题时应遵循的步骤和方式、方法。

二、执行的依据※

刑事诉讼执行的依据除了刑法和刑事诉讼法的一般性规定以外，还包括具体案件中人民法院依法作出的生效判决和裁定。在我国，刑事诉讼中的生效判决和裁定有下列几种形式：

1. 已过法定期限没有上诉、抗诉的判决和裁定；
2. 终审的判决和裁定；
3. 最高人民法院核准的死刑的判决和高级人民法院核准的死刑缓期二年执行的判决；
4. 最高人民法院作出的判决、裁定以及核准法定刑以下判处刑罚的判决和裁定。

三、执行机关※※

🔵 图表总结

执行依据	执行机关
判决和裁定在<u>发生法律效力</u>后执行。	法院：<u>无罪</u>、<u>免刑</u>、<u>死刑立即执行</u>、<u>罚金</u>、<u>没收财产</u>。（生、死、钱）
	监狱：<u>死缓</u>、<u>无期</u>、<u>有期</u>（余刑<u>3 个月</u>以下由<u>看守所</u>代为执行）。 公安机关接到人民法院生效的判处死刑缓期 2 年执行、无期徒刑、有期徒刑的判决书、裁定书以及执行通知书后，应当在 <u>1 个月以内</u>将罪犯送交监狱执行。
	社区矫正机构：<u>管制</u>、<u>缓刑</u>、<u>假释</u>、暂予<u>监外</u>执行。 **注意**：被决定收监执行的社区矫正人员在逃的，社区矫正机构应当立即通知公安机关，由公安机关负责追捕。
	公安机关：执行<u>拘役</u>（<u>看守所</u>执行）、<u>剥夺政治权利</u>（<u>罪犯居住地派出所</u>执行）等刑罚。 公安机关在执行刑罚中，如果<u>认为判决有错误</u>或者<u>罪犯提出申诉</u>，<u>应当转请人民检察院</u>或者<u>原判人民法院</u>处理。

第二节　各种判决、裁定的执行程序

各种判决、裁定的执行程序
{
死刑立即执行的执行与变更※※
死缓、无期、有期、拘役的执行
缓刑、管制、剥夺政治权利的执行
财产刑和附带民事裁判的执行※
}

一、死刑立即执行判决的执行与变更※※

死刑立即执行判决的执行与变更经常在一起考查，因此将本属于下一节才学到的死刑立即执行判决的变更放在这里与死刑立即执行判决的执行一起讲解。

图表总结

	内容	注意
执行依据	最高法院院长签发死刑执行令	
执行法院与时间	1. 第一审（原审）人民法院接到最高人民法院执行死刑的命令后，应当在 7 日以内交付执行。 2. 死缓期间故意犯罪被执行死刑的，由罪犯服刑地的中级人民法院执行。	1. 会见权 （1）第一审人民法院在执行死刑前，应当告知罪犯有权会见其近亲属。罪犯申请会见并提供具体联系方式的，人民法院应当通知其近亲属。确实无法与罪犯近亲属取得联系，或者其近亲属拒绝会见的，应当告知罪犯。罪犯申请通过录音录像等方式留下遗言的，人民法院可以准许。 罪犯近亲属申请会见的，人民法院应当准许并及时安排，但罪犯拒绝会见的除外。罪犯拒绝会见的，应当记录在案并及时告知其近亲属；必要时，应当录音录像。 （2）罪犯申请会见近亲属以外的亲友，经人民法院审查，确有正当理由的，在确保安全的情况下可以准许。 （3）罪犯申请会见未成年子女的，应当经未成年子女的监护人同意；会见可能影响未成年人身心健康的，人民法院可以通过视频方式安排会见，会见时监护人应当在场。 （4）会见一般在罪犯羁押场所进行。会见情况应当记录在案，附卷存档。 2. 同案犯的执行 同案审理的案件中，部分被告人被判处死刑，对未被判处死刑的同案被告人需要羁押执行刑罚的，应当根据《高法解释》第 511 条的规定及时交付执行。但是，该同案被告人参与实施有关死刑之罪的，应当在复核讯问被判处死刑的被告人后交付执行。

	内容	注意
执行监督	同级人民检察院派员临场监督	第一审人民法院在执行死刑 3 日前，应当通知同级人民检察院派员临场监督。
执行方法	枪决或者注射	采用枪决、注射以外的其他方法执行死刑的，应当事先层报最高人民法院批准。
执行场所	刑场或者指定的羁押场所内	
执行变更	1. 暂停执行 下级人民法院在接到执行死刑命令后、执行前，发现有下列情形之一的，应当暂停执行，并立即将请求停止执行死刑的报告和相关材料层报最高人民法院： （1）罪犯可能有其他犯罪的； （2）共同犯罪的其他犯罪嫌疑人到案，可能影响罪犯量刑的； （3）共同犯罪的其他罪犯被暂停或者停止执行死刑，可能影响罪犯量刑的； （4）罪犯揭发重大犯罪事实或者有其他重大立功表现，可能需要改判的； （5）罪犯怀孕的； （6）判决、裁定可能有影响定罪量刑的其他错误的。 最高人民法院经审查，认为可能影响罪犯定罪量刑的，应当裁定停止执行死刑；认为不影响的，应当决定继续执行死刑。 2. 停止执行 下级人民法院接到最高人民法院执行死刑的命令后，应当在 7 日以内交付执行。但是发现有下列情形之一的，应当停止执行，并且立即报告最高人民法院，由最高人民法院作出裁定： （1）在执行前发现判决可能有错误的； （2）在执行前罪犯揭发重大犯罪事实或者有其他重大立功表现，可能需要改判的； （3）罪犯正在怀孕。 前款第 1 项、第 2 项停止执行的原因消失后，必须报请最高人民法院院长再签发执行死刑的命令才能执行；由于前款第 3 项原因停止执行的，应当报请最高人民法院依法改判。 3. 最高人民法院在执行死刑命令签发后、执行前，发现有暂停执行死刑情形的，应当立即裁定停止执行死刑，并将有关材料移交下级人民法院。	停止执行与暂停执行的表述不同，其实暂停执行的情形完全可以包含停止执行的情形，对于执行法院而言，暂停执行与停止执行都是停止，都要层报最高人民法院处理。 考生在复习时，停止执行与暂停执行都很重要，但可更侧重于暂停执行。

续表

内容	注意
4. 对下级人民法院报送的停止执行死刑的调查结果和意见，由最高人民法院原作出核准死刑判决、裁定的合议庭负责审查，必要时，另行组成合议庭进行审查。 5. 最高人民法院对停止执行死刑的案件，应当按照下列情形分别处理： （1）确认罪犯怀孕的，应当改判； （2）确认罪犯有其他犯罪，依法应当追诉的，应当裁定不予核准死刑，撤销原判，发回重新审判； （3）确认原判决、裁定有错误或者罪犯有重大立功表现，需要改判的，应当裁定不予核准死刑，撤销原判，发回重新审判； （4）确认原判决、裁定没有错误，罪犯没有重大立功表现，或者重大立功表现不影响原判决、裁定执行的，应当裁定继续执行死刑，并由院长重新签发执行死刑的命令。	

【经典真题】

2013 年试卷二单项选择题第 24 题：[1]

赵某因绑架罪被甲省 M 市中级法院判处死刑缓期两年执行，后交付甲省 N 市监狱执行。死刑缓期执行期间，赵某脱逃至乙省 P 市实施抢劫被抓获，P 市中级法院一审以抢劫罪判处无期徒刑。赵某不服判决，向乙省高级法院上诉。乙省高级法院二审维持一审判决。此案最终经最高法院核准死刑立即执行。关于执行赵某死刑的法院，下列哪一选项是正确的？

A. M 市中级法院　　　　　　B. N 市中级法院
C. P 市中级法院　　　　　　D. 乙省高级法院

【本题解析】

《高法解释》第 499 条规定："最高人民法院的执行死刑命令，由高级人民法院交付第一审人民法院执行。第一审人民法院接到执行死刑命令后，应当在 7 日以内执行。在死刑缓期执行期间故意犯罪，最高人民法院核准执行死刑的，由罪犯服刑地的中级人民法院执行。"

本案中，赵某被判处死刑缓期执行，交付甲省 N 市监狱执行，死刑缓期执行期间犯抢劫罪，最高法院核准死刑立即执行，应交由 N 市中级法院执行。故 B 正确，ACD 错误。

综上所述，本题应当选 B。

二、死刑缓期二年执行、无期徒刑、有期徒刑和拘役判决的执行

关联法条

《高法解释》：

第 511 条　被判处死刑缓期执行、无期徒刑、有期徒刑、拘役的罪犯，第一审人民法

---

[1]　答案：B。

院应当在判决、裁定生效后十日以内，将判决书、裁定书、起诉书副本、自诉状复印件、执行通知书、结案登记表送达公安机关、监狱或者其他执行机关。

第513条　执行通知书回执经看守所盖章后，应当附卷备查。

三、有期徒刑缓刑、拘役缓刑、管制、剥夺政治权利判决的执行

关联法条

《高法解释》：

第519条　对被判处管制、宣告缓刑的罪犯，人民法院应当依法确定社区矫正执行地。社区矫正执行地为罪犯的居住地；罪犯在多个地方居住的，可以确定其经常居住地为执行地；罪犯的居住地、经常居住地无法确定或者不适宜执行社区矫正的，应当根据有利于罪犯接受矫正、更好地融入社会的原则，确定执行地。

宣判时，应当告知罪犯自判决、裁定生效之日起十日以内到执行地社区矫正机构报到，以及不按期报到的后果。

人民法院应当自判决、裁定生效之日起五日以内通知执行地社区矫正机构，并在十日以内将判决书、裁定书、执行通知书等法律文书送达执行地社区矫正机构，同时抄送人民检察院和执行地公安机关。人民法院与社区矫正执行地不在同一地方的，由执行地社区矫正机构将法律文书转送所在地的人民检察院和公安机关。

第520条　对单处剥夺政治权利的罪犯，人民法院应当在判决、裁定生效后十日以内，将判决书、裁定书、执行通知书等法律文书送达罪犯居住地的县级公安机关，并抄送罪犯居住地的县级人民检察院。

四、财产刑和附带民事裁判的执行※

关联法条

《刑诉法》：

第271条　被判处罚金的罪犯，期满不缴纳的，人民法院应当强制缴纳；如果由于遭遇不能抗拒的灾祸等原因缴纳确实有困难的，经人民法院裁定，可以延期缴纳、酌情减少或者免除。

最高人民法院关于刑事裁判涉财产部分执行的若干规定
（2014年9月1日最高人民法院审判委员会第1625次会议通过）

为进一步规范刑事裁判涉财产部分的执行，维护当事人合法权益，根据《中华人民共和国刑法》《中华人民共和国刑事诉讼法》等法律规定，结合人民法院执行工作实际，制定本规定。

第1条　本规定所称刑事裁判涉财产部分的执行，是指发生法律效力的刑事裁判主文确定的下列事项的执行：

（一）罚金、没收财产；

（二）责令退赔；

（三）处置随案移送的赃款赃物；

（四）没收随案移送的供犯罪所用本人财物；

（五）其他应当由人民法院执行的相关事项。

刑事附带民事裁判的执行，适用民事执行的有关规定。

第2条　刑事裁判涉财产部分，由第一审人民法院执行。第一审人民法院可以委托财产所在地的同级人民法院执行。

第3条　人民法院办理刑事裁判涉财产部分执行案件的期限为六个月。有特殊情况需要延长的，经本院院长批准，可以延长。

第4条　人民法院刑事审判中可能判处被告人财产刑、责令退赔的，刑事审判部门应当依法对被告人的财产状况进行调查；发现可能隐匿、转移财产的，应当及时查封、扣押、冻结其相应财产。

第5条　刑事审判或者执行中，对于侦查机关已经采取的查封、扣押、冻结，人民法院应当在期限届满前及时续行查封、扣押、冻结。人民法院续行查封、扣押、冻结的顺位与侦查机关查封、扣押、冻结的顺位相同。

对侦查机关查封、扣押、冻结的财产，人民法院执行中可以直接裁定处置，无需侦查机关出具解除手续，但裁定中应当指明侦查机关查封、扣押、冻结的事实。

【解析】

本条规定了人民法院对侦查机关查冻扣财产的处理。

1. 法院在侦查机关查冻扣的期限届满前应当及时续行

《公安机关办理刑事案件适用查封、冻结措施有关规定》第7条：查封期限不得超过二年。期限届满可以续封一次，续封应当经作出原查封决定的县级以上公安机关负责人批准，在期限届满前五日以内重新制作查封决定书和协助查封通知书，送交有关部门协助办理，续封期限最长不得超过一年。

案件重大复杂，确需再续封的，应当经设区的市一级以上公安机关负责人批准，在期限届满前五日以内重新制作查封决定书和协助查封通知书，且每次再续封的期限最长不得超过一年。

查封期限届满，未办理续封手续的，查封自动解除。

公安机关应当及时将续封决定告知有关当事人。

根据《公安机关办理刑事案件程序规定》第243条、第244条、第240条之规定，冻结存款、汇款等财产的期限为六个月。冻结债券、股票、基金份额等证券的期限为二年。有特殊原因需要延长期限的，公安机关应当在冻结期限届满前办理继续冻结手续。每次续冻存款、汇款等财产的期限最长不得超过六个月；每次续冻债券、股票、基金份额等证券的期限最长不得超过二年。继续冻结的，应当按照本规定第239条的规定重新办理冻结手续。逾期不办理继续冻结手续的，视为自动解除冻结。

2. 法院查冻扣顺位同于侦查机关

在司法实践中，金融机构或者房地产管理部门等协助执行单位，往往将公、检、法不同公安司法机关对同一刑事案件涉案财产的查封、续行查封，视为轮候查封或者重新查封，从而影响原查封顺位的效力。在侦查机关查封、其他案件执行法院轮候查封的情况下，如果将刑事案件执行法院的续行查封视为新的查封，将导致该查封被轮候在其他法院的查封之后，影响刑事案件的执行。因此，本条规定人民法院续行查封、扣押、冻结的顺位与侦查机关查封、扣押、冻结的顺位相同。

3. 法院可直接裁定处置侦查机关查冻扣的财产

在司法实践中，人民法院直接处置侦查机关查封的财产，有关单位存在不予协助执行的情况，而是要求侦查机关出具相关手续。因此本条规定法院可以直接裁定处置侦查机关查冻扣的财产，不需要侦查机关出具解除查冻扣的手续。

第6条　刑事裁判涉财产部分的裁判内容，应当明确、具体。涉案财物或者被害人人数较多，不宜在判决主文中详细列明的，可以概括叙明并另附清单。

判处没收部分财产的，应当明确没收的具体财物或者金额。

判处追缴或者责令退赔的，应当明确追缴或者退赔的金额或财物的名称、数量等相关情况。

第8条　人民法院可以向刑罚执行机关、社区矫正机构等有关单位调查被执行人的财产状况，并可以根据不同情形要求有关单位协助采取查封、扣押、冻结、划拨等执行措施。

第9条　判处没收财产的，应当执行刑事裁判生效时被执行人合法所有的财产。

执行没收财产或罚金刑，应当参照被扶养人住所地政府公布的上年度当地居民最低生活费标准，保留被执行人及其所扶养家属的生活必需费用。

第10条　对赃款赃物及其收益，人民法院应当一并追缴。

被执行人将赃款赃物投资或者置业，对因此形成的财产及其收益，人民法院应予追缴。

被执行人将赃款赃物与其他合法财产共同投资或者置业，对因此形成的财产中与赃款赃物对应的份额及其收益，人民法院应予追缴。

对于被害人的损失，应当按照刑事裁判认定的实际损失予以发还或者赔偿。

第11条　被执行人将刑事裁判认定为赃款赃物的涉案财物用于清偿债务、转让或者设置其他权利负担，具有下列情形之一的，人民法院应予追缴：

（一）第三人明知是涉案财物而接受的；

（二）第三人无偿或者以明显低于市场的价格取得涉案财物的；

（三）第三人通过非法债务清偿或者违法犯罪活动取得涉案财物的；

（四）第三人通过其他恶意方式取得涉案财物的。

第三人善意取得涉案财物的，执行程序中不予追缴。作为原所有人的被害人对该涉案财物主张权利的，人民法院应当告知其通过诉讼程序处理。

第13条　被执行人在执行中同时承担刑事责任、民事责任，其财产不足以支付的，按照下列顺序执行：

（一）人身损害赔偿中的医疗费用；

（二）退赔被害人的损失；

（三）其他民事债务；

（四）罚金；

（五）没收财产。

债权人对执行标的依法享有优先受偿权，其主张优先受偿的，人民法院应当在前款第（一）项规定的医疗费用受偿后，予以支持。

【经典真题】

2017年试卷二单项选择题第37题：[1]

甲纠集他人多次在市中心寻衅滋事，造成路人乙轻伤、丙的临街商铺严重受损。甲被

---

[1]　答案：A。

起诉到法院后，乙和丙提起附带民事诉讼。法院判处甲有期徒刑6年，罚金1万元，赔偿乙医疗费1万元，赔偿丙财产损失4万元。判决生效交付执行后，查明甲除1辆汽车外无其他财产，且甲曾以该汽车抵押获取小额贷款，尚欠银行贷款2.5万元，银行主张优先受偿。法院以8万元的价格拍卖了甲的汽车。关于此8万元的执行顺序，下列哪一选项是正确的？

　　A. 医疗费→银行贷款→财产损失→罚金

　　B. 医疗费→财产损失→银行贷款→罚金

　　C. 银行贷款→医疗费→财产损失→罚金

　　D. 医疗费→财产损失→罚金→银行贷款

【本题解析】

本题考查的是财产的执行顺序。《最高人民法院关于刑事裁判涉财产部分执行的若干规定》第13条规定："被执行人在执行中同时承担刑事责任、民事责任，其财产不足以支付的，按照下列顺序执行：（一）人身损害赔偿中的医疗费用；（二）退赔被害人的损失；（三）其他民事债务；（四）罚金；（五）没收财产。债权人对执行标的依法享有优先受偿权，其主张优先受偿的，人民法院应当在前款第（一）项规定的医疗费用受偿后，予以支持。"银行贷款属于依法享有优先受偿权，因此选项A正确。

第三节　执行的变更程序

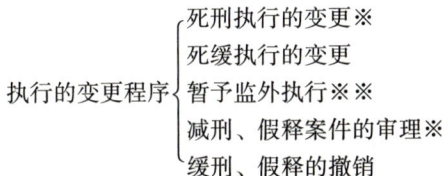

执行的变更程序 {
死刑执行的变更※
死缓执行的变更
暂予监外执行※※
减刑、假释案件的审理※
缓刑、假释的撤销
}

执行变更是指，在刑事判决、裁定的执行中，由于出现了法定情形，需要对已确定的刑罚内容或刑罚的执行方法加以变更。

一、死刑执行的变更※※

死刑执行的变更包括停止执行死刑和暂停执行死刑两种情况。详见上一节中"死刑立即执行判决的执行与变更"。

二、死刑缓期二年执行的变更

◘○重点解读

根据《刑诉法》《刑法》及司法解释的规定，罪犯在死刑缓期执行期间的表现，可作两种变更：

（一）应当减刑

判处死刑缓期执行的，在死刑缓期执行期间，如果没有故意犯罪，2年期满以后，减为无期徒刑；如果确有重大立功表现，2年期满以后，减为25年有期徒刑。

（二）执行死刑

如果故意犯罪，情节恶劣的，报请最高人民法院核准后执行死刑；对于故意犯罪未执行死刑的，死刑缓期执行的期间重新计算，并报最高人民法院备案。

> **要点提示**
>
> 1. 被判处死刑缓期执行的罪犯，在死刑缓期执行期间故意犯罪的，应当由罪犯服刑地的中级人民法院依法审判，所作的判决可以上诉、抗诉。
> 2. 认定构成故意犯罪的判决、裁定发生法律效力后，应当层报最高人民法院核准执行死刑。

三、暂予监外执行※※

暂予监外执行，是指对被判处一定刑罚的罪犯，具有法律规定的某种特殊情况，不适宜在监狱或者拘役所等场所执行刑罚，暂时采取不予关押的一种变通执行方法。

图表总结

	内容	注意
条件	1. 对被判处有期徒刑或者拘役的罪犯，有下列情形之一的，可以暂予监外执行：（1）有严重疾病需要保外就医的；（2）怀孕或者正在哺乳自己婴儿的妇女的；（3）生活不能自理，适用暂予监外执行不致危害社会的。 2. 对被判处无期徒刑的罪犯，如果是怀孕或者正在哺乳自己婴儿的妇女，可以暂予监外执行。	1. 对罪犯确有严重疾病，必须保外就医的，由省级人民政府指定的医院诊断并开具证明文件。 2. 对适用保外就医可能有社会危险性的罪犯，或者自伤自残的罪犯，不得保外就医。
批准、决定机关	1. 在交付执行前，暂予监外执行由交付执行的人民法院决定； 2. 在交付执行后，暂予监外执行由监狱或者看守所提出书面意见，报省级以上监狱管理机关或者设区的市一级以上公安机关批准。	对于被告人可能被判处拘役、有期徒刑、无期徒刑，符合暂予监外执行条件的，被告人及其辩护人有权向人民法院提出暂予监外执行的申请，看守所可以将有关情况通报人民法院。人民法院应当进行审查，并在交付执行前作出是否暂予监外执行的决定。
监督	1. 决定或者批准暂予监外执行的机关应当将暂予监外执行决定抄送人民检察院。 2. 人民检察院认为暂予监外执行不当的，应当自接到通知之日起1个月以内将书面意见送交决定或者批准暂予监外执行的机关。	人民检察院认为人民法院的暂予监外执行决定不当，在法定期限内提出书面意见的，人民法院应当立即对该决定重新核查，并在1个月内作出决定。

续表

	内容	注意
收监条件	人民法院收到社区矫正机构的收监执行建议书后，经审查，确认暂予监外执行的罪犯具有下列情形之一的，应当作出收监执行的决定： （1）不符合暂予监外执行条件的； （2）未经批准离开所居住的市、县，经警告拒不改正，或者拒不报告行踪，脱离监管的； （3）因违反监督管理规定受到治安管理处罚，仍不改正的； （4）受到执行机关两次警告，仍不改正的； （5）保外就医期间不按规定提交病情复查情况，经警告拒不改正的； （6）暂予监外执行的情形消失后，刑期未满的； （7）保证人丧失保证条件或者因不履行义务被取消保证人资格，不能在规定期限内提出新的保证人的； （8）违反法律、行政法规和监督管理规定，情节严重的其他情形。	1. 人民法院收监执行决定书，一经作出，立即生效。 2. 在人民法院作出收监决定后，由公安机关送交执行刑罚。
不计刑期的情形	1. 不符合暂予监外执行条件的罪犯通过贿赂等非法手段被暂予监外执行的，在监外执行的期间不计入执行刑期。 2. 罪犯在暂予监外执行期间脱逃的，脱逃的期间不计入执行刑期。	1. 对于人民法院决定暂予监外执行的罪犯具有上述情形的，人民法院在决定予以收监的同时，应当确定不计入刑期的期间。 2. 对于监狱管理机关或者公安机关决定暂予监外执行的罪犯具有上述情形的，罪犯被收监后，所在监狱或者看守所应当及时向所在地的中级人民法院提出不计入执行刑期的建议书，由人民法院审核裁定。

【经典真题】

2017 年试卷二单项选择题第 38 题：[1]

张某居住于甲市 A 区，曾任甲市 B 区某局局长，因受贿罪被 B 区法院判处有期徒刑 5 年，执行期间突发严重疾病而被决定暂予监外执行。张某在监外执行期间违反规定，被决定收监执行。关于本案，下列哪一选项是正确的？

A. 暂予监外执行由 A 区法院决定

B. 暂予监外执行由 B 区法院决定

C. 暂予监外执行期间由 A 区司法行政机关实行社区矫正

D. 收监执行由 B 区法院决定

---

[1] 原答案：C。

【本题解析】

本题考查的是执行变更。《刑诉法》第 265 条第 5 款规定："在交付执行前，暂予监外执行由交付执行的人民法院决定；在交付执行后，暂予监外执行由监狱或者看守所提出书面意见，报省级以上监狱管理机关或者设区的市一级以上公安机关批准。"因此，A、B 项错误。本题中，暂予监外执行是由执行机关决定的，因此收监执行也应该有执行机关决定。所以，D 项错误。《刑诉法》第 269 条："对被判处管制、宣告缓刑、假释或者暂予监外执行的罪犯，依法实行社区矫正，由社区矫正机构负责执行。"因此，题干所列暂予监外执行应该由 A 区社区矫正机构负责执行。所以，C 项也不准确。

四、减刑、假释案件的审理※

减刑，是指被判处一定刑罚的罪犯，在执行期间确有悔改或者立功表现，由人民法院依法适当减轻其原判刑罚的制度。假释，是指对于被判处有期徒刑、无期徒刑的犯罪分子经过一定期限的服刑改造，确有悔改表现，释放后，不致再危害社会的，附条件地将其提前释放的一种制度。

在刑事诉讼法中，减刑、假释案件的审理程序是重点。

▽ **关联法条**

最高人民法院关于减刑、假释案件审理程序的规定
(2014 年 4 月 10 日最高人民法院审判委员会第 1611 次会议通过)

第 1 条　对减刑、假释案件，应当按照下列情形分别处理：

（一）对被判处死刑缓期执行的罪犯的减刑，由罪犯服刑地的高级人民法院在收到同级监狱管理机关审核同意的减刑建议书后一个月内作出裁定；

（二）对被判处无期徒刑的罪犯的减刑、假释，由罪犯服刑地的高级人民法院在收到同级监狱管理机关审核同意的减刑、假释建议书后一个月内作出裁定，案情复杂或者情况特殊的，可以延长一个月；

（三）对被判处有期徒刑和被减为有期徒刑的罪犯的减刑、假释，由罪犯服刑地的中级人民法院在收到执行机关提出的减刑、假释建议书后一个月内作出裁定，案情复杂或者情况特殊的，可以延长一个月；

（四）对被判处拘役、管制的罪犯的减刑，由罪犯服刑地中级人民法院在收到同级执行机关审核同意的减刑、假释建议书后一个月内作出裁定。

对暂予监外执行罪犯的减刑，应当根据情况，分别适用前款的有关规定。

🌐 **图表总结**

刑罚	裁定法院（服刑地）	同级狱管机关同意	裁定时间
死缓（减刑）	高级法院	需要	一个月
无期（减刑、假释）	高级法院	需要	一个月内作出裁定，案情复杂或者情况特殊的，可以延长一个月

刑罚	裁定法院 （服刑地）	同级狱管 机关同意	裁定时间
有期（减刑、假释）	中级法院	不需要	一个月内作出裁定，案情复杂或者情况特殊的，可以延长一个月
拘役、管制（减刑）	中级法院	不需要	一个月

第4条 人民法院审理减刑、假释案件，<u>应当</u>依法由<u>审判员</u>或者由<u>审判员和人民陪审员</u>组成合议庭进行。

第7条 人民法院开庭审理减刑、假释案件，<u>应当通知人民检察院</u>、执行机关及被报请减刑、假释罪犯参加庭审。

人民法院根据需要，<u>可以通知证明罪犯确有悔改表现或者立功、重大立功表现的证人</u>，公示期间提出<u>不同意见的人</u>，以及鉴定人、翻译人员等其他人员参加庭审。

第13条 人民法院开庭审理减刑、假释案件，能够当庭宣判的应当当庭宣判；不能当庭宣判的，可以择期宣判。

第15条 人民法院<u>书面</u>审理<u>减刑</u>案件，<u>可以提讯</u>被报请减刑罪犯；<u>书面</u>审理<u>假释</u>案件，<u>应当提讯</u>被报请假释罪犯。

人民检察院办理减刑、假释案件规定
（2014年7月21日最高人民检察院第十二届检察委员会第二十五次会议通过）

第20条 人民检察院经审查认为人民法院减刑、假释裁定<u>不当</u>的，应当在<u>收到裁定书</u><u>副本</u>后<u>20日</u>以内，依法向作出减刑、假释裁定的人民法院提出<u>书面纠正意见</u>。

第22条 人民检察院发现人民法院<u>已经生效</u>的减刑、假释裁定确有错误的，<u>应当</u>向人民法院提出<u>书面纠正意见</u>，提请人民法院按照<u>审判监督程序</u>依法<u>另行组成合议庭</u>重新审理并作出裁定。

《高法解释》：

第535条 受理减刑、假释案件，应当审查执行机关移送的材料是否包括下列内容：

（一）减刑、假释建议书；

（二）原审法院的裁判文书、执行通知书、历次减刑裁定书的复制件；

（三）证明罪犯确有悔改、立功或者重大立功表现具体事实的书面材料；

（四）罪犯评审鉴定表、奖惩审批表等；

（五）罪犯假释后对所居住社区影响的调查评估报告；

（六）刑事裁判涉财产部分、附带民事裁判的执行、履行情况；

（七）根据案件情况需要移送的其他材料。

人民检察院对报请减刑、假释案件提出意见的，执行机关应当一并移送受理减刑、假释案件的人民法院。

经审查，材料不全的，应当通知提请减刑、假释的执行机关在3日以内补送；逾期未补送的，不予立案。

第536条 审理减刑、假释案件，对罪犯积极履行刑事裁判涉财产部分、附带民事裁判确定的义务的，可以认定有悔改表现，在减刑、假释时从宽掌握；对确有履行能力而不

履行或者不全部履行的，在减刑、假释时从严掌握。

第537条　审理减刑、假释案件，应当在立案后5日以内对下列事项予以公示：

（一）罪犯的姓名、年龄等个人基本情况；

（二）原判认定的罪名和刑期；

（三）罪犯历次减刑情况；

（四）执行机关的减刑、假释建议和依据。

公示应当写明公示期限和提出意见的方式。

第538条　审理减刑、假释案件，应当组成合议庭，可以采用书面审理的方式，但下列案件应当开庭审理：

（一）因罪犯有重大立功表现提请减刑的；

（二）提请减刑的起始时间、间隔时间或者减刑幅度不符合一般规定的；

（三）被提请减刑、假释罪犯系职务犯罪罪犯，组织、领导、参加、包庇、纵容黑社会性质组织罪犯，破坏金融管理秩序罪犯或者金融诈骗罪犯的；

（四）社会影响重大或者社会关注度高的；

（五）公示期间收到不同意见的；

（六）人民检察院提出异议的；

（七）有必要开庭审理的其他案件。

第539条　人民法院作出减刑、假释裁定后，应当在7日以内送达提请减刑、假释的执行机关、同级人民检察院以及罪犯本人。人民检察院认为减刑、假释裁定不当，在法定期限内提出书面纠正意见的，人民法院应当在收到意见后另行组成合议庭审理，并在1个月以内作出裁定。

对假释的罪犯，适用本解释第519条的有关规定，依法实行社区矫正。

第540条　减刑、假释裁定作出前，执行机关书面提请撤回减刑、假释建议的，人民法院可以决定是否准许。

第541条　人民法院发现本院已经生效的减刑、假释裁定确有错误的，应当另行组成合议庭审理；发现下级人民法院已经生效的减刑、假释裁定确有错误的，可以指令下级人民法院另行组成合议庭审理，也可以自行组成合议庭审理。

五、缓刑、假释的撤销

▽ 关联法条

《高法解释》：

第542条　罪犯在缓刑、假释考验期限内犯新罪或者被发现在判决宣告前还有其他罪没有判决，应当撤销缓刑、假释的，由审判新罪的人民法院撤销原判决、裁定宣告的缓刑、假释，并书面通知原审人民法院和执行机关。

第543条　人民法院收到社区矫正机构的撤销缓刑建议书后，经审查，确认罪犯在缓刑考验期限内具有下列情形之一的，应当作出撤销缓刑的裁定：

（一）违反禁止令，情节严重的；

（二）无正当理由不按规定时间报到或者接受社区矫正期间脱离监管，超过一个月的；

（三）因违反监督管理规定受到治安管理处罚，仍不改正的；

（四）受到执行机关二次警告，仍不改正的；

（五）违反法律、行政法规和监督管理规定，情节严重的其他情形。

人民法院收到社区矫正机构的撤销假释建议书后，经审查，确认罪犯在假释考验期限内具有前款第二项、第四项规定情形之一，或者有其他违反监督管理规定的行为，尚未构成新的犯罪的，应当作出撤销假释的裁定。

第544条 被提请撤销缓刑、假释的罪犯可能逃跑或者可能发生社会危险，社区矫正机构在提出撤销缓刑、假释建议的同时，提请人民法院决定对其予以逮捕的，人民法院应当在四十八小时以内作出是否逮捕的决定。决定逮捕的，由公安机关执行。逮捕后的羁押期限不得超过三十日。

第545条 人民法院应当在收到社区矫正机构的撤销缓刑、假释建议书后三十日以内作出裁定。撤销缓刑、假释的裁定一经作出，立即生效。

人民法院应当将撤销缓刑、假释裁定书送达社区矫正机构和公安机关，并抄送人民检察院，由公安机关将罪犯送交执行。执行以前被逮捕的，羁押一日折抵刑期一日。

【经典真题】

2020法考客观题回忆版：[1]

陈某集资诈骗案，某市中级法院一审判处陈某有期徒刑10年，在执行期间，法院对陈某裁定假释，在社区矫正期间，陈某又在某市A区犯盗窃罪，下列关于该案的表述，正确的是？

A. 某市中级法院对陈某的假释，可以进行书面审理

B. 对陈某假释期间变更执行地，由作出假释裁定的法院决定变更

C. 社区矫正期间撤销假释，应解除社区矫正

D. A区法院在审理陈某盗窃罪时，可以裁定撤销陈某的假释

【考点】假释

【本题解析】

选项A错误。《刑诉解释》第538条条规定："审理减刑、假释案件，应当组成合议庭，可以采用书面审理的方式，但下列案件应当开庭审理：……（三）被提请减刑、假释罪犯系职务犯罪罪犯，组织、领导、参加、包庇、纵容黑社会性质组织罪犯，破坏金融管理秩序罪犯或者金融诈骗罪犯的……"集资诈骗罪属于金融诈骗罪犯罪，因此应当开庭审理。据此，选项A错误。

选项B错误。《中华人民共和国社区矫正法》（以下简称《社区矫正法》）第27条第2款规定："因社区矫正对象迁居等原因需要变更执行地的，社区矫正机构应当按照有关规定作出变更决定。社区矫正机构作出变更决定后，应当通知社区矫正决定机关和变更后的社区矫正机构，并将有关法律文书抄送变更后的社区矫正机构。变更后的社区矫正机构应当将法律文书转送所在地的人民检察院、公安机关。"因此，对陈某假释期间变更执行地由社区矫正机构作出变更决定。故，选项B错误。

选项C错误。《社区矫正法》第45条规定："社区矫正对象被裁定撤销缓刑、假释，被决定收监执行，或者社区矫正对象死亡的，社区矫正终止。"不是解除，是终止。故，选项C错误。

---

[1] 答案：D。

选项 D 正确。《刑事解释》第 542 条规定："罪犯在缓刑、假释考验期限内犯新罪或者被发现在判决宣告前还有其他罪没有判决，应当撤销缓刑、假释的，由审判新罪的人民法院撤销原判决、裁定宣告的缓刑、假释，并书面通知原审人民法院和执行机关。"据此，选项 D 正确。

第四节　对新罪和申诉的处理

重点解读

一、对新罪、漏罪的处理

新罪是指罪犯在服刑期间实施的犯罪。漏罪是指执行过程中发现的，罪犯在判决宣告以前所犯的尚未判决的罪行。

《刑诉法》第 273 条第 1 款规定："罪犯在服刑期间又犯罪的，或者发现了判决的时候所没有发现的罪行，由执行机关移送人民检察院处理。"

二、发现错判和对申诉的处理

《刑诉法》第 275 条规定："监狱和其他执行机关在刑罚执行中，如果认为判决有错误或者罪犯提出申诉，应当转请人民检察院或者原判人民法院处理。"

第二十章
未成年人刑事案件诉讼程序※※

导学

　　《刑诉法》在第五编"特别程序"中以专章的形式规定了未成年人刑事案件诉讼程序。其中对未成年人法律援助辩护、办案人员资格、社会调查、严格限制逮捕措施、法定代理人或者合适成年人到场、附条件不起诉、不公开审理、犯罪记录封存等制度进行了规定。

　　特别程序是法考的重点考查点，需要考生重点把握。

📖 知识体系

未成年人刑事案件诉讼程序 {
一般规定※※
附条件不起诉※※
犯罪记录封存※※
《人民检察院办理未成年人刑事案件的规定》
}

本章重点

第一节　一般规定※※

一、概述

🔲○重点解读

　　未成年人刑事案件，是指犯罪嫌疑人、被告人实施涉嫌犯罪行为时已满14周岁、未满18周岁的刑事案件。

　　未成年人刑事案件诉讼程序与成年人刑事案件诉讼程序不同：

　　第一，在刑事诉讼过程中更加突出教育改造的方针，在各个诉讼阶段中贯穿教育、感化与挽救的精神。

　　第二，刑诉法及司法解释赋予了未成年犯罪嫌疑人、被告人更多的诉讼权利，确立了更多的保障权利实现的措施。

　　第三，对证据的运用更加严格，不仅要求案件事实清楚，证据确实、充分，还要调查、证明未成年人走入歧途的社会、家庭、成长、教育等方面的背景原因。

第四，在各个诉讼阶段中，都采取适合未成年人特点的诉讼程序，即相对于成年人刑事案件诉讼程序更加灵活和宽缓。

二、相关制度※※

◉ 重点解读

1. 严格限制适用逮捕：对未成年犯罪嫌疑人、被告人应当严格限制适用逮捕措施。

2. 应当讯问、听取：人民检察院审查批准逮捕和人民法院决定逮捕，应当讯问未成年犯罪嫌疑人、被告人，听取辩护律师的意见。询问未成年被害人、证人，也应当通知法定代理人到场。

3. 合适成年人制度：对于未成年人刑事案件，应当通知未成年犯罪嫌疑人、被告人的法定代理人到场。需要注意，"应当通知"不等于"应当到场"。

无法通知、法定代理人不能到场或者法定代理人是共犯的，也可以通知合适成年人到场。即通知未成年犯罪嫌疑人、被告人的其他成年亲属，所在学校、单位、居住地基层组织或者未成年人保护组织的代表到场，并将有关情况记录在案。

4. 女性特殊：讯问女性未成年犯罪嫌疑人，应当有女工作人员在场。

5. 补充陈述：审判未成年人刑事案件，未成年被告人最后陈述后，其法定代理人可以进行补充陈述。法庭应当询问其法定代理人是否补充陈述。需要注意，只能补充陈述，不可以代替陈述。此外，辩护人及其他近亲属不能补充陈述。

6. 不公开审理：审判时不满18周岁的未成年人一律不公开审理，但未成年人所在学校和未成年人保护组织的代表可以派员到场。他们到场的目的是对未成年人进行保护和教育，不违反不公开审理规定。

7. 对人民检察院移送的关于未成年被告人性格特点、家庭情况、社会交往、成长经历、犯罪原因、犯罪前后的表现、监护教育等情况的调查报告，以及辩护人提交的反映未成年被告人上述情况的书面材料，法庭应当接受。

8. 对未成年人刑事案件，人民法院决定适用简易程序审理的，应当征求未成年被告人及其法定代理人、辩护人的意见。上述人员提出异议的，不适用简易程序。另外，对未成年人不适用速裁程序。

9. 法庭辩论结束后，法庭可以根据案件情况，对未成年被告人进行教育；判决未成年被告人有罪的，宣判后，应当对未成年被告人进行教育。对未成年被告人进行教育，其法定代理人以外的成年亲属或者教师、辅导员等参与有利于感化、挽救未成年人的，人民法院应当邀请其参加有关活动。

【经典真题】

2015年试卷二多项选择题第73题：[1]

律师邹某受法律援助机构指派，担任未成年人陈某的辩护人。关于邹某的权利，下列哪些说法是正确的？

A. 可调查陈某的成长经历、犯罪原因、监护教育等情况，并提交给法院

---

[1] 答案：ABD。

B. 可反对法院对该案适用简易程序，法院因此只能采用普通程序审理

C. 可在陈某最后陈述后进行补充陈述

D. 可在有罪判决宣告后，受法庭邀请参与对陈某的法庭教育

【本题解析】

A，《高法解释》第 568 条："对人民检察院移送的关于未成年被告人性格特点、家庭情况、社会交往、成长经历、犯罪原因、犯罪前后的表现、监护教育等情况的调查报告，以及辩护人提交的反映未成年被告人上述情况的书面材料，法庭应当接受。"可见，辩护人也可以调查未成年被告人的成长经历、犯罪原因、监护教育等情况，并提交给法院。A 正确。

B，《高法解释》第 566 条："对未成年人刑事案件，人民法院决定适用简易程序审理的，应当征求未成年被告人及其法定代理人、辩护人的意见。上述人员提出异议的，不适用简易程序。"可见，辩护人可反对法院对该案适用简易程序，法院因此只能采用普通程序审理。B 正确。

C，《高法解释》第 577 条："未成年被告人最后陈述后，法庭应当询问其法定代理人是否补充陈述。"可见，补充陈述是法定代理人的权利，而非辩护人的权利。C 错误。

D，《高法解释》第 576 条规定："法庭辩论结束后，法庭可以根据未成年人的生理、心理特点和案件情况，对未成年被告人进行法治教育；判决未成年被告人有罪的，宣判后，应当对未成年被告人进行法治教育。

对未成年被告人进行教育，其法定代理人以外的成年亲属或者教师、辅导员等参与有利于感化、挽救未成年人的，人民法院应当邀请其参加有关活动。

适用简易程序审理的案件，对未成年被告人进行法庭教育，适用前两款规定。"

可见，辩护人作为诉讼参与人，可以受法庭邀请参与对陈某的法庭教育。D 正确。

综上所述，本题应当选 ABD。

第二节　附条件不起诉※※

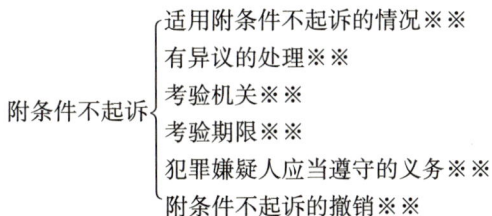

附条件不起诉 ｛
适用附条件不起诉的情况※※
有异议的处理※※
考验机关※※
考验期限※※
犯罪嫌疑人应当遵守的义务※※
附条件不起诉的撤销※※

附条件不起诉，是指检察机关对应当负刑事责任的未成年犯罪嫌疑人，认为可以不立即追究刑事责任时，设立一定考验期限，如果未成年犯罪嫌疑人在考验期限内积极履行相关社会义务，并完成与被害人及检察机关约定的相关义务，足以证实其悔罪表现的，检察机关将依法作出不起诉决定的制度。

请考生一定注意，我们前面学过三大不起诉制度，法定不起诉、酌定不起诉和存疑不起诉，附条件不起诉是第四大不起诉吗？不是的。附条件不起诉不是真正的不起诉，它只是对未成年犯罪嫌疑人设定一定的考验期限和条件，在这一段期限中，如果未成年犯罪嫌疑人表现良好，检察院才会在期限后最终作出不起诉的决定。相反，如果表现得糟糕，违

反了相关法律规定，检察院会撤销附条件不起诉而提起公诉。

图表总结

	内容	注意
适用情况	1. 未成年人。 2. 涉嫌刑法分则侵犯人身权利、侵犯财产权利、妨害社会管理秩序的犯罪。 3. 可能判处1年有期徒刑以下刑罚。 4. 符合起诉条件。 5. 但有悔罪表现的。	1. 附条件不起诉是"可以"不起诉，而非"应当"不起诉。 2. 人民检察院在作出附条件不起诉的决定以前，应当听取公安机关、被害人的意见。
被不起诉人有异议	未成年犯罪嫌疑人及其法定代理人对拟作出附条件不起诉决定提出异议的，人民检察院应当提起公诉。但是，未成年犯罪嫌疑人及其法定代理人提出无罪辩解，人民检察院经审查认为无罪辩解理由成立的，应当按照《高检规则》第365条的规定作出不起诉决定。 未成年犯罪嫌疑人及其法定代理人对案件作附条件不起诉处理没有异议，仅对所附条件及考验期有异议的，人民检察院可以依法采纳其合理的意见，对考察的内容、方式、时间等进行调整；其意见不利于对未成年犯罪嫌疑人帮教，人民检察院不采纳的，应当进行释法说理。 人民检察院作出起诉决定前，未成年犯罪嫌疑人及其法定代理人撤回异议的，人民检察院可以依法作出附条件不起诉决定。	对未成年人附条件不起诉或者不起诉的决定，被害人不服的，只能申诉，不能自诉。
考验机关	检察机关	
考验期限	附条件不起诉的考验期为6个月以上1年以下，从人民检察院作出附条件不起诉的决定之日起计算。	
应守义务（熟悉）	1. 遵守法律法规，服从监督； 2. 按照规定报告自己的活动情况； 3. 离开所居住的市、县或者迁居，应当报经批准； 4. 按照要求接受矫治和教育。	
撤销不起诉	在考验期内有下列情形之一的，人民检察院应当撤销附条件不起诉的决定，提起公诉： 1. 新罪漏罪； 2. 违规严重。	被附条件不起诉的未成年犯罪嫌疑人，在考验期内没有这些情形，考验期满的，人民检察院应当作出不起诉的决定。

理论释义

为什么对未成年人附条件不起诉或者不起诉，被害人不可以自诉？

一方面，附条件不起诉属于检察机关有条件地暂时放弃公诉权，社会乃至被害人应当持宽容态度。附条件不起诉的目的是保护未成年犯罪嫌疑人，属于检察院的裁量范围。

另一方面，自诉的目的是保护被害人合法权益，属于法院的管辖权限。

在保护被告人与被害人权利的平衡与博弈，检察院与法院职权的平衡与博弈中，立法解释这一次站在了未成年被告这一边，相当于扩大了检察机关的司法处置权，限缩了法院自诉案件的受案范围。

这是因为：

第一，对未成年人不起诉或者附条件不起诉后，未成年人已经经历了诉讼程序，吃到了苦头。同时，正是因为未成年人有悔罪表现或者情节轻微才会被不起诉或者附条件不起诉。不起诉决定作出后，未成年人相当于无罪，会回归社会或者学校。如果此时启动自诉意味着将未成年人置于被告人地位，增加其被再次追诉的风险，可能会对未成年人的学习、生活、身心健康和前途产生影响。

第二，如果被害人不经申诉而直接向法院提起自诉，就会使得检察机关作出的不起诉决定处于不稳定状态。如果检察院不起诉，而法院却在自诉案件中判未成年人有罪，检察院就会比较尴尬了。

【经典真题】

2017 年试卷二单项选择题第 39 题：[1]

未成年人小周涉嫌故意伤害被取保候审，A 县检察院审查起诉后决定对其适用附条件不起诉，监督考察期限为 6 个月。关于本案处理，下列哪一选项是正确的？

A. 作出附条件不起诉决定后，应释放小周

B. 本案审查起诉期限自作出附条件不起诉决定之日起中止

C. 监督考察期间，如小周经批准迁居 B 县继续上学，改由 B 县检察院负责监督考察

D. 监督考察期间，如小周严格遵守各项规定，表现优异，可将考察期限缩短为 5 个月

【本题解析】

本题考查的是附条件不起诉的法律后果等相关知识点。《人民检察院办理未成年人刑事案件的规定》第 34 条规定："未成年犯罪嫌疑人在押的，作出附条件不起诉决定后，人民检察院应当作出释放或者变更强制措施的决定。"因此，A 项错误。第 40 条规定："人民检察院决定附条件不起诉的，应当确定考验期。考验期为六个月以上一年以下，从人民检察院作出附条件不起诉的决定之日起计算。考验期不计入案件审查起诉期限。考验期的长短应当与未成年犯罪嫌疑人所犯罪行的轻重、主观恶性的大小和人身危险性的大小、一贯表现及帮教条件等相适应，根据未成年犯罪嫌疑人在考验期的表现，可以在法定期限范围内适当缩短或者延长。"B 项正确，D 项错误。第 44 条规定："未成年犯罪嫌疑人经批准离开所居住的市、县或者迁居，作出附条件不起诉决定的人民检察院可以要求迁入地的人民检察院协助进行考察，并将考察结果函告作出附条件不起诉决定的人民检察院。"因此，C 项错误。

---

〔1〕 答案：B。

第三节　犯罪记录封存※※

一、概述

◇●**重点解读**

犯罪记录封存是指公安司法机关将符合法定条件的未成年罪犯的犯罪记录、卷宗等相关材料装订成册，加密保存，一般不允许他人查阅的制度。

该制度的设计目的是为了利于未成年罪犯回归社会。

二、主要规定※※

▽　**关联法条**

《刑诉法》：

第 286 条　犯罪的时候不满十八周岁，被判处 五年有期徒刑以下刑罚的，应当对相关犯罪记录予以封存。

犯罪记录被封存的，不得向任何单位和个人提供，但司法机关为办案需要或者有关单位根据国家规定进行查询的除外。依法进行查询的单位，应当对被封存的犯罪记录的情况予以保密。

《高检规则》：

第 486 条　人民检察院对未成年犯罪嫌疑人作出不起诉决定后，应当对相关记录予以封存。具体程序参照本规则第四百八十三条至第四百八十五条的规定。

《高法解释》：

第 557 条第 2 款　对依法公开审理，但可能需要封存犯罪记录的案件，不得组织人员旁听；有旁听人员的，应当告知其不得传播案件信息。

第 581 条　犯罪时不满 18 周岁，被判处 5 年有期徒刑以下刑罚以及免除刑事处罚的未成年人的犯罪记录，应当封存。

司法机关或者有关单位向人民法院申请查询封存的犯罪记录的，应当提供查询的理由和依据。对查询申请，人民法院应当及时作出是否同意的决定。

- - **要点提示**

　　检察院不起诉后，应当封存相关记录。注意是正式的"不起诉后"，而非"附条件不起诉后"。

【经典真题】

2012 年试卷二多项选择题第 74 题：[1]

关于犯罪记录封存的适用条件，下列哪些选项是正确的？

A. 犯罪的时候不满 18 周岁

---

〔1〕　答案：AB。

B. 被判处 5 年有期徒刑以下刑罚

C. 初次犯罪

D. 没有受过其他处罚

【本题解析】

《刑诉法》第 286 条第 1 款规定："犯罪的时候不满十八周岁，被判处五年有期徒刑以下刑罚的，应当对相关犯罪记录予以封存。"可知 AB 正确。CD 不符合该条规定，错误。

本题应当选 AB。

第四节　人民检察院办理未成年人刑事案件的规定

《人民检察院办理未成年人刑事案件的规定》（以下简称《检未规定》），请考生熟悉以下重点法条中的划线部分及注意部分。

《人民检察院办理未成年人刑事案件的规定》

第八条第一款　省级、地市级人民检察院和未成年人刑事案件较多的基层人民检察院，应当设立独立的未成年人刑事检察机构。地市级人民检察院也可以根据当地实际，指定一个基层人民检察院设立独立机构，统一办理辖区范围内的未成年人刑事案件；条件暂不具备的，应当成立专门办案组或者指定专人办理。对于专门办案组或者专人，应当保证其集中精力办理未成年人刑事案件，研究未成年人犯罪规律，落实对涉案未成年人的帮教措施等工作。

第九条　人民检察院根据情况可以对未成年犯罪嫌疑人的成长经历、犯罪原因、监护教育等情况进行调查，并制作社会调查报告，作为办案和教育的参考。

人民检察院开展社会调查，可以委托有关组织和机构进行。开展社会调查应当尊重和保护未成年人名誉，避免向不知情人员泄露未成年犯罪嫌疑人的涉罪信息。

人民检察院应当对公安机关移送的社会调查报告进行审查，必要时可以进行补充调查。提起公诉的案件，社会调查报告应当随案移送人民法院。

（注意：社会调查报告只能作为参考。）

第十条　人民检察院办理未成年人刑事案件，可以应犯罪嫌疑人家属、被害人及其家属的要求，告知其审查逮捕、审查起诉的进展情况，并对有关情况予以说明和解释。

第十三条　人民检察院办理未成年犯罪嫌疑人审查逮捕案件，应当根据未成年犯罪嫌疑人涉嫌犯罪的事实、主观恶性、有无监护与社会帮教条件等，综合衡量其社会危险性，严格限制适用逮捕措施，可捕可不捕的不捕。

第十四条　审查逮捕未成年犯罪嫌疑人，应当重点审查其是否已满十四、十六、十八周岁。

对犯罪嫌疑人实际年龄难以判断，影响对该犯罪嫌疑人是否应当负刑事责任认定的，应当不批准逮捕。需要补充侦查的，同时通知公安机关。

（注意：年龄需要难以判断至影响刑事责任认定的程度，才应当不批准逮捕。譬如，甲涉嫌严重的抢劫犯罪，甲的年龄是 14 岁还是 15 岁搞不清，不影响批捕。但如果甲的年龄是 13 岁还是 14 岁搞不清，则直接关系到刑事责任的认定问题，应当不批准逮捕。）

第十五条　审查逮捕未成年犯罪嫌疑人，应当审查公安机关依法提供的证据和社会调查报告等材料。公安机关<u>没有提供</u>社会调查报告的，人民检察院根据案件情况<u>可以要求公安机关提供</u>，也可以自行或者委托有关组织和机构进行调查。

第十七条　人民检察院办理未成年犯罪嫌疑人审查逮捕案件，<u>应当讯问</u>未成年犯罪嫌疑人，听取辩护律师的意见，并制作笔录附卷。

讯问未成年犯罪嫌疑人，应当根据该未成年人的特点和案件情况，制定详细的讯问提纲，采取适宜该未成年人的方式进行，讯问用语应当准确易懂。

讯问未成年犯罪嫌疑人，应当告知其依法享有的诉讼权利，告知其如实供述案件事实的法律规定和意义，核实其是否有自首、立功、坦白等情节，听取其有罪的供述或者无罪、罪轻的辩解。

讯问未成年犯罪嫌疑人，应当通知其法定代理人到场，告知法定代理人依法享有的诉讼权利和应当履行的义务。无法通知、法定代理人不能到场或者法定代理人是共犯的，也可以通知未成年犯罪嫌疑人的其他成年亲属，所在学校、单位或者居住地的村民委员会、居民委员会、未成年人保护组织的代表等合适成年人到场，并将有关情况记录在案。到场的法定代理人可以代为行使未成年犯罪嫌疑人的诉讼权利，行使时不得侵犯未成年犯罪嫌疑人的合法权益。

未成年犯罪嫌疑人<u>明确拒绝</u>法定代理人以外的<u>合适成年人</u>到场，人民检察院<u>可以准许</u>，但<u>应当另行通知其他合适成年人</u>到场。

到场的法定代理人或者其他人员认为办案人员在讯问中侵犯未成年犯罪嫌疑人合法权益的，<u>可以提出意见</u>。讯问笔录应当交由到场的法定代理人或者其他人员阅读或者向其宣读，并由其在笔录上<u>签字、盖章或者捺指印</u>确认。

讯问女性未成年犯罪嫌疑人，应当有女性检察人员参加。

询问未成年被害人、证人，适用本条第四款至第七款的规定。

第十八条　讯问未成年犯罪嫌疑人<u>一般不得使用械具</u>。对于确有人身危险性，必须使用械具的，在现实危险消除后，应当立即停止使用。

第二十一条　对未成年犯罪嫌疑人作出批准逮捕决定后，应当依法进行<u>羁押必要性审查</u>。对不需要继续羁押的，应当及时<u>建议予以释放或者变更强制措施</u>。

（**注意：**检察院批捕后，需要进行捕后羁押必要性审查，如果发现未成年嫌疑人不需要继续羁押的，只能建议释放或者变更，不能直接决定。）

第二十二条　人民检察院<u>审查起诉</u>未成年人刑事案件，自收到移送审查起诉的案件材料之日起三日以内，应当告知被害人及其法定代理人或者其近亲属、附带民事诉讼的当事人及其法定代理人有权委托诉讼代理人。

对未成年被害人或者其法定代理人提出聘请律师意向，但因经济困难或者其他原因没有委托诉讼代理人的，应当帮助其申请法律援助。

未成年犯罪嫌疑人被羁押的，人民检察院<u>应当审查是否有必要继续羁押</u>。对不需要继续羁押的，<u>应当予以释放或者变更强制措施</u>。

审查起诉未成年犯罪嫌疑人，<u>应当听取其父母或者其他法定代理人</u>、辩护人、被害人及其法定代理人的意见。

（**注意：**审查起诉阶段与审查批捕阶段不同，此时未成年嫌疑人处于检察院控制之下，如果检察院认为无需继续羁押，可以直接决定释放或者变更。）

第二十六条　对于<u>犯罪情节轻微</u>，具有下列情形之一，依照刑法规定<u>不需要判处刑罚</u>

或者免除刑罚的未成年犯罪嫌疑人，一般应当依法作出不起诉决定：

（一）被胁迫参与犯罪的；

（二）犯罪预备、中止、未遂的；

（三）在共同犯罪中起次要或者辅助作用的；

（四）系又聋又哑的人或者盲人的；

（五）因防卫过当或者紧急避险过当构成犯罪的；

（六）有自首或者立功表现的；

（七）其他依照刑法规定不需要判处刑罚或者免除刑罚的情形。

第二十九条 对于犯罪时已满十四周岁不满十八周岁的未成年人，同时符合下列条件的，人民检察院可以作出附条件不起诉决定：

（一）涉嫌刑法分则第四章、第五章、第六章规定的犯罪；

（二）根据具体犯罪事实、情节，可能被判处 一年有期徒刑以下刑罚；

（三）犯罪事实清楚，证据确实、充分，符合起诉条件；

（四）具有悔罪表现。

（**注意**：附条件不起诉只适用于未成年人，未成年人的年龄以犯罪时为准。）

第三十一条 公安机关或者被害人对附条件不起诉有异议或争议较大的案件，人民检察院可以召集侦查人员、被害人及其法定代理人、诉讼代理人、未成年犯罪嫌疑人及其法定代理人、辩护人举行不公开听证会，充分听取各方的意见和理由。

对于决定附条件不起诉可能激化矛盾或者引发不稳定因素的，人民检察院应当慎重适用。

（**注意**：公安机关或者被害人对附条件不起诉有异议的，可以提出意见，甚至开听证会，但不足以直接影响检察院作出附条件不起诉的决定。）

第三十九条 人民检察院在作出附条件不起诉决定后，应当在 十日内将附条件不起诉决定书报上级人民检察院主管部门备案。

上级人民检察院认为下级人民检察院作出的附条件不起诉决定不适当的，应当及时撤销下级人民检察院作出的附条件不起诉决定，下级人民检察院应当执行。

第四十条 人民检察院决定附条件不起诉的，应当确定考验期。考验期为 六个月以上一年以下，从人民检察院作出附条件不起诉的决定之日起计算。考验期不计入案件审查起诉期限。

考验期的长短应当与未成年犯罪嫌疑人所犯罪行的轻重、主观恶性的大小和人身危险性的大小、一贯表现及帮教条件等相适应，根据未成年犯罪嫌疑人在考验期的表现，可以在法定期限范围内适当缩短或者延长。

第四十一条 被附条件不起诉的未成年犯罪嫌疑人，应当遵守下列规定：

（一）遵守法律法规，服从监督；

（二）按照考察机关的规定报告自己的活动情况；

（三）离开所居住的市、县或者迁居，应当报经考察机关批准；

（四）按照考察机关的要求接受矫治和教育。

第四十二条 人民检察院可以要求被附条件不起诉的未成年犯罪嫌疑人接受下列矫治和教育：

（一）完成戒瘾治疗、心理辅导或者其他适当的处遇措施；

（二）向社区或者公益团体提供**公益劳动**；

（三）**不得进入特定场所**，与特定的人员**会见或者通信**，从事**特定的活动**；

（四）向被害人**赔偿损失**、**赔礼道歉**等；

（五）**接受相关教育**；

（六）遵守其他保护被害人安全以及预防再犯的禁止性规定。

第六十二条　犯罪的时候不满十八周岁，被判处五年有期徒刑以下刑罚的，人民检察院应当在收到人民法院生效判决后，对犯罪记录予以封存。

对于二审案件，**上级人民检察院封存犯罪记录时，应当通知下级人民检察院对相关犯罪记录予以封存**。

第六十五条　对被封存犯罪记录的未成年人，符合下列条件之一的，**应当**对其犯罪记录**解除封存**：

（一）实施**新**的犯罪，且新罪与封存记录之罪**数罪并罚**后被决定执行**五年**有期徒刑**以上**刑罚的；

（二）发现**漏罪**，且漏罪与封存记录之罪**数罪并罚**后被决定执行**五年**有期徒刑**以上**刑罚的。

（注意：解除封存，数罪并罚、五年以上，缺一不可。）

【经典真题】

2016 年试卷二多项选择题第 75 题：[1]

未成年人小天因涉嫌盗窃被检察院适用附条件不起诉。关于附条件不起诉可以附带的条件，下列哪些选项是正确的？

A. 完成一个疗程四次的心理辅导

B. 每周参加一次公益劳动

C. 每个月向检察官报告日常花销和交友情况

D. 不得离开所居住的县

【本题解析】

根据《人民检察院办理未成年人刑事案件的规定》第 41 条、第 42 条之规定，A 属于上述第 42 条"（一）"，正确。B 属于上述第 42 条"（二）"，正确。C 属于上述第 41 条"（二）"，正确。D 没有法律根据，错误。

综上所述，本题应当选 ABC。

---

[1]　答案：ABC。

　　《刑诉法》第五编第二章确立了当事人和解的公诉案件诉讼程序，这一程序的设计目的在于更好地修复因犯罪行为侵害而破损的社会秩序，更好地满足被害人的利益需求。需要注意的是，刑事和解虽然存在赔礼道歉等方式，但不可否认，用金钱赔偿被害人换取谅解仍是司法实践中最主要的和解方式。因此，当事人和解的公诉案件诉讼程序只适用于比较轻微的刑事案件。对于严重的刑事案件如果允许和解，可能会出现有钱的被告人拿钱买命、以钱赎刑的现象。这种做法的弊端明显，应当被否定。

　　考生需要重点掌握和解的条件与和解的结果。

知识体系

当事人和解的公诉案件诉讼程序
- 概述
- 和解的条件 ※ ※
- 和解的结果 ※ ※
- 其他规定 ※ ※

第一节　概　述

○重点解读

一、当事人和解的公诉案件诉讼程序的概念

当事人和解的公诉案件诉讼程序，是指公安机关、人民检察院、人民法院在法定范围的公诉案件中，犯罪嫌疑人、被告人真诚悔罪，通过向被害人赔礼道歉、赔偿损失等方式获取被害人的谅解，从而实现双方当事人自愿达成和解协议，可以对犯罪嫌疑人、被告人作出不同程度和方式的从宽处理的程序。

二、当事人和解的公诉案件诉讼程序的意义

当事人和解的公诉案件诉讼程序的意义在于：
1. 有助于贯彻宽严相济的刑事政策；

2. 有助于促进社会秩序的修复与和谐；

3. 有助于提高诉讼效率；

4. 有助于解决纠纷；

5. 有助于弥补被害人损失。

第二节　公诉案件当事人和解的条件与结果

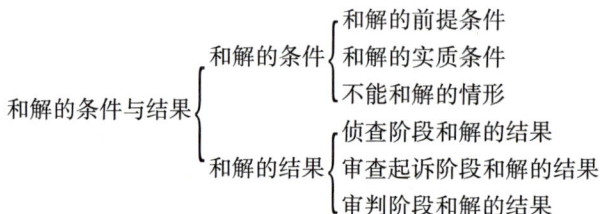

和解的条件与结果
- 和解的条件
  - 和解的前提条件
  - 和解的实质条件
  - 不能和解的情形
- 和解的结果
  - 侦查阶段和解的结果
  - 审查起诉阶段和解的结果
  - 审判阶段和解的结果

图表总结

当事人和解的条件与结果：

前提条件	1. 公诉案件； 2. 犯罪嫌疑人、被告人真诚悔罪； 3. 通过向被害人赔偿损失、赔礼道歉等方式获得被害人谅解； 4. 被害人自愿和解。
实质条件	1. 因民间纠纷引起，涉嫌刑法分则第 4 章、第 5 章规定的犯罪案件，可能判处 3 年有期徒刑以下刑罚的； 2. 除渎职犯罪以外的可能判处 7 年有期徒刑以下刑罚的过失犯罪案件。
不能和解	5 年以内曾经故意犯罪的不适用
和解结果	1. 公安机关可以向人民检察院提出从宽处理的建议。 2. 人民检察院（1）可以向人民法院提出从宽处罚的建议；（2）对于犯罪情节轻微，不需要判处刑罚的，可以作出不起诉的决定。 3. 对达成和解协议的案件，人民法院应当对被告人从轻处罚；符合非监禁刑适用条件的，应当适用非监禁刑；判处法定最低刑仍然过重的，可以减轻处罚；综合全案认为犯罪情节轻微不需要判处刑罚的，可以免予刑事处罚。 共同犯罪案件，部分被告人与被害人达成和解协议的，可以依法对该部分被告人从宽处罚，但应当注意全案的量刑平衡。

要点提示

1. 请注意哪些情形不属于民间纠纷，即不适用和解程序。

《公安机关办理刑事案件程序规定》第 334 条规定："有下列情形之一的，不属于因民间纠纷引起的犯罪案件：

（一）雇凶伤害他人的；

（二）涉及黑社会性质组织犯罪的；

（三）涉及寻衅滋事的；

（四）涉及聚众斗殴的；

（五）多次故意伤害他人身体的；

（六）其他不宜和解的。"

2. 五年以内曾经故意犯罪的不适用和解，"五年内曾经故意犯罪"包含累犯但不限于累犯。因为累犯一般要求前后两个犯罪都应当被判处有期徒刑以上刑罚，和解制度中只需五年以内曾经故意犯罪就不能和解，不要求可能被判处有期徒刑以上刑罚。

3. 公安机关在侦查阶段，当事人和解，只能向检察院提出从宽处理的建议，不可以撤销案件。

人民法院在审判阶段，当事人和解，只能从宽处罚，不能宣告无罪。

但是，人民检察院在审查起诉阶段，当事人和解，既可以向法院建议从宽处罚，又可以作出不起诉的决定。即只有检察院可以在当事人和解后终结诉讼程序。

【经典真题】

2017 年试卷二单项选择题第 40 题：[1]

董某（17 岁）在某景点旅游时，点燃荒草不慎引起大火烧毁集体所有的大风公司林地，致大风公司损失 5 万元，被检察院提起公诉。关于本案处理，下列哪一选项是正确的？

A. 如大风公司未提起附带民事诉讼，检察院可代为提起，并将大风公司列为附带民事诉讼原告人

B. 董某与大风公司既可就是否对董某免除刑事处分达成和解，也可就民事赔偿达成和解

C. 双方刑事和解时可约定由董某在 1 年内补栽树苗 200 棵

D. 如双方达成刑事和解，检察院经法院同意可撤回起诉并对董某适用附条件不起诉

【本题解析】

本题考查的是附带民事诉讼和公诉案件的和解相关知识点。《高法解释》第 179 条第 2 款规定："人民检察院提起附带民事诉讼的，应当列为附带民事诉讼原告人。"据此，A 项错误。《高检规则》第 495 条规定："双方当事人可以就赔偿损失、赔礼道歉等民事责任事项进行和解，并且可以就被害人及其法定代理人或者近亲属是否要求或者同意公安机关、人民检察院、人民法院对犯罪嫌疑人依法从宽处理进行协商，但不得对案件的事实认定、证据采信、法律适用和定罪量刑等依法属于公安机关、人民检察院、人民法院职权范围的事宜进行协商。""是否对董某免除刑事处分"属于量刑，因此不得和解，B 项错误。《刑诉法》第 282 条规定："对于未成年人涉嫌刑法分则第四章、第五章、第六章规定的犯罪，可能判处一年有期徒刑以下刑罚，符合起诉条件，但有悔罪表现的，人民检察院可以作出附条件不起诉的决定。"题干所列涉嫌失火罪，是危害公共安全犯罪，不得适用附条件不起诉。《高检规则》第 499 条规定："和解协议书约定的赔偿损失内容，应当在双方签署协议后立即履行，至迟在人民检察院作出从宽处理决定前履行。确实难以一次性履行的，在被害人同意并提供有效担保的情况下，也可以分期履行。"栽树苗 200 棵，不属于赔偿损失，所以可以约定在 1 年内履行。C 项正确。

---

[1] 答案：C。

第三节　其他规定※※

其他规定
- 公检法在当事人和解程序中的作用※※
- 当事人和解的内容※※
- 和解协议的履行※※
- 代为和解※※
- 和解后反悔的处理※※

○ 重点解读

一、公安司法机关在当事人和解程序中的作用※※

《刑诉法》第289条规定："双方当事人和解的，公安机关、人民检察院、人民法院应当<u>听取</u>当事人和其他有关人员的意见，对和解的自愿性、合法性进行<u>审查</u>，并<u>主持</u>制作和解协议书。"

《高法解释》第587条规定："对符合刑事诉讼法第二百八十八条规定的公诉案件，事实清楚、证据充分的，人民法院<u>应当告知</u>当事人可以自行和解；当事人提出<u>申请</u>的，人民法院<u>可以主持</u>双方当事人协商以达成和解。"

> **要点提示**
>
> 当事人和解虽然主要是当事人双方自己的事情，但公安司法机关并非不介入，其工作主要包括：听取、审查、主持。

二、当事人和解的内容※※

《高检规则》第495条规定："双方当事人可以就赔偿损失、赔礼道歉等<u>民事责任</u>事项进行和解，并且可以就被害人及其法定代理人或者近亲属是<u>否要求或者同意</u>公安机关、人民检察院、人民法院对犯罪嫌疑人依法<u>从宽处理</u>进行协商，但不得对案件的事实认定、证据采信、法律适用和定罪量刑等依法属于公安机关、人民检察院、人民法院职权范围的事宜进行协商。"

> **要点提示**
>
> 和解的内容主要包括：（1）民事责任；（2）是否要求、同意从宽处理。
> 和解不能涉及的内容：属于公安机关、人民检察院、人民法院职权范围的事宜。

三、和解协议的履行※※

《高检规则》第499条规定："和解协议书约定的赔偿损失内容，应当在双方签署协议后<u>立即履行</u>，至迟在人民检察院作出<u>从宽处理决定前</u>履行。确实难以<u>一次性</u>履行的，在提供有效担保并且被害人同意的情况下，也可以<u>分期</u>履行。"

《高法解释》第593条规定："和解协议约定的赔偿损失内容，被告人<u>应当</u>在协议签署后即时履行。

和解协议已经全部履行，当事人反悔的，人民法院不予支持，但有证据证明和解违反自愿、合法原则的除外。"

《高法解释》第595条规定："被害人或者其法定代理人、近亲属提起附带民事诉讼后，双方愿意和解，但被告人<u>不能即时履行全部赔偿义务的</u>，人民法院<u>应当制作附带民事调解书</u>。"

四、代为和解※※

《高法解释》第588条规定："符合刑事诉讼法第二百八十八条规定的公诉案件，<u>被害人死亡</u>的，其<u>近亲属可以</u>与被告人<u>和解</u>。近亲属有多人的，达成和解协议，应当经处于最先继承顺序的所有近亲属同意。

<u>被害人系无行为能力</u>或者<u>限制行为能力人的，其法定代理人、近亲属可以代为和解</u>。"

《高法解释》第589条规定："<u>被告人的近亲属经被告人同意，可以代为和解</u>。

<u>被告人系限制行为能力人的，其法定代理人可以代为和解</u>。

被告人的法定代理人、近亲属依照前两款规定代为和解的，和解协议约定的<u>赔礼道歉</u>等事项，应当由<u>被告人本人履行</u>。"

> **要点提示**
>
> 1. 被害人：（1）死亡，近亲属，可以和解。注意不是"代为"。（2）无行为能力、限制行为能力，法定代理人、近亲属，可以代为和解。
> 2. 被告人：（1）近亲属，经被告人同意，可以代为和解。（2）限制行为能力，法定代理人，可以代为和解。
> 3. 代为和解，赔礼道歉只能由被告人本人履行。
> 4. 和解协议，即时履行，不能全部，应当调解。（即调解有可能分期履行）

五、和解后反悔的处理※※

《高法解释》第593条规定："和解协议约定的赔偿损失内容，被告人应当在协议签署后即时履行。

和解协议已经<u>全部履行</u>，当事人<u>反悔</u>的，人民法院<u>不予支持</u>，但有证据证明和解<u>违反自愿、合法原则的除外</u>。"

《高法解释》第594条规定："双方当事人在<u>侦查、审查起诉期间已经达成和解协议</u>并<u>全部履行</u>，被害人或者其法定代理人、近亲属又提起<u>附带民事诉讼</u>的，人民法院<u>不予受理</u>，但有证据证明和解<u>违反自愿、合法原则的除外</u>。"

> **要点提示**
>
> 在审前阶段，当事人已经和解并且履行完毕，在审判阶段又表示反悔而提起附带民事诉讼的，法院不予受理。这样做是为了保证审判前和解的成功率，试想，若审前和解，而被害人在审判阶段又要求被告人多赔钱，被告人会认为被害人言而无信。在今后的案件中，将不会再有被告人愿意在审前进行和解。
>
> 当然，如果有证据证明审前阶段的和解违反了自愿、合法原则，人民法院应当受理被害人一方在审判阶段提起的附带民事诉讼。

【经典真题】

2014 年试卷二单项选择题第 40 题：[1]

甲因邻里纠纷失手致乙死亡，甲被批准逮捕。案件起诉后，双方拟通过协商达成和解。对于此案的和解，下列哪一选项是正确的？

A. 由于甲在押，其近亲属可自行与被害方进行和解

B. 由于乙已经死亡，可由其近亲属代为和解

C. 甲的辩护人和乙近亲属的诉讼代理人可参与和解协商

D. 由于甲在押，和解协议中约定的赔礼道歉可由其近亲属代为履行

【本题解析】

本题考查的是当事人和解的公诉案件诉讼程序。《高法解释》第 589 条第 1 款、第 2 款规定，被告人的近亲属经被告人同意，可以代为和解。被告人系限制行为能力人的，其法定代理人可以代为和解。A 项的错误在于，甲在押时，其近亲属应经甲同意，才能与被害方进行和解。《高法解释》第 588 条规定，符合《刑诉法》第 288 条规定的公诉案件，被害人死亡的，其近亲属可以与被告人和解。近亲属有多人的，达成和解协议，应当经处于同一继承顺序的所有近亲属同意。被害人系无行为能力或者限制行为能力人的，其法定代理人、近亲属可以代为和解。故 B 项的错误在于，乙的近亲属是与被告人和解，而不是"代为和解"，此处表述不准确。C 项的表述正确，因为辩护人、诉讼代理人均可以协助被告人、被害人参与和解协商。《高法解释》第 589 条第 3 款规定，被告人的法定代理人、近亲属依照前两款规定代为和解的，和解协议约定的赔礼道歉等事项，应当由被告人本人履行。故 D 项不正确。本题符合题意的选项是 C 项。

---

[1] 答案：C。

第二十二章 缺席审判程序

> **导学**　2018 年 10 月 26 日，全国人民代表大会常务委员会关于修改《中华人民共和国刑事诉讼法》的决定，将第五编增加一章，作为第三章：缺席审判程序。因此，考生应重点掌握本节知识点。

一、刑事缺席审判的概念

刑事缺席审判程序，是指对贪污贿赂犯罪等特殊刑事案件中未出席法庭审判的被告人所设置的为解决其刑事责任问题的特殊刑事审判程序。

二、刑事缺席审判程序的意义

1. 刑事缺席审判程序，为海外追逃追赃工作奠定了更加坚实的法律基础。
2. 对已经死亡的确实无罪的被告人缺席审判，有利于保障人权。
3. 按照审判监督程序缺席审理被告人死亡的案件，有利于纠正冤假错案。
4. 人民法院缺席审理被告人因患有严重疾病无法出庭并中止审理超过 6 个月被告人仍无法出庭的案件，有利于保障人权和提高审判效率。

三、缺席审判的类型

（一）犯罪嫌疑人、被告人在境外

1. 犯罪嫌疑人、被告人在境外情况下，缺席审判的案件范围

我国《刑诉法》第 291 条第 1 款规定了犯罪嫌疑人、被告人在境外情况下，刑事缺席审判程序适用的案件范围，包括 3 类案件：

（1）贪污贿赂犯罪案件；

（2）需要及时进行审判，经最高人民检察院核准的<u>严重危害国家安全犯罪、恐怖活动犯罪案件</u>。

2. 犯罪嫌疑人、被告人在境外情况下，缺席审判的条件

在适用条件方面，除了属于上述的 3 类案件以外，还必须同时具备下列条件：

（1）犯罪嫌疑人、被告人在境外；

（2）监察机关、公安机关移送起诉；

（3）人民检察院认为犯罪事实已经查清，证据确实、充分，依法应当追究刑事责任的，向人民法院提起公诉；

（4）人民法院进行审查后，认为起诉书中有明确的指控犯罪事实。

3. 犯罪嫌疑人、被告人在境外情况下，案件管辖

（1）该类缺席审判案件，由犯罪地、被告人离境前居住地或者最高人民法院指定的中级人民法院组成合议庭进行审理。

（2）人民法院对人民检察院依照刑事诉讼法第 291 条第 1 款的规定提起公诉的案件，人民法院应当重点审查以下内容：

①是否属于可以适用缺席审判程序的案件范围；

②是否属于本院管辖；

③是否写明被告人的基本情况，包括明确的境外居住地、联系方式等；

④是否写明被告人涉嫌有关犯罪的主要事实，并附证据材料；

⑤是否写明被告人有无近亲属以及近亲属的姓名、身份、住址、联系方式等情况；

⑥是否列明违法所得及其他涉案财产的种类、数量、价值、所在地等，并附证据材料；

⑦是否附有查封、扣押、冻结违法所得及其他涉案财产的清单和相关法律手续。

上述规定的材料需要翻译件的，人民法院应当要求人民检察院一并移送。

（3）人民法院对人民检察院依照刑事诉讼法第 291 条第 1 款的规定提起公诉的案件，人民法院审查后，应当按照下列情形分别处理：

①符合缺席审判程序适用条件，属于本院管辖，且材料齐全的，应当受理；

②不属于可以适用缺席审判程序的案件范围、不属于本院管辖或者不符合缺席审判程序的其他适用条件的，应当退回人民检察院；

③材料不全的，应当通知人民检察院在 30 日以内补送；30 日以内不能补送的，应当退回人民检察院。

4. 犯罪嫌疑人、被告人在境外情况下，相关法律文书的送达

《刑诉法》第 292 条规定："人民法院应当通过有关国际条约规定的或者外交途径提出的司法协助方式，或者被告人所在地法律允许的其他方式，将传票和人民检察院的起诉书副本送达被告人。传票和起诉书副本送达后，被告人未按要求到案的，人民法院应当开庭审理，依法作出判决，并对违法所得及其他涉案财产作出处理。"因此，向在境外的犯罪嫌疑人、被告人送达传票和起诉书副本的方式有：（1）通过有关国际条约规定的司法协助方式；（2）外交途径提出的司法协助方式；（3）被告人所在地法律允许的其他方式。并且，只有在传票和起诉书副本送达后，被告人未按要求到案的，人民法院才能缺席审判。

人民法院对人民检察院依照刑事诉讼法第 291 条第 1 款的规定提起公诉的案件，人民法院立案后，应当将传票和起诉书副本送达被告人，传票应当载明被告人到案期限以及不按要求到案的法律后果等事项；应当将起诉书副本送达被告人近亲属，告知其有权代为委托辩护人，并通知其敦促被告人归案。

5. 审理

（1）人民法院审理人民检察院依照刑事诉讼法第 291 条第 1 款的规定提起公诉的案件，被告人有权委托或者由近亲属代为委托一至二名辩护人。委托律师担任辩护人的，应当委托具有中华人民共和国律师资格并依法取得执业证书的律师；在境外委托的，应当依照本解释第四百八十六条的规定对授权委托进行公证、认证。

（2）被告人及其近亲属没有委托辩护人的，人民法院应当通知法律援助机构指派律师为被告人提供辩护。

（3）被告人及其近亲属拒绝法律援助机构指派的律师辩护的，依照本解释第 50 条第 2 款的规定处理。

（4）人民法院审理人民检察院依照刑事诉讼法第 291 条第 1 款的规定提起公诉的案件，

被告人的近亲属申请参加诉讼的，应当在收到起诉书副本后、第一审开庭前提出，并提供与被告人关系的证明材料。有多名近亲属的，应当推选一至二人参加诉讼。

（5）对被告人的近亲属提出申请的，人民法院应当及时审查决定。

（6）人民法院审理人民检察院依照刑事诉讼法第 291 条第 1 款的规定提起公诉的案件，参照适用公诉案件第一审普通程序的有关规定。被告人的近亲属参加诉讼的，可以发表意见，出示证据，申请法庭通知证人、鉴定人等出庭，进行辩论。

（7）对人民检察院依照刑事诉讼法第 291 条第 1 款的规定提起公诉的案件，人民法院审理后应当参照本解释第 295 条的规定作出判决、裁定。

（8）作出有罪判决的，应当达到证据确实、充分的证明标准。

（9）经审理认定的罪名不属于刑事诉讼法第 291 条第 1 款规定的罪名的，应当终止审理。

（10）适用缺席审判程序审理案件，可以对违法所得及其他涉案财产一并作出处理。

6. 被告人到案的处理

（1）在审理过程中，被告人自动投案或者被抓获的，人民法院应当重新审理。

（2）罪犯在判决、裁定发生法律效力后到案的，人民法院应当将罪犯交付执行刑罚。交付执行刑罚前，人民法院应当告知罪犯有权对判决、裁定提出异议。罪犯对判决、裁定提出异议的，人民法院应当重新审理。

（3）依照生效判决、裁定对罪犯的财产进行的处理确有错误的，应当予以返还、赔偿。

（二）因患有严重疾病无法出庭

1. 该类缺席审判，必须同时符合下列条件：

（1）被告人患有严重疾病无法出庭；

（2）中止审理超过 6 个月，被告人仍无法出庭；

（3）被告人及其法定代理人、近亲属申请或者同意恢复审理。

2. 代为申请

符合上述条件，被告人无法表达意愿的，其法定代理人、近亲属可以代为申请或者同意恢复审理。

（三）确有证据证明已经死亡的被告人无罪

根据《刑诉法》第 297 条第 1 款的规定，该类案件缺席审判的前提是，有证据证明死亡的被告人无罪，人民法院经缺席审理确认无罪的，应当依法作出判决。否则，人民法院应当裁定终止审理。

（四）审判监督程序重新审判的案件，被告人死亡的

人民法院按照审判监督程序重新审判的案件，被告人死亡的，人民法院可以缺席审理，依法作出判决。

四、缺席审判，应当有辩护人

1. 人民法院缺席审判案件，被告人（非死亡）有权委托辩护人，被告人的近亲属可以代为委托辩护人。

2. 被告人及其近亲属没有委托辩护人的，人民法院应当通知法律援助机构指派律师为其提供辩护。

五、上诉、抗诉

1. 人民法院应当将判决书送达被告人（非死亡）及其近亲属、辩护人。被告人或者其

近亲属不服判决的，有权向上一级人民法院上诉。辩护人经被告人（非死亡）或者其近亲属同意，可以提出上诉。

2. 人民检察院认为人民法院的判决确有错误的，应当向上一级人民法院提出抗诉。

图表总结

类型	条件	注意	辩护、上诉、抗诉
犯罪嫌疑人、被告人在境外	1. 犯罪嫌疑人、被告人在境外情况下，缺席审判的案件范围。包括3类案件： （1）贪污贿赂犯罪案件； （2）需要及时进行审判，经最高人民检察院核准的严重危害国家安全犯罪、恐怖活动犯罪案件。 2. 犯罪嫌疑人、被告人在境外情况下，缺席审判的条件 在适用条件方面，除了属于上述的3类案件以外，还必须同时具备下列条件： （1）犯罪嫌疑人、被告人在境外； （2）监察机关、公安机关移送起诉； （3）人民检察院认为犯罪事实已经查清，证据确实、充分，依法应当追究刑事责任的，向人民法院提起公诉； （4）人民法院进行审查后，认为起诉书中有明确的指控犯罪事实。	1. 该类缺席审判案件，由犯罪地、被告人离境前居住地或者最高人民法院指定的中级人民法院组成合议庭进行审理。 2. 向在境外的犯罪嫌疑人、被告人送达传票和起诉书副本的方式有：（1）通过有关国际条约规定的司法协助方式；（2）外交途径提出的司法协助方式；（3）被告人所在地法律允许的其他方式。并且，只有在传票和起诉书副本送达被告人后，被告人未按要求到案的，人民法院才能缺席审判。 3. 被告人到案的处理：（1）在审理过程中，被告人自动投案或者被抓获的，人民法院应当重新审理。（2）罪犯在判决、裁定发生法律效力后到案的，人民法院应当将罪犯交付执行刑罚。交付执行刑罚前，人民法院应当告知罪犯有权对判决、裁定提出异议。罪犯对判决、裁定提出异议的，人民法院应当重新审理。（3）依照生效判决、裁定对罪犯的财产进行的处理确有错误的，应予以返还、赔偿。	1. 缺席审判，应当有辩护人：（1）人民法院缺席审判案件，被告人（非死亡）有权委托辩护人，被告人的近亲属可以代为委托辩护人。（2）被告人及其近亲属没有委托辩护人的，人民法院应当通知法律援助机构指派律师为其提供辩护。 2. 可以上诉、抗诉：（1）人民法院应当将判决书送达被告人（非死亡）及其近亲属、辩护人。被告人或者其近亲属不服判决的，有权向上一级人民法院上诉。辩护人经被告人（非死亡）或者其近亲属同意，可以提出上诉。（2）人民检察院认为人民法院的判决确有错误的，应当向上一级人民法院提出抗诉。
因患有严重疾病无法出庭	必须同时符合下列条件： 1. 被告人患有严重疾病无法出庭； 2. 中止审理超过6个月，被告人仍无法出庭； 3. 被告人及其法定代理人、近亲属申请或者同意恢复审理。		
确有证据证明已经死亡的被告人无罪	根据《刑诉法》第297条第1款的规定，该类案件缺席审判的前提是，有证据证明死亡的被告人无罪，人民法院经缺席审理确认无罪的，应当依法作出判决。	否则，人民法院应当裁定终止审理。	
审判监督程序重新审判的案件，被告人死亡的	人民法院按照审判监督程序重新审判的案件，被告人死亡的，人民法院可以缺席审理，依法作出判决。		

【经典真题】

2019 法考客观题回忆版:[1]

2018 年《刑事诉讼法》修改,增加了缺席审判程序,关于该特别程序,以下说法正确的是?

A. 该程序体现了刑事诉讼的效率价值

B. 该程序是控审分离的例外

C. 该程序是亲历性的例外

D. 该程序体现了刑事审判的终局性特征

【本题解析】

缺席审判程序体现了刑事诉讼的效率价值。在缺席审判程序中,仍然必须由起诉主体提起刑事诉讼,因此没有违反控审分离原则。审判者必须亲历庭审的过程,承才能对案件作出裁判。缺席审判程序所作出的生效判决仍然具有终局性。因此,选项 AD 正确,选项 BC 错误。

---

[1] 答案:AD。

犯罪嫌疑人、被告人逃匿、死亡案件违法所得的没收程序 ※

> **导学**
>
> 　　在司法实践中，尤其是在经济犯罪案件中，会有一些犯罪嫌疑人、被告人处于长期潜逃无法归案或者死亡的状态，他们通过犯罪获取的非法利益往往无法得到有效的追回。《刑诉法》在第五编第四章规定了犯罪嫌疑人、被告人逃匿、死亡案件违法所得的没收程序，目的就在于建立有效的财产追回机制，犯罪嫌疑人、被告人逃匿、死亡后，通过没收其违法所得的方式减少公共利益的损失、防止有关犯罪继续发生。
>
> 　　考生在本章需要重点掌握犯罪嫌疑人、被告人逃匿、死亡案件违法所得的没收程序的适用条件、申请主体、举证责任、管辖法院、公告期限、审理结果和审理期限等知识点。

知识体系

犯罪嫌疑人、被告人逃匿、死亡案件违法所得的没收程序

- 适用条件※
- 申请主体※
- 举证责任※
- 管辖法院※
- 公告期限※
- 审理结果※
- 终止审理※
- 审理期限※

本章重点

　　犯罪嫌疑人、被告人逃匿、死亡案件违法所得的没收程序，是指在特定案件中，在犯罪嫌疑人、被告人逃匿或者死亡的情形下对违法所得及其他涉案财物进行处理的特别诉讼程序。

　　关于该特别程序的备考点，详见下述【图表总结】。

图表总结

	内容	注意
适用条件	两类人： 1.（1）贪污贿赂犯罪、恐怖活动犯罪等<u>重大犯罪案件</u>，（2）犯罪嫌疑人、被告人逃匿，在通缉（包括通缉令、红色国际通报）一年后不能到案，（3）依照刑法规定应当追缴<u>其违法所得及其他涉案财产</u>的。 2.（1）犯罪嫌疑人、被告人<u>死亡</u>，（2）依照刑法规定应当追缴其违法所得及其他涉案财产的。（对于<u>单位</u>实施贪污贿赂犯罪、恐怖活动犯罪等重大犯罪后被<u>撤销、注销</u>，<u>单位直接负责的主管人员和其他直接责任人员逃匿、死亡</u>，导致案件无法适用刑事诉讼普通程序进行审理的，依照本条犯罪嫌疑人、被告人<u>死亡</u>的情形处理）	1."<u>重大</u>"是指： （1）在<u>省</u>、自治区、直辖市或者<u>全国</u>范围内具有<u>较大影响</u>。 （2）或犯罪嫌疑人、被告人<u>逃匿境外</u>的。 2."<u>犯罪案件</u>"是指： 刑事诉讼法第 298 条规定的"贪污贿赂犯罪、恐怖活动犯罪等"犯罪案件，是指下列案件： （1）贪污贿赂、失职渎职等职务犯罪案件； （2）刑法分则第二章规定的相关恐怖活动犯罪案件，以及恐怖活动组织、恐怖活动人员实施的杀人、爆炸、绑架等犯罪案件； （3）危害国家安全、走私、洗钱、金融诈骗、黑社会性质组织、毒品犯罪案件； （4）电信诈骗、网络诈骗犯罪案件。 3."<u>逃匿</u>"是指： （1）犯罪嫌疑人、被告人<u>为逃避侦查和刑事追究潜逃</u>、隐匿； （2）或者<u>在刑事诉讼过程中脱逃</u>； （3）犯罪嫌疑人、被告人<u>因意外事故下落不明满 2 年</u>，或者因意外事故下落不明，<u>经有关机关证明其不可能生存</u>的，比照逃匿处理。 4."<u>违法所得</u>"是指： （1）通过实施犯罪<u>直接</u>或者<u>间接产生、获得的任何财产</u>； （2）违法所得已经部分或者全部转变、转化为其他财产的，<u>转变、转化后的财产应当视为"违法所得"</u>； （3）来自违法所得转变、转化后的财产收益，或者来自已经与违法所得相混合财产中违法所得相应部分的收益，应当视为"违法所得"。

续表

	内容	注意
申请主体	人民检察院可以向人民法院提出没收违法所得的申请，提出申请的，应当制作没收违法所得申请书。	"监察机关在调查贪污贿赂、失职渎职等职务犯罪案件过程中，被调查人逃匿或者死亡，有必要继续调查的，经省级以上监察机关批准，应当继续调查并作出结论。被调查人逃匿，在通缉一年后不能到案，或者死亡的，由监察机关提请人民检察院依照法定程序，向人民法院提出没收违法所得的申请。"
申请处理	对于没收违法所得的申请，人民法院应当在30日内审查完毕，并根据以下情形分别处理： 1. 属于没收违法所得申请受案范围和本院管辖，且材料齐全、有证据证明有犯罪事实的，应当受理； 2. 不属于没收违法所得申请受案范围或者本院管辖的，应当退回人民检察院； 3. 没收违法所得申请不符合"有证据证明有犯罪事实"标准要求的，应当通知人民检察院撤回申请； 4. 材料不全的，应当通知人民检察院在7日内补送，7日内不能补送的，应当退回人民检察院。	同时具备以下情形的，应当认定为左侧表格的"有证据证明有犯罪事实"： 1. 有证据证明发生了犯罪事实； 2. 有证据证明该犯罪事实是犯罪嫌疑人、被告人实施的； 3. 证明犯罪嫌疑人、被告人实施犯罪行为的证据真实、合法。
举证责任	人民检察院	
管辖法院	犯罪地或者犯罪嫌疑人、被告人居住地的中级人民法院组成合议庭进行审理。	人民法院在必要的时候，可以查封、扣押、冻结申请没收的财产。
公告期限	1. 人民法院受理没收违法所得的申请后，应当在15日内发布公告，公告期为6个月。公告期间不适用中止、中断、延长的规定。 2. 公告应当在全国公开发行的报纸、信息网络等媒体和最高人民法院的官方网站刊登、发布，并在人民法院公告栏张贴。必要时，公告可以在犯罪地、犯罪嫌疑人、被告人居住地或者被申请没收财产所在地张贴。公告最后被刊登、发布、张贴日期为公告日期。人民法院张贴公告的，应当采取拍照、录像等方式记录张贴过程。	1. 犯罪嫌疑人、被告人的近亲属和其他利害关系人（自然人、单位）有权申请参加诉讼，也可以委托诉讼代理人参加诉讼。 2. 利害关系人申请参加诉讼的，应当在公告期间内提出，并提供与犯罪嫌疑人、被告人关系的证明材料或者证明其可以对违法所得及其他涉案财产主张权利的证据材料。 3. 利害关系人在公告期满后申请参加诉讼，能够合理说明理由的，人民法院应当准许。
审理程序	1. 审判组织： 人民法院在公告期满后由合议庭对没收违法所得申请案件进行审理。	1. 最高人民法院、最高人民检察院《关于适用犯罪嫌疑人、被告人逃匿、死亡案件违法所得没收程序若干

续表

	内容	注意
	2. 是否开庭： 利害关系人申请参加及委托诉讼代理人参加诉讼的，人民法院应当开庭审理。利害关系人及其诉讼代理人无正当理由拒不到庭，且无其他利害关系人和其他诉讼代理人参加诉讼的，人民法院可以不开庭审理。 3. 检察院派员： 人民法院对没收违法所得申请案件开庭审理的，人民检察院应当派员出席。 4. 宣读申请书： 出庭的检察人员应当宣读没收违法所得申请书，并在法庭调查阶段就申请没收的财产属于违法所得及其他涉案财产等相关事实出示、宣读证据。 5. 妨碍侦查的证据不公开调查： 对于确有必要出示但可能妨碍正在或者即将进行的刑事侦查的证据，针对该证据的法庭调查不公开进行。 6. 利害关系人承担举证责任： 利害关系人及其诉讼代理人对申请没收的财产属于违法所得及其他涉案财产等相关事实及证据有异议的，可以提出意见；对申请没收的财产主张权利的，应当出示相关证据。 7. 犯罪嫌疑人、被告人委托诉讼代理人： 犯罪嫌疑人、被告人逃匿境外，委托诉讼代理人申请参加诉讼，且违法所得或者其他涉案财产所在地国（区）主管机关明确提出意见予以支持的，人民法院可以准许。	问题的规定》第14条中的"利害关系人"包括：（1）犯罪嫌疑人、被告人的近亲属（2）和其他对申请没收的财产主张权利的自然人和单位。 2. 最高人民法院、最高人民检察院《关于适用犯罪嫌疑人、被告人逃匿、死亡案件违法所得没收程序若干问题的规定》第14条中的"其他利害关系人"则仅指其他对申请没收的财产主张权利的自然人和单位。
审理结果	1. 人民法院经审理，对经查证属于或者高度可能属于违法所得及其他涉案财产，除依法返还被害人的以外，应当裁定予以没收；对不属于应当追缴的财产的，应当裁定驳回申请，解除查封、扣押、冻结措施。 2. 利害关系人非因故意或者重大过失在第一审期间未参加诉讼，在第二审期间申请参加诉讼的，人民法院应当准许，并撤销原裁定，发回原审人民法院重新审判。	1. 左侧表格中的"违法所得及其他涉案财产"包括：（1）巨额财产来源不明犯罪案件中，没有利害关系人对违法所得及其他涉案财产主张权利，（2）或者利害关系人对违法所得及其他涉案财产虽然主张权利但提供的相关证据没有达到相应证明标准的财产。 2. 审理后用"裁定"。 3. 犯罪嫌疑人、被告人的近亲属和其他利害关系人或者人民检察院可以提出上诉、抗诉。
终止审理	在审理过程中，在逃的犯罪嫌疑人、被告人自动投案或者被抓获的，人民法院应当终止审理。	

续表

	内容	注意
二审程序	1. 人民检察院、利害关系人对第一审裁定认定的事实、证据没有争议的，第二审人民法院可以不开庭审理。 2. 第二审人民法院经审理，应当按照下列情形分别处理： （1）第一审裁定认定事实清楚和适用法律正确的，应当驳回上诉或者抗诉，维持原裁定； （2）第一审裁定认定事实清楚，但适用法律有错误的，应当改变原裁定； （3）第一审裁定认定事实不清的，可以在查清事实后改变原裁定，也可以撤销原裁定，发回原审人民法院重新审判； （4）第一审裁定违反法定诉讼程序，可能影响公正审判的，应当撤销原裁定，发回原审人民法院重新审判。 第一审人民法院对于依照上述"（3）"的规定发回重新审判的案件作出裁定后，第二审人民法院对不服第一审人民法院裁定的上诉、抗诉，应当依法作出裁定，不得再发回原审人民法院重新审判。	
审理期限	参照公诉案件第一审普通程序和第二审程序的审理期限执行。	公告期间和请求刑事司法协助的时间不计入审理期限。
司法协助	1. 查、冻、扣的司法协助： 违法所得或者其他涉案财产在境外的，负责立案侦查的公安机关、人民检察院应当制作查封、扣押、冻结的法律文书以及协助执行查封、扣押、冻结的请求函，层报公安机关、检察院等各系统最高上级机关后，由公安机关、检察院等各系统最高上级机关依照刑事司法协助条约、多边公约，或者按照对等互惠原则，向违法所得或者其他涉案财产所在地国（区）的主管机关请求协助执行。被请求国（区）的主管机关提出，查封、扣押、冻结法律文书的制发主体必须是法院的，负责立案侦查的公安机关、检察院、立案调查的监察机关可以向同级人民法院提出查封、扣押、冻结的申请，人民法院经审查同意后制作查封、扣押、冻结令以及协助执行查封、扣押、冻结令的请求函，层报最高人民法院后，由最高人民法院依照刑事司法协助条约、多边公约，或者按照对等互惠原则，向违法所得或者其他涉案财产所在地国（区）的主管机关请求协助执行。	

续表

内容	注意
2. 执行的司法协助： 违法所得或者其他涉案财产在境外，受理没收违法所得申请案件的人民法院经审理裁定没收的，应当制作没收令以及协助执行没收令的请求函，层报最高人民法院后，由最高人民法院依照刑事司法协助条约、多边公约，或者按照对等互惠原则，向违法所得或者其他涉案财产所在地国（区）的主管机关请求协助执行。	

【经典真题】

2014 年试卷二单项选择题第 41 题：[1]

A 市原副市长马某，涉嫌收受贿赂 2000 余万元。为保证公正审判，上级法院指令与本案无关的 B 市中级法院一审。B 市中级法院受理此案后，马某突发心脏病不治身亡。关于此案处理，下列哪一选项是错误的？

A. 应当由法院作出终止审理的裁定，再由检察院提出没收违法所得的申请

B. 应当由 B 市中级法院的同一审判组织对是否没收违法所得继续进行审理

C. 如裁定没收违法所得，而马某妻子不服的，可在 5 日内提出上诉

D. 如裁定没收违法所得，而其他利害关系人不服的，有权上诉

【本题解析】

A，《刑诉法》第 16 条规定："有下列情形之一的，不追究刑事责任，已经追究的，应当撤销案件，或者不起诉，或者终止审理，或者宣告无罪：

（一）情节显著轻微、危害不大，不认为是犯罪的；

（二）犯罪已过追诉时效期限的；

（三）经特赦令免除刑罚的；

（四）依照刑法告诉才处理的犯罪，没有告诉或者撤回告诉的；

（五）犯罪嫌疑人、被告人死亡的；

（六）其他法律规定免予追究刑事责任的。"

可见，根据该条（五），法院应当裁定终止审理。

《刑诉法》第 298 条第 1 款规定："对于贪污贿赂犯罪、恐怖活动犯罪等重大犯罪案件，犯罪嫌疑人、被告人逃匿，在通缉一年后不能到案，或者犯罪嫌疑人、被告人死亡，依照刑法规定应当追缴其违法所得及其他涉案财产的，人民检察院可以向人民法院提出没收违法所得的申请。"可知，应当由检察院向法院提出没收违法所得的申请。《监察法》第 48 条规定："监察机关在调查贪污贿赂、失职渎职等职务犯罪案件过程中，被调查人逃匿或者死亡，有必要继续调查的，经省级以上监察机关批准，应当继续调查并作出结论。被调查人逃匿，在通缉一年后不能到案，或者死亡的，由监察机关提请人民检察院依照法定程序，

---

〔1〕 答案：B。

向人民法院提出没收违法所得的申请。"A 正确。

B，《刑诉法》第 299 条第 1 款规定："没收违法所得的申请，由犯罪地或者犯罪嫌疑人、被告人居住地的中级人民法院组成合议庭进行审理。"可见，B 市中级人民法院没有管辖权。B 错误。

CD，《高法解释》第 622 条规定："对没收违法所得或者驳回申请的裁定，犯罪嫌疑人、被告人的近亲属和其他利害关系人或者人民检察院可以在 5 日内提出上诉、抗诉。"可见，马某妻子属于近亲属，可以在 5 日内提出上诉，其他利害关系人同样可以。CD 正确。

综上所述，本题应当选 B。

第二十四章

依法不负刑事责任的精神病人的强制医疗程序※※

导学

　　精神病人，尤其是具有暴力倾向的精神病人可能会实施危害社会的行为，虽然可以不追究精神病人的刑事责任，但应当对精神病人采取医疗救治措施，保障精神病患者的健康，保障他人的人身、财产安全。《刑诉法》第五编第五章规定了依法不负刑事责任的精神病人的强制医疗程序，这一程序不是为了对精神病人进行惩罚和制裁，而是一种特殊的社会防卫措施。这一程序不解决精神病人的刑事责任问题，而是专门对精神病人是否需要被采取强制性的医疗措施进行审查。

　　考生需要重点掌握依法不负刑事责任的精神病人的强制医疗程序的适用条件、适用主体和适用程序。

知识体系

依法不负刑事责任的精神病人的强制医疗程序 ┤ 适用条件※※ / 适用主体※※ / 适用程序※※

本章重点

　　依法不负刑事责任的精神病人的强制医疗程序，是指公安机关、检察机关和审判机关对不负刑事责任且有社会危险性的精神病人采取强制性的医疗措施的特别诉讼程序。该程序的适用条件、适用主体和适用程序是学习重点。

图表总结

	内容	注意
适用条件	1. 实施暴力行为。（前提条件） 2. 危害公共安全或者严重危害公民人身安全，已经达到犯罪程度。（前提条件） 3. 经法定程序鉴定依法不负刑事责任的精神病人。（医学条件） 4. 有继续危害社会可能。（社会危险性条件）	"可以"予以强制医疗，而非"应当"。

续表

	内容	注意
启动主体	检、法	公安机关发现精神病人符合强制医疗条件的，应当写出强制医疗意见书，移送人民检察院。对于公安机关移送的或者在审查起诉过程中发现的精神病人符合强制医疗条件的，人民检察院应当向人民法院提出强制医疗的申请。人民法院在审理案件过程中发现被告人符合强制医疗条件的，可以作出强制医疗的决定。
申请主体	检察院	
决定主体	人民法院	
送交执行主体	公安机关	人民法院决定强制医疗的，应当在作出决定后5日内，向公安机关送达强制医疗决定书和强制医疗执行通知书，由公安机关将被决定强制医疗的人送交强制医疗。
监督主体	检察院	人民检察院对强制医疗的决定和执行实行监督。人民检察院认为强制医疗决定或者解除强制医疗决定不当，在收到决定书后20日内提出书面纠正意见的，人民法院应当另行组成合议庭审理，并在1个月内作出决定。
申请程序	1. 申请由被申请人实施暴力行为所在地的基层人民检察院提出；由被申请人居住地的人民检察院提出更为适宜的，可以由被申请人居住地的基层人民检察院提出。 2. 人民检察院向人民法院提出强制医疗的申请，应当制作强制医疗申请书。 3. 人民检察院发现公安机关应当启动强制医疗程序而不启动的，可以要求公安机关在7日以内书面说明不启动的理由。经审查，认为公安机关不启动理由不能成立的，应当通知公安机关启动程序。	
审理程序	1. 启动方式：（1）根据检察院的申请启动审理程序；（2）检察院没有提出申请，法院在审理过程中依职权启动强制医疗的审理程序。 2. 由被申请人实施暴力行为所在地的基层人民法院管辖；由被申请人居住地的人民法院审判更为适宜的，可以由被申请人居住地的基层人民法院管辖。	

	内容	注意
	3. 应当组成合议庭开庭进行审理。但是，被申请人、被告人的法定代理人请求不开庭审理，并经人民法院审查同意的除外。 4. 审理人民检察院申请强制医疗的案件，应当会见被申请人。 5. 被申请人要求出庭，人民法院经审查其身体和精神状态，认为可以出庭的，应当准许。出庭的被申请人，在法庭调查、辩论阶段，可以发表意见。 6. 庭审遵循法庭调查和法庭辩论程序进行。 7. 应当通知被申请人或者被告人的法定代理人到场。 8. 应当提供法律帮助。	1. 被决定强制医疗的人、被害人及其法定代理人、近亲属对强制医疗决定不服的，可以自收到决定书之日起5日内向上一级人民法院申请复议。复议期间不停止执行强制医疗的决定。上一级人民法院应当组成合议庭审理，并在1个月内作出复议决定。 2. 人民法院在审理第二审刑事案件过程中，发现被告人可能符合强制医疗条件的，可以依照强制医疗程序对案件作出处理，也可以裁定发回原审人民法院重新审判。
审理结果	1. 对申请强制医疗的案件，人民法院审理后，应当按照下列情形分别处理：（1）符合强制医疗条件的，应当作出对被申请人强制医疗的决定；（2）被申请人属于依法不负刑事责任的精神病人，但不符合强制医疗条件的，应当作出驳回强制医疗申请的决定；被申请人已经造成危害结果的，应当同时责令其家属或者监护人严加看管和医疗；（3）被申请人具有完全或者部分刑事责任能力，依法应当追究刑事责任的，应当作出驳回强制医疗申请的决定，并退回人民检察院依法处理。 2. 第一审人民法院在审理案件过程中发现被告人可能符合强制医疗条件的，应当依照法定程序对被告人进行法医精神病鉴定。经鉴定，被告人属于依法不负刑事责任的精神病人的，应当适用强制医疗程序，对案件进行审理。人民法院审理后，应当按照下列情形分别处理： （1）被告人符合强制医疗条件的，应当判决宣告被告人不负刑事责任（该判决人民检察院可以抗诉），同时作出对被告人强制医疗的决定； （2）被告人属于依法不负刑事责任的精神病人，但不符合强制医疗条件的，应当判决宣告被告人无罪或者不负刑事责任；被告人已经造成危害结果的，应当同时责令其家属或者监护人严加看管和医疗。 （3）被告人具有完全或者部分刑事责任能力，依法应当追究刑事责任的，应当依照普通程序继续审理。 3. 应当在1个月以内作出强制医疗的决定。	

续表

	内容	注意
解除程序	1. 强制医疗机构应当定期对被强制医疗的人进行诊断评估。对于已不具有人身危险性，不需要继续强制医疗的，应当及时提出解除意见，报决定强制医疗的人民法院批准。 2. 被强制医疗的人及其近亲属有权向决定强制医疗的法院申请解除强制医疗。	1. 报请、申请解除强制医疗，法院应当组成合议庭审查，并在1个月内，按照下列情形分别处理： （1）被强制医疗的人已不具有人身危险性，不需要继续强制医疗的，应当作出解除强制医疗的决定，并可责令被强制医疗的人的家属严加看管和医疗； （2）被强制医疗的人仍具有人身危险性，需要继续强制医疗的，应当作出继续强制医疗的决定。 2. 被强制医疗的人及其近亲属提出的解除强制医疗申请被人民法院驳回，6个月后再次提出申请的，人民法院应当受理。

要点提示

1. 申请机关：申请由精神病人行为地或者居住地的基层检察机关提出。

2. 被申请人与被告人：被申请人和被告人指的是同一人，即精神病人。如果是检察院向法院提出申请，精神病人被称为被申请人。如果是法院在审理过程中发现刑事被告人是精神病人启动强制医疗程序，精神病人被称为被告人。

3. 通知法定代理人：法院审理强制医疗案件，应当通知精神病人的法定代理人到场。但应当通知不等于应当到场。

4. 应当提供法律帮助：精神病人没有委托诉讼代理人的，人民法院应当通知法律援助机构指派律师为其提供法律帮助。需要注意，精神病强制医疗程序属于特别程序，加之精神病人无需承担刑事责任，因此，精神病人委托的不是辩护人，而是诉讼代理人。这里的用词是"法律帮助"，不是"法律援助"。

5. 审限：精神病强制医疗程序的审限为1个月，审理后作出的是"决定"，如果不服不能上诉，只能向上一级法院申请复议。上一级法院应当组成合议庭并在1个月内作出复议决定，复议期间不停止执行强制医疗的决定。

6. 管辖：检察院申请强制医疗，由行为所在地或者居住地的基层法院管辖。注意，这只是针对检察院申请强制医疗的案件，对于检察院没有申请强制医疗，法院在审判时自己发现被告人属于精神病人并启动强制医疗程序的，管辖法院既可能是基层法院，也可能是中级法院或者更高级别的法院。

7. 审理方式：原则上应当开庭，但（1）精神病人的法定代理人请求不开庭，（2）法院同意的，可以不开庭审理。开庭审理的，检察院应当派员出席。

8. 被申请人出庭：被申请人要求出庭的，人民法院应当审查其状态，认为可以出庭的，应当准许。

9. 二审发现被告人符合强制医疗条件：二审法院（1）可以启动强制医疗程序，（2）也可以裁定发回原审法院重审。

10. 解除主体：

（1）报请解除强制医疗的主体：强制医疗机构。

（2）申请解除强制医疗的主体：被强制医疗的人及其近亲属。

（3）有权解除强制医疗的主体：决定强制医疗的法院。

11. 接受解除申请的机关：决定强制医疗的法院。

12. 法院对报请、申请解除的审查和处理：

法院应当组成合议庭审查，1 个月内作出决定。（1）不需要继续强制医疗，决定解除。

（2）需要继续强制医疗，继续强制医疗。

如果申请被法院驳回，6 个月后再次申请，法院应当受理。

【经典真题】

2015 年试卷二单项选择题第 42 题：[1]

依法不负刑事责任的精神病人的强制医疗程序是一种特别程序。关于其特别之处，下列哪一说法是正确的？

A. 不同于普通案件奉行的不告不理原则，法院可未经检察院对案件的起诉或申请而启动这一程序

B. 不同于普通案件审理时被告人必须到庭，可在被申请人不到庭的情况下审理并作出强制医疗的决定

C. 不同于普通案件中的抗诉或上诉，被决定强制医疗的人可通过向上一级法院申请复议启动二审程序

D. 开庭审理时无需区分法庭调查与法庭辩论阶段

【本题解析】

A，启动强制医疗的程序有两种方式，一是由检察院向法院提出申请而启动，二是对于检察院提起公诉的案件，法院在审理过程中依职权启动强制医疗的审理程序。故，A 错误，法院可未经检察院申请启动这一程序正确，但如果要自己依职权启动，需要检察院对案件提起公诉。

B，《高法解释》第 636 条第 2 款规定："被申请人要求出庭，人民法院经审查其身体和精神状态，认为可以出庭的，应当准许。出庭的被申请人，在法庭调查、辩论阶段，可以发表意见。"可见，被申请人是可以不到庭的，因为，被申请人有可能是暴力倾向的精神病人，出庭无益于审理的正常进行。B 正确。

C，被决定强制医疗的人、被害人及其法定代理人、近亲属对强制医疗决定不服的，可以自收到决定书之日起五日内向上一级人民法院申请复议。复议期间不停止执行强制医疗的决定。上一级人民法院应当组成合议庭审理，并在一个月内作出复议决定。但是，这不能被称为二审程序。只有对一审判决、裁定不服，通过上诉、抗诉启动的程序才叫二审程序。精神病强制医疗程序作出的是决定，没有上诉、抗诉的说法，也没有第二审程序。C 错误。

D，《高法解释》第 636 条第 1 款规定："开庭审理申请强制医疗的案件，按照下列程序进行：

（一）审判长宣布法庭调查开始后，先由检察员宣读申请书，后由被申请人的法定代理人、诉讼代理人发表意见；

（二）法庭依次就被申请人是否实施了危害公共安全或者严重危害公民人身安全的暴力

---

[1] 答案：B。

行为、是否属于依法不负刑事责任的精神病人、是否有继续危害社会的可能进行调查；调查时，先由检察员出示证据，后由被申请人的法定代理人、诉讼代理人出示证据，并进行质证；必要时，可以通知鉴定人出庭对鉴定意见作出说明；

（三）法庭辩论阶段，先由检察员发言，后由被申请人的法定代理人、诉讼代理人发言，并进行辩论。"

根据上述（二）、（三），该程序也存在法庭调查和法庭辩论，D 错误。

综上所述，本题应当选 B。

第二十五章
涉外刑事诉讼程序与司法协助制度

导学

　　本章不属于重点章节，隔几年会考一道选择题，考生学习本章时请重点把握《刑诉法》及相关司法解释中关于涉外刑事诉讼程序与司法协助的法律规定。

📖 知识体系

涉外刑事诉讼程序与司法协助
- 涉外刑事诉讼程序
  - 涉外刑事诉讼程序的概念
  - 适用的案件范围
  - 涉外刑事诉讼特有原则
- 刑事司法协助
  - 刑事司法协助概念
  - 刑事司法协助主体
- 相关重点法条※

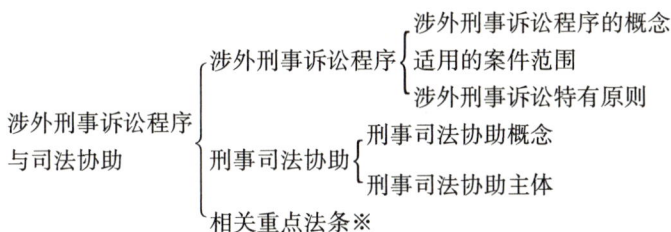

第一节　涉外刑事诉讼程序概述

一、涉外刑事诉讼程序的概念

　　涉外刑事诉讼程序，是指诉讼活动涉及外国人（包括无国籍人）或需要在国外进行的刑事诉讼所特有的方式、方法和步骤。

二、涉外刑事诉讼程序所适用的案件范围

　　1. 中国公民在中华人民共和国领域内对外国公民、无国籍人及外国法人犯罪的案件。

　　2. 外国公民、无国籍人或外国法人在中华人民共和国领域内对中国国家、组织或者公民实施犯罪的案件。

　　3. 外国公民、无国籍人或者外国法人在中华人民共和国领域内侵犯外国公民、无国籍人或者外国法人的合法权利、触犯中国刑法，构成犯罪的案件。

　　4. 中华人民共和国缔结或者参加的国际条约所规定的，中国有义务管辖的国际犯罪行为。

5. 外国人、无国籍人、外国法人在中华人民共和国领域外对中国国家或公民实施按照中国刑法规定最低刑为 3 年以上有期徒刑的犯罪案件，但按照犯罪地法律不受处罚的除外。

6. 某些刑事诉讼活动需要在国外进行的刑事案件。

7. 外国司法机关管辖的，根据国际条约或者互惠原则，外国司法机关请求中国司法机关为其提供刑事司法协助的案件。

三、涉外刑事诉讼的特有原则

涉外刑事诉讼的特有原则，是指司法机关及诉讼参与人进行涉外刑事诉讼时所应遵守的行为准则。具体是指：

1. 适用中国刑事法律和信守国际条约相结合的原则。

2. 外国籍犯罪嫌疑人、被告人享有中国法律规定的诉讼权利并承担诉讼义务的原则。

3. 使用中国通用的语言文字进行诉讼的原则。

4. 外国籍当事人委托中国律师辩护或代理的原则。

第二节　刑事司法协助

一、刑事司法协助的概念

刑事司法协助是指一国的法院或者其他的司法机关，根据另一国的法院或者其他司法机关的请求，代为或者协助实行与刑事诉讼有关的司法行为。

国际社会对刑事司法协助有狭义的和广义的两种理解。狭义上的刑事司法协助是指与审判有关的刑事司法协助，它包括送达刑事司法文书、询问证人和鉴定人、搜查、扣押、有关物品的移交以及提供有关法律资料等。广义的刑事司法协助除了狭义上的刑事司法协助外，还包括引渡等内容。我国学者主张的司法协助通常是广义的。

二、刑事司法协助的主体

刑事司法协助的主体，是指请求提供刑事司法协助和接受请求提供刑事司法协助的司法机关。它包括请求国的司法机关和接受请求国的司法机关。

我国的公安机关、人民检察院、监察机关和人民法院，都是刑事司法协助的主体。

第三节　相关法条重点※

以下法条，以熟悉为主，划线部分请掌握。

▽ **关联法条**

《高法解释》：

第 475 条 本解释所称的涉外刑事案件是指：

（一）在中华人民共和国领域内，外国人犯罪或者我国公民对外国、外国人犯罪的案件；

（二）符合刑法第七条、第十条规定情形的我国公民在中华人民共和国领域外犯罪的案件；

（三）符合刑法第八条、第十条规定情形的外国人犯罪的案件；

（四）符合刑法第九条规定情形的中华人民共和国在所承担国际条约义务范围内行使管辖权的案件。

第476条　第一审涉外刑事案件，除刑事诉讼法第二十一条至第二十三条规定的以外，由基层人民法院管辖。必要时，中级人民法院可以指定辖区内若干基层人民法院集中管辖第一审涉外刑事案件，也可以依照刑事诉讼法第二十四条的规定，审理基层人民法院管辖的第一审涉外刑事案件。

第477条　外国人的国籍，根据其入境时持用的有效证件确认；国籍不明的，根据公安机关或者有关国家驻华使领馆出具的证明确认。

国籍无法查明的，以无国籍人对待，适用本章有关规定，在裁判文书中写明"国籍不明"。

第478条　在刑事诉讼中，外国籍当事人享有我国法律规定的诉讼权利并承担相应义务。

第479条　涉外刑事案件审判期间，人民法院应当将下列事项及时通报同级人民政府外事主管部门，并依照有关规定通知有关国家驻华使领馆：

（一）人民法院决定对外国籍被告人采取强制措施的情况，包括外国籍当事人的姓名（包括译名）、性别、入境时间、护照或者证件号码、采取的强制措施及法律依据、羁押地点等；

（二）开庭的时间、地点、是否公开审理等事项；

（三）宣判的时间、地点。

涉外刑事案件宣判后，应当将处理结果及时通报同级人民政府外事主管部门。

对外国籍被告人执行死刑的，死刑裁决下达后执行前，应当通知其国籍国驻华使领馆。

外国籍被告人在案件审理中死亡的，应当及时通报同级人民政府外事主管部门，并通知有关国家驻华使领馆。

第480条　需要向有关国家驻华使领馆通知有关事项的，应当层报高级人民法院，由高级人民法院按照下列规定通知：

（一）外国籍当事人国籍国与我国签订有双边领事条约的，根据条约规定办理；未与我国签订双边领事条约，但参加《维也纳领事关系公约》的，根据公约规定办理；未与我国签订领事条约，也未参加《维也纳领事关系公约》，但与我国有外交关系的，可以根据外事主管部门的意见，按照互惠原则，根据有关规定和国际惯例办理；

（二）在外国驻华领馆领区内发生的涉外刑事案件，通知有关外国驻该地区的领馆；在外国领馆领区外发生的涉外刑事案件，通知有关外国驻华使馆；与我国有外交关系，但未设使领馆的国家，可以通知其代管国家驻华使领馆；无代管国家、代管国家不明的，可以不通知；

（三）双边领事条约规定通知时限的，应当在规定的期限内通知；没有规定的，应当根据或者参照《维也纳领事关系公约》和国际惯例尽快通知，至迟不得超过7日；

（四）双边领事条约没有规定必须通知，外国籍当事人要求不通知其国籍国驻华使领馆的，可以不通知，但应当由其本人出具书面声明。

高级人民法院向外国驻华使领馆通知有关事项，必要时，可以请人民政府外事主管部门协助。

第481条 人民法院受理涉外刑事案件后，应当告知在押的外国籍被告人享有与其国籍国驻华使领馆联系，与其监护人、近亲属会见、通信，以及请求人民法院提供翻译的权利。

第482条 涉外刑事案件审判期间，外国籍被告人在押，其国籍国驻华使领馆官员要求探视的，可以向受理案件的人民法院所在地的高级人民法院提出。人民法院应当根据我国与被告人国籍国签订的双边领事条约规定的时限予以安排；没有条约规定的，应当尽快安排。必要时，可以请人民政府外事主管部门协助。

涉外刑事案件审判期间，外国籍被告人在押，其监护人、近亲属申请会见的，可以向受理案件的人民法院所在地的高级人民法院提出，并依照本解释第四百八十六条的规定提供与被告人关系的证明。人民法院经审查认为不妨碍案件审判的，可以批准。

被告人拒绝接受探视、会见的，应当由其本人出具书面声明。拒绝出具书面声明的，应当记录在案；必要时，应当录音录像。

探视、会见被告人应当遵守我国法律规定。

第483条 人民法院审理涉外刑事案件，应当公开进行，但依法不应公开审理的除外。

公开审理的涉外刑事案件，外国籍当事人国籍国驻华使领馆官员要求旁听的，可以向受理案件的人民法院所在地的高级人民法院提出申请，人民法院应当安排。

第484条 人民法院审判涉外刑事案件，使用中华人民共和国通用的语言、文字，应当为外国籍当事人提供翻译。翻译人员应当在翻译文件上签名。

人民法院的诉讼文书为中文本。外国籍当事人不通晓中文的，应当附有外文译本，译本不加盖人民法院印章，以中文本为准。

外国籍当事人通晓中国语言、文字，拒绝他人翻译，或者不需要诉讼文书外文译本的，应当由其本人出具书面声明。拒绝出具书面声明的，应当记录在案；必要时，应当录音录像。

第485条 外国籍被告人委托律师辩护，或者外国籍附带民事诉讼原告人、自诉人委托律师代理诉讼的，应当委托具有中华人民共和国律师资格并依法取得执业证书的律师。

外国籍被告人在押的，其监护人、近亲属或者其国籍国驻华使领馆可以代为委托辩护人。其监护人、近亲属代为委托的，应当提供与被告人关系的有效证明。

外国籍当事人委托其监护人、近亲属担任辩护人、诉讼代理人的，被委托人应当提供与当事人关系的有效证明。经审查，符合刑事诉讼法、有关司法解释规定的，人民法院应当准许。

外国籍被告人没有委托辩护人的，人民法院可以通知法律援助机构为其指派律师提供辩护。被告人拒绝辩护人辩护的，应当由其出具书面声明，或者将其口头声明记录在案；必要时，应当录音录像。被告人属于应当提供法律援助情形的，依照本解释第五十条规定处理。

第486条 外国籍当事人从中华人民共和国领域外寄交或者托交给中国律师或者中国公民的委托书，以及外国籍当事人的监护人、近亲属提供的与当事人关系的证明，必须经所在国公证机关证明，所在国中央外交主管机关或者其授权机关认证，并经中华人民共和国驻该国使领馆认证，或者履行中华人民共和国与该所在国订立的有关条约中规定的证明手续，但我国与该国之间有互免认证协定的除外。

第487条 对涉外刑事案件的被告人，可以决定限制出境；对开庭审理案件时必须到庭的证人，可以要求暂缓出境。限制外国人出境的，应当通报同级人民政府外事主管部门和当事人国籍国驻华使领馆。

人民法院决定限制外国人和中国公民出境的，应当书面通知被限制出境的人在案件审理终结前不得离境，并可以采取扣留护照或者其他出入境证件的办法限制其出境；扣留证件的，应当履行必要手续，并发给本人扣留证件的证明。

需要对外国人和中国公民在口岸采取边控措施的，受理案件的人民法院应当按照规定制作边控对象通知书，并附有关法律文书，层报高级人民法院办理交控手续。紧急情况下，需要采取临时边控措施的，受理案件的人民法院可以先向有关口岸所在地出入境边防检查机关交控，但应当在七日以内按照规定层报高级人民法院办理手续。

第488条 涉外刑事案件，符合刑事诉讼法第二百零八条第一款、第二百四十三条规定的，经有关人民法院批准或者决定，可以延长审理期限。

第489条 涉外刑事案件宣判后，外国籍当事人国籍国驻华使领馆要求提供裁判文书的，可以向受理案件的人民法院所在地的高级人民法院提出，人民法院可以提供。

第490条 涉外刑事案件审理过程中的其他事项，依照法律、司法解释和其他有关规定办理。

第491条 请求和提供司法协助，应当依照《中华人民共和国国际刑事司法协助法》、我国与有关国家、地区签订的刑事司法协助条约、移管被判刑人条约和有关法律规定进行。

对请求书的签署机关、请求书及所附材料的语言文字、有关办理期限和具体程序等事项，在不违反中华人民共和国法律的基本原则的情况下，可以按照刑事司法协助条约规定或者双方协商办理。

第492条 外国法院请求的事项有损中华人民共和国的主权、安全、社会公共利益以及违反中华人民共和国法律的基本原则的，人民法院不予协助；属于有关法律规定的可以拒绝提供刑事司法协助情形的，可以不予协助。

第493条 人民法院请求外国提供司法协助的，应当层报最高人民法院，经最高人民法院审核同意后交由有关对外联系机关及时向外国提出请求。

外国法院请求我国提供司法协助，有关对外联系机关认为属于人民法院职权范围的，经最高人民法院审核同意后转有关人民法院办理。

第494条 人民法院请求外国提供司法协助的请求书，应当依照刑事司法协助条约的规定提出；没有条约或者条约没有规定的，应当载明法律规定的相关信息并附相关材料。请求书及其所附材料应当以中文制作，并附有被请求国官方文字的译本。

外国请求我国法院提供司法协助的请求书，应当依照刑事司法协助条约的规定提出；没有条约或者条约没有规定的，应当载明我国法律规定的相关信息并附相关材料。请求书及所附材料应当附有中文译本。

第495条 人民法院向在中华人民共和国领域外居住的当事人送达刑事诉讼文书，可以采用下列方式：

（一）根据受送达人所在国与中华人民共和国缔结或者共同参加的国际条约规定的方式送达；

（二）通过外交途径送达；

（三）对中国籍当事人，所在国法律允许或者经所在国同意的，可以委托我国驻受送达人所在国的使领馆代为送达；

（四）当事人是自诉案件的自诉人或者附带民事诉讼原告人的，可以向有权代其接受送达的诉讼代理人送达；

（五）当事人是外国单位的，可以向其在中华人民共和国领域内设立的代表机构或者有权接受送达的分支机构、业务代办人送达；

（六）受送达人所在国法律允许的，可以邮寄送达；自邮寄之日起满三个月，送达回证未退回，但根据各种情况足以认定已经送达的，视为送达；

（七）受送达人所在国法律允许的，可以采用传真、电子邮件等能够确认受送达人收悉的方式送达。

第496条　人民法院通过外交途径向在中华人民共和国领域外居住的受送达人送达刑事诉讼文书的，所送达的文书应当经高级人民法院审查后报最高人民法院审核。最高人民法院认为可以发出的，由最高人民法院交外交部主管部门转递。

外国法院通过外交途径请求人民法院送达刑事诉讼文书的，由该国驻华使馆将法律文书交我国外交部主管部门转最高人民法院。最高人民法院审核后认为属于人民法院职权范围，且可以代为送达的，应当转有关人民法院办理。

【经典真题】

2017年试卷二单项选择题第42题：[1]

W国人约翰涉嫌在我国某市A区从事间谍活动被立案侦查并提起公诉。关于本案诉讼程序，下列哪一选项是正确的？

A. 约翰可通过W国驻华使馆委托W国律师为其辩护

B. 本案由A区法院一审

C. 约翰精通汉语，开庭时法院可不为其配备翻译人员

D. 给约翰送达的法院判决书应为中文本

【本题解析】

本题考查的是涉外刑事诉讼程序的相关知识点。《高法解释》第485条："外国籍被告人委托律师辩护，或者外国籍附带民事诉讼原告人、自诉人委托律师代理诉讼的，应当委托具有中华人民共和国律师资格并依法取得执业证书的律师。"因此，A项错误。本案涉及危害国家安全犯罪，应由中级人民法院管辖，因此B项错误。《高法解释》第484条："人民法院审判涉外刑事案件，使用中华人民共和国通用的语言、文字，应当为外国籍当事人提供翻译。翻译人员应当在翻译文件上签名。人民法院的诉讼文书为中文本。外国籍当事人不通晓中文的，应当附有外文译本，译本不加盖人民法院印章，以中文本为准。外国籍当事人通晓中国语言、文字，拒绝他人翻译，或者不需要诉讼文书外文译本的，应当由其本人出具书面声明。拒绝出具书面声明的，应当记录在案；必要时，应当录音录像。"因此，C项错误，D项正确。

---

[1]　答案：D。